Barcelone

VILLE DES PRODIGES

Barcelone, « ville des prodiges » selon l'écrivain Eduardo Mendoza, déploie ses charmes entre mer et montagne, sur les bords de la côte méditerranéenne. Fière de ses racines, tout autant qu'elle est tournée vers l'avenir, la cité catalane surprend à chaque visite. L'avancée frénétique du chantier de l'incroyable Sagrada Família, l'émergence de nouveaux quartiers branchés – du Sant Antoni hipster à l'ancien *barrio* industriel de Poblenou, devenu le fief de la créativité et des technologies –, l'ébullition constante de ses hôtels et ses restaurants, à la pointe du design et des tendances gastronomiques : cette ville en perpétuel mouvement n'a de cesse de se réinventer ! Et malgré un essor touristique fulgurant au cours des dernières années, Barcelone se bat pour préserver son authenticité et ses traditions, héritées de siècles d'une histoire mouvementée. Un héritage culturel foisonnant qui trouve son expression dans un patrimoine historique et artistique très riche, des vestiges médiévaux du Barri Gòtic aux demeures modernistes de l'Eixample, des toiles de Miró aux folies architecturales de Gaudí ! À proximité, une échappée belle dans la province de Barcelone réserve bien des expériences loin des foules : des plages dorées de Sitges aux sommets insolites de Montserrat, des vignobles du Penedès aux villages en pierre de l'arrière-pays constellés de *masias* (hôtel rural). Un merveilleux séjour en perspective avec notre sélection d'adresses et de bons plans… pour vivre Barcelone comme un Barcelonais !

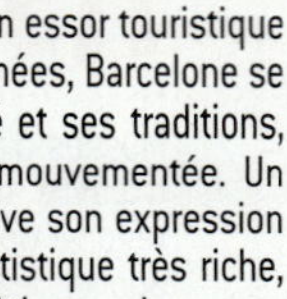

Retrouvez cette offre en page 78

SOMMAIRE

197 (SE) FAIRE PLAISIR

Un concentré de grandes enseignes de la mode et de petits créateurs, des marchés dans chaque quartier et de l'artisanat de qualité : gare aux tentations !

© IVAN KURMYSHOV - SHUTTERSTOCK.COM

© THE NATURELOVER - SHUTTERSTOCK.COM

211 BOUGER & BULLER

Une excursion en paddle, un cours de cuisine à La Boqueria, une session de yoga sur la plage ou un match au Camp Nou : à vous de choisir selon vos envies !

© SKYNESHER - SHUTTERSTOCK.COM

215 SORTIR

Concerts, bars musicaux, DJ sets sous les étoiles, clubs électro, underground ou branchés… quel que soit votre style, la *nit* sera longue à Barcelone !

© SANGUER - SHUTTERSTOCK.COM

227 PROVINCE DE BARCELONE

Tous les meilleurs plans pour une escapade hors de Barcelone : les sommets du Montserrat, les vignobles du Penedès ou les plages du Maresme…

© ROSSHELEN - SHUTTERSTOCK.COM

273 ORGANISER SON SÉJOUR

Modalités de transport, d'hébergement, agences de voyages et agences réceptives : on vous dévoile tout ce que vous devez savoir pour un séjour réussi à Barcelone !

QUAND Y ALLER

JANVIER

6° / 13°

CAVALCADA DE REIS

© IAKOV FILIMONOV - SHUTTERSTOCK.COM

Impressionnant défilé des Rois mages sur leurs chars, accompagnés des « facteurs royaux » venus recueillir les lettres des enfants.

$

FÉVRIER

7° / 14°

CARNAVAL DE SITGES

Une semaine hallucinante de fêtes et de parades dans toute la ville. Du Jeudi gras au mercredi des Cendres.

FESTES DE SANTA EULÀLIA

Gegants et *capgrossos* prennent d'assaut les rues de Barcelone à l'occasion des fêtes de Santa Eulàlia, co-patronne de la ville.

$

MARS

9° / 16°

SETMANA SANTA

© JOSERPIZARRO - SHUTTERSTOCK.COM

Défilés de cortèges et processions qui commémorent la mort et la résurrection du Christ.

$

JUILLET

21° / 28°

FESTIVAL GREC

Danse, musique, théâtre et cirque au programme de ce festival, toujours de qualité. Pistez les spectacles en version originale !

$$$

AOÛT

21° / 28°

FESTA MAJOR DE GRÀCIA

La plus populaire et la plus animée des fêtes des quartiers barcelonais ! Un rendez-vous immanquable du mois d'août.

$$$

SEPTEMBRE

19° / 25°

LA MERCÈ

La *festa major* de Barcelone, célébrée avec de nombreuses activités : défilé de géants, *correfoc*, concours de *castells*...

$$

On peut visiter Barcelone tout au long de l'année. Au printemps (avril-mai) et à l'automne (septembre-octobre), les températures sont très agréables, et la foule de visiteurs moins dense. Le début de l'été (juin-juillet) marque la saison des grands festivals de musique. Au mois d'août, chaud et humide, les habitants désertent la ville et beaucoup de commerces sont fermés. Durant la basse saison (novembre-mars), les températures restent douces et se prêtent à la découverte de la ville.

AVRIL

11° / 18°

SANT JORDI

© 19BPRODUCTION - SHUTTERSTOCK.COM

Fête du Livre et de la Rose. La Sant Jordi met à l'honneur saint George, dont la légende imprègne l'imaginaire catalan.

MAI

14° / 21°

FIRA MODERNISTA BARCELONA

Foire moderniste dans le quartier de l'Eixample. Au programme : visites de bâtiments modernistes, ateliers, marchés...

JUIN

18° / 25°

PRIMAVERA SOUND

© CHRISTIAN BERTRAND - SHUTTERSTOCK.COM

L'un des grands événements musicaux de l'année. Un macro festival qui réunit les plus grands artistes de la scène indé.

OCTOBRE

15° / 21°

48H OPEN HOUSE BARCELONA

Ce festival dédié à l'architecture propose, le temps d'un week-end, de visiter des bâtiments fermés au public. Passionnant !

NOVEMBRE

11° / 16°

VOLL-DAMM FESTIVAL JAZZ BARCELONA

Festival international de jazz avec des concerts dans les salles emblématiques de Barcelone.

TOTS SANTS

Pour la Toussaint, on s'offre des *panellets* (confiseries) et on participe à une *castanyada* (feu où l'on fait griller des châtaignes).

DÉCEMBRE

8° / 13°

FIRA DE SANTA LLÚCIA

Très joli marché de Noël qui se tient tous les ans sur la place de la cathédrale. Nombreux stands de santons et de décorations.

LES BONNES RAISONS D'Y ALLER

© IMAGIN.GR PHOTOGRAPHY - SHUTTERSTOCK.COM

UNE ARCHITECTURE UNIQUE

Des vestiges romains aux trésors gothiques, en passant par les chef-d'œuvres modernistes.

DES RESTAURANTS À SE DAMNER

Tapas, cuisine *tradi* ou d'avant-garde : un festival de saveurs en perspective !

© VISIONSI - SHUTTERSTOCK.COM

© PRAETORIANPHOTO - ISTOCKPHOTO.COM

LA MODE MADE IN SPAIN

Grandes enseignes à petits prix et créateurs locaux : les tentations sont grandes !

DES MUSÉES PASSIONNANTS

Des collections du MNAC au musée dédié à Miró : un tour d'horizon de l'art !

LA PLAGE ET LE SOLEIL

Bronzette et baignade, paddle, repas dans un *xiringuito* : viva la playa !

DES MARCHÉS PLEINS DE VIE

Pour faire des réserves de *jamón* ou déjeuner à un comptoir.

UN AGENDA CULTUREL BIEN REMPLI

Des fêtes patronales aux festivals d'été, la vie bat son plein toute l'année.

LES BONNES RAISONS D'Y ALLER

UNE VIE NOCTURNE IMPARABLE

Concerts sur les toits, clubbing sous les étoiles, DJs stars...

© JULIEANNEBIRCH - ISTOCKPHOTO.COM

© YULIA MAYOROVA - SHUTTERSTOCK.COM

UN CLUB DE FOOT LÉGENDAIRE

Émotion garantie lors d'un match du Barça dans le mythique stade du Camp Nou.

© ANGELA ALADRO MELLA - SHUTTERSTOCK.COM

UN ARRIÈRE-PAYS DE CHARME

Des forêts du Montseny aux sommets mystiques de Montserrat, attention les yeux !

LES 12 MOTS-CLÉS

#ADÉU

Ce mot que l'on prononce « adéou » signifie « au revoir » en catalan. N'hésitez pas à l'utiliser sans modération, car les Catalans adorent que l'on s'essaie un peu à leur langue. Vous le verrez, même les gens qui ne parlent pas le catalan l'utilisent dans les boutiques ou les restaurants, c'est dire si ce petit mot est important !

#BARÇA

« Més que un club » (plus qu'un club), telle est la devise du Barça. Fondé en 1899, ce club est un véritable symbole du catalanisme : environ 150 000 *socios* (membres) portent les couleurs bleu et grenat avec beaucoup de fierté. Son stade, le Camp Nou, est le plus grand stade d'Europe, avec une capacité de près de 100 000 spectateurs.

#CATALÀ

Le catalan est une langue romane parlée par environ 10 millions de personnes, principalement en Catalogne, dans la Communauté valencienne, aux Baléares et en Andorre. Il compte aussi des locuteurs en France. En Catalogne, c'est la langue co-officielle avec le castillan : plus de 80 % des habitants le parlent, et près de 95 % le comprennent !

© 1001NIGHTS - SHUTTERSTOCK.COM

#CAGANER

Personnage incontournable des fêtes de Noël, le *caganer* est un santon coiffé de la traditionnelle *barretina* (béret catalan), penché, les fesses à l'air en train de déféquer ! À l'origine représenté sous les traits d'un paysan, il se décline désormais en de multiples personnages : footballeurs, hommes politiques… sans oublier la famille royale !

© NITO - SHUTTERSTOCK.COM

#GAUDÍ

Barcelone sans Gaudí, c'est un peu comme Paris sans la tour Eiffel : inconcevable ! L'architecte a laissé son empreinte sur la ville à travers des œuvres aussi éclectiques que personnelles. Sept sont classées au patrimoine de l'Unesco : parc Güell, Palau Güell, Casa Mila, Casa Vicens, Sagrada Familia, Casa Batlló et Colònia Güell.

© 1001NIGHTS - ISTOCKPHOTO.COM

#CASTELLS

Les *castells* sont des tours humaines érigées lors des fêtes patronales en Catalogne. Les participants se juchent sur les épaules de leurs compagnons pour former une tour de plusieurs étages, couronnée au sommet par un enfant (*enxaneta*). Depuis 2010, les *castells* sont inscrits au patrimoine culturel immatériel de l'humanité par l'Unesco.

#MODERNISME

Interprétation locale de l'Art nouveau européen, ce mouvement artistique s'est développé à Barcelone vers la fin du XIXe et le début du XXe, en particulier dans l'Eixample. Les œuvres des architectes modernistes se caractérisent par leurs références médiévales, l'exaltation de la Catalogne et la renaissance des arts décoratifs.

LES 12 MOTS-CLÉS

#RUMBA CATALANA

Genre musical inventé dans les années 1950-60 par les gitans des quartiers du Raval et de Gràcia, en synthétisant les basses rythmiques afro-cubaines avec les intonations et l'harmonie du flamenco. Le résultat de cette alchimie musicale est la *rumba catalana*. El Pescaílla, Peret et Gato Pérez en sont les principaux représentants.

#SANT JORDI

Martyr chrétien au IVe siècle, Saint George est le Patron de la Catalogne et un symbole du catalanisme. L'architecture moderniste regorge de références à la légende de Sant Jordi, selon laquelle le courageux chevalier aurait sauvé une princesse des griffes du dragon ! Depuis 1456, on célèbre la Sant Jordi le 23 avril en s'offrant des roses.

#SARDANA

Danse traditionnelle catalane, dont la version actuelle date du XIXe siècle. Les danseurs forment un cercle fermé en se tenant par la main, et en effectuant des pas courts et longs au rythme de la *cobla*. Des démonstrations de sardane ont lieu tous les samedis à 18h et le dimanche à 11h15 sur la place de la Cathédrale de Barcelone.

#TRENCADÍS

Technique de mosaïque utilisant des morceaux cassés de faïence, de marbre ou de verre, rendue célèbre par les architectes modernistes. Gaudi fut le premier à utiliser cette méthode pour couvrir des surfaces irrégulières. Le dragon et le banc ondulant du Parc Güell comptent parmi les œuvres les plus emblématiques du *trencadís*.

#VERMUT

Depuis la fin du XIXe siècle, les Catalans consomment le vermouth à l'heure de l'apéritif, devenu par extension *l'hora del vermut*. Outre les traditionnelles bodegas, de nombreuses *vermuterias* ont vu le jour à Barcelone, où le vermut se déguste accompagné d'anchois, d'olives... Un rituel à tester de préférence le week-end, vers midi !

© NITO - SHUTTERSTOCK.COM

VOUS ÊTES D'ICI, SI...

- **Vous dites « Adéu » en sortant d'un bar ou d'une boutique.** Même si c'est le seul mot que vous connaissez en catalan !
- **Vous avalez un encas vers 12h...** car la matinée est encore longue avant la pause déjeuner de 14h !
- **Vous commandez un *vermut* pour l'apéro...** et un gin tonic en digestif ! Mais quoi qu'il arrive, et sous aucun prétexte, vous ne commandez une sangria !
- **Vous allez au musée le dimanche après-midi...** Jour où la plupart des musées sont gratuits, pardi !
- **Vous mangez avec votre sac sur les genoux.** Parce que las d'être victimes des voleurs à la sauvette, les Barcelonais ont adopté ce système infaillible (bien qu'un peu inconfortable, avouons-le).
- **Vous buvez votre café avec des glaçons en été.** Parce que tous les moyens sont bons pour vaincre la chaleur !
- **Vous n'allez en boîte que si vous êtes sur une liste VIP.** Parce que payer pour entrer en boîte, c'est bien pour les touristes. Direction les sites zonadeluxe.com et youbarcelona.com pour être au courant des soirées.

MON BARCELONE

par Sarah Parot, auteure du guide

Interview

Après des études de lettres à la Sorbonne, Sarah Parot débarque à Barcelone en 2004 dans le cadre d'un échange Erasmus. Loin des bancs de l'*Universitat*, elle apprend l'espagnol le soir dans un bar à tapas du Barri Gòtic où elle joue les serveuses ! Son master d'édition en poche, elle se lance dans l'écriture de guides de voyage il y a plus de dix ans. Depuis, elle continue d'arpenter sa ville de cœur pour en partager les secrets.

TOP 10

À VOIR - À FAIRE

Découvrir les chefs-d'œuvre de Gaudí et du modernisme, flâner entre les étals des marchés alimentaires, plonger dans l'univers poétique de Miró, s'imprégner de mysticisme à Montserrat : voilà autant d'expériences que vous réserve notre top 10 des lieux incontournables de Barcelone et sa province ! Un concentré de musées d'art, d'espaces naturels, de monuments urbains ou religieux pour s'imprégner du génie catalan. Amateurs d'art ou d'architecture, férus d'histoire et bons vivants, flâneurs ou marcheurs aguerris, chacun trouvera son bonheur dans la visite de Barcelone.

© VITALY TITOV & MARIA SIDELNIKOVA - SHUTTERSTOCK.COM

258

BASÍLICA DE SANTA MARIA

MONTSERRAT

À une heure de Barcelone, cette montagne couronnée d'un monastère est un lieu de pèlerinage et de randonnées vertigineuses.

© JGAUNION - ISTOCKPHOTO.COM

120

CATEDRAL DE LA SANTA CREU I SANTA EULÀLIA

La grande cathédrale gothique de Barcelone et son charmant cloître peuplé de 13 oies. Vues sublimes depuis le toit-terrasse !

BASILIQUE SANTA MARIA DEL MAR

Chef-d'œuvre du gothique catalan, cette basilique fut construite en seulement 55 ans par les habitants de la Ribera. Un record !

© LUCIANO MORTULA - LGM - SHUTTERSTOCK.COM

127

© MIKHAIL ZAHRANICHNY - SHUTTERSTOCK.COM

144

FUNDACIÓ JOAN MIRÓ

La collection la plus complète des œuvres de Joan Miró, réunie dans un bijou du rationalisme dessiné par Josep Lluís Sert.

MERCAT DE SANT JOSEP - LA BOQUERIA

Au cœur des Ramblas, une « cathédrale des sens » unique en son genre. Bienvenue dans le marché le plus célèbre d'Espagne !

122

139

PARC GÜELL

Une cité-jardin inachevée, où déambuler dans le monde féerique de Gaudí... Prenez la pose sur son célèbre banc en *trencadís* !

146

MUSEU NACIONAL D'ART DE CATALUNYA [MNAC]

Dans le Palais national de Montjuïc, une collection exceptionnelle de fresques murales et un parcours à travers l'art catalan.

PASSEIG DE GRÀCIA

L'avenue la plus élégante de la ville ! Plusieurs chefs-d'œuvre du modernisme s'y concentrent, dont la Casa Batlló et La Pedrera.

136

130

PALAU DE LA MÚSICA CATALANA

Un bijou du modernisme signé Domènech i Montaner. Sa coupole inversée dans la salle de concert est une merveille ornementale !

138

SAGRADA FAMÍLIA

Ultime chef-d'œuvre de Gaudí, cette basilique est le monument le plus visité d'Espagne ! Le chantier devrait prendre fin en 2026.

TOP 10

SE RÉGALER

Paella, tapas, cuisine d'auteur ou de marché… Des traditionnelles recettes catalanes aux créations novatrices des chefs à la mode, la gastronomie catalane ne cesse de se réinventer, tout comme ses restaurants ! Ainsi, le va-et-vient est constant dans les quartiers de la vieille ville et de l'Eixample, où de nouvelles adresses ne cessent de voir le jour. Une effervescence gastronomique au diapason des nouvelles tendances : produits de proximité, tapas et *platets* à partager, décors branchés mais informels. Vous l'aurez compris, les bistrots « gastro » ont le vent en poupe !

© BAR PINOTXO

152

BAR PINOTXO

Un classique du Mercat de la Boqueria ! Excellente cuisine catalane à déguster au comptoir, dans l'ébullition du marché.

© CAL PEP

159

CAL PEP

Un classique du Born, où l'on mange au comptoir d'excellentes *raciones* de poissons et fruits de mer. Incontournable tortilla !

BODEGA LA PALMA

Une bodega de 1937 cachée dans une ruelle du Barri Gòtic. Spécialités catalanes, vermut et tapas dans un décor de charme.

TEÒRIC TAVERNA GASTRONÒMICA

Une taverne « gastro » offrant une cuisine actuelle, servie sous forme de petits plats. Inventivité et bon rapport qualité-prix !

© BODEGA LA PALMA

153

© @CLAPES_FOTO

169

© XIRINGUITO ESCRIBÀ

GRANJA DULCINEA
186

Une authentique *granja* de 1941, où se régaler de *churros* et d'un chocolat chaud épais. Un classique de la rue Petritxol !

TAVERNA ONÍRIC
174

Près de la Sagrada Familia, une taverne moderne où partager des *platets* de cuisine catalane ! Le must de la bistronomie locale.

LA PEPITA
173

À deux pas du Passeig de Gràcia, une taverne dans l'air du temps appréciée pour ses bonnes tapas et son ambiance chaleureuse.

QUIMET & QUIMET
181

Les meilleurs *montaditos* de Barcelone, dans une minuscule bodega du Poble Sec. Superbe ambiance et tapas d'une grande finesse !

LA COVA FUMADA
176

Une bodega authentique, repaire d'habitués à l'heure du *vermut*. Un classique de la Barceloneta pour sa cuisine populaire.

XIRINGUITO ESCRIBÀ
178

EN PHOTO

L'un des meilleurs restaurants du littoral pour se régaler d'une *paella* face à la mer. Gardez de la place pour les desserts !

TOP 5

FAIRE UNE PAUSE

Oubliez la sangria sur les Ramblas ! À l'heure de l'apéro, direction les bars à vin ou à bière, les *vermuterias*, les bars à cocktail et les terrasses des hôtels chic. Que l'on aime les vieilles bodegas chargées de tonneaux à vin ou les spots branchés avec DJ, il y en a pour tous les goûts !

189

BODEGA MAESTRAZGO

Un caviste au décor rustique, à découvrir à l'heure de l'apéro pour ses dégustations de vins, fromages et charcuteries !

186

LA CONFITERIA

Un merveilleux bar à cocktails dans un décor moderniste de 1912. Testez le « Carmen de Mairena », son cocktail signature.

190

DR. STRAVINSKY

Un bar à cocktails aux allures de laboratoire. Ici tout est fait maison, des alcools aux liqueurs... jusqu'aux jus et sodas !

190

PARADISO

Ambiance clandestine et cocktails insolites. Un haut lieu de la mixologie classé parmi les meilleurs bars à cocktails au monde !

16

CAN PAIXANO [LA XAMPANYERIA]

Repaire de fêtards et d'étudiants Erasmus, cette bodega est réputée pour son *cava* et ses sandwichs à prix imbattables !

TOP 5

(SE) FAIRE PLAISIR

Outre l'incontournable razzia chez Zara et Mango (moins 30 % par rapport à la France), filez dans le Born pour découvrir les jeunes créateurs locaux. Pour les gourmands, direction les marchés et les *colmados* (épiceries) pour faire le plein de *fuet* (saucisse), de *botifarra* et de *cava*.

© CAROLA ALEXANDRE

IVORI

Un espace dédié aux talents « made in Barcelona ». Le bon endroit pour faire un tour d'horizon de la mode catalane.

© JOAN CARLES

LA MANUAL ALPARGATERA

Ici, on vend des espadrilles faites à la main. La traditionnelle chaussure de toile n'a pas fini de vous étonner.

© EGI – STOCK.ADOBE.COM

LA CAPELL

Pour les inconditionnels du design, ne manquez pas la boutique du Col · legi d'Arquitectes : un florilège du design catalan !

© EGI – STOCK.ADOBE.COM

COLMADO MÚRRIA

Une magnifique boutique de *queviures* (épicerie fine) de l'époque moderniste. Produits régionaux de grande qualité !

MERCANTIC

SANT CUGAT DEL VALLÈS
Un authentique village dédié aux antiquités et objets vintage. Divers stands et une grande variété gastronomique.

© PERE RUBI - SHUTTERSTOCK.COM

TOP 5

BOUGER ET BULLER

Beach-volley, yoga sur le sable, baignade, paddle… la plage sera votre meilleur allié pour profiter des joies du sport à Barcelone ! À proximité, les sentiers du Montseny et de Montserrat offrent de merveilleuses excursions aux randonneurs. Et pour les footeux : direction le Camp Nou !

BOX BARCELONA

Cours de yoga, de boxe, de *paddle Pilates*… Un nouvel espace pour les créatifs et les sportifs de Barcelone.

© JULEN MARTINEZ - SHUTTERSTOCK.COM

© DERPRINZ - ISTOCKPHOTO.COM

CIRCUIT DE BARCELONA-CATALUNYA

MONTMELÓ

Faites une visite guidée de ce gigantesque circuit de course moto et automobile qui accueille entre autres les champions du Formule 1.

© EGI – STOCK.ADOBE.COM

CLUB PATÍ VELA

Pour tester le traditionnel « patin à voile », un catamaran sportif en bois. Également des cours de surf et des sorties en paddle !

CAMP NOU

Le plus grand stade d'Europe, le troisième du monde, avec une capacité de près de 100 000 places assises !

© IAKOV FILIMONOV - SHUTTERSTOCK.COM

© YEVGEN BELICH - SHUTTERSTOCK.COM

PISCINES MUNICIPALS DE MONTJUÏC

Deux immenses bassins et une vue magnifique sur Barcelone. Une expérience en soi !

TOP 5

SORTIR

Les spectacles de flamenco, concerts et DJ sets sont légion pour débuter la soirée. À la nuit tombée, les clubbers convergent vers les boîtes du port olympique et de la zona alta pour enflammer le dancefloor. Très tendance, les clubs à l'air libre et les soirées itinérantes se multiplient.

JAZZSÍ CLUB 223

Un des endroits les plus authentiques de Barcelone pour retrouver la magie du flamenco.

PALAU DALMASES - ESPAI BARROC 225

Une salle de spectacle de style baroque, qui présente tous les soirs des spectacles de flamenco. Soirées opéra tous les jeudis !

220 RAZZMATAZZ

Temple de l'indie pop, boîte mythique de Barcelone, le Razzmatazz accueille les meilleurs groupes espagnols et internationaux.

220 SALA APOLO

Une salle de concert mythique. Surtout, une boîte de nuit incontournable, un endroit sans prétention où on aime terminer la nuit.

SUTTON CLUB 221

Musique house et commerciale, « *gente guapa* » et une bonne dose de glamour : voilà la recette du succès du Sutton Club !

TOP 10

SE LOGER

Pour être au cœur de l'action, direction le Barri Gòtic et le Raval, où les pensions de charme sont nombreuses, bien que parfois un peu bruyantes. L'Eixample, plus calme, est le royaume des boutique-hôtels design et des palaces de luxe. Dans les quartiers du Born, de Sant Antoni ou de Gràcia, bon nombre d'*hostals* chic ont vu le jour ces dernières années. Le long du littoral se concentrent des hôtels modernes, voire avant-gardistes. Les appartements offrent une excellente solution aux familles et aux groupes d'amis, mais soyez vigilants lors des réservations : les abus sont courants !

CASA BONAY

Le nouvel hôtel fétiche des hipsters de passage. Mais aussi le point de rencontre des jeunes talents locaux.

HOSTAL ESTRELLA

RUPIT I PRUIT

Une petite institution dans le village de Rupit i Pruit. Fait à la fois office d'hôtel, de restaurant et... d'épicerie !

CASA GRACIA

Le point de chute fétiche des voyageurs de passage. Ses atouts ? Différents types de logements et un emplacement idéal.

H10 CASA MIMOSA

Un vrai coup de cœur pour cet hôtel de l'Eixample. La magie opère sitôt le hall et le restaurant franchis. On n'en dira pas plus.

ECO BOUTIQUE HOSTAL GRAU

Un hôtel chic et écolo, une déco dans l'air du temps. Ici, tout est pensé pour protéger l'environnement.

© HOSTAL GRAU

© CORTESÍA DE W BARCELONA. TODOS LOS DERECHOS RESERVADOS

HOTEL W BARCELONA

Véritable monument à lui tout seul, l'hôtel W n'en finit plus de faire parler. Mérite la visite, rien que pour le plaisir des yeux.

© HOTEL BRUMMELL

HOTEL BRUMMELL

Une vingtaine de chambres au design impeccable. Avec, en prime, une petite piscine et de jolies vues sur la ville.

PARADOR DE CARDONA

CARDONA

Dans l'enceinte du château de Cardona, des chambres décorées dans un style médiéval et équipées de tout le confort moderne.

© EGI - STOCK.ADOBE.COM

HOSTAL POBLENOU

Un *hostal* plein de charme au cœur du Poblenou. Sols en mosaïque, hauts plafonds et jolie terrasse dans une maison de 1930 !

© AXL - SHUTTERSTOCK.COM

© SANT JORDI HOSTELS

SANT JORDI HOSTELS GRÀCIA

Un chouette *hostal*, et une très bonne ambiance ! Avec une mention spéciale pour sa décoration pop et acidulée.

VIE QUOTIDIENNE

ALLO ?

Pour appeler la France depuis l'Espagne, composez le +33 suivi du numéro de votre correspondant sans le 0. Depuis la France vers l'Espagne, composez le +34 puis le numéro du correspondant à 9 chiffres.

Depuis juin 2017, les utilisateurs paient un prix identique pour les appels, les SMS et les données mobiles, quel que soit le pays de l'Union européenne dans lequel ils se rendent. Concrètement, cela veut dire que vous paierez exactement le même tarif pour ces services lorsque vous vous déplacez dans l'UE que lorsque vous êtes dans votre pays.

ACCESSIBILITÉ

Barcelone, comme les autres grandes villes espagnoles, dispose d'aménagements spécifiques pour les personnes handicapées. Rampes, ascenseurs et toilettes ont été installés pour faciliter les accès aux édifices publics ou dans la plupart des stations de métro. N'hésitez pas à consulter le site barcelona-access.cat (disponible en français) pour organiser au mieux votre séjour Vous y trouverez notamment des informations sur les visites touristiques adaptées, les coordonnées des taxis adaptés, des informations sur les transports, etc.

Même pour les jeunes parents avec des poussettes ou pour les personnes âgées, circuler dans Barcelone est généralement facile, que ce soit sur les larges avenues de l'Eixample, dans les ruelles (sans trottoirs) de la vieille ville ou le long du littoral, avec sa longue promenade maritime.

SANTÉ

Vous ne risquez aucun problème de santé en séjournant à Barcelone. Cependant, en cas de maladie, n'hésitez pas à consulter le site du consulat de France à Barcelone (barcelone.consulfrance.org) : vous y trouverez une liste très complète des médecins francophones (et ils sont nombreux !). En cas de problème grave, c'est également le consulat qui prévient la famille et décide du rapatriement.

Si vous devez vous rendre aux urgences, plusieurs hôpitaux publics sont à votre disposition, notamment l'Hospital del Mar (M° Ciutadella - Vila Olímpica) sur le littoral, et l'Hospital Clínic de Barcelona (M° Hospital Clínic), dans le quartier de l'Eixample.

URGENCES SUR PLACE

En cas d'urgence, le 112 est le numéro d'appel d'urgence pour contacter une ambulance, les pompiers ou la police. Ce numéro est gratuit et disponible 24h/24.

SÉCURITÉ

A Barcelone, les vols à la sauvette sont un véritable fléau. Dans les lieux touristiques, bien sûr, mais aussi dans les bars et les restaurants. Ne laissez jamais votre sac par terre ou sur la chaise d'à côté, même au restaurant ! Si vous souhaitez retirer de l'argent dans un coin touristique, évitez les distributeurs de rue, mieux vaut entrer à l'intérieur de la banque. Si malgré ces précautions vous vous faites voler, rendez-vous dans un commissariat de police pour faire une déclaration (denuncia). Le commissariat de Plaça Catalunya mettra à votre disposition un traducteur pour vous aider. Certaines compagnies d'assurances ou banques peuvent exiger ce document. S'il s'agit de la perte d'une pièce d'identité, en plus de la déclaration au commissariat, il est conseillé de contacter le consulat qui pourra vous fournir, si nécessaire, un document afin que vous puissiez prendre l'avion !

Il y a trois types de police en Catalogne : la Guàrdia Urbana (police municipale), les Mossos d'Esquadra (police catalane) et la Guardia Civil (police espagnole). En tant que touriste, vous aurez généralement affaire à la Guàrdia Urbana, qui patrouille dans les rues, sur les plages, en uniforme.

LGBTQ

L'Espagne a été l'un des premiers pays européens à autoriser le mariage homosexuel ainsi que l'adoption en 2005. Barcelone est également l'une des destinations phares des couples de femmes pour la procréation médicalement assistée (PMA). Disons-le, Barcelone est une ville très ouverte et tolérante en matière de sexualité.

D'ailleurs, il existe de nombreux hôtels, bars et clubs gays qui affichent le drapeau arc-en-ciel de la communauté. Ils se concentrent principalement dans le quartier de l'Eixample, surnommé le « Gayxample ». A quelques kilomètres de Barcelone, la station balnéaire de Sitges est l'un des fiefs européens de la communauté gay.

AMBASSADE ET CONSULATS

L'ambassade de France en Espagne est située à Madrid. À Barcelone se trouve le Consulat Général de France (barcelone.consulfrance.org), dans des bureaux très centraux situés à deux pas de la Plaça Catalunya. Le consulat vous aidera notamment en cas de perte ou de vol de vos papiers d'identité et pourra vous fournir la liste des médecins français ou francophones basés à Barcelone.

POSTE

Le timbre (*sello* en espagnol) pour l'Europe vous coûtera 1,45€ pour une lettre ou une carte postale. Vous pourrez l'acheter dans les bureaux de poste et les bureaux de tabac. Comptez au moins 3 jours pour l'acheminement d'une lettre vers la France.

MÉDIAS LOCAUX

Televisió de Catalunya (ccma.cat), organisme chargé de la diffusion des chaînes de télévision publique en Catalogne, émet uniquement en catalan et dispose de 6 chaînes : TV3, Canal 33, la chaîne d'information 3/24, Esport3 et le canal Super3. Il existe aussi un réseau de télévisions locales qui apportent des informations de proximité. C'est le cas de Betevé (beteve.cat), la chaîne de télévision de Barcelone. Concernant la presse écrite, les principaux titres sont le journal catalaniste de centre-droit La Vanguardia (éditions en catalan et en espagnol), le journal de gauche El Periódico (en catalan et en espagnol) et le journal indépendantiste ARA (en catalan). Pour être au courant de l'actualité culturelle et de l'agenda de la ville, consultez le site web de l'édition barcelonaise de Time Out (timeout.es/barcelona).

LES PHRASES CLÉS

Bonjour, mon téléphone ne fonctionne pas, pouvez-vous m'aider s'il vous plait ?
Bon dia, el meu telèfon no funciona, ¿pot ajudar-me, si us plau?

Je ne me sens pas bien, pouvez-vous m'amener à l'hôpital le plus proche ?
No em trobo bé, ¿podria portar-me a l'hospital més proper?

Est-ce que vous avez un médecin qui parle français ?
Hi ha cap metge que parli francès?

Je viens de me faire voler mes papiers, où est le poste de Police le plus proche ?
M'acaben de robar la documentació, ¿on és la comissaria més propera

Est-ce un quartier dangereux ou je peux y aller sans crainte ?
És un barri perillós o puc anar-hi sense problemes?

Avez-vous des timbres pour une carte postale à envoyer en France ? C'est combien ?
Tenen segells per enviar una postal a França? Què valen?

PASSEPORT

DÉCOUVRIR

Soleil, *fiesta* et Art nouveau : une réalité, certes, pourtant il serait bien dommage de résumer Barcelone à ces quelques mots. Cette ville aux multiples facettes vous réserve bien des surprises, tant par son histoire que par sa culture, sa cuisine, ses habitants et son énergie indescriptible. Berceau du génial Gaudí et du peintre Miró, terre de traditions qu'elle défend sans relâche depuis des siècles, fief de l'irréductible Barça… la cité maritime est sans nul doute l'une des villes les plus fascinantes d'Europe. D'autant que son dynamisme sans relâche attire les créateurs et artistes de toutes parts, qui réinventent chaque jour les quartiers et lieux à la mode. Un eldorado méditerranéen à découvrir le nez à l'air, en se laissant porter au gré des rencontres et des aventures, sans jamais oublier de s'intéresser à son passé, sa culture, ses traditions, bref, tout ce qui fait son identité si singulière.

GAUDÍ ET LE MODERNISME

À partir de la fin du XIXe siècle, l'Art nouveau fleurit à Barcelone dans un contexte de prospérité et d'essor industriel. Soutenus par la bourgeoisie catalane, les architectes « modernistes » redessinent la ville pour y laisser leur empreinte. Leurs créations mêlent les références médiévales, l'exaltation de la Catalogne et la renaissance des Arts décoratifs. Elles émaillent toute la ville, et en particulier le quartier de l'Eixample, véritable musée à ciel ouvert de l'Art nouveau catalan. Lluís Domènech i Montaner, Josep Puig i Cadafalch et bien sûr Antoni Gaudí sont les principaux représentants de l'ère moderniste. Ce dernier va pourtant s'éloigner du cadre strictement moderniste pour affirmer son style très singulier, empreint de mysticisme, basé sur l'observation de la nature. Ses principaux chefs-d'œuvre, dont sept sont classés au Patrimoine mondial de l'UNESCO, se trouvent à Barcelone et ses environs.

Un élan de modernité

Entre la fin du XIXe et le début du XXe siècle, époque marquée par les progrès techniques et une relative prospérité économique, plusieurs pays européens voient émerger un mouvement artistique qui cherchait à rompre avec l'académisme dominant. Selon les pays, on le baptisa *Art nouveau* en France et en Belgique, *Modern Style* en Grande-Bretagne et aux États-Unis, *Jugendstil* en Allemagne ou encore *Liberty* en Italie. En Espagne, on le nomma *Modernismo* (*Modernisme* en catalan).

Associé aux concepts de modernité et de progrès, le Modernisme se développe en Catalogne grâce aux élites nées de la Révolution industrielle. Après avoir favorisé la *Renaixença* – la renaissance culturelle catalane –, cette nouvelle bourgeoisie affirme sa volonté de situer Barcelone dans une modernité d'envergure européenne, ou selon les mots de l'écrivain Joan Fuster, transformer « une culture régionale traditionaliste en une culture nationale moderne ». Les premières constructions modernistes apparaissent en 1888 à l'occasion de l'Exposition universelle de Barcelone. L'Arc de triomf (p.127) et le château des trois dragons, à l'intérieur du Parc de la Ciutadella (p.131), marquent les prémices de cette révolution moderniste. Mais c'est surtout grâce à la création de l'Eixample que le Modernisme va pouvoir se développer. Ce quartier, dessiné par l'urbaniste Ildefons Cerdà dans les années 1860, constituait une « extension » planifiée du centre-ville, après la destruction des murailles de Barcelone (1854-1856).

© TRABANTOS - SHUTTERSTOCK.COM

Parc de la Ciutadella.

© ZABOTNOVA INNA - SHUTTERSTOCK.COM

Casa Amatller et Batllo.

Conçu sur un plan quadrillé, avec des îlots d'habitations parfaitement identiques, l'Eixample se déploie autour du **Passeig de Gràcia** (p.136), l'axe principal de la cité nouvelle. L'élégante promenade devient, à partir de 1890, le cœur résidentiel de la haute bourgeoisie et la vitrine du Modernisme catalan. Grâce au mécénat, de splendides constructions signées Gaudí, Puig i Cadafalch et Domènech i Montaner y voient le jour entre 1890 et 1920. La confrontation de leur génie est visible sur l'Illa de la Discòrdia, où se jouxtent la **Casa Lleó Morera** (p.132) (n° 35), la **Casa Amatller** (p.132) (n° 41) et la **Casa Batlló** (p.133) (n° 43).

Traits caractéristiques du Modernisme

En partie influencé par l'Arts and Crafts, mouvement anglo-saxon prônant la renaissance de l'artisanat, le Modernisme partageait surtout de nombreuses affinités avec l'Art nouveau et ses différentes variantes européennes : désir de liberté créative, lignes courbes, goût pour la richesse ornementale et les formes de la nature. En Catalogne, la singularité du mouvement et de ses artistes fut telle que le « Modernisme catalan » fut rapidement considéré comme un mouvement autonome.

Les références à l'architecture médiévale sont l'un des traits caractéristiques du premier Modernisme. En témoignent la **Casa de les Punxes** (p.132), tel un château gothique s'élevant sur l'avinguda Diagonal, ou la Casa Martí (1895-1896), reconnaissable à ses lignes néogothiques. Mais loin de recopier ce langage médiéval, les architectes modernistes le transcendent en y associant les méthodes de constructions traditionnelles catalanes et les matériaux typiques de l'ère industrielle. Ainsi, la voûte catalane et le fer forgé s'y conjuguent avec la briquette, la céramique et le verre industriel. Autre particularité du Modernisme catalan : le recours à des formes et motifs empruntés au nationalisme. La présence récurrente de la *Senyera* (drapeau catalan) et la représentation de Sant Jordi et du dragon en sont les meilleurs exemples. Sur la façade de la Casa Amatller, on distingue facilement le superbe Sant Jordi sculpté par Eusebi Arnau. Le toit de la **Casa Batlló** (p.133), semblable à l'échine du dragon, et le Sant Jordi en céramique qui couronne la **Casa de les Punxes** (p.132), comptent parmi les plus beaux exemples de la ville.

Les grands architectes modernistes

Parmi les principaux représentants du Modernisme, trois noms se distinguent dans le panorama catalan : ceux de Lluís Domènech i Montaner, Josep Puig i Cadafalch et Antoni Gaudí. De l'historicisme des débuts, chacun va perfectionner son propre langage et évoluer vers un style singulier. Leurs œuvres illustrent une profonde recherche formelle, positionnant la ville de Barcelone à l'avant-garde de la création artistique.

Lluís Domènech i Montaner (Barcelone 1850-1923) participa grandement à la diffusion du Modernisme depuis sa position au sein de l'École technique supérieure d'architecture de Barcelone, dont il fut le directeur à partir de 1900. Il est également l'auteur d'un article publié en 1878 dans la revue *La Renaixença*, « À la cherche d'une architecture nationale », dans lequel il théorisa les prémisses de l'Art nouveau catalan. Ses œuvres majeures témoignent d'une fantaisie architecturale qui n'a guère d'équivalent ailleurs.

À Barcelone, il est l'auteur de la maison d'édition Montaner i Simón (1885), aujourd'hui siège de la Fundació Tàpies (p.134), du café-restaurant de l'Exposition universelle (1888), véritable château féodal plus connu sous le nom de *Castell dels tres Dragons* (château des trois dragons), ou encore de la Casa Lleó i Morera (1902), ornée de balcons et chapiteaux aux motifs végétaux, avec à son sommet, d'élégants créneaux ouvragés surmontés d'une tourelle.
Recinte modernista de Sant Pau (p.135) (1902-1912), véritable cité-jardin formée de quarante-huit pavillons reliés par des rues et des souterrains, se pare de sculptures d'Eusebi Arnau et Pablo Gargallo, sur fond de briques et de mosaïques. Mais son œuvre la plus célèbre demeure le Palau de la Música Catalana (p.130) (1905-1908), temple de la musique catalane et fleuron du Modernisme, où l'alliance entre architecture et Arts décoratifs atteint son apogée. Édifié en brique, le bâtiment est un enchantement de vitraux, de mosaïques, et de délicates sculptures conçues par Eusebi Arnau. Ces deux édifices, classés au Patrimoine mondial de l'UNESCO, comptent parmi les plus belles contributions à l'architecture de Barcelone.
Josep Puig i Cadafalch (Mataró, 1867- Barcelone, 1956) est considéré comme le dernier représentant de l'Art nouveau catalan. Disciple de Lluís Domènech i Montaner, il réalisa ses plus grandes œuvres modernistes durant la première étape de son parcours d'architecte (1895-1905), avant de s'orienter vers le rationalisme puis le monumentalisme. Cet historien de l'art, passionné du Moyen Âge et en particulier de l'art roman, puisa dans l'imaginaire médiéviste pour réaliser ses œuvres, tout en accordant une place fondamentale aux Arts décoratifs.
Il est l'auteur de la Casa Martí (1895-96), fabuleuse demeure inspirée du gothique nord-européen, devenu le fief de la bohème artistique avec l'ouverture de la taverne Els Quatre Gats (p.156) en 1897. On lui doit également la Casa de Les Punxes (p.132), proche du gothique flamand, dont les tourelles s'élèvent dans le ciel barcelonais comme de véritables pointes (*punxes*). Avec le Palau Baró de Quadrás (p.135), bâti entre 1904 et 1906, Josep Puig i Cadafalch réinterprète les façades gothiques du nord de l'Europe. Là encore, la collaboration avec le sculpteur Eusebi Arnau met en lumière l'importance des Arts décoratifs dans l'imaginaire moderniste. De l'intérieur du bâtiment, beaucoup plus éclectique, se dégage une certaine influence arabe.
La Fàbrica Casaramona, siège du centre culturel CaixaForum (p.143), offre un bel exemple de l'esthétique moderniste appliquée à l'architecture industrielle. Cette ancienne usine textile située aux portes de Montjuïc mêle les influences gothique et mudéjare, avec ses hautes tours semblables à des minarets. Autre exemple d'architecture industrielle, les Caves Codorniu, à Sant Sadurní d'Anoia, intègrent les techniques innovantes des voûtes catalanes et des arcs paraboliques. Mais son œuvre la plus remarquable est sans doute la Casa Amatller (p.132), sur le Passeig de Gràcia. Achevée en 1900, cette merveilleuse demeure évoque le gothique flamand avec ses pignons à redents ornés de mosaïques.

Casa Vincens.

© JAROSLAV MORAVCIK - SHUTTERSTOCK.COM

La Pedrera.

© MONTIPAITON - SHUTTERSTOCK.COM

Casa Batlló.

Dès l'arrivée à Barcelone, vous voici plongés dans l'univers d'Antoni Gaudí. L'architecte a livré à la ville des oeuvres hallucinantes, d'un raffinement extrême, en puisant son inspiration dans la nature et les formes organiques. En témoignent trois oeuvres majeures : la Casa Milà (ou Pedrera), la Casa Batlló ou le parc Guëll, qui saisissent immédiatement le visiteur par leur audace et leur style incomparable. Toutes trois ont été classées au patrimoine mondial par l'Unesco.

© LEVRANII - SHUTTERSTOCK.COM

Parc Guell.

Sagrada Familia.

GAUDÍ ET LE MODERNISME

Détail de la façade de la Nativité.

Gaudí, le génie mystique

Antoni Gaudí (Reus, 1852-Barcelone, 1926) est le plus célèbre représentant du Modernisme catalan, et une figure essentielle de l'histoire de l'architecture contemporaine. Son œuvre, en grande partie classée au Patrimoine mondial de l'UNESCO, est le résultat d'emprunts historiques autant que d'audaces formelles. Né au sein d'une famille modeste, il suit des études d'architecture à Barcelone et reçoit sa première commande importante en 1883 avec la Casa Vicens (p.139), véritable palais d'inspiration orientale, reconnaissable à sa façade polychrome ornée de carreaux de faïence. La même année, il prend la direction des travaux de la Sagrada Familia (p.138), chantier pharaonique auquel il consacra toute sa vie, et point de départ d'une ascension professionnelle fulgurante.

Sa rencontre avec le riche industriel Eusebi Güell lui permit de donner libre cours à son génie créatif. Les deux hommes, qui partagent les mêmes valeurs nationalistes et catholiques, entament une collaboration prolifique basée sur une admiration mutuelle. En témoignent les Pavellons Güell (p.147) (1884-1887), dont le portail en forme de dragon est un chef-d'œuvre de la ferronnerie ; le Palau Güell (p.124) (1886-1890), demeure d'un raffinement extrême imaginée comme résidence principale du mécène ; la Colonia Güell, dont la crypte (1908-1915) fut le banc d'essai de plusieurs techniques innovantes, appliquées par la suite sur le chantier de la Sagrada Familia ; et bien sûr le parc Güell (p.139), merveilleuse cité-jardin inachevée, dont le petit dragon et le banc ondulant recouvert de *trencadís* sont aujourd'hui des icônes de Barcelone.

Sur le Passeig de Gràcia, Gaudí laissa libre cours à son imagination pour remodeler la Casa Batlló (p.133) (1904-1907), dont l'extraordinaire façade se pare d'éclats de mosaïques et de balcons aux formes organiques qui lui valurent le surnom de « maison des os ». Presque en face, La Casa Milà - La Pedrera (p.134) (1906-1912) se distingue par son utilisation du plan libre : grâce à une structure porteuse faite de piliers et de poutres, la façade est libérée de toute contrainte structurelle et s'impose, immense, telle une masse de pierre ondulante. Elle fut la dernière œuvre publique de Gaudí, qui se consacra ensuite exclusivement à son chef-d'œuvre inachevé, La Sagrada Familia (p.138).

La visite de la basilique est indispensable pour comprendre toute la dimension à la fois géniale et pieuse de l'architecte. De 1914 jusqu'à sa mort en 1926, il se consacra corps et âme à sa construction, allant jusqu'à emménager dans son atelier au cours des derniers mois de sa vie. L'architecte, dont le style fut souvent qualifié de « naturaliste », s'inspira plus que jamais de la nature pour penser l'espace et la structure de ses œuvres. En témoigne l'immense forêt de colonnes dans la nef de la basilique, qui se ramifient au sommet, telles des branches d'arbre.

Gaudí meurt le 10 juin 1926 des suites d'un tragique accident. Le vieil ascète, en chemin vers l'église de Sant Felip Neri pour assister à une messe, fut renversé par un tramway. Il était si mal vêtu qu'on le prit pour un indigent. Seules la crypte – où son corps est inhumé – et la façade de la Nativité furent achevées de son vivant. L'éternel chantier de la Sagrada Familia se poursuit et devrait prendre fin en 2026 pour le centenaire de la mort de l'architecte.

Pour aller plus loin dans la découverte de l'œuvre de Gaudí, n'hésitez pas à télécharger l'application « La Barcelone de Gaudí » sur le site de l'office de tourisme. Plusieurs agences locales proposent aussi des visites guidées en français sur le thème de Gaudí et du Modernisme, notamment Ma Barcelone et son itinéraire « Barcelona Modernista ». Enfin, n'hésitez pas à consulter le site web et les publications de la Ruta del Modernisme (rutadelmodernisme.com), précieuse source d'informations sur l'Art nouveau catalan, disponible en français. Le site recense quelque 120 monuments à découvrir à Barcelone, ainsi qu'une sélection d'œuvres à voir aux alentours de la ville.

LE FC BARCELONE

« **M**és que un club » (« *Plus qu'un club* »), la devise du mythique FC Barcelone résume tout de ce qu'est l'institution Barça dans l'histoire de la cité catalane. Elle est d'ailleurs inscrite en lettres jaunes sur tout un étage de la Lateral du Camp Nou, la tribune qui fait face aux loges et aux bancs de touche. L'ex-club de Lionel Messi est véritablement la vitrine de la Catalogne aux quatre coins du monde. Les Blaugrana (bleu et grenat) font partie intégrante de l'histoire de la ville et sont un symbole de la fierté régionale. C'est même un symbole du catalanisme. Car depuis toujours, le Camp Nou a su faire passer ses messages politiques, qui ont ainsi eu une résonnance immédiate sur toute la planète. Avec plus de 120 000 *socios* (supporters et actionnaires du club), alors que le stade ne propose « que » 98 000 places, l'institution est l'objet d'un véritable culte dans toute la Catalogne. Instrument politique, machine à gagner (des titres comme du cash) et à créer du rêve avec les meilleurs joueurs de la planète depuis des générations, géant du football mondial et du « foot-business », le Barça est définitivement « *més que un club* ». Zoom sur l'histoire singulière d'un club pas vraiment comme les autres.

Un symbole de l'indépendantisme catalan

Si le Barça est « plus qu'un club », c'est avant tout parce qu'il a toujours joué un rôle politique majeur à Barcelone et dans toute la Catalogne. Fondé en 1899, le petit club de football de l'époque a mis moins d'une décennie à entrer en politique. Car dès 1908, Joan Gamper, le fondateur du club, rapproche le Barça des partis catalanistes et adopte le catalan à la place du castillan. Peu à peu, le club blaugrana va devenir une figure de proue de l'identité régionale jusqu'à ce que Gamper adhère à la demande d'un statut d'autonomie pour la Catalogne. Soutenir le Barça est donc depuis cette époque aussi une question politique. C'est d'ailleurs pour cela que va se nouer une rivalité avec l'autre club de la ville, l'Espanyol Barcelone (le Real Club Deportivo Español de Barcelona pour être exact), un club d'ouvriers qui, lui, va faire allégeance au roi d'Espagne. Aujourd'hui, les *Pericos* de l'Espanyol jouent dans le stade Cornellà-El Prat (40 500 places), sur la route de l'aéroport. Une rivalité va également se construire avec le « club du roi » le Real Madrid et devenir l'un des sommets du foot mondial. Un sommet qui se dispute à l'occasion du fameux Clasico, quasiment autant suivi sur la planète qu'une finale de Ligue des Champions. Durant toute son histoire, le Barça s'est opposé au pouvoir central madrilène. Pendant la dictature de Primo de Rivera (1923-1930), le club a été suspendu six mois après que l'hymne espagnol a été sifflé dans l'antique stade des Corts. Sous Franco, le président du club et natio-

Camp Nou.

naliste de gauche Josep Sunyol a été fusillé dès le début de la guerre civile (1936). Le dictateur imposera même en 1940 l'un de ses collaborateurs à la présidence.
Aujourd'hui, la dimension politique du FCB est toujours aussi forte. En plus de son apparition sur l'écusson du club, le drapeau catalan figure régulièrement sur les différentes tuniques bleu et grenat. Surtout, de nombreux supporters crient « *Independencia !* » à la 14e seconde de la 17e minute de chaque rencontre jouée à domicile, en référence à l'année du siège de la ville (1714) qui a fait passer Barcelone sous le joug des Bourbons lors de la guerre de Succession d'Espagne. Récemment, de nombreuses figures importantes du club, de Guardiola à Xavi en passant par Piqué et Puyol, ont publiquement affiché leur soutien à la cause indépendantiste. Finalement, en 120 ans, rien n'a vraiment changé sur les Ramblas...

Apôtre du beau jeu

Quoiqu'il en soit, l'activisme politique du Barça n'a pas empêché le club de remplir son armoire à trophées. En effet, l'institution blaugrana a possédé les plus grands manieurs de ballons de l'histoire du jeu (Cruyff, Maradona, Romario, Ronaldo, Ronaldinho, Messi...) et peut-être même les deux meilleurs 11 de l'histoire du foot de clubs. À tout seigneur tout honneur, la fameuse « Dream Team » du coach Johan Cruyff va conquérir quatre championnats d'affilée (de 1990 à 1994) et la première Ligue des Champions de l'histoire catalane (1992) en pratiquant le fameux « tiki-taka », ce jeu léché à une touche de balle qui va devenir la marque de fabrique des sociétaires du Camp Nou. Zubizarreta, Guardiola, Begiristain, Laudrup, Koeman, Stoichkov, Romario, Eusebio et les autres vont marquer à jamais l'histoire du foot en faisant du stade barcelonais la cathédrale du beau jeu. Un héritage que l'entraîneur Pep Guardiola va se charger de le faire revivre lorsqu'il s'installe sur le banc catalan à l'été 2008. Adulé des *socios* avant même sa nomination, l'ancien milieu de terrain ne va pas décevoir les travées du stade. Dès sa première saison, il va offrir à la ville un historique... sextuplé ! Chaque titre en jeu, en Espagne ou en Europe, va tomber dans l'escarcelle catalane et la bande de Messi, Puyol, Xavi et Iniesta va aller punir le Real Madrid au Bernabeu... 6 buts à 2 pour un feu d'artifice apprécié à sa juste valeur autour de la Sagrada Familia au printemps. Au final, lors de ses quatre années à la tête des Blaugrana (2008-2012), le natif de Santpedor aura soulevé 14 trophées sur 19 possibles. Légendaire !

Au Camp Nou ou en ville, « Olé-lé, Ola-la »

L'antre du Camp Nou (p.213) est donc devenu au fil des années une attraction touristique majeure de la ville, notamment depuis que le

© FC BARCELONA_ AUTHOR- SARA GORDON

L'équipe du FC Barcelone.

musée du FCB attenant a ouvert ses portes en 1984. Avec plus d'un million de visiteurs par an, le musée du Barça est tout simplement l'un des plus visités du pays. Photographies, trophées, records et montages audiovisuels retracent la vie plus que centenaire de l'institution sur près de 3 550 m². L'exposition comprend aussi des peintures et des sculptures réalisées par d'illustres artistes catalans qui se sont inspirés du sport, comme Dali, Miró ou Tàpies. Naturellement, cette visite se poursuit avec l'accès aux gradins du Camp Nou, construit en 1954 à l'emplacement de l'ancien stade des Corts. Et on en prend plein les yeux, car il s'agit (excusez du peu) du plus grand stade d'Europe, le troisième du monde, avec une capacité de près de 100 000 places assises (98 787 exactement). Pendant le tour, on entre dans les entrailles du stade, on foule (un peu) la pelouse, on visite les vestiaires, on admire la salle des trophées et, en plus de l'audioguide classique, on peut désormais s'équiper de lunettes de réalité virtuelle pour revivre depuis la tribune les buts de légende du club, comme si on y était !
Enfin, à l'heure d'un match du Barça, les endroits ne manquent pas pour voir les joueurs porter haut les couleurs blaugrana. Dès le coup de sifflet, on pourra les voir multiplier les passes dans un petit bar indépendantiste dans les quartiers périphériques comme le Sotavent ou dans un pub plus classique vers les Ramblas. Parmi les plus courus, on retrouve la Taverna de Barcelona où l'ambiance n'a rien à envier à celle du plus grand pub irlandais de la ville The George Payne en plein Barri Gòtic. Mais de manière générale, vous n'aurez aucun mal à trouver un écran dans les établissements de la ville. Une chose est sûre, au coup de sifflet final d'un Clasico ou d'une finale de Ligue des Champions, direction la Plaza de Catalunya (p.124) pour entonner le « *Cant du Barça* ». *Olé-lé, Ola-la (...) Barça, Barça, Baaarçaaa !*

DÉCOUVRIR

POUR UNE BOUCHÉE DE TAPAS

La *tapa* vit depuis quelques années sa révolution : adoptée par les grands chefs, vénérée par les *foodies*, elle flirte aujourd'hui allègrement avec la « haute » cuisine et les dernières tendances gastro. Barcelone, ville pionnière de cette révolution, essaime les néo-tavernes et bistrots branchés où s'essayer à ces bouchées « d'auteur » et autres délices rénovés. De bars en restaurants, des bodegas jusqu'aux marchés, c'est parti pour un tour d'horizon des tapas immanquables de Barcelone ! À l'origine, sa fonction se limitait à celle de simple couvercle (« tapa » en espagnol) : on plaçait alors une tranche de pain garnie de chorizo ou de jambon sur le rebord du verre pour éviter l'intrusion de mouches et autres insectes. Le modeste en-cas, longtemps servi gratuitement dans les bars en accompagnement d'une boisson, a évolué jusqu'à nos jours vers un concept plus large de cuisine « miniature ».

« Tapas », mode d'emploi

Les *pintxos* désignent les tapas élaborées sur une tranche de pain et piquées d'un cure-dent. Ils sont typiques du nord-ouest de l'Espagne, et en particulier du Pays Basque. On les mange généralement debout, avec les doigts, pour accompagner l'apéritif. À Barcelone, les établissements offrant ce genre de tapas sont généralement très touristiques, exception faite de quelques bonnes adresses comme la Cervecería Catalana (p.165) ou la Koska Taverna (p.180). Cette dernière est une des adresses phares du carrer Blai, une rue piétonne du Poble Sec où se concentrent bon nombre de bars à *pintxos* et *montaditos*, parmi les plus authentiques de la ville. Le *montadito* ressemble à s'y méprendre à son cousin le *pintxo* : à vrai dire, seuls les puristes sauront faire la différence ! Il se présente sur une tranche de pain un peu plus large que celle du *pintxo*, et s'en distingue par l'absence de cure-dent. La bodega Quimet & Quimet (p.181), temple du *montadito* à Barcelone, est un arrêt obligatoire pour tester ces divines bouchées garnies de moules et caviar, de champignons à l'huile d'olive truffée, ou encore de foie gras au sel volcanique. Le tout à déguster debout, accoudé au comptoir ou à une table haute, comme le veut la tradition. Autre volet gastronomique incontournable, celui

Pinxtos et tapas.

des *raciones* (« *racions* » en catalan), qui font généralement référence à une cuisine populaire ou maritime : portions de calamars, *chocos* (petites seiches), chipirons et *bunyols de bacallà* (beignets de morue) sont placées au centre de la table pour mieux se partager. Ce type de tapas est vraiment typique de Barcelone, bien plus que ne le sont les *pintxos* ou les *montaditos*. On les mange généralement avec une fourchette, en guise d'entrée ou de repas complet, le seul impératif étant celui de partager son assiette ! Dans les tavernes des quartiers maritimes, les portions de *fritos* (fritures de poisson) s'accompagnent de palourdes, de gambas et de couteaux frais grillés à la plancha, comme au Jai Ca, à L'Ostia ou dans l'incontournable Cova Fumada (p.176). Cette dernière est également célèbre pour avoir été le berceau de la *bomba*, tapa emblématique de La Barceloneta qui se présente sous la forme d'une grosse boule garnie de viande et de pomme de terre. À l'*hora del vermut* – comprenez « l'heure de l'apéritif » –, les Catalans sont friands d'olives farcies, d'anchois marinés, de coques ou de moules en conserve, que l'on picore à l'aide d'un cure-dent. Les vieilles *bodegas* aux murs chargés de bouteilles et de tonneaux sont bien sûr le cadre idéal pour un apéritif à la catalane, comme la Bodega Vasconia (p.153) dans le Barri Gòtic, El Xampanyet (p.163) dans le Born ou la Bodegueta Cal Pep (p.179), du côté de Sants. Mais l'engouement pour le vermouth, en plein regain de popularité depuis une dizaine d'années, a aussi vu la naissance de *vermuterías* plus « gastro », où les tapas traditionnelles sont actualisées par de jeunes chefs dans le vent. Morro Fi, avec plusieurs adresses dans Barcelone, a été le précurseur de cette tendance. Les hipsters barcelonais raffolent de ses classiques revisités, comme l'*esqueixada* (salade de morue) ou l'*ensaladilla rusa* (macédoine de légumes). La Bodega 1900 (p.164) a, quant à elle, définitivement donné ses lettres de noblesse au vermouth, en l'accompagnant d'une carte de tapas signée Albert Adrià.

La révolution « tapas »

Parmi les classiques des comptoirs barcelonais, il y a bien entendu les *patatas bravas*, ces pommes de terre dorées à l'huile d'olive, accompagnées d'une sauce rouge piquante et d'une sauce blanche à l'aïoli. Celles du Bar Tomas (p.179) sont parmi les plus réputées de la ville. Les *croquetas* (garnies de jambon, de champignons, etc.), la *tortilla* ou le célèbre *pa amb tomàquet* (tranche de pain grillée, frottée à la tomate et assaisonnée d'huile d'olive) sont aussi des incontournables ! L'*escalivada*, constituée de lamelles d'aubergines, oignons et poivrons rouges braisés au four, accompagne à merveille le pain à la tomate. Elle sert aussi de garniture à la *coca de recapte*, délicieuse pizza

© BARTOSZ LUCZAK - ISTOCKPHOTO.COM

Patatas bravas.

catalane coiffée de sardines ou d'anchois. Outre ces quelques spécialités, les tapas se déclinent à l'infini au gré de l'imagination des chefs. Car depuis la fin des années 1990 et la révolution « El Bulli » – archi célèbre restaurant de Ferran Adriá et berceau de la cuisine moléculaire –, les chefs catalans se sont emparés de la tapa pour opérer une véritable révolution culinaire. Nommées *platillos* en castillan ou *platets* en catalan, ces tapas « créatives » sont omniprésentes sur les tables de Barcelone, des bodegas pur jus aux gastro-tavernes branchées, en passant par les néo-bistrots chic et même les tables étoilées ! Le restaurant Tickets, des frères Albert et Ferran Adrià, est l'ambassadeur le plus célèbre des tapas d'avant-garde depuis qu'il a reçu une étoile au Michelin en 2014. Plus accessibles, le Gresca Bar (p.166), la Taverna Hofmann (p.169) ou encore Teòric taverna gastronòmica (p.169) participent au rayonnement de la tapa d'auteur. La dégustation s'y déroule dans une atmosphère conviviale et informelle, loin de l'ambiance guindée de certains restaurants gastronomiques. Car les tapas, qu'elles soient modestes ou innovantes, sont avant tout une affaire d'ambiance ! Pour un tour d'horizon complet, rendez-vous à la Bodega La Palma (p.153), La Pepita (p.173) ou encore Tapas 24, autant de valeurs sûres mêlant classiques de comptoir et tapas créatives. De nombreuses agences proposent des « tapas tour » disponibles en français, dont le Food Lover Tour (foodlovertour.com) composé de cinq escales gourmandes. L'agence Ma Barcelone, menée par une équipe francophone, propose quant à elle un atelier « créa-tapas » pour les groupes. Enfin, n'hésitez pas à fréquenter les marchés de la ville, tels La Boqueria ou le Mercat de Sant Antoni : leurs comptoirs sont un must pour croquer le terroir catalan sous forme de bouchées !

HISTOIRE

Plus de 2 000 ans d'histoire ont façonné la ville de Barcelone à travers des vagues successives de luttes et de conquêtes. Fondée par les Romains, conquise par les Wisigoths, les Maures puis les Francs, Barcelone devient au IXe siècle un puissant comté au cœur de la Catalogne unifiée. De l'expansion en Méditerranée aux XIIe et XIIIe siècles aux vicissitudes des XVe-XVIIIe siècles marqués par la domination castillane, la Catalogne a traversé de nombreux conflits au cours de son histoire. À partir du XIXe siècle, l'essor industriel propulse Barcelone dans la modernité. Tandis que le catalanisme séduit la nouvelle bourgeoisie catalane, la ville se réinvente sous le regard des architectes modernistes. De nouveau brimée sous la période franquiste, la Catalogne a longtemps revendiqué davantage d'autonomie par rapport à l'Espagne. Ces dernières années, la question de l'indépendance divise la société catalane.

230 AV. J.-C. La légende attribue la fondation de Barcino à Hamilcar Barca, père d'Hannibal, sur la colline de Montjuïc. C'est lui qui aurait donné son nom à la ville.

IER SIÈCLE AV. J.-C. Sous le règne de l'empereur Auguste, les Romains fondent la colonie de Barcino au sommet du Mont Tàber, où se trouve l'actuelle Plaça de Sant Jaume. Des excavations ont mis à jour des vestiges de cette cité romaine, exposés au Museu d'Història de Barcelona.

VE SIÈCLE Les Wisigoths envahissent l'Espagne par le nord. Leur roi Arthaulf fonde en 415 un royaume dont la capitale est Barcelone, avant de s'établir à Tolède au début du XIe siècle.

712 Conquête de la ville par les musulmans, qui la rebaptisent Barjalonah.

801 Louis le Pieux, fils de Charlemagne, s'empare de Barcelone et l'intègre à la Marche d'Espagne, une zone tampon face aux musulmans d'Al-Andalus. Ce territoire se compose de comtés dépendants des monarques carolingiens, dont celui de Barcelone est le plus puissant.

Louis le Pieux.

DÉCOUVRIR

878 Profitant du déclin de l'Empire franc, Guifred le Velu, comte de Barcelone, conquiert la plupart des bastions voisins et organise la Catalogne en un ensemble politique. Ses successeurs établissent la séparation définitive à l'égard de la France.

840-897

Guifred le Velu

Guifré el Pilós (840-897), en catalan, est considéré comme le fondateur de la Catalogne au IXe siècle. Comte de Barcelone, d'Osona, de Gérone, d'Urgell et de Cerdagne, il obtient de Charles le Chauve, petit-fils de Charlemagne, l'indépendance de son comté et le droit de le transmettre à ses descendants. Ses enfants poursuivent les dynasties nouvellement créées, forgeant ainsi l'identité et le territoire catalan.

La mort de Guifré el Pilós.

1137 Le mariage de Raimond-Bérenger IV, comte de Barcelone, avec Pétronille, héritière du trône d'Aragon, donne naissance à la Couronne d'Aragon. La Catalogne entreprend son expansion territoriale face aux musulmans, avec la reconquête des régions de Tortosa et de Lleida. Raimond-Bérenger IV promulgue les *Usatges*, compilation des us et coutumes qui forment la base du droit catalan.

XIII-XIVE SIÈCLES Sous le règne de Jacques Ier le Conquérant, la puissance catalano-aragonaise s'étend en Méditerranée, avec la conquête des îles Baléares (1235) et du pays valencien (1238). La Catalogne connaît une période de grande prospérité grâce à son activité portuaire et aux échanges commerciaux. À la fin du XIVe siècle se forme la *Generalitat*, organisme délégué des *Corts* (assemblées).

XV-XVIE SIÈCLES Période de déclin. En 1469, la Catalogne est incorporée au nouveau royaume unifié des Rois Catholiques Ferdinand II d'Aragon et Isabelle Ire de Castille. En 1492, la découverte du Nouveau Monde déplace les échanges commerciaux vers l'Atlantique.

XVIIE SIÈCLE En 1640, les Catalans – appuyés par la France – se soulèvent contre la monarchie espagnole lors de la *Guerra dels Segadors*. Elle prend fin en 1652 avec la signature du traité des Pyrénées entre l'Espagne et la France, qui accorde à cette dernière le Roussillon et la moitié du comté de Cerdagne.

1714

Barcelone capitule le 11 septembre face aux troupes de Philippe V, dont elle n'avait pas soutenu le couronnement lors de la guerre de Succession. Ce dernier abolit la *Generalitat* et interdit l'usage du catalan.

1778

L'ouverture du commerce avec l'Amérique favorise un nouvel essor de l'économie catalane. Barcelone devient le principal centre textile de la péninsule.

XIXe SIÈCLE

Tout en poursuivant son développement industriel, la Catalogne vit au rythme des révoltes ouvrières. Les conditions de vie sont alors déplorables dans les quartiers populaires de Barcelone. En 1859, l'urbaniste Ildefons Cerdà initie son plan d'extension de la ville en dessinant le nouveau quartier de l'Eixample. La ville accueille sa première Exposition universelle en 1888, tandis que la Renaixença ravive la culture et la langue catalanes.

1900-1920

Plusieurs attentats secouent Barcelone, qui voient l'apparition des organisations syndicales anarchistes. En 1909, la Setmana Tràgica (semaine tragique) fait une centaine de morts lors des protestations contre l'envoi de troupes au Maroc. En 1914, les catalanistes obtiennent la création de Mancomunitat de Catalunya, fédération régionale regroupant les quatre provinces catalanes.

Pabellón de la Compañía Trasatlántica, de Antoni Gaudí.

1920-1935

Coup d'État du général Primo de Rivera en 1923, qui impose une dictature militaire. À sa chute en 1930, les nationalistes catalans de gauche (ERC) proclament la République de Catalogne et instaurent la *Generalitat*. Ce gouvernement est de nouveau suspendu après l'échec de la proclamation d'un État catalan par le président Lluís Companys, le 6 avril 1934. Cette période est également marquée par l'organisation de l'Exposition internationale de Barcelone, célébrée en 1929 sur la colline de Montjuïc.

1936-1939

La guerre civile éclate après la victoire du Front populaire aux élections de 1936. Barcelone, capitale des républicains à partir de 1937, tombe aux mains de Franco en 1939.

© WIKIMEDIAS COMMONS

Lluís Companys

Figure fondamentale du nationalisme catalan, Lluís Companys (1882-1940) a été président de la Generalitat de Catalunya de 1934 jusqu'à sa mort. Le 6 octobre 1934, il proclame au balcon du palais de la Généralité « l'État catalan » au sein de la République fédérale espagnole. Jugé et condamné à 30 ans de réclusion pour rébellion, il est libéré en 1936 après la victoire du Front populaire. À partir de 1939, après l'occupation de la Catalogne par les troupes franquistes, Lluís Companys est obligé de s'exiler en France. Livré à la dictature militaire franquiste par la police secrète de l'Allemagne nazie, il est rapatrié, torturé puis fusillé au château de Montjuïc le 15 octobre 1940. Au moment de son exécution, il refuse qu'on lui bande les yeux et meurt face au peloton en criant « Per Catalunya ! » (Pour la Catalogne !).

1940-1975

Franco instaure un régime totalitaire durant plus de 35 ans. La langue catalane est bannie des écoles et de l'administration. Entre 1960 et 1970, plus de 750 000 immigrants s'installent en Catalogne, la plupart en provenance des régions pauvres d'Andalousie et d'Estrémadure.

1975-2000

La mort de Franco en 1975 ouvre la voie vers la transition démocratique. La Catalogne obtient son statut d'autonomie en 1979, tandis que le catalan redevient une langue officielle. Les premières élections du gouvernement autonome portent le nationaliste Jordi Pujol au pouvoir ; il y restera jusqu'en 2003. Les Jeux olympiques de 1992 transforment le littoral de Barcelone.

DEPUIS LES ANNÉES 2000

Au tournant du millénaire, Barcelone poursuit sa transformation au travers de grands projets urbanistiques, comme le quartier des nouvelles technologies du 22@. En 2006, les Catalans adoptent par référendum un nouveau statut d'autonomie, partiellement amputé par le Tribunal constitutionnel en 2010. C'est le début d'une crise historique en Espagne, qui culmine le 27 octobre 2017 avec la déclaration d'indépendance votée par le Parlement catalan, puis annulée par le Tribunal constitutionnel. Depuis, la question de l'indépendance de la Catalogne est au cœur du débat politique.

© RIDERFOOT - SHUTTERSTOCK.COM

Manifestation pour l'indépendance de la Catalogne en 2017.

L'INDÉPENDANCE CATALANE

Après la mort de Franco en 1975, l'Espagne adopte une organisation quasi fédérale avec la création de 17 communautés autonomes, chacune dotée d'un gouvernement et de compétences diverses. Dès lors, les relations entre le pouvoir central et les pouvoirs régionaux se sont tissées au coup par coup, chaque fois que les partis majoritaires avaient besoin des partis nationalistes pour gouverner, ou simplement voter l'investiture du Premier ministre. C'est ainsi que les communautés autonomes basques et catalanes ont obtenu de si larges compétences. Mais comment le nationalisme catalan a-t-il glissé vers le séparatisme au cours des dernières années ? Retour sur les faits.

Aux origines de la crise

La mésentente entre la Catalogne et le pouvoir central espagnol ne date pas d'hier, ni même du siècle dernier ! Leur histoire commune est jalonnée de conflits qui apparurent au XVe siècle après l'unification castillane menée par les Rois Catholiques. La crise actuelle, pourtant, trouve son origine dans un épisode beaucoup plus récent : le vote par référendum d'un nouveau statut d'autonomie en 2006, dont le préambule définit la Catalogne comme une « nation » à l'intérieur de l'État espagnol. Immédiatement saisie par le Parti Populaire (PP, droite), la Cour constitutionnelle annule en 2010 plusieurs articles jugés inconstitutionnels et réfute toute valeur juridique au terme de « nation ». Cette sentence provoque l'indignation d'une grande partie de la société catalane et donne lieu à une manifestation monstre le 10 juillet 2010, réunissant plus d'un million de participants sous le slogan « Nous sommes une nation. Nous décidons ». La crise économique initiée en 2008 et les scandales politico-financiers à répétition ont également contribué à attiser la flamme catalaniste. Dès lors, un nouveau pan de l'opinion catalane commence à prêter l'oreille aux discours séparatistes.

Du référendum illégal à la déclaration d'indépendance

Depuis les évènements de 2010, les manifestations, chaînes humaines et autres rassemblements se multiplient en faveur de l'indépendance, s'appuyant sur une société civile très active. Une première « consultation » symbolique (jugée anticonstitutionnelle) est organisée en 2014, mobilisant plus de 2,3 millions d'électeurs. Plus de 80 % d'entre eux se prononcent alors pour l'indépendance de la région. En 2015, les partis indépendantistes deviennent pour la première fois majoritaires en sièges au Parlement régional. Ensemble, ils établissent une feuille de route visant au détachement unilatéral de l'Espagne en dix-huit mois. Carles Puigdemont, fraîchement désigné à la tête du gouvernement, annonce la tenue d'un référendum d'autodétermination pour 2017. Le conflit, latent depuis plusieurs années, éclate entre le gouvernement central et le gouvernement catalan. Le 1er octobre 2017, jour du référendum, les forces de l'ordre interviennent pour saisir des urnes et empêcher le vote. Les images des violences policières font le tour du monde. Le « oui » remporte le référendum avec 90 % des voix et un taux de participation de 42 %. Après des semaines de tensions et de manifestations, une déclaration d'indépendance est finalement prononcée par le Parlement catalan le 27 octobre 2017.

Mise sous tutelle et procès

La riposte de Madrid est immédiate, avec la mise sous tutelle de la Catalogne, la dissolution du parlement régional et l'annonce de nouvelles élections. Plusieurs leaders régionaux sont emprisonnés ; d'autres, comme Puigdemont, se réfugient à l'étranger. Les partis indépendantistes conservent leur majorité absolue lors des élections du 21 décembre 2017. Malgré les promesses de dialogues, l'année 2018 se déroule sur fond d'accusations réciproques et de guerre des rubans jaunes, symbole de l'incarcération des leaders indépendantistes. Le procès des douze dirigeants catalans s'ouvre en février 2019 dans un climat de grande crispation. Le verdict est rendu le 14 octobre 2019, avec la condamnation de neuf dirigeants à de lourdes peines de prison allant de 9 à 13 ans. Les protestations ne se font pas attendre : manifestations, affrontements avec la police et blocages de routes se multiplient sur le territoire catalan.

Place au dialogue ?

Selon une enquête d'opinion publiée fin 2019, 68 % des Espagnols souhaitent trouver une solution au conflit catalan à travers le dialogue et la négociation. En effet, si la question de l'indépendance divise la société catalane, une grande majorité s'accorde pourtant sur le refus de la violence et le recours à une solution négociée. Le retour du fameux *seny* (sagesse, bon sens) catalan ?

TOP 10

PERSONNAGES HISTORIQUES

Martyres chrétiens, comtes et rois, urbanistes, présidents et dictateurs : ces personnages historiques ont marqué l'histoire de la Catalogne pour le meilleur ou pour le pire. Quoi qu'il en soit leur impact est incontestable. Découvrez ces hommes et femmes au destin exceptionnel !

SAINTE-EULALIE

Martyre chrétienne, victime des persécutions religieuses, devenue sainte patronne de Barcelone.

ENRIC PRAT DE LA RIBA

Il fut l'un des principaux artisans du renouveau du catalanisme politique au XXe siècle.

© WIKIMEDIA COMMONS

JACQUES IER LE CONQUÉRANT

Sous son règne, la Catalogne devint une grande puissance méditerranéenne.

© AQUATARKUS- SHUTTERSTOCK.COM

FRANCESC MACIÀ

Surnommé l'*avi*, le « grand-père », il fut le 1er président de la Generalitat restaurée en 1931-1933.

© 135PIXELS - SHUTTERSTOCK.COM

GUIFRÉ EL PILÓS

Guifred le Velu est considéré comme le premier comte et l'unificateur de la Catalogne du IXe siècle.

© CLAUDI LORENZALE - WIKIMEDIAS COMMONS

PHILIPPE V

Après le siège de Barcelone et sa chute en 1714, il fit construire une immense citadelle pour contrôler les Catalans.

© WIKIPEDIAS COMMONS

LLUÍS COMPANYS

Président de la *Generalitat*, exilé en France puis livré par la Gestapo, il est fusillé en 1940.

© WIKIMEDIAS COMMONS

RAIMOND-BÉRENGER IV

Son mariage avec Pétronille en 1137 permit la création d'un vaste royaume, la Couronne d'Aragon.

© ANTOINE DE RUFFI

ILDEFONS CERDÀ

Cet urbaniste est l'auteur du plan d'extension de Barcelone, l'Eixample.

© RAMON MARTÍ ALSINA © WIKIMEDIAS COMMONS

FRANCISCO FRANCO

De 1939 à 1975, il est le chef d'un régime politique dictatorial. Il abolit la Generalitat et interdit l'usage du catalan.

LA VILLE VERTE

À Barcelone, « L'urgence climatique » a été déclarée à partir du 1er janvier 2020. Une mesure qui n'est pas seulement symbolique, mais qui acte la nécessité d'accélérer les actions contre le réchauffement de la planète. Au programme : instauration de vastes « zones à faibles émissions permanentes » interdites aux véhicules les plus polluants, nouvelles voies de bus, nouvelle voie verte dans le quartier de Besos, nouveaux jardins dans le quartier de Guinardó, construction de 30 centrales solaires. Mais aussi, amélioration de la qualité de l'air autour des écoles et lutte contre la pollution plastique. Les espaces verts sont présents, la volonté aussi. Mais l'afflux de touristes n'est pas forcément un atout. De 1,7 million de visiteurs en 1990 à 8 millions en 2016, forcément, l'impact du tourisme n'est plus le même. À chacun donc, de prendre ses responsabilités pour que Barcelone reste une ville agréable à vivre et à visiter…

Un modèle de ville durable

Barcelone se soucie des questions écologiques depuis longtemps. Dès le début des années 2000, la ville a adopté un programme ambitieux en faveur des énergies renouvelables avec l'installation de panneaux solaires photovoltaïques ou thermiques sur tous ses nouveaux bâtiments. Aujourd'hui, elle poursuit ses efforts, avec l'objectif de devenir complètement « décarbonée » d'ici à 2050. Depuis le 1er janvier 2020, les véhicules à essence antérieurs à 2000 et diesels antérieurs à 2006 n'ont plus le droit de circuler dans la quasi-totalité de la *comarque* (division territoriale) du Barcelonès. Cette « zone à faible émission » de 95 km² comprend : toute la commune de Barcelone, excepté les quartiers de Vallvidrera, el Tibidabo, les Planes et de la Zona Franca Industrial, ainsi que certains quartiers des communes alentour : l'Hospitalet de Llobregat, Sant Adrià del Besòs, Esplugues de Llobregat et Cornellà de Llobregat. La mairesse Ada Colau n'exclut pas d'instaurer un péage urbain pour limiter encore plus drastiquement la circulation. En parallèle, les transports en commun et le vélo se développent. La ville dispose désormais d'un réseau de 204 kilomètres de pistes cyclables. Il existe depuis 2007 un service de vélos en libre-service, Bincing, mais il n'est malheureusement pas accessible aux touristes. Il y a 17,71 m² d'espaces verts par habitant, dont 86 parcs et jardins. Le Parc naturel de Collserola est l'un des plus grands parcs métropolitains du monde. Avec la colline de Montjuïc, ils offrent à la ville de vrais espaces de respiration. Parmi les 235 000 arbres, de 150 espèces différentes, répertoriés dans la ville, les plus communs sont le chêne vert et le pin d'Alep. Les parcs et jardins sont entretenus depuis 2001 selon la norme ISO 14001 qui garantit une gestion durable des espaces. Il y a 75 espèces d'oiseaux et il n'est pas rare de croiser des chauves-souris et des hérissons dans la ville.

Parc naturel de Collserola.

Une eau turquoise menacée par le plastique

En 2019, six des dix plages de Barcelone ont obtenu le Pavillon Bleu, label international qui garantit l'excellente qualité de l'eau. La qualité des autres plages n'en reste pas moins très bonne. Les rochers sont propices à l'habitat d'une faune marine en bonne santé : salpes, dorades, rougets et occasionnellement certaines espèces de raies s'y épanouissent. Les invertébrés sont également présents, notamment des étoiles de mer, oursins, concombres de mer et anémones de mer. Pour tout savoir sur le littoral, il faut aller à la plage familiale de Somorrostro. On y trouve un centre de sensibilisation à l'environnement pour les enfants et adultes, avec des ateliers, visites et jeux organisés de mars à septembre. Pour une exploration plus en profondeur, sachez qu'il y a un club de plongée, appelé Buceo Hispania Barcelona, sur le Port olympique (p. 142).

La posidonie, précieuse alliée contre le changement climatique

Des récifs artificiels ont été installés au large de la plage de Barceloneta à partir de 2004. Ils s'étendent sur 10 km², avec 360 modules qui imitent les fonds marins rocheux, afin d'héberger la faune et la flore marines. Le but est notamment d'attirer des espèces typiques de la côte de Barcelone, telles que la seiche, le calamar, le flétan et le bar.

Autre élément à protéger : la posidonie, une plante sous-marine (et non pas une algue) qui stocke du carbone C. On en trouve dans la Méditerranée, mais elle n'occupe qu'un espace de 92 km² dans la mer Catalane. Une augmentation depuis le début des années 2000, en raison de l'amélioration de la qualité de l'eau, mais on pourrait encore faire mieux. La municipalité de Barcelone s'est engagée pour la protection de la posidonie est encourage l'élargissement des « prairies » de posidonie des communes voisines, Garraf et Maresme, qui la bordent d'est en ouest.

La guerre contre le plastique

Comme d'autres littoraux, les eaux de Barcelone sont menacées par le mal de notre siècle : les déchets en plastique. Dans la mer, ces déchets se décomposent en microplastiques, très dangereux pour la faune marine. Il s'agit de la région la plus impactée par cette pollution dans le pourtour méditerranéen. Voilà pourquoi la ville s'est engagée dans une démarche « Zéro déchet », avec le slogan : « le meilleur déchet est celui qu'on ne produit pas ». Elle invite les plagistes à se passer d'emballages à usage unique et à utiliser les poubelles. Les bars de plage servent dorénavant leurs breuvages dans des gobelets réutilisables et consignés.

Avec seulement 30 % de déchets collectés dans des poubelles séparées, la métropole de Barcelone est loin de son objectif de 50 % de déchets recyclés en 2020. Cela ne l'a pas empêché d'adopter une nouvelle stratégie de lutte contre les déchets, avec l'objectif de 55 % de déchets triés d'ici à 2025. Parmi de nombreuses mesures, les communes peuvent désormais développer la collecte individualisée et prévoir des taxes liées au volume de déchets des ménages, pour inciter la population à trier.

© ANTONIO MARTIN - SHUTTERSTOCK.COM

Herbier de Posidonie.

Locaux contre touristes ?

Les bateaux de croisières rejettent dans l'eau des substances dangereuses pour la santé des humains et des écosystèmes, notamment du dioxyde de soufre. La mairesse ne cache pas sa volonté de limiter le nombre d'autorisations accordées à ces bateaux pour accoster. Elle devra pour cela convaincre le gouvernement central, en charge de la gestion des ports.

Une ville « veggie-friendly »

La lutte contre le réchauffement climatique passe aussi par la réduction de la consommation de viande. La ville de Barcelone l'a bien compris. La ville s'est déclarée « veggie-friendly » en 2016 et fait la promotion du régime végétarien. Les établissements administratifs et publics de la ville ne servent pas de viande le lundi.

Pour s'approvisionner en fruits et légumes bio, la chaîne Veritas est la plus répandue en Espagne. Autre bon plan : l'association Slow Food Barcelona organise tous les samedis un « marché de la Terre », au Parc des Tres Xemeneies, dans le quartier de Poble Sec. On y trouve des produits qui respectent l'environnement, proposés à « un prix correct pour qui les achète et qui les produit », selon les organisateurs.

Barri Gotic, Carrer del Bisbe.

ARCHITECTURE

Des vestiges du savoir-faire romain aux sobres édifices romans, de la flamboyance du quartier gothique aux éclatantes créations modernistes du génial Gaudí, des infrastructures olympiques aux innovations contemporaines, Barcelone offre une architecture à nulle autre pareille. Rien d'étonnant donc à ce que la ville ait reçu la médaille d'or royale d'architecture en 1999. À ce jour, elle est la seule ville à avoir reçu cette distinction récompensant habituellement un architecte. Voilà qui confirme l'identité de Barcelone, somme de quartiers et districts différents, mais formant un tout résolument catalan. La cité est aussi un incroyable laboratoire urbain. Depuis le plan Cerdà de 1860, la ville n'a cessé de mettre en place des politiques d'urbanisme ingénieuses lui permettant de s'adapter au monde d'aujourd'hui. Barcelone est aussi devenue une grande capitale du design accueillant des créateurs du monde entier. Pas de quoi s'ennuyer donc…

Aux origines d'une cité antique

L'histoire de Barcelone est celle d'une cité millénaire qui porte aujourd'hui encore les marques de l'étonnant savoir-faire de ses différents occupants, à commencer par les Romains dont on peut encore apercevoir ici et là les trésors d'inventivité et d'ingénierie. Des vestiges du premier mur d'enceinte bâti au IVe siècle sont encore visibles dans le Barri Gòtic. Mais c'est encore dans les souterrains du Museu d'Historia de la Ciutat (p.140) que l'on prend le mieux la mesure du génie romain. Là : un parcours fait de vestiges authentiques et de reconstitutions vous offre une plongée dans la Barcelone antique.

Spiritualité romane

Entre les XIe et XIIIe siècles, Barcelone, comme toute l'Europe, se fait romane. L'art roman est celui de la sobriété et de la fonctionnalité et son architecture est avant tout religieuse. Arc en plein cintre et voûtes en berceau, murs épais et contreforts caractérisent les édifices de cette époque. Coïncidant avec l'éclosion de la société féodale et des ordres monastiques, l'art roman s'est aussi exprimé dans des châteaux et monastères à l'élégante mesure. N'hésitez pas à sortir de la ville et explorer sa province pour découvrir les plus beaux témoins de cette architecture romane. Le château de Cardona a conservé sa haute tour, tandis que l'ensemble monumental Sant Pere-Santa Maria-Sant Miquel impressionne par l'élégance de son style roman catalan, lui-même fortement inspiré du style roman lombard et ses superbes ornementations extérieures.

Splendeurs gothiques

Le Barri Gòtic est le plus vaste quartier gothique d'Europe, alors ne passez pas à côté d'une balade dans ses ruelles labyrinthiques. Art de la lumière, de la hauteur et de l'ornementation, le gothique a donné naissance à des édifices d'une finesse et d'une élégance remarquables.

Église Santa Maria del Mar.

Parmi les joyaux de ce style, allez voir le monastère de Pedralbes et son cloître à trois niveaux, l'église Santa Maria del Mar avec ses trois nefs d'égale hauteur et son éblouissante rosace les baignant de lumière, et bien sûr la **cathédrale de Barcelone** (p.120) avec sa nef haute de 29 mètres, ses 28 chapelles richement décorées et son cloître. En observant ces trésors architecturaux, vous pourrez découvrir une spécificité toute catalane : eh oui, les édifices gothiques catalans sont moins hauts que la plupart des constructions gothiques européennes, les Catalans préférant mettre l'accent sur la largeur, offrant des voûtes étirées d'une grande beauté. Là où l'art roman était avant tout religieux, l'art gothique devient urbain. Du XIIIe au XVIe siècle, la ville connaît une incroyable période de prospérité et la nouvelle bourgeoisie marchande fournit l'argent nécessaire à la construction d'édifices témoignant de cette splendeur. Ne manquez pas les anciennes Drassanes ou arsenaux royaux, la salle gothique de la Llotja (la bourse de commerce), l'hôtel de ville et bien sûr le **palais de la Generalitat** (p.124), superbe exemple de gothique civil catalan. Les marchands se dotent de demeures privées reflétant également cette puissance. Les maisons seigneuriales de la rue Montcada sont les précieux témoins de cette période… même si certaines ont aujourd'hui des façades baroques. Cette étonnante cohabitation s'explique par le fait que les architectes de la Renaissance, très influencés par les lignes épurées de l'architecture antique, ont rejeté massivement le gothique, le jugeant trop vulgaire, lui préférant un style baroque. Le visage de ces demeures est baroque, mais leur cœur reste gothique !

Pavillon allemand créé par l'architecte Mies van der Rohe.

Liberté et éclat du Modernisme

En 1888, Barcelone accueille l'Exposition universelle. Cet événement majeur coïncide avec la naissance du mouvement moderniste. Alliant liberté formelle, nouveaux matériaux et inspiration organique, le Modernisme est un courant à part, indissociable de l'un de ses plus célèbres représentants, le génial Antoni Gaudí, du **Parc Güell** (p.139), son étonnante cité-jardin, à la **Sagrada Familia** (p.138) son chef-d'œuvre inachevé, en passant par ses superbes créations du quartier de l'Eixample, Gaudí a marqué la cité catalane de son empreinte tout en courbes et en couleurs. Pour en savoir plus sur le modernisme, rendez-vous au dossier thématique qui lui est consacré !

L'Exposition internationale de 1929

En 1929, Barcelone se transforme sous l'impulsion de l'Exposition internationale. Cette dernière va totalement changer le visage du quartier de la colline de Montjuïc, désormais doté d'un étonnant palais, le Palau Nacional, pavillon espagnol de l'exposition. En bas des escaliers qui mènent à ce temple moderne au charme suranné se trouve un édifice à ne surtout pas manquer : le **pavillon allemand** (p.147) de l'exposition construit par Mies Van der Rohe. Détruit à la fin de l'exposition, le pavillon est reconstruit à l'identique, en 1986, par une équipe de jeunes architectes catalans. Jouant sur les différents niveaux de lecture comme sur les jeux de reflets et de miroirs, Mies Van der Rohe offre une transition élégante entre tradition et modernité.

Jeux olympiques et renouveau contemporain

Écrasée par le franquisme, la ville doit attendre les années 80 pour retrouver enfin toute son audace et sa liberté. Elle va être aidée par un nouvel événement de taille : les Jeux olympiques de 1992. La ville se transforme alors en laboratoire urbain et architectural, attirant les grands noms du monde entier qui lui offrent des édifices devenus points stratégiques de développement. Non loin du nouveau port olympique, la sculpture en forme de baleine, tout en courbes et en dorures, de l'artiste-architecte Frank Gehry est un des grands symboles de ce renouveau. Tout comme le **musée d'art contemporain** (p.123) conçu par l'américain Richard Meier, au minimalisme géométrique tout de blanc et de lumière. Santiago Calatrava, lui, dote Montjuïc d'une tour de télécommunication aux lignes courbes et épurées. Mais c'est un enfant du pays qui va beaucoup faire parler de lui à cette période : Ricardo Bofill. Architecte du postmodernisme, il renie le fonctionnalisme et multiplie les références antiques, comme avec le Théâtre national de Catalogne, véritable temple grec flanqué de 26 colonnes.

Walden 7 créé par Ricardo Bofill.

Son architecture, privilégiant souvent le béton, a beaucoup fait débat, mais cela ne l'a pas empêché d'apposer sa signature un peu partout dans la ville. Jean Nouvel construit sa Torre Agbar, aujourd'hui Torre Glories (p.142), à l'entrée du quartier de Poblenou. Dôme de verre de 145 mètres de hauteur aux formes élancées, cette tour étonnante permet de réduire l'impact énergétique en utilisant lumière et ventilation naturelles. Richard Rogers, lui, a transformé les anciennes arènes de la Plaça d'Espanya en vaste complexe commercial, tout en conservant la structure originelle en briques rouges ; tandis que les Suisses Herzog & de Meuron ont offert au Forum, ancien terrain vague devenu quartier en vogue, l'Edifici Forum dont les formes géométriques et le bleu éclatant donnent à l'ensemble un aspect presque futuriste. Toyo Ito, père de l'architecture conceptuelle, lui, a doté la Fira Gran Via Barcelona de deux tours rouges torsadées qui ne sont pas sans rappeler les courbes modernistes de Gaudí. Exubérante, foisonnante, Barcelone ne cesse de se réinventer sous les coups de crayon de ces architectes de génie.

Design à la catalane

Riche de nombreuses écoles de design et d'arts appliqués autant que d'ateliers de créateurs, Barcelone vibre au rythme du design contemporain. Mais pourquoi ici plus qu'ailleurs le design a-t-il pris autant d'importance ? Cela remonte au temps de la conquête de l'Amérique ! Privé par les Castillans de tout commerce avec le Nouveau Monde, les Catalans ont dû produire leurs propres richesses. Mais ce n'est pas si simple lorsque la terre ne produit pas de matières premières. Les ingénieux Catalans se lancent donc dans l'industrie de transformation (verre, textile, céramique, cuir...) et mettent en valeur des savoir-faire artisanaux. Ajoutez à cela la vision des modernistes et leur concept d'œuvre totale incluant le contenant et le contenu, et vous obtenez une ville qui se redessine via des créateurs de génie, à commencer par Javier Mariscal. Ce touche-à-tout crée des céramiques, des BD, du mobilier et a même créé Cobi, le petit chien mutin, mascotte des JO de 92. Pour découvrir les richesses du design barcelonais, rendez-vous au Disseny Hub, le musée du design de Barcelone à l'architecture spectaculaire, mais surtout écologique et durable ! Ne manquez pas non plus le Printemps du Design, organisé tous les deux ans, et qui offre un circuit de galeries et boutiques inédit. Barcelone a vraiment pris à la lettre l'ordre lancé par la municipalité dans les années 90 avec sa campagne « Barcelone, fais-toi belle ». La ville se pare de nouveaux atouts en n'oubliant jamais de faire rimer modernité et catalanité.

Petite leçon d'urbanisme

Depuis la présence romaine, Barcelone a toujours été un laboratoire grandeur nature de recherches en urbanisme. Il faut dire que bordée d'un côté par la montagne et de l'autre par la mer, obligée de se réinventer de l'intérieur, la ville pose des défis réveillant les esprits les plus brillants.

L'utopisme urbain d'Ildefonso Cerdà

Ildefonso Cerdà est l'homme qui fit entrer Barcelone dans une période de réforme d'aménagement urbain sans précédent. À la fin du XIXe siècle, la situation sanitaire de la ville est déplorable. La population ne cesse de croître, mais le mur d'enceinte de la ville empêche son expansion. Barcelone étant considérée comme une zone militaire stratégique, toute construction hors de la ville était interdite, car pouvant empêcher sa protection. Mais pour Cerdà, il faut détruire la muraille. Il propose alors d'étendre la ville selon un plan en damier, également appelé plan hippodamien du nom de son inventeur, le célèbre ingénieur et géomètre grec Hippodamos de Milet. Les rues y sont rectilignes et se croisent en angle droit créant des îlots ou blocs carrés. C'est la naissance du quartier de

Place de la Catalogne.

Projet 22.

l'Eixample, ou extension, dont la reine Isabelle II posera la première pierre sur l'actuelle Place de la Catalogne. Pour Cerdà, il faut penser la ville dans son intégralité. Il imagine ainsi de nouvelles voies de communication adaptées aux évolutions du monde moderne, sans oublier toutefois de donner une grande importance aux espaces verts. Dans son plan originel, Cerdà tente ainsi de trouver le juste équilibre entre les avantages du mode de vie rural et les impératifs de la modernité tels que les nouveaux enjeux de mobilité. Chez Cerdà, modernité doit rimer avec égalité et l'humain doit être au cœur de tous les projets. Pourtant, de nombreuses voix se sont élevées contre ce plan jugé monotone. Beaucoup de Barcelonais regrettaient également l'absence de centralité autour de la ville historique. À ces critiques s'est ajoutée l'accélération de la spéculation immobilière. Tous ces terrains vierges ont attisé la soif de profit de nombreux promoteurs qui ont construit parfois à outrance, supprimant au passage certains éléments clés du plan de Cerdà comme les jardins individuels. Cependant, le plan en damier, lui, est toujours bien visible, alors n'hésitez pas à prendre de la hauteur pour en apprécier toute la régularité.

Olympisme et renouveau urbain

La seconde période de bouleversement urbain coïncide avec l'organisation des JO de 92. La municipalité met en place une équipe d'architectes et d'urbanistes menée par Oriol Bohigas, grand représentant de l'architecture catalane, qui se lance dans des travaux pharaoniques. Plus de 150 architectes travaillent sur 300 projets. De nouveaux axes routiers, notamment souterrains, sont construits, des quartiers entiers sont rénovés, à commencer par les friches du front de mer, de nouveaux égouts et des collecteurs d'eau pluviale sont aménagés. L'opération est d'envergure et a malheureusement abouti à la destruction de certains quartiers et édifices, possédant pourtant une valeur patrimoniale certaine. Ainsi des voix ont commencé à se faire entendre pour calmer ce virage urbanistique, témoignant d'une des grandes caractéristiques de Barcelone : ici tout se discute et se débat, y compris l'urbanisme.

Vers un urbanisme durable

Après la frénésie des JO, les Barcelonais se sont accordés pour souligner l'importance d'inclure le patrimoine, sans l'opposer à la modernité, et sans non plus tomber dans une nostalgie identitaire. Aujourd'hui plus que jamais, la ville conserve ce précepte tout en s'engageant dans une lutte contre les effets du tourisme de masse, de la gentrification et du dérèglement climatique. À Barcelone s'imagine une ville pour tous et avec tous à travers de grands projets urbains comme la réhabilitation de quartiers populaires – tel le Can Peguerra et ses 600 maisons ouvrières repensées aujourd'hui en collaboration avec les habitants, ou tel le légendaire quartier industriel du Poblenou, aujourd'hui en passe de devenir l'épicentre des nouvelles technologies sous l'impulsion du projet 22@ qui fait cohabiter espaces verts, friches réhabilitées et nouvelles constructions pouvant accueillir de nombreux logements et services; ou bien encore la réhabilitation des marchés couverts pour favoriser échange et proximité tout en conservant les richesses patrimoniales de ces lieux de vie – comme au marché Sainte-Catherine. Enfin, la ville ancre son héritage urbain et architectural dans une vision d'avenir durable avec la création de superblocks, chacun composé de neuf carrés du plan en damier de Cerdà. Ces nouvelles structures urbaines permettent de désengorger la ville tout en réintégrant des espaces verts et en développant des mobilités alternatives. Transformations urbaines autant que sociales, ces superblocks replacent les citoyens au cœur de la cité.
Barcelone toujours se transforme, mais sans jamais renier sa puissante identité catalane.

BEAUX-ARTS

La Catalogne a écrit un pan de l'histoire du modernisme, dominant dans les arts de la région au tournant du XIXe siècle. Si ce mouvement s'applique particulièrement à l'architecture, les peintres et les sculpteurs s'en inspirent également. Des artistes du début du XXe siècle se rebellent, comme ceux du Noucentisme, et d'autres trouvent des voies plus novatrices comme ceux de l'avant-garde, Dalí, Miró, ou encore Picasso, marqué par son expérience dans le Barri Gòtic. Après-guerre, Tàpies reprend le flambeau avec une peinture aride, abstraite et radicale, agglomérant à ses toiles des matériaux pauvres, avant l'Arte Povera. Et un peu plus tard, Jaume Plensa a fini par couvrir les places des villes de la planète de ses têtes monumentales. Et pour le street art, citons le quartier du Raval à Barcelone et le village de Penelles. Et n'oublions pas le Festival LOOP qui propose au mois de mai le meilleur de la production vidéo internationale.

La Catalogne, berceau de l'avant-garde

De l'Antiquité grecque et romaine, il reste peu de vestiges. Les plus anciens témoignages mis à jour en Catalogne sont les peintures rupestres d'El Perelló, d'El Cogul et d'Ulldecona. La présence des Grecs ayant été courte et limitée géographiquement, peu de vestiges subsistent, à l'exception des sites d'Empúries et Roses au nord-est de la Catalogne. De la colonisation romaine, c'est la ville de Tarraco (future Tarragona) qui constitue le meilleur témoignage de la région. La Catalogne est plutôt réputée pour son art du XXe siècle.

Le début du XXe siècle

Le Noucentisme. Au début de ce siècle, le Noucentisme des artistes Josep Clarà, Josep Obiols, Joaquim Sunyer et Xavier Nogués, qui prônent un retour aux origines classiques et méditerranéennes des arts, est important en Catalogne. Ce mouvement s'inspire de la dénomination des siècles de la Renaissance dans la tradition italienne qui a ainsi désigné le Quattrocento, le Cinquecento, etc. « Nou », en catalan, signifie à la fois le chiffre « neuf » comme l'année 1900, et est synonyme de renouveau. Le Noucentisme est ainsi censé révolutionner les siècles passés. Cependant, de grands noms de l'avant-garde et de la peinture moderne sont originaires de la région.

La Casa Amattler. On peut toujours visiter la Casa Amattler (p.132), édifiée à Barcelone, où vivait le photographe, chocolatier et collectionneur Antoni Amatller Costa. Ce bâtiment moderniste catalan construit par Josep Puig i Cadafalch en 1898 est en effet une commande de ce personnage influent en Catalogne. Avec la Casa Batlló (p.133) – qu'elle jouxte – et la Casa Lleó Morera (p.132), elle constitue un îlot avec les trois bâtiments les plus importants du célèbre pâté de maisons Illa de la Discòrdia.

Statue de Josep Clara.

La Casa Amatller.

L'intérieur de la Casa Batlló.

Salvador Dalí (1904-1989). Salvador Dalí est natif de Figueras. Excentrique, génie et provocateur, les qualificatifs ne manquent pas pour cerner la personnalité du peintre surréaliste, qu'il soit fou de chocolat Lanvin, de sa muse Gala, ou qu'il érige la gare de Perpignan au rang de centre du Monde. Visions ironiques de la réalité ou bien hallucinatoires, ses œuvres sont nées de la technique d'investigation de l'irrationnel par le délire, appelée « méthode paranoïaque-critique ». Il fait partie des précurseurs du surréalisme.

Joan Miró (1893-1983) et Pablo Picasso (1881-1973). Joan Miró est originaire de Barcelone. Ce dernier vit ses plus jeunes années dans le Barri Gòtic comme Picasso, qui, avant son départ à Paris en 1900, y séjourne rue d'Avinyo, côtoyant les bas-fonds catalans auxquels il dédiera les *Demoiselles d'Avignon*. Miró et Picasso suivent également tous deux, à des époques différentes, les cours de l'Escola de Belles Arts de la Llotja. Ils se rencontreront plus tard lors de leurs différents séjours à Paris. Le musée Picasso (p.129) de Barcelone inauguré en 1963 témoigne de l'importance de ce passage catalan pour Picasso qui à cette époque débute sa carrière d'artiste. Sous Franco, Miró, qui rompt avec le surréalisme s'installe, quant à lui, à Palma de Majorque puis à Barcelone où il définit, pendant la Seconde Guerre mondiale, les bases de son style personnel et les thèmes définitifs de son travail. Beaucoup de dessins, dont les traits dénudent la forme de manière sobre, portent le titre de *La Femme Oiseau Étoile*. Il peint également plusieurs séries de toiles et parfois sans chevalet. L'ambiance de ses tableaux est terne et triste et l'on peut sentir que la guerre rugit. L'année de la mort de Franco, en 1975, la fondation Miró est inaugurée à Montjuïc et celui-ci réalise des œuvres dans l'espace public, en 1976, une mosaïque sur la Rambla, et les sculptures du parc Miró, en 1983.

Le fauvisme. Non loin de là, sur la côte, à Collioure, en Catalogne française, les peintres français Henri Matisse et André Derain créent le fauvisme en 1905, avec d'autres artistes. Et en 1911, un autre peintre français Georges Braque, à qui Picasso rend plusieurs fois visite, s'installe à Céret dans le Vallespir. Venus de Paris, l'artiste Juan Gris et le marchand d'art Max Jacob y séjournent également en 1913. Une véritable effervescence bouillonne alors dans la ville. Le critique d'art André Salmon surnomme d'ailleurs cette ville la « Mecque du cubisme ». À partir de 1916, d'autres artistes venus de Montparnasse et de La Ruche, notamment Chaïm Soutine et Marc Chagall, y posent également leurs valises. La Première Guerre mondiale éclate et la capitale catalane devient une terre d'exil pour

© SOLNIKOV - SHUTTERSTOCK.COM

Sculpture de Miró dans le Parc Miró.

d'autres artistes de Montparnasse, tels Francis Picabia, Marie Laurencin, Sonia et Robert Delaunay. Mais en 1936, la guerre civile espagnole contraint de nombreux artistes à l'exil, comme Dalí, qui voyage en Europe, et le sculpteur catalan Apel·les Fenosa, sympathisant anarchiste, qui s'établit à Paris.

La transition avec l'art contemporain catalan

Antoni Tàpies. Après la guerre, en 1948, la revue et le mouvement néo-dadaïste *Dau al Set* (en catalan : *Dé sur le sept*), fondés par Tàpies, tentent de réveiller l'Espagne de son inertie intellectuelle. Ce dernier, qui rompt lui aussi avec le surréalisme, connaîtra une carrière internationale. En 1949, il rencontre Joan Miró, qui l'influence beaucoup, à l'instar de Paul Klee pendant sa première période surréaliste. Tàpies choisit l'abstraction et, bien avant l'Arte Povera, agglomère des matériaux organiques végétaux, débris de terre et de pierre à ses toiles. Ainsi, à partir de 1953, il ajoute de la poudre d'argile et de marbre à sa peinture, utilisant le papier déchiré, la corde et des chiffons, par exemple dans *Gris et Vert*, 1957. Dalí revient avec Gala en Catalogne et continue son œuvre. Il édifie un théâtre-musée à sa propre gloire en 1974 à Figueras.

Le quotidien espagnol des années 1960 a été largement documenté par Ricard Terré et Ramon Masats, qui se rencontrent au sein l'agence AFAL en 1958. Ils connaîtront une carrière internationale de photojournaliste. Ricard Terré reprendra la photo après une longue période de silence pour continuer sa série d'images autour des célébrations religieuses de la région. Quant à Ramon Masats, il sillonnera l'Espagne et le monde pour en rapporter les meilleurs clichés.

Les années 2000

Jaume Plensa. Né en 1955, le sculpteur Jaume Plensa est l'un des artistes catalans contemporains les plus importants. Créant des têtes monumentales, ou d'immenses personnages assis, réalisés en métal, marbre, albâtre, verre, bois ou encore ciment, il intègre parfois des vers de Shakespeare dans les structures de ses œuvres. Héritier du pop art, il travaille dans le monde entier, mais même si la ville lui a consacré plusieurs expositions, il n'a pas réalisé d'œuvre pérenne dans l'espace public de Barcelone.

Depuis sa création en 2003, le festival LOOP, devenu un passage obligé pour les amateurs et les professionnels de l'art vidéo. Tous les ans, au cours de la deuxième moitié du mois de mai, la ville est littéralement inondée de créations audiovisuelles. L'art vidéo s'exhibe dans de nombreuses galeries de la ville, mais aussi dans des bars, des boutiques, des chambres d'hôtel, etc. Si bien que Barcelone est aujourd'hui une référence dans le panorama européen de la création audiovisuelle.

Le street art et les quartiers arty

À Barcelone, le quartier du Raval, où tous les skateurs se réunissent pour pratiquer leur sport de glisse, est investi par les graffeurs locaux et du monde entier, réalisant de grandes fresques engagées. Les Catalans Chanoir, Andrea Btoy, Debens, Jafet Blanch, Fasim, Grito, Mina Hamada, Sawe, Zosen et Eos, font eux aussi partie du voyage avec leurs logos-graffitis aux pochoirs en passant par la peinture à l'huile acide. Ils vivent dans la capitale catalane et sont les ambassadeurs du graffiti barcelonais à l'étranger. La plupart du temps anonyme, ils travaillent parfois avec des autorisations ou la nuit lorsque la ville dort. Pour vous situer et retrouver les endroits arty de Barcelone, la plupart des galeries d'art contemporain se trouvent dans le quartier de l'Eixample, avec une forte concentration dans la carrer Consell de Cent. La galerie ProjecteSD dirigée par Silvia Dauder en est un exemple. Elle est spécialisée dans la photographie et la vidéo contemporaines. À quelques mètres de là, on trouve la méga-galerie Marlborough, qui a également des succursales à Madrid, Monaco, Chelsea et en Floride. Historiquement centrée sur l'expressionnisme allemand et à l'origine une enseigne britannique du milieu du XXe siècle, elle propose des expositions de grands artistes de la scène internationale. La Galeria Estrany de la Mota vaut également le détour, pour ses artistes espagnols et étrangers, aussi bien que pour son espace gigantesque qui peut faire penser à une caverne.

Pour découvrir de jeunes talents, n'hésitez pas à parcourir les petites rues du quartier du

Théâtre Dali à Figueras.

© INGUARIBILE VIAGGIATORE - SHUTTERSTOCK.COM

Détail d'un mural de Btoy.

Born. Enfin, les bars du quartier de Gracia sont une source inépuisable de jeunes talents. De nombreux cafés, bars et salles de concert faisant office de salles d'exposition, soyez attentif : c'est peut-être l'occasion de rapporter un souvenir artistique pour pas cher. D'ailleurs de nombreuses associations artistiques ont vu le jour ces cinq dernières années. Mais les loyers augmentent dans le centre-ville, certaines galeries d'art contemporain et de nombreux artistes déménagent à L'Hospitalet de Llobregat, une ville post-industrielle limitrophe de Barcelone, en pleine gentrification. Elle est la deuxième ville la plus peuplée de la région catalane. La galerie Nogueras Blanchard présente notamment des artistes connus, mais aussi de leur propre cru, pour mieux tenter le visiteur et les collectionneurs. Alors, pourquoi ne pas aller aussi dans cette province visiter les ateliers et aller voir des expositions, prendre le pouls de la création ultra contemporaine. Un équivalent des banlieues de Paris, comme Pantin et Romainville par exemple, qui regorgent de vitalité.

Enfin, idéal pour faire des photos de rue, le village de Penelles est un bourg d'à peine 500 habitants, à deux heures en voiture de Barcelone. Il devient depuis ces dernières années, avec ses murs couverts de graffitis, un véritable temple du street art. À l'origine de ce projet, la mairie, qui finance depuis 2015 les œuvres de plus d'une cinquantaine des graffeurs venus du monde entier pour faire des maisons de véritables tableaux. On y recense un graffiti par habitant ! Des artistes catalans et espagnols y ont laissé leur empreinte et également des artistes venus de toute l'Europe.

Quelques artistes barcelonais contemporains

- **Antoni Muntadas (1942).** En matière de vidéo, Antoni Muntadas, qui vit à Barcelone, est un des artistes les plus reconnus à l'international. Il produit des œuvres détournant les images télévisuelles et critiquant l'hyperconsommation. Il utilise également la performance, les installations, la photographie, le multimédia, le livre, Internet et l'art public pour répondre aux principaux enjeux politiques et sociaux de notre temps.

- **Joan Fontcuberta (1955)**. Barcelonais de cœur, l'artiste contemporain Joan Fontcuberta, qui réalise le portrait officiel du pilote-cosmonaute Iván Istochnikov en 1968, utilise ce médium pour créer de véritables tableaux hypnotiques. Star de l'art contemporain aujourd'hui, cet artiste est également théoricien et il est spécialiste de l'histoire de la photographie et des sciences de l'information.

- **Jordi Colomer (1962)**. Basé entre Barcelone et New York, Jordi Colomer est aussi un artiste populaire, qui a connu le succès plutôt dans les années 1990. Il réalise des maquettes d'architecture d'après de vrais bâtiments et les photographie dans leur contexte d'origine. Par ailleurs, il tourne des films de fiction, souvent improvisés par des acteurs qu'il projette sur plusieurs écrans. Il a représenté son pays en faisant une installation collective avec plusieurs artistes avec des dessins d'architecture sur du carton à la 57e Biennale de Venise en 2017. Cette manifestation bisannuelle a été une consécration pour l'artiste.

MUSIQUES ET SCÈNES

Si Manu Chao s'est installé au cœur de Barcelone à la fin des années 1990, c'est qu'il y a trouvé une vie de quartier et un brassage culturel qui ne se trouve nulle part ailleurs. Celui-ci personnifie le mieux l'identité culturelle de Barcelone. Chantant en espagnol, français, anglais ou encore en portugais, sa musique est internationale et va chercher ses origines dans de multiples styles. Et c'est aussi ce qui caractérise Barcelone. Que vous aimiez le rock, la musique classique, le jazz, l'opéra, le hip-hop, la rumba, le flamenco, la musique latino ou encore l'électro, Barcelone peut répondre à l'attente des amateurs les plus exigeants. Et depuis le vingtième siècle, dans un contexte politique qui s'est tendu, la musique locale arbore fièrement ses racines. Après les compositeurs classiques Isaac Albeniz ou Enrique Granados au début du XXe siècle, la festive rumba catalane, la Nova Canço ou plus récemment le rock catalan ont repris le flambeau.

La musique classique et les racines catalanes

À la fin du XIXe siècle, la musique espagnole, dominée depuis plus d'un siècle par la musique italienne, a connu un nouveau souffle, inspiré des richesses offertes par son folklore. Pendant que la noblesse et la bourgeoisie s'intéressaient à l'art lyrique et au *bel canto*, le peuple avait conservé ses traditions intactes. Ainsi, les *zarzuelas* (de petites comédies musicales) possédaient toujours leur public, un public bien différent de celui des conservatoires. Le retour à la tradition va s'affirmer dans le dernier quart de siècle, au détriment de l'art académique, trop éloigné de l'âme du pays.

Le nationalisme en musique. La période comprise entre l'Exposition universelle de Barcelone, en 1888, et les années 1950 est particulière importante dans l'histoire musicale de la Catalogne : Le Palais de la Musique Catalane est achevé, la programmation lyrique et symphonique du Gran Teatre del Liceu est devenue une référence et de nouveaux compositeurs apparaissent tels qu'Enrique Granados, Isaac Albéniz, Miguel Llobet ou encore Pau Casals. Ils seront les meilleurs représentants d'un nationalisme musical, basé sur une nouvelle façon de concevoir l'apport de leur terre natale. À cette époque, la société toute entière se métamorphosa autour de la musique. Isaac Albeniz va parvenir à proposer un art raffiné à partir de motifs d'inspiration populaire, sans en affaiblir le sens et en les rendant « purifiés musicalement et ennoblis moralement. » Avec *Iberia*, Albeniz signe son chef-d'œuvre. Douze pièces innovantes techniquement et d'une vitalité et d'une imagination débordante, qui ouvrent la voie aux futures conquêtes pianistiques du XXe siècle par Messiaen ou Boulez. Enrique Granados est quant à lui surtout connu comme pianiste. Il écrit de nombreuses œuvres pour le piano dans un style postromantique à l'image de Grieg, et ses *Danzas espanolas* lui confèrent une grande popularité. Il fonde aussi l'académie Granados, une école de piano particulièrement renommée. Sans appartenir au registre des musiciens folkloristes, Federico Mompou est tout imprégné de l'ambiance de la musique populaire catalane, dont il reprend le dépouillement dans ses œuvres. Sa musique, entre consonance et dissonance, s'est épurée au fil des années pour retrouver l'esprit des primitifs de la composition, avec des thèmes d'une grande simplicité.

Des interprètes de génie. Pianiste émérite, ami de Ravel, Debussy et de Manuel de Falla, qui lui dédia sa *Nuit dans les jardins d'Espagne*, Ricardo Viñes fut un ardent défenseur et diffuseur de cette avant-garde musicale tant française qu'espagnole. Celui-ci a tenu pendant une vingtaine d'années son journal, témoignage important de la vitalité musicale et artistique de son époque, où la capitale culturelle qu'est alors Paris s'enivre d'exotisme (japonisme, mais aussi espagnolisme). Bien après lui, la Barcelonaise Alicia de Larrocha fera de nombreux enregistrements de ses aînés, notamment de Granados, Albeniz et Mompou, et connaîtra une carrière d'interprète internationale maintes fois récompensée.

Isaac Albéniz.

DÉCOUVRIR

Palais de la musique catalane.

Plafond de vitraux du Palais de la musique catalane.

Du jazz au flamenco, des concerts de chorale aux récitals, en passant par la musique symphonique, le Palau de la Música Catalana propose une programmation riche et variée tout au long de l'année, dans un décor absolument superbe. La salle de concert, avec sa coupole inversée en vitrail, sa luminosité et son acoustique parfaite, n'est que pur enchantement. Les plus grands virtuoses et interprètes s'y sont produits. Un bijou du modernisme catalan signé Lluís Domènech i Montaner.

Palais de la musique catalane.

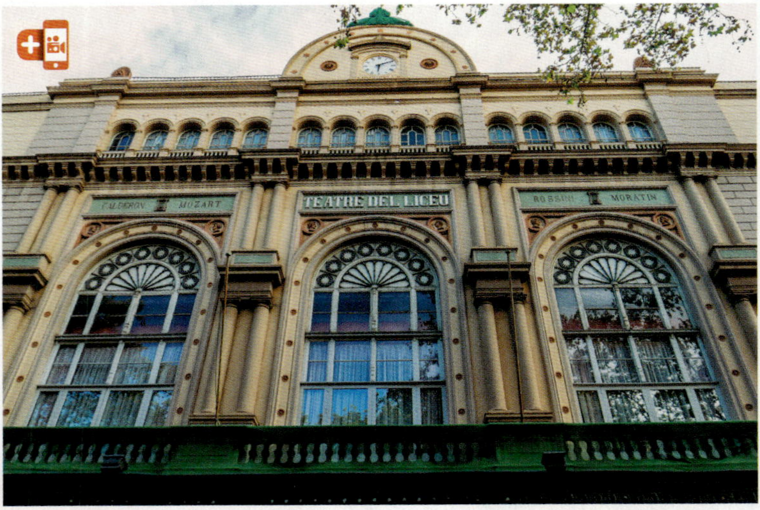

© KIEV.VICTOR - SHUTTERSTOCK.COM

Teatre del Liceu.

Influencé par la musique flamenco et les chansons populaires, Miguel Llobet est connu pour ses arrangements sophistiqués à la guitare du répertoire populaire catalan de chansons et de danses. On lui doit les premiers enregistrements de guitare classique, réalisés dès 1925. Francisco Tárrega est un autre guitariste de génie qui composa ses plus belles pièces après son installation à Barcelone en 1885.

Citons encore Pau Casals, un virtuose du violoncelle, mais aussi grand défenseur de la paix. C'est un personnage emblématique de la culture catalane et sa mémoire est perpétuée à la Villa Casals (la maison de l'artiste devenue un musée) à El Vendrell (Costa Daurada), sa ville natale. Une salle de l'Auditori lui est également dédiée.

Au registre des interprètes incontournables, citons encore le concertiste et pédagogue Jordi Savall. Armé de sa viole de gambe, il a contribué à la revalorisation de la musique baroque, aidé en cela par le succès du film *Tous les matins du monde* d'Alain Corneau, dont il enregistre la bande originale, et par les interprétations reconnues de sa femme Montserrat Figueras.

Autre grande diva barcelonaise, Montserrat Caballé, « La Superba », s'est éteinte en 2018 dans sa ville, après avoir régné sur la scène lyrique pendant plusieurs décennies. La soprano était remontée une dernière fois sur la scène du Gran Teatre del Liceu, là où la elle avait fait sa première apparition en public en 1962.

Des salles de premier plan. Le Gran Teatre del Liceu, inauguré en 1847 et dont les portes s'ouvrent sur les Ramblas est l'un opéras les plus prestigieux du monde. Il a survécu à deux incendies majeurs, le dernier en 1994, et a vu défiler sur ses planches les plus grands interprètes de l'art lyrique.

Le Palau de la Música Catalana (p.130) est trop souvent oublié des touristes, pourtant c'est un monument magnifique créé par l'architecte Lluís Domènech i Montaner, un architecte catalan moderniste. La conception de la salle a été particulièrement travaillée et le son y est d'excellente qualité. La salle peut accueillir jusqu'à 2 500 personnes. Elle a vocation à présenter tous les types de musique, du jazz au flamenco, tout en privilégiant les belles affiches de musique classique.

Dans le bâtiment de l'Auditori à l'architecture remarquable et à l'acoustique parfaite, vous trouverez des concerts de haut niveau dans tous les genres, à l'écart des circuits touristiques classiques. L'école supérieure de musique de Catalogne y est aussi installée.

La sardane : une danse traditionnelle

Autre marqueur de la tradition et de l'identité de tout un peuple, la Sardane est la danse traditionnelle de la Catalogne. Interdite par Franco, elle conserve une dimension politique forte à laquelle tout un peuple se rattache. Celle-ci se danse en cercle fermé, au rythme d'un ensemble instrumental appelé *cobla*. Les danseurs se donnent la main et effectuent une série de pas assez simples, d'avant en arrière et de gauche à droite. Ils sont chaussés d'espadrilles lacées typiques, indispensables pour la pratique de la Sardane. Pour voir un spectacle, rendez-vous sur la place de la Cathédrale de Barcelone les samedis à 18h et les dimanches à 11h15.

La sardane est la danse traditionnelle de Catalogne.

Un théâtre accessible

La programmation des théâtres de Catalogne est particulièrement variée, des auteurs classiques aux œuvres résolument modernes. À Barcelone, le Teatre Lliure est la référence. Composé de deux bâtiments indépendants (Lliure de Gràcia et Lliure de Montjuïc), la programmation du lieu est axée sur la relecture des grands classiques. Les deux salles proposent aussi de la musique et de la danse. Conçu par Ricard Bofill, le Teatre Nacional de Catalunya est un grand bâtiment en forme de temple grec. Sa programmation oscille entre le théâtre classique et la dramaturgie contemporaine, avec pour ambition de développer la culture auprès du plus grand nombre et notamment le patrimoine théâtral catalan. La saison 2019/2020 fut dédiée aux pionniers de l'histoire du théâtre catalan avec une adaptation du roman *Solitud* de Víctor Català, mis en scène par Alícia Gorina ou encore *Hurricane* de Carme Montoriol, sous la direction de Mònica Bofill. Autre lieu emblématique, la Sala Beckett (p.225) axe tout son travail sur la promotion de la dramaturgie contemporaine avec également une mise en avant des auteurs catalans. Le lieu est aussi réputé comme centre de formation. Théâtre populaire, le Teatre Romea a accueilli les plus grands auteurs classiques comme Rusiñol, Guimerà ou Sagarra. En dehors de Barcelone les théâtres de Valls, de Girona ou de Sabadell offrent aussi des programmations de qualité.

Au rang des troupes théâtrales de renom, citons la Fura dels Baus, une compagnie pluridisciplinaire et avant-gardiste qui mêle depuis les années 1970 le théâtre, l'opéra, la technologie et l'expérimentation pour des spectacles grandioses reconnus dans le monde entier.

La Rumba catalane

La musique en Catalogne c'est aussi la rumba catalane, issue de la fusion du flamenco et de la musique afro-cubaine. La guitare y tient une place majeure avec des coups portés, telles des percussions, sur la caisse de l'instrument tout en bloquant les cordes. Manu Chao a, depuis quelques années déjà, le projet d'un album de rumba catalane dont les chansons seraient déjà composées. Ce qu'on appelle aujourd'hui dans le monde entier la rumba catalane est un style musical inventé à la fin des années 1950 par les gitans des quartiers pauvres de Barcelone. En se familiarisant avec les sons nouveaux de la salsa et les rythmes des îles des Caraïbes et d'Amérique latine, ils ont adopté ces nouveaux sons, tout en conservant la plainte rauque et les vibratos à l'orientale hérités du flamenco. Le mélange a donné un nouveau style de chanson, facilement mémorisable, qui dépasse désormais largement la sphère gitane et touche le grand public. La consécration est venue lors de la cérémonie de clôture des Jeux olympiques de Barcelone en 1992. À cette occasion, le monde entier a découvert, la version rumba décapante de *All My Loving* (des Beatles) par Los Manolos et la chanson gitane de Peret *Barcelona Tiene Poder*, traitées à égale importance que la chanson « Barcelona » du duo constitué par la soprano Montserrat Caballé et le chanteur de Queen Freddy Mercury.

La Nova Canço (nouvelle chanson catalane)

Les Catalans sont très attachés à leur différenciation culturelle par rapport au reste de l'Espagne et lorsque les artistes chantent en catalan, il s'agit d'une manière pour eux de revendiquer leur identité. Dans les années soixante, la Nova Canço s'est ainsi appuyée sur l'utilisation du catalan, malgré le contexte franquiste. De ce mouvement sont nées de grandes figures de la chanson catalane, Maria del Mar Bonet, Raimon, mais surtout Lluís Llach, un auteur et interprète très engagé au début de sa carrière. Ses chansons ont gagné en popularité, alors que leurs thèmes devenaient plus poétiques. Il a ainsi mis en musique de nombreux poèmes catalans. Son morceau le plus connu est *L'Estaca*, devenu l'hymne non officiel du syndicat polonais Solidarnosc, mais aussi l'hymne officiel du club de rugby de Perpignan. Entre 2015 et 2017, il a aussi été député au Parlement de Catalogne après s'être présenté au sein de la coalition indépendantiste Junts pel Sí. Depuis 2018, il occupe un poste de conseiller auprès du gouvernement catalan.

Autre célébrité, Joan Manuel Serrat, connu en Espagne, mais aussi dans toute l'Amérique du Sud, ne se cantonne pas à un style précis : folklore catalan, tango, boléro ou chansons populaires d'Amérique latine. Sa popularité va bien au-delà des frontières espagnoles et des artistes cubains lui ont même dédié un disque.

La scène rock catalane

La plupart des peuples ont vu éclore des groupes de rock qui ont influencé toute une génération. Ce qui différencie la Catalogne des autres régions vient du lien étroit existant entre le développement du rock catalan et la métamorphose politique du pays à l'œuvre lors de la sortie du franquisme. Pendant longtemps, le rock s'est écrit en anglais ou en espagnol, mais pas en catalan. Lorsque les groupes locaux ont pris le pari de chanter dans leur propre langue, ils ont immédiatement connu un formidable succès public, encouragés dans cette voie par le gouvernement de la Catalogne. Aujourd'hui, la pop et le rock *indie* chantés en catalan ont une place de choix dans le panorama musical, avec la pop-folk de Manel, la pop du groupe majorquin Antonia Font ou encore Mishima qui avait commencé en produisant deux albums en anglais avant d'écrire exclusivement en

© CHRISTIAN BERTRAND - SHUTTERSTOCK.COM

Primavera Sound.

catalan. Le rock d'origine catalane a une identité qui lui est propre et ce, malgré tous les risques qu'implique la composition artistique dans une langue vernaculaire.

La scène musicale locale est dense et de nombreux groupes catalans trustent les premières places des charts locaux. Sopa de Cabra, avait marqué les esprits avec leur chanson *L'Empordà*, devenu l'hymne de toute une région. De même Sau et son morceau *Boig per tu* a été repris par toute une génération. Aujourd'hui de nombreux groupes de pop-rock ont pris le relais, comme Els amics de les arts, un groupe barcelonais de musique folk-pop-indie aux réminiscences électroniques, autant apprécié par le public que par la critique. Quant à la musique de Txarango, elle est une fusion entre le reggae, le punk et la musique latine, héritière de la rumba cubaine. Ils ont déjà reçu deux disques d'or. Dans la même veine, le groupe Estopa mélange les genres avec succès, puisant ses sources entre la rumba catalane, le rock et le flamenco. Le succès de ces derniers a franchi les frontières puisque le groupe a énormément de succès en Amérique latine. Kaya Malayo est un groupe de ska à la musique festive, pleine de rythme et d'énergie. Le groupe Sangtrait est le représentant majeur du heavy metal catalan. Les membres d'Els Pets avaient formé leur groupe dans les années 1980 pensant que l'aventure ne durerait pas. Ils sont encore actifs aujourd'hui et leur musique aux accents pop, séduit toujours un public nombreux. Le **Razzmatazz** (p.220) ou la **Sala Apolo** (p.220) sont d'abord des boîtes de nuit, mais chacune d'entre elles propose aussi de la musique *live*. Alors, surveillez leur programmation, vous y trouverez des artistes internationaux comme des talents locaux. Pour les amateurs de jazz Jamboree et le Harlem Jazz Club, deux clubs situés au cœur du Barri Gòtic, sont des incontournables.

Toute la nouvelle scène catalane trouve aussi à se produire dans les grands festivals de l'été, au milieu des plus grandes stars internationales au Primavera Sound de Barcelone ou lors d'autres propositions artistiques. Ainsi, tous les ans, en septembre, Vic accueille le Mercat de Música (marché de musique vivante), qui permet d'écouter et de découvrir des artistes émergents pendant cinq jours de concerts. Le VIDA Festival (à Vilanova i la Geltrú) se distingue d'autres manifestations du même genre, car le festival n'est pas uniquement consacré à la musique, mais aussi propose de découvrir des productions audiovisuelles ou de l'artisanat dans les plus beaux sites de la ville, comme la Masia d'en Cabanyes et le Molí de Mar.

Si vous ne disposez pas assez de temps ou si vous n'avez pas envie de vous rendre à l'un de ces festivals, faites un détour par le Mariatchi, un bar situé dans la vieille ville de Barcelone, au coin des Carrer dels Còdols et Carrer d'en Rull. Une grande guitare colorée décore le mur, de la musique festive résonne et une banderole de Che Sudaka est fièrement arborée au mur en l'honneur du groupe composé de musiciens argentins et colombiens. Ce petit bar coloré est très fréquenté par les musiciens de Barcelone, et puis vous aurez peut-être la chance d'y croiser Manu Chao qui s'y produit régulièrement lorsqu'il n'est pas en tournée.

LITTÉRATURE

Cosmopolite, engagée, rayonnante, Barcelone est de ces villes-mondes que la guerre, l'oppression et la censure n'ont pas réussi à faire taire. Cette destination si prisée des touristes a bien des atouts, une population accueillante, des quartiers chamarrés, une architecture audacieuse et une cathédrale qui n'en finit plus de monter vers le ciel. Mais Barcelone est aussi capitale, celle de la Catalogne, et à travers sa langue qui se décline depuis des siècles dans une littérature exaltante, nul ne pourrait en douter. Sa province a vu naître foison d'écrivains, moisson de poètes, dont les noms nous sont devenus familiers, tels ceux d'Eduardo Mendoza, Jaume Cabré, Carlos Ruiz Zafón ou Victor del Árbol, ou ne manqueront pas de le devenir aux lecteurs les plus curieux, Jacint Verdaguer, Joan Maragall, Josep Pla, et encore Juan Goytisolo. Jolies promenades en perspective dans une ville qui a fait de sa littérature la force de son identité.

La littérature catalane

Si tout est politique, la langue ne fait pas exception. Ville espagnole, les rues de Barcelone résonnent en castillan, mais capitale de la Catalogne, c'est au son du catalan que vibre son cœur. C'est pourquoi il est impossible d'évoquer l'histoire de sa littérature sans citer Ramon LLull, pourtant né à Palma de Majorque, au début du XIIIe siècle. Page devenu précepteur du fils du Roi, l'homme débute sa vie en bon vivant, sans se poser la moindre question existentielle. À l'aube de ses 30 ans, l'Appel de Dieu se fait entendre, si fort qu'il en abandonne famille et biens pour s'en aller prêcher, ce qu'il fit en arabe, qu'il apprit pour l'occasion, mais aussi en catalan qu'il fut le premier à transcrire à l'écrit de manière littéraire. Illustre figure du Moyen Âge, Ramon LLull a laissé à la postérité sa célèbre machine à penser, de nombreux écrits, théologiques ou scientifiques, mais également deux romans philosophiques écrits dans son idiome de prédilection, *Blaquerne* et *Félix ou les merveilles du monde*. Au siècle suivant, le poète Ausiàs March assure la transition vers la Renaissance, évoquant l'amour et usant à son tour du catalan. Il était également le beau-frère de Joanot Martorell, auteur du phénoménal *Tirant le Blanc*, qui ne fut publié, de manière posthume, qu'en 1490, mais qui fut tant admiré par Miguel de Cervantès qu'il est cité dans son *Don Quichotte*, œuvre culte qui par ailleurs comporte un épisode barcelonais et offre une vision intéressante de l'essor de la ville au début du XVIIe siècle.

Le catalan, comme langue littéraire, connaît quant à lui un certain déclin jusqu'à la Renaixença, au XIXe siècle. Proche du romantisme à l'européenne, ce mouvement culturel d'importance est tout particulièrement représenté par celui qui fut tour à tour surnommé Le Prince des poètes ou le Dante de Catalogne, Jacint Verdaguer. Né au joli mois de mai 1845 à Folgueroles, issu d'une famille de condition modeste, c'est à une carrière ecclésiastique qu'il se destine, intégrant le séminaire de Vic dès son plus jeune âge. Se frottant aux auteurs classiques, grecs, latins et espagnols, une nouvelle vocation ne tarde pas à émerger, et elle sera littéraire. Ses vers sont tout d'abord d'obédience religieuse, puis viennent en 1865 et 1866 les premiers prix qu'il remporte aux Jeux Floraux de Barcelone, joutes poétiques en langue catalane qui font alors fureur. Pour raisons de santé, il doit s'exiler, et c'est sur le bateau qui le ramène de Cuba en 1876 qu'il achève son chef-d'œuvre, *L'Atlantide*, à découvrir dans sa version française aux éditions de la BNF. Ce poème de dix chants narre le naufrage de Christophe Colomb et sa rencontre avec un ermite qui lui dévoile tous les secrets de l'île engloutie. Prix spécial des Jeux Floraux de 1877, cette épopée vaudra à son auteur la consécration.

Quasiment à la même époque, le 10 octobre 1860, naît à Barcelone un autre poète, Joan Maragall. Les très beaux jardins qui portent son nom, nichés au cœur de la colline de Montjuïc, démontrent toute la tendresse que les Barcelonais éprouvent pour cette figure tutélaire du Modernisme catalan. Issu d'une famille fortunée, ayant suivi des études de droit, c'est vers le journalisme qu'il se tourne à la trentaine, après avoir goûté au plaisir de la traduction d'auteurs aussi illustres que Goethe ou Nietzsche. Bourgeois, mais bohème, engagé, mais refusant d'entrer en politique, croyant, mais proche de la nature, ses multiples facettes le poussent à vouloir restituer la « paraula viva », la parole vivante, celle que l'on trouve chez le peuple et que le poète se doit de mettre en forme. Joan Maragall est l'auteur d'une œuvre riche et novatrice, mais aussi du *Cant de la Senyera* (Chant du drapeau) qui, mis en musique, deviendra l'un des principaux hymnes nationaux catalans. Novateurs, Josep Pla (1897-1981), Salvador Espriu (1913-1985) et Josep Maria de Sagarra (1894-1961) l'étaient également. À eux trois, ils ont poursuivi ce véritable renouvellement de la littérature catalane et témoigné de la réalité

Ramon Llull, et son disciple Thomas le Myesier, présentant trois traités à Jeanne II de Bourgogne, reine de France et de Navarre. Enluminure datant de 1325.

historique du XXe siècle naissant. Le premier s'est confié dans *Le Cahier gris* que les éditions Jacqueline Chambon ont offert en traduction en 1992, le second a produit une œuvre remarquée dont *La Peau du taureau* et *Le Cimetière de Sinera*. Josep Maria de Sagarra, pour sa part, a publié ce qui est considéré comme l'un des plus grands romans sur sa ville, Barcelone. Écrit en seulement deux mois, l'imposant *Vies privées* a subi la censure lors de sa parution en 1932 puis n'a été disponible en français qu'en 2015, à l'initiative des éditions Bourgois. Peinture sans concession de la haute société catalane dans les sombres années qui précèdent la prise de pouvoir par Franco, l'écrivain Juan Marsé, Prix Cervantès 2008, dira de ce livre qu'il est une « référence obligée ». Le début de siècle est favorable à l'expansion de la culture catalane et le Modernisme laisse place au Noucentisme. Esthétique, ce mouvement devient rapidement politique et s'affirme dans la victoire du parti Solidaritat catalana en 1907. Le collectif est de mise, tous convergent vers un objectif unique, la création d'une culture commune qui s'inscrira dans l'éternité. En poésie, Josep Carner s'inspire des maîtres catalans, Jacint Verdaguer et Joan Maragall, mais aussi des influences européennes pour faire évoluer son art. Son recueil *Els fruits saborosos* le propulse comme tête de file du Noucentisme, à l'égal d'Eugeni d'Ors dont les *Gloses*, billets littéraires qu'il publie dans la presse quotidienne, mettent en lumière « les palpitations du temps ». La Première Guerre mondiale n'arrivera pas à éteindre ce militantisme culturel, il n'en sera malheureusement pas de même du coup d'État orchestré par Miguel Promo de Rivera en 1923.

L'époque contemporaine

À la Génération de 14 succède la Génération de 50, celle des « enfants de la guerre ». À l'instar de Juan Goytisolo qui a perdu sa mère pendant les bombardements franquistes de 1938, ces écrivains ont vécu la guerre civile puis la dictature, cela se ressent dans leur écriture qui tend vers le réalisme social et une vraie critique politique de l'Espagne. Après s'être impliqué clandestinement aux côtés du Parti communiste, Juan Goytisolo choisira l'exil vers la France où il entrera aux éditions Gallimard, d'abord comme lecteur puis comme responsable éditorial de la littérature hispanophone, avant de quitter la maison mère, dans laquelle il continuera de publier, pour voguer vers de nouveaux rivages. Bien qu'ayant beaucoup voyagé, son pays natal restera sa principale source d'inspiration, mâtinant son point de vue acéré d'une certaine ironie, par exemple dans *Deuil au Paradis* ou *Pièces d'identité*. Couronné par de nombreuses récompenses, dont le Prix national des lettres espagnoles en 2008, il décédera à peine 10 ans plus tard à Marrakech. Jaime Gil de Biedma (1929-1990) quittera lui aussi quelque temps le pays, mais finira par revenir à Barcelone qui l'a vu naître. Cela ne l'empêchera pas de publier en 1959 *Compañeros de viaje* qui, comme *Moralités* en 1966, évoque l'oppression du peuple par le régime en place, le faisant entrer dans la lignée des poètes sociaux. Dans son journal intime, publié en 1974 sous le titre *Diaro del artista seriamente enfermo*, il offre un panorama intéressant de cette Génération de 50 à laquelle se rattache de loin Juan Marsé, dont le roman *Adieu la vie, adieu l'amour* ne put paraître qu'au Mexique, souffrant de la censure franquiste de ces années 70. À découvrir en prime son opus *Teresa l'après-midi*, publié en français aux éditions Bourgois en 1993, qui mêle intelligemment histoires d'amour et de politique, castillan et catalan.

Un autre nom nous est devenu familier, même si on ignore généralement que c'est à Barcelone que vit le jour Eduardo Mendoza en 1943. Fils de magistrat, il étudie le droit puis la sociologie. Il quitte néanmoins son métier d'avocat pour rejoindre New York où il exercera comme traducteur pour le compte de l'ONU. Son premier roman paraît l'année de la mort de Franco et est récompensé par le Prix de la Critique. Dans *La Vérité sur l'affaire Savolta*, disponible en poche chez Points, c'est une Catalogne en proie aux grèves ouvrières et aux attentats anarchistes qui est décrite, sous couvert d'enquête policière. Si Mendoza use d'une forme plus classique que ses prédécesseurs, il sait aussi faire preuve d'humour comme il le démontre dans *Le Mystère de la crypte ensorcelée* en 1979. Mais c'est avec *La Ville des prodiges* (1986) qu'il franchit une étape, et s'affirme – de son vivant – comme un auteur déjà classique. Son héros, ou anti-héros, Onofre Bouvilla, peine à trouver sa place dans la bouillonnante Barcelone qui s'apprête à accueillir l'Exposition universelle de 1887, son destin cocasse, mais précaire a séduit foultitude de lecteurs. Une œuvre foisonnante et détonante lardée de prix internationaux, dont le Franz Kafka en 2015 et le Cervantes l'année suivante.

Son contemporain et compatriote Jaume Cabré a également séduit le public français, bien qu'il lui fallût consacrer huit années à l'écriture d'un monument de la littérature catalane : *Confiteor*. Publié en 2013 par Actes Sud, le succès est immédiat, à tel point que certains ne jurent que par cet imposant roman de plus de 800 pages. Le résumer tient d'une impossible mission, il y est question d'un petit garçon, Adrià, qui ne semble pas né dans la bonne famille, mais aussi d'un violon et d'un amour contrarié, d'une maladie qui ronge la mémoire et précipite l'écriture, de philosophie et d'érudition. Hors-norme, cette œuvre supporte sans faillir les multiples relectures et semble parfaite pour accompagner le voyageur en goguette. Du même tenant, la trilogie *Le Cimetière des livres oubliés*, dont le premier tome *L'Ombre du vent* a été traduit par Grasset en 2004, a fait du Barcelonais Carlos Ruiz Zafón l'un des auteurs les plus vendus au monde. Best-seller aux millions d'exemplaires vendus, cette fresque historique qui prend place dans la Barcelone d'après-guerre raconte la quête éperdue de Daniel Sempere qui s'entiche d'un mystérieux écrivain méconnu, Julián Carax. Pour les fanatiques de policiers, impossible de faire l'impasse sur Víctor del Árbol, sa *Tristesse du samouraï*, paru chez Actes Sud Noir en 2011, lui a valu une notoriété immédiate.

TOP 10

LECTURE

La foisonnante et chamarrée Barcelone fourmille d'histoires et de rencontres, qu'elles s'écrivent en catalan ou en castillan, s'adressent aux grands ou aux plus petits, plaisent aux poètes ou aux amoureux, aux férus d'histoire ou de bandes dessinées, chacune découvre une facette de la ville monde.

UN BEAU LIVRE

Que serait Barcelone sans Gaudí, la ville sans la Sagrada Familia ? Découverte d'un architecte virtuose.
Gaudí, l'œuvre complet, Isabel Artigas – Éditions Place des Victoires.

UN ROMAN CHORAL

© ÉDITIONS GALLIMARD - FOLIO

L'auteur belge entrelace mille histoires, boucle le tout à la perfection et offre une magnifique vision de la ville.
Barcelona !, Grégoire Polet– Éditions Folio.

UNE FRESQUE HISTORIQUE

© ÉDITIONS 10-18

L'auteur du remarquable Confiteor fait ici découvrir la Guerre civile qui trouve toujours écho dans notre présent.
Les voix du Pamano, Jaume Cabré – Éditions 10-18.

ROMAN NOIR

© ÉDITIONS POINTS

Un cadavre tatoué et sans visage ? L'une des premières enquêtes du détective fin gourmet Pepe Carvalho.
Tatouage, Manuel Vázquez Montalbán – Éditions Points.

UN ALBUM JEUNESSE

© HÉLIUM □ ACTES SUD, 2018

L'auteur barcelonais né en 1978 a un talent fou et livre de superbes illustrations aussi chatoyantes que sa ville natale.
La Ville des animaux, Joan Negrescolor – Éditions Hélium.

BD ADULTES

© ÉDITIONS DU LONG BEC

Une petite fille disparaît dans les rues barcelonaises du début du XXe siècle, se pourrait-il que rôde un croque-mitaine ?
Le Vampire de Barcelone, Ivan Ledesma, Miguel Angel Parra et Jandro Gonzalez – Éditions du Long bec.

RÉCIT INITIATIQUE

© LE LIVRE DE POCHE

Dans les années 40, la jeune Andréa débarque dans une Barcelone brisée par le franquisme. Un roman emblématique.
Nada, Carmen Laforet – Éditions Le Livre de Poche.

UNE ANTHOLOGIE

© ÉDITIONS ROBERT LAFONT

Retrouver les plus illustres auteurs, de Stendhal à Lorca, et découvrir à quoi ressemblait leur propre Barcelone.
Barcelone, petite anthologie d'escapades littéraires, collectif – Éditions Robert Lafont.

BD ADOS

© ÉDITIONS DUPUIS

Quim de Vilanova et Manu de Douala font partie de l'académie du Barça, une histoire de football, et d'amitié.
F.C. Barcelone, La Masia, l'école des rêves, Torrents Eduard et Cesc – Éditions Dupuis.

ANTHOLOGIE POÉTIQUE

© L'HARMATTAN

Soixante-quatre poèmes catalans trop méconnus, à découvrir pour apprécier la richesse d'une langue vivante.
Huit siècles de poésie catalane, Jean-Claude Morera – Éditions L'Harmattan.

À L'ÉCRAN

Barcelone est le berceau du cinéma espagnol. Le premier film local y a vu le jour en 1897, Riña en un café de Fructuós Gelabert que son prénom prédestinait à une œuvre prolifique. Une terrasse du quartier de Camps à la tranquillité soudainement troublée par une bagarre entre deux clients. L'affaire se termine par une poignée de main, comme un symbole d'une ville qu'on associe habituellement à l'indolence et à l'été, mais qui est en même temps la proie de troubles identitaires profonds, entre velléités d'indépendance et relation ombrageuse avec sa rivale madrilène. Plus proche de nous, dans les films de Cédric Klapisch ou de Woody Allen, c'est une Barcelone estivale et touristique qui triomphe : une jeunesse insouciante y pose provisoirement l'ancre. Mais le cinéma nous invite également à sortir de ses sentiers battus, quitte à en découvrir des aspects plus sombres ou moins reluisants. Le cinéma catalan a connu un bref âge d'or au début du XXe siècle auquel la dictature de Franco et la centralisation de l'industrie du film à Madrid ont mis un terme.

Renaissance du cinéma catalan et désirs d'émancipation

Il faut attendre les années 1960 pour que le cinéma reprenne son essor en Catalogne. Comme ailleurs en Europe, un vent de modernité se met à souffler, qui s'incarne en particulier dans l'école de Barcelone, dont le cinéma inspiré de la Nouvelle Vague, volontiers expérimental et abstrait à cause de la censure, perpétue un esprit intellectuel et avant-gardiste caractéristique de la ville. *Fata Morgana* (1965) de Vicente Aranda donne à voir une Barcelone étrangement vide, qui vaut comme une métaphore de la dictature, où sévit un tueur en série. L'un des membres de cette école, Ricardo Bofill deviendra un architecte célèbre dont les constructions seront à leur tour appréciées des cinéastes. Plus léger, mais avec une semblable tendance à l'abstraction, *Ditirambo* (Gonzalo Suárez, 1969), est une sorte de comédie d'action dont une scène se passe par exemple au pied de la statue de Christophe Colomb, érigée sur la plaça Portal de la Pau, sur le port. En 1975, Michelangelo Antonioni pose ses caméras dans la ville pour tourner *Profession Reporter*. Barcelone, ainsi que les constructions d'Antoni Gaudí y figurent abondamment et c'est sur le toit de la Casa Milà que Jack Nicholson rencontre Maria Schneider. Que cette histoire d'un homme qui voudrait changer d'identité et repartir se passe dans la capitale catalane tombe presque sous le sens. Les angoisses existentielles vont de pair dans cette ville avec les questionnements politiques. Les passionnés d'architecture jetteront un œil sur un documentaire consacré à Gaudí par Hiroshi Teshigahara en 1984, qui explore non seulement les constructions emblématiques de la ville, mais aussi les influences qui les ont nourries, tels les monastères ou les églises romanes de la région, ou encore les *coves* de Montserrat à proximité. La transition démocratique a pour effet l'apparition d'un cinéma plus politique, tel *La Ville brûlée* (Antoni Ribas, 1976) qui relate la répression sanglante qui eut lieu lors de la Semaine tragique en 1909, symbole d'une Catalogne meurtrie par la monarchie.

Le cinéaste Alejandro González Iñárritu.

Une nouvelle jeunesse

Les années 1970 voient l'arrivée d'une nouvelle génération de cinéastes catalans, Ventura Pons, Bigas Luna, Josep Anton Salgon, qui coïncide avec l'avènement de la démocratie. Pons signe *Ocaña, portrait par intermittence* (1978), portrait d'une figure connue de Las Ramblas et de la Plaça Reial, un peintre gay, adepte du travestissement. À travers sa filmographie, il n'aura de cesse d'explorer les versants intimes de sa ville natale. Le troisième film de Bigas Luna, *Bilbao* (1978), qui révélera plus tard Penelope

© TINSELTOWN - SHUTTERSTOCK.COM

L'équipe du film Vicky Cristina Barcelona.

Cruz ou Javier Bardem, fit scandale à sa sortie à cause d'un érotisme marqué qui deviendra sa marque de fabrique et, contrairement à ce que son titre pourrait laisser penser, se passe bien à Barcelone. La ville s'ouvre progressivement, les étrangers commencent à y affluer. Whit Stillman, avant Klapisch et Woody Allen, signe avec *Barcelona* (1994) une délicieuse comédie de mœurs contant les aventures sentimentales d'un expatrié américain, nous promenant du Palais de la musique catalane jusqu'au cloître de la cathédrale Santa Creu, avec les obligatoires escales dans les bars dont la ville abonde. *Land of Freedom* de Ken Loach, qui sort en 1995, rend compte de la fascination que continue d'exercer la guerre civile espagnole, pendant laquelle Barcelone fut l'un des bastions de la résistance au putsch franquiste. *Caresses* (Ventura Pons, 1998) est un film choral qui fait s'entrecroiser les destins de ses personnages le temps d'une nuit. Pedro Almodovar y tourne l'essentiel du bouleversant *Tout sur ma mère* (1999), où l'on voit la Sagrada familia de nuit ou la carrer Allada Vermell, une rue que le réalisateur a décrite comme un mélange de La Havane, Marseille et Naples en raison de sa vitalité débordante. Mais c'est *L'Auberge espagnole* (2002) qui signe l'entrée de la ville catalane dans le nouveau siècle, dont Cédric Klapisch fait l'emblème de la tout juste naissante génération Erasmus. Le talent du réalisateur pour attraper l'esprit du temps, dans un savant mélange de clichés et de naturel, lui a valu un grand succès populaire. Le Parc Güell et ses palmiers, le téléphérique, la Rambla del Mar, la carrer de les Caputxes dessinent une Barcelone à la fois touristique et authentique. Un an auparavant, *Gaudi Afternoon* (Susan Seidelmann), film méconnu, farfelu, mais tout à fait charmant, rejouait cette indémodable comédie de l'expatriation, avant que Woody Allen à son tour ne surfe sur cette même vague en tournant *Vicky Cristina Barcelona* (2008) qui renforce l'idée d'une ville de vacances et d'intermittences du cœur, et réserve une nouvelle fois une place toute particulière aux œuvres de Gaudí. Il semble donc qu'il faille se tourner vers les réalisateurs du cru pour avoir une image un peu plus contrastée, comme dans le cinéma d'horreur espagnol qui régénère le genre avec *Rec* (Jaume Balagueró, Paco Plaza, 2007), dont l'immeuble se trouve Rambla de Catalunya, ou avec *Malveillance* (Jaume Balagueró, 2011), sur un gardien d'immeuble pervers qui n'hésite pas à s'introduire chez les différents locataires. Cinéma de genre aussi, le récent *Les Derniers jours* (Alex Pastor, David Pastor, 2013) qui présente la vision post-apocalyptique d'une ville ravagée par un virus. *Biutiful* (2010) du réalisateur mexicain Alejandro González Iñárritu lève le voile sur une Barcelone qu'on a rarement l'habitude de voir au cinéma, celle des périphéries et des déshérités. La vague des séries s'est pour le moment tenue à l'écart de la ville (*La Casa de Papel*, énorme succès mondial, est tourné majoritairement à Madrid), mais la Basilique Santa Maria del Mar, de Barcelone a servi d'inspiration et de toile de fond à une série historique espagnole, *La Catedral del Mar* (2018) adaptée d'un best-seller, qui se passe au XIVe siècle quand la ville régnait sur le commerce en Méditerranée. Par ailleurs, *Game of Thrones*, dont de nombreuses scènes ont été tournées en Espagne, s'est servi comme décor de la Cathédrale Santa Maria de Gérone ou du monastère Sant Pere de Galligants.

GASTRONOMIE

Situées entre les premiers versants des Pyrénées et la Méditerranée, Barcelone et sa région peuvent s'enorgueillir d'une gastronomie variée mêlant produits de la mer et du terroir. La cuisine catalane se caractérise par l'abondance de légumes frais, de poissons et de fruits de mer alors que le porc, comme dans le reste de l'Espagne, reste très utilisé, tant sous forme de plats cuisinés que de charcuterie. Les sauces sont enrichies grâce à la picada, un produit typiquement catalan à base de purée de pignons de pin, d'amande ou de noisettes ou même de pain. Côté sucré, la région possède de nombreuses spécialités d'entremets, de flans et autres viennoiseries, souvent garnies de crème catalane. À déguster sur le pouce dans l'un des nombreux marchés de la ville. Si la cuisine de la région est empreinte de traditions, Barcelone est aussi une ville innovante où des chefs de renom ont su valoriser avec modernité la richesse des produits du terroir catalan.

Immanquables tapas

Les tapas sont indissociables de la cuisine de la ville et comme dans le reste de l'Espagne elles ne sont pas uniquement de simples en-cas, mais de véritables moments de partage. Il existe une quantité invraisemblable de tapas et certaines recettes dépendent souvent de la créativité du chef, néanmoins on compte aussi des recettes emblématiques de la région. Pour commencer pourquoi ne pas se laisser tenter par un simplissime pa amb tomàquet, fait de pain frotté à l'ail et à la tomate, généreusement arrosé d'huile d'olive. Aussi basique que délicieux. Un peu plus sophistiqué, l'escalivada consiste en un mélange de légumes longuement grillés au four, souvent servi sur du pain et décoré d'anchois. Les cargols a la llauna sont aussi appréciés, généralement accompagné d'aïoli. Ces escargots cuits au barbecue avec un mélange de saindoux, d'herbes et d'épices se font très communs. Autre tapa préparée au-dessus des braises, les calçots, des oignons verts très doux grillés et servis avec une salsa romesco, à savoir une sauce crémeuse à base de tomate, de piments, d'amande et d'huile d'olive. Ces oignons longs ressemblant à de petits poireaux sont emblématiques de la ville de Valls, près de Barcelone et sont dégustés lors de la *calçotada*. Beaucoup de tapas sont plus simplement de la charcuterie, la Catalogne comme le reste de l'Espagne étant experte en la matière. Le terme embotit décrit différents types de saucisses et de saucissons dont la garniture peut varier énormément avec par exemple la botifarra, une variété de saucisse servie grillée, alors que le fuet et le paltruc se montrent plus proches d'un saucisson. Le paltruc negre est par ailleurs fait avec du sang de porc à la manière d'un boudin noir. Le jamón ibérico, bien que très consommé à Barcelone et dans sa province, n'est pas propre à la Catalogne, mais est produit dans une grande partie de l'Espagne et du Portugal. Toutefois les variétés locales portent le nom de pernil ibèric. Plus légère, la salade appelée esqueixada se prépare très fraîche à base de poivron, de tomate et de morue, cuite et effilochée, très appréciée durant les chaudes journées estivales. Plus copieuse, l'amanida catalana est une salade de laitue et de tomate richement garnie de charcuterie et d'olives. Autre en-cas, le coca de recapte est un type de tarte salée garnie principalement de légumes cuits et de poissons comme des sardines ou des anchois. Le terme « *recapte* » désigne tout ce que l'on peut trouver dans ses placards, la coca est donc très versatile, et c'est aussi un plat populaire par excellence.

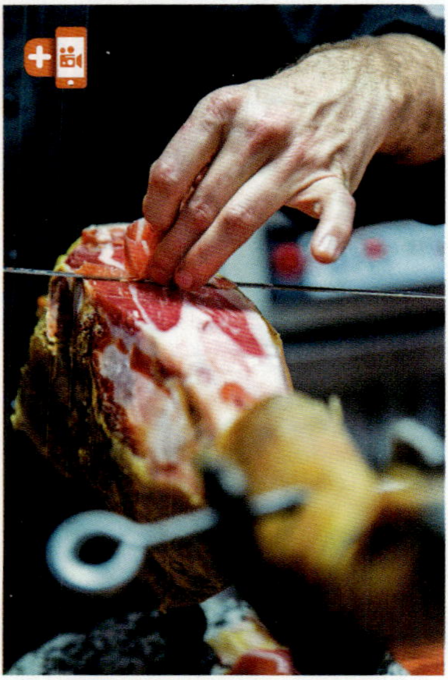

Jamon iberico.

Sarsuela.

Les classiques catalans

Au-delà des entrées et des tapas, il existe bien d'autres spécialités plus copieuses, dont de nombreux plats de poisson. Très raffinée, la sarsuela est un mets de fête à base de fruits de mer cuits dans une sauce sofregit, constituée de tomate et d'oignon, parfumée au safran. C'est un plat généralement consommé par les classes bourgeoises, contrairement au suquet de peix, plus simple, qui mélange poissons et pommes de terre dans une sauce à la tomate, parfois servi avec de l'aïoli. On retrouve un plat similaire à base de morue appelé bacallà amb samfaina. Si beaucoup de plats espagnols à base de riz comme la paella sont originaires de la région de Valence, on apprécie à Barcelone certaines spécialités comme le arroz a la cazuela, un riz en sauce généralement garni de viande de lapin et du porc, mais plutôt préparé avec des fruits de mer dans les régions côtières. Plus connu, le arròs negre est coloré à l'encre de seiche et garni de calamar et de crevettes.

Il existe également de nombreux plats de viande dont certains sont des recettes hivernales robustes comme le faves ofegades, à base de fèves et de saucisses. Plus surprenant le conill amb xocolata est un ragoût de lapin dans une sauce au chocolat. Le conill amb cargols, ce plat en sauce à base de lapin et d'escargots, s'impose comme la spécialité paysanne par excellence. Un mélange qui peut paraître étrange, même si ces deux ingrédients se retrouvent couramment dans la gastronomie espagnole comme dans la paella valenciana traditionnelle. Enfin la escudella i carn d'olla se présente sous la forme d'une soupe richement garnie de légumes d'hiver et de boulettes de viande.

Pour finir sur une touche de douceur, impossible de ne pas évoquer la crème catalane, délicatement parfumée au citron et à la cannelle. Cet entremets est emblématique de la cuisine de Barcelone. Elle est généralement servie sous forme d'une crème brûlée couverte d'une fine couche de caramel croquant, mais elle peut être utilisée telle quelle pour garnir des viennoiseries comme le xuixo, un croissant frit et généreusement saupoudré de sucre. Plus simple le mel i mató, un fromage frais de brebis qui s'accompagne de miel et de noix. Pour grignoter un en-cas sucré, rien ne vaut les panellets. Ces petites bouchées à base de pâte d'amande et de pignons sont traditionnellement servies avec un verre de vin doux lors de la Toussaint. Enfin le xocolata desfeta, à mi-chemin entre boisson et dessert, se révèle être un chocolat chaud si épais qu'on pourrait y planter une cuillère dedans, même si normalement on y plante surtout des churros (*xurros* en catalan) que l'on dévore surtout au petit déjeuner.

Le marché de la Boqueria

Pour déguster toutes ces spécialités, il existe de nombreuses adresses, mais rien ne vaut un détour au Mercat de Sant Josep ou Mercado de La Boqueria. Les plus vieilles mentions de ce marché, l'un des plus célèbres d'Europe, remontent au XIIIe siècle. Néanmoins, il s'agit encore à cette époque d'une structure informelle où les marchands venaient proposer leurs produits à même la rue. Au XVe siècle il sert de marché aux cochons. Il faudra attendre 1826 pour que La Boqueria acquière enfin un statut légal. Ce n'est qu'en 1840 que les infrastructures que nous connaissons aujourd'hui sont bâties : même si les plans seront modifiés de nombreuses fois, en 1911 le marché se dote enfin d'un toit toujours en place de nos jours qui permet de faire de ce lieu le marché couvert que l'on connaît

Crème catalane.

© TUPUNGATO - SHUTTERSTOCK.COM

Mercado de la Boqueria.

aujourd'hui. Situé sur l'avenue de Las Ramblas, il possède une grande variété de produits frais ainsi qu'un nombre incalculable de spécialités catalanes. La Boqueria compte de nombreux restaurants où goûter la cuisine locale. En plus des en-cas à déguster directement sur place, ce marché est l'occasion de rapporter quelques spécialités dans ses valises. La Catalogne possède de nombreux produits bénéficiant d'une *indication géographique protégée* (IGP) comme la llonganissa de Vic, un saucisson très apprécié en tapas, originaire de la région d'Osona, au nord de Barcelone. Côté sucré, le torró d'Agramunt, est un nougat à base d'amande ou de noisette, parfumé au miel. Il est également possible de découvrir d'autres produits frais plus difficilement transportables comme les pommes de Girone ou encore les volailles de Penedès et de Prat. Il existe également de nombreux cépages en Catalogne dont une douzaine possède une *denominación de origen* (DO), l'équivalent espagnol de notre *appellation d'origine contrôlée* (AOC). Blancs, rouges ou rosés, parmi les plus connus on retrouve les vins de Penedès, de Terra Alta et de Tarragona. L'Espagne étant le premier producteur d'huile d'olive au monde, il est bien sûr évident que la Catalogne n'est pas en reste. Pour les aficionados, il faut savoir que la plupart des oliviers dans la région de Barcelone viennent de la variété arbequina permettant de produire plusieurs huiles d'olive de grande qualité détenant des IGP telles que l'huile des Garrigues, de Siurana ou de Terra Alta.

Une gastronomie de prestige international

Avec une cuisine aussi riche et unique, Barcelone et la Catalogne dans son ensemble se sont érigées rapidement comme l'épicentre d'une gastronomie inventive mêlant modernité et traditions. Dans le sillage du plus iconique des chefs catalans, Ferran Adrià, pape de la cuisine moléculaire – qui pourrait bien rouvrir prochainement son restaurant ElBulli sous la forme d'un laboratoire gastronomique –, une nouvelle vague de chefs s'est démarquée, au rang de laquelle le talentueux enfant du pays de Manresa, Jordi Cruz, tire son épingle du jeu. Auréolé de trois étoiles au Michelin depuis 2017 pour son restaurant de l'hôtel ABaC, ce chef méticuleux et esthète du bon produit est connu du grand public pour avoir été jury de l'émission *Master Chef*. Citons également parmi les Catalans novateurs et installés à Barcelone, Albert Adrià qui parvient, malgré la célébrité de son frère le même Ferran, à se faire un prénom grâce son habile maîtrise de la cuisine nikkei (cuisine fusion mêlant influences péruviennes et japonaises) dans son restaurant 1-étoile Pakta, mais aussi Carles Abellán qui réinvente les tapas dans son populaire Tapas 24 ou Albert Raurich qui marie cuisine catalane et cuisine asiatique à sa table 1-étoile Dos Palillos. Si son chef n'est pas Catalan, mais Basque, une adresse barcelonaise témoigne aussi de la vitalité culinaire de la ville : le restaurant Lasarte, couronné de trois étoiles par le Michelin (C/ Mallorca, 259) est tenu par le chef espagnol le plus étoilé, l'infatigable Martin Berasateguy, apprécié pour son esthétisme jusqu'au-boutiste. Après la France, la gastronomie catalane pourrait bien faire son entrée au patrimoine culturel immatériel de l'UNESCO. C'est en tout cas la volonté des autorités locales, qui ont déposé un dossier de candidature en 2014 (www.cuinacatalana.eu). La qualité des produits, les singularités du terroir et l'innovation dans les techniques sont autant d'éléments qui devraient jouer en faveur de sa candidature.

AGENDA

Il se passe toujours quelque chose à Barcelone. Il y a même des moments où l'on souhaiterait avoir le don d'ubiquité, pour pouvoir être à plusieurs endroits en même temps. Ce serait une gageure de devoir donner une liste exhaustive des multiples fêtes que proposent Barcelone et sa province. Pensez à consulter le calendrier des activités sur le site Internet des lieux visités au moment où vous vous y rendez. Ainsi, vous ne manquerez pas un seul de leurs rendez-vous. En plus des nombreux fêtes et festivals, il convient d'ajouter les journées consacrées à un produit (le vin, les champignons...), sans oublier les foires (*fires*) qui viennent aussi ponctuer l'année. www.barcelonaesmoltmes.cat est le site de référence, disponible en français, qui répertorie toutes les manifestations culturelles de la province (musique, cirque, magie, théâtre, cinéma ...). Alors oui, il est impossible de s'ennuyer à Barcelone !

CAVALCADA DE REIS

Le 5 janvier.

Parade de Melchior, Gaspard et Balthazar, qui débute vers 18h au départ de l'Avenida Marquès de l'Argentera (au niveau du Parc de la Ciutadella) : un magnifique spectacle pour petits et grands ! Concurrencés par le père Noël, les Rois mages demeurent une institution dans toute l'Espagne. Les enfants reçoivent généralement un petit cadeau le soir de Noël, mais il faut attendre l'arrivée des Rois mages pour recevoir un gros cadeau. Selon la tradition, les enfants qui n'ont pas été sages ne reçoivent qu'un petit sac en toile rempli de charbons de sucre.

FESTES DE SANTA EULÀLIA

www.barcelona.cat/santaeulalia

Autour du 12 février.

Gegants (géants), *capgrossos* (grosses têtes) et autres personnages du folklore catalan prennent d'assaut les rues de Barcelone à l'occasion des fêtes de Santa Eulàlia, co-patronne de la ville avec La Mercé (célébrée, elle, au mois de septembre). La *festa major* d'hiver commémore la légende de Sainte-Eulalie, martyre chrétienne persécutée par les romains vers l'an 300. Outre les traditionnels défilés de *gegants*, c'est aussi l'occasion d'assister à des spectacles de sardane, des *correfocs* (feux) et des concours de *castells* (châteaux humains).

FESTIVAL GUITAR BCN

www.guitarbcn.com

Entre janvier et juin.

Ce festival de guitare est l'un des plus importants du pays. Chaque année, il offre une programmation éclectique d'artistes nationaux et internationaux, allant des jeunes promesses de la guitare aux stars consacrées. Les concerts s'étalent sur plusieurs mois dans les salles les plus emblématiques de la ville : Palau de la Música Catalana, Razzmatazz, Gran Teatre del Liceu, Sala Apolo, Luz de Gas... La programmation, toujours variée, offre le meilleure de la guitare classique, flamenco, mais aussi, du jazz, du blues et du rock !

CARNAVAL DE SITGES

SITGES

www.sitges.cat/carnaval

Entre février et mars, selon les années.

Une semaine hallucinante de fêtes et de parades dans toute la ville, qui se déroule du Jeudi gras au mercredi des Cendres. Sous les ordres du Rei Carnestoltes, la ville se remplit de carrosses, de musique et de danse. Les festivités s'organisent autour du défilé des chars, appelées « Rua », dont les incontournables *Rua de la Disbauxa* (de la Débauche) le dimanche et la *Rua de l'Extermini* (de l'Extermination) le mardi. Pour les familles, ne pas manquer le défilé des enfants. Les festivités prennent fin avec l'enterrement du roi Carnestoltes le mercredi des cendres.

Parade lors de la Cavalcada de Reis à Barcelone.

Défilé de géants lors des festes de Santa Eulàlia.

LLUM BCN

www-lameva.barcelona.cat/santaeulalia/es/llumbcn

Autour du 15 février.

Quelques jours après les célébrations de Sainte-Eulalie, le festival Llum BCN prend le relais avec une programmation dédiée à la lumière. Ainsi, durant trois jours, les installations lumineuses, *mapping* (projection vidéo sur des façades) et autres créations artistiques transforment la ville en laboratoire d'expérimentation à l'air libre. Depuis 2018, le festival est célébré dans le quartier de Poblenou, où les anciennes usines, les terrains vagues et les vieilles cheminées de l'ère industrielle sont un terrain de jeu formidable pour les artistes !

SETMANA SANTA

Entre mars et avril, variable selon les années.

Défilés de cortèges et processions qui commémorent la mort et la résurrection du Christ. Pour le dimanche des Rameaux, des feuilles de palmier sont tressées en forme de croix. Ce jour-là a lieu la procession de la Burreta dans les rues du Barri Gòtic, qui met en scène l'entrée de Jésus à Jérusalem. Le dimanche de Pâques, on déguste la *mona de Pascua*, un gâteau en forme de couronne garni de petits œufs en chocolat ou de personnages appréciés des enfants. Selon la tradition, ce sont les parrains qui offrent chaque année la mona à leurs filleuls.

MARATÓ DE BARCELONA

www.zurichmaratobarcelona.es

Vers mi-mars.

Grand marathon de 42,195 km qui traverse les sites emblématiques de Barcelone. Depuis 1978, c'est un rendez-vous annuel incontournable pour les sportifs catalans. L'épreuve commence et se termine sur la Plaça d'Espanya, au pied de la colline de Montjuïc. Les coureurs se dirigent ensuite vers le Camp Nou, la Casa Batlló de Gaudí, la Sagrada Familia et la Tour Agbar, avant de longer le littoral et ses plages. Ils traversent ensuite le Barri Gòtic et sa cathédrale, le monument dédié à Christophe Colomb, avant de rejoindre la Plaça d'Espanya pour l'arrivée.

SANT JORDI

Le 23 avril.

Fête du Livre et de la Rose. La Sant Jordi met à l'honneur saint George, patron de la Catalogne, dont la légende imprègne l'imaginaire catalan. Le preux chevalier aurait, dit-on, sauvé une princesse des griffes d'un terrible dragon. Lorsqu'il planta son épée dans le cœur de la bête, de son sang jaillit une rose rouge qu'il offrit à la princesse. Ainsi, la tradition veut que le 23 avril les hommes offrent une rose à leur bien-aimée, et reçoivent un livre en échange. Des stands de fleurs et de livres sont installés dans toute la ville.

MECAL

www.mecalbcn.org

Fin mars/ début avril

Festival international de court-métrage et d'animation. Avec plus de 5 000 courts-métrages soumis chaque année, Mecal est devenu l'un des festivals les plus importants de son domaine en Espagne. Durant un mois environ, des sessions de projection sont organisées dans divers espaces de la ville, notamment à l'Institut français, au Macba et dans le centre artistique Arts Santa Mònica. Tous les samedis en été, le Mecal Air offre quant à lui des projections de films à l'air libre dans les jardines Elisava, à l'arrière du Museu del Disseny de Barcelona.

FIRA MODERNISTA BARCELONA

www.coreixample.com

Vers fin mai ou début juin (dates variables).

Tous les ans, dans le cadre de sa Festa Major, le quartier de l'Eixample accueille cette foire moderniste, à l'occasion de laquelle bon nombre de participants portent le costume d'époque ! Au programme : visites de bâtiments modernistes, ateliers de *trencadís*, marchés de produits artisanales, conférences, expositions... et bien d'autres animations concoctées par les commerces et associations du quartier. La plupart des stands se concentrent le long du carrer Girona.

SÓNAR

www.sonar.es
3 jours en juin.
Rendez-vous incontournable de la musique électronique et expérimentale depuis 1994, c'est une référence pour les amateurs de ce genre. Les plus grands noms de la scène électronique internationale imposent tous les ans leur style pendant trois jours, devant plus de 100 000 festivaliers réunis pour l'occasion. Le Sónar *de día* (de jour) se déroule dans les installations de Fira Barcelona, aux pieds de Montjuïc. Le soir, très grosses soirées avec des DJ de renommée internationale et concerts jusqu'au bout de la nuit dans l'enceinte de Fira Gran Via, à Hospitalet.

SANT JOAN

Dans la nuit du 23 au 24 juin.
La nuit de la Saint-Jean est un évènement très important à Barcelone et dans le reste de la région. Pour fêter le solstice d'été, on se réunit en famille, entre amis ou entre voisins pour lancer des pétards et allumer des feux sur la plage. Repas populaires, spectacles pyrotechniques, bals et orchestres rythment la nuit la plus courte de l'année. Le lendemain (24 juin) étant un jour férié en Catalogne, la nuit est particulièrement festive. Pour l'occasion, on déguste la traditionnelle *coca de Sant Joan* garnie de fruits confits et de pignons et on trinque au cava !

LA PEDRERA JAZZ

92, Passeig de Gràcia
www.lapedrera.com
Les vendredis et samedis soir, de début juin à mi-septembre.
Tous les week-ends en été, le toit de la Pedrera accueille des concerts de jazz à la tombée de la nuit. Un merveilleux décor pour profiter d'une programmation musicale de qualité, qui met à l'honneur les jeunes talents de la scène locale. Un verre de cava à la main, on profite de vues sublimes sur la ville au clair de lune, avec au loin la Sagrada Familia, la tour Glòries et le Tibidabo illuminés. L'entrée inclut également la visite des combles de l'édifice, où sont présentés des maquettes, du mobilier et divers éléments sources d'inspiration pour Gaudí.

PRIDE BARCELONA

www.pridebarcelona.org
Vers la fin juin, début juillet (dates variables).
Barcelone, réputée pour sa grande ouverture d'esprit et son fervent soutien de la communauté LGBT, célèbre chaque année la Pride avec un grand défilé dans les rues de la ville et de nombreuses activités en parallèle : conférences, concerts, ateliers, activités sportives, etc. Cette manifestation accueille un public très divers dans une ambiance toujours très joyeuse. Outre le traditionnel défilé de chars dans une marée de drapeaux arc-en-ciel, ne manquez pas la traditionnelle course sur talons hauts et le concours de drag queens !

PRIMAVERA SOUND

www.primaverasound.com
Début juin (dates variables).
C'est l'un des plus importants festivals de musique d'Europe. Pendant trois jours, DJ et groupes internationaux envahissent le Parc del Fòrum pour des concerts à l'air libre. Plus de 220 000 personnes assistent chaque année à ce macro festival né en 2001 qui réunit les plus grands artistes de la scène indé. La qualité de la programmation, le mélange des genres et la proximité de la plage et du centre historique ont fait son succès. De nombreux concerts gratuits sont organisés en marge du festival : consultez la programmation sur le site !

FESTIVAL DE PEDRALBES

www.festivalpedralbes.com
En juin et juillet (dates variables).
Festival de musique internationale célébré dans le cadre des Jardins de Pedralbes. Dessinés par Nicolau Rubió i Tudurí en 1927, ces beaux jardins comptent une large variété de bougainvilliers, de pins, de cyprès et de cèdres de l'Himalaya. On peut également y voir deux œuvres de Gaudí : une pergola en fer forgé noyée sous la végétation, et un banc-fontaine dédié à Hercules. C'est dans ce cadre magnifique qu'ont lieu les concerts à l'air libre du festival, dont la programmation éclectique attire un public très varié. Nombreux artistes internationaux !

FESTIVAL GREC

www.barcelona.cat/grec

Pendant tout le mois de juillet.

Grand festival culturel organisé tous les ans par la Ville de Barcelone. La plupart des spectacles ont lieu sur la scène du Teatre Grec, vaste théâtre à l'air libre construit en 1929 sur le modèle d'Épidaure, pour l'Exposition Internationale de Barcelone. Un lieu singulier, sur l'ancienne carrière de Montjuïc, dont les parois rocheuses constituent l'arrière-plan de la scène principale. Danse, musique, théâtre et cirque constituent l'essentiel de la programmation, toujours de grande qualité. Pistez les spectacles en version originale !

LA DIADA

Le 11 septembre.

Jour de la fête nationale en Catalogne. Elle commémore la chute de Barcelone en 1714 face aux troupes du roi Bourbon Philippe V à la fin de la guerre de Succession d'Espagne. Interdite par le franquisme entre 1939 et 1975, la Diada continua d'être célébrée de manière clandestine. Avec le retour de la démocratie en 1976, elle va retrouver son statut de fête nationale. Depuis plusieurs années, elle donne lieu à de grandes manifestations indépendantistes dans toute la région. Le record a eu lieu en 2012, avec un million et demi de manifestants réunis !

CRUÏLLA

www.cruillabarcelona.com

Pendant 3 jours en juillet.

Grand festival de musique célébré au Parc del Fòrum, qui accueille chaque année de grands noms de la scène internationale. La programmation se veut éclectique, avec une grande variété d'artistes et de styles musicaux, mélange de pop, *world music*, électro, reggae ou rock. *Cruïlla* signifie d'ailleurs « carrefour » en catalan, un nom qui illustre à merveille l'esprit du festival et sa volonté d'ouverture vers tous les styles et les cultures du monde. Près de 80.000 personnes assistent à ses concerts à l'air libre sur l'esplanade du Fòrum, avec la mer en toile de fond

LA MERCÈ

www.barcelona.cat/lamerce

Autour du 24 septembre.

La grande *festa major* de Barcelone (fête patronale) est célébrée tous les ans en l'honneur de La Mercè, co-patronne de la ville avec Santa Eulàlia (célébrée, elle, vers le 12 février lors de la *festa major* d'hiver). Durant 4 jours, la ville vit au rythme des célébrations populaires (défilés de géants, *correfocs*, *castells,* etc.) dans les rues du Barri Gòtic ; des spectacles du festival des arts de la rue (MAC), principalement dans le parc de la Ciutadella et le parc de Montjuïc ; et des concerts du festival BAM, organisés dans divers espaces de la ville.

FESTA MAJOR DE GRÀCIA

www.festamajordegracia.cat

Dates variables. Deuxième moitié du mois d'août.

La plus populaire et la plus animée des fêtes des quartiers barcelonais ! Depuis le XIXe siècle, le quartier de Gràcia célèbre tous les ans sa *festa major* (fête patronale) à partir du 15 août. A cette occasion, les associations de voisins se mobilisent pour décorer les rues et les places du quartier. Les décors les plus spectaculaires sont récompensés lors d'un concours final. Durant toute la semaine, le quartier vit au rythme des concerts, *castells*, *correfocs* et autres démonstrations de culture populaire. Un rendez-vous immanquable du mois d'août !

48H OPEN HOUSE BARCELONA

www.48hopenhousebarcelona.org

Dernier week-end d'octobre.

Rendez-vous annuel des férus d'architecture, ce festival propose, le temps d'un week-end, de visiter des bâtiments habituellement fermés au public. A travers des visites guidées, on accède au toit d'une église, une ancienne usine, un bâtiment moderniste, des bureaux, des appartements privés… autant de lieux divers et variés, qui ont en commun une architecture singulière. Des itinéraires thématiques sont également proposés à travers Barcelone et ses environs. Prévoyez d'arriver à l'avance aux visites, il y a généralement beaucoup de monde !

SE REPÉRER / SE DÉPLACER

Avec ses ruelles médiévales, sa belle façade maritime et son climat doux été comme hiver, Barcelone est une ville qui invite à la balade. Dans votre valise, pensez donc à prendre vos chaussures de marche les plus confortables, car ici, on enchaîne les kilomètres sans s'en rendre compte ! Vous n'aurez aucun mal à vous repérer dans les rues quadrillées de l'Eixample. En revanche, les venelles du Barri Gòtic et du Born sont un vrai labyrinthe... Si vos pieds commencent à chauffer, c'est qu'il est temps de vous rabattre sur les autres modes de transport disponibles. Le duo métro-bus est l'option la plus pratique pour passer d'un quartier à l'autre. Plus écolo, le vélo est une excellente option pour explorer le littoral... mais attention pour rejoindre les hauteurs de la ville : ça grimpe ! Dans ce cas, les nombreux scooters électriques et trottinettes en libre-service peuvent s'avérer très commodes !

Parc du Château de l'Orenta
Parc de Cervantes
AUTRES QUARTIERS - LES CORTOS, PEDRALBES SANT GERVASI
Parc del Turó de Putxet
Parc du Palais Royal de Pedralbes
CASA MILÀ – LA PEDRERA
EIXAMPLE
CASA BATLLÓ
AUTRES QUARTIERS - MONTJUÏC POBLE SEC
PALAU DE LA MÚSICA CATALANA
MERCAT DE SANT JOSEP - LA BOQUERIA
FUNDACIÓ JOAN MIRÓ
BARRI GÒTIC ET RAVAL
Parc de Montjuïc
1KM (10min)

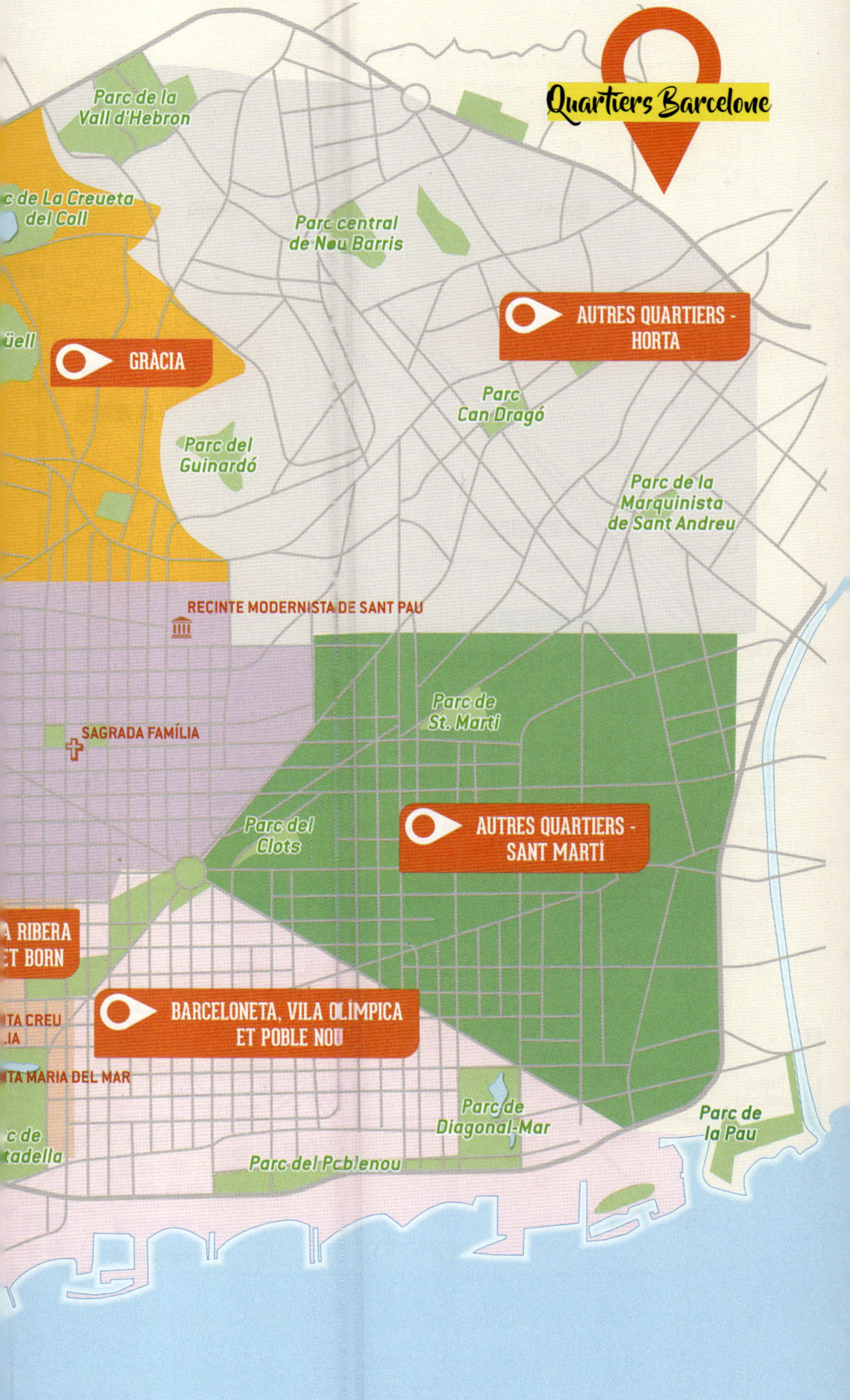

Quartiers Barcelone
Parc de la Vall d'Hebron
c de La Creueta del Coll
Parc central de Nou Barris
AUTRES QUARTIERS - HORTA
üell
GRÀCIA
Parc Can Dragó
Parc del Guinardó
Parc de la Marquinista de Sant Andreu
RECINTE MODERNISTA DE SANT PAU
Parc de St. Martí
SAGRADA FAMÍLIA
Parc del Clots
AUTRES QUARTIERS - SANT MARTÍ
A RIBERA ET BORN
BARCELONETA, VILA OLÍMPICA ET POBLE NOU
TA CREU
IA
TA MARIA DEL MAR
Parc de Diagonal-Mar
Parc de la Pau
c de tadella
Parc del Poblenou

Métro
Funiculaire
Ferrocarrils (F.G.C)
L5 Horta
Station terminale
Renfe
Correspondance
Tramway
Station
R5 Manresa-Baixador
S1 Terassa-Ramb
S4 Olesa de M.
Igualada
Masqueta
Can Perellada
La Beguda
Abrera
Sant esteve Sesrovires
Martorell
S8 Martorell-Enllac
Sant Vicenç de Calders
Martorell-Central
Castellbisbal
Martorell-Vila
El Papiol
El Palau
R1 Molins de Rei
Sant Andreu de la Barca
Sant fellu de Llobregat
T3 Sant Feliu i Consell Comarcal
Pallejà
Torreblanca
Quatre Camins
Sant Joan Despí
Walden
Can Ros
Rambla de Sant Just
Sant Vicenç dels Horts
T1
T2 Sant Martí de l'Erm
Sant Martí de l'Erm
Bon Viatge
La Fontsanta
Pont d'Esplugues
Santa Coloma de Cervelló
La Sardana
Fontsanta Fatjó
Centre Miquel Martí i Pol
Montesa
Can Clota
Colònia Güell
El Pedró
Les Aigües
Ca n'Oliveres
Ignasi Iglèsias
Moli Nou-Ciutat Cooperativa
L5 Cornella Centre
Can Rigal
Sant Ildefons
Sant Boi
Gavarra
Can Vidalet
Can Boixeres
Can Serra
Cornellà-Riera
Rambla Just Oliveras
Florida
R1 R3 R4 R7
L1
L'Hospitalet de Llobregat
l'Hospitalet Av. Carrilet
Almeda
Sant Josep
L1 Hospital de Bellvitge
Bellvitge
Bellvitge
Sant Vicenç de Calders
Platja de Castelldefels
Gavà
Castelldefels
Viladecans
El Prat de Llobregat
R2
R10 Aeroport
Rubí
Les Fonts
S5 Ru
Hospital General
Mira-sol
S5 Sant Cugat
Valldoreix
La Floresta
Les Planes
Baixador de Vallvidrera
Peu del Funicular
Vallvi
L6 Reina Elisenda
Sarrià
Les Tres Torres
L3 Zona Universitaria
Palau Reial
Pius XII
Av. de Xile
Muntaner
Numància
Maria Cristina
L'Illa
Sant Ge
Sant Ramon
T1 T2 Francesc Mac
Pubilla Cases
Les Corts
Colblanc
Badal
Plaça del centre
Torrassa
Plaça de Sants
Entença
Sants Estació
Sta. Eulàlia
Mercat Nou
Hostafrancs
Tarragona
Urgell
Gornal
Magòria La Campana
Rocafort
Uni
Europa Fira
Ildefons Cerdà
Espanya
Poble Sec
L1 L3
L6 S33 S4 S8 R5 R6
Parc de Montjuïc
Paral.lel
L2
Castell de Montjüic
Mirador
Jau

Manresa
Sabadell Nord
S2
Sabadell-Rambla
Sabadell Centre
-Estació
Sabadell Sud
Sant Quirze
S55
Universitat Autonoma
oan
Barberà del Vallés
Cardanyola Universitat
Cerdanyla del Vallès
ant Cugat del Vallès
Montcada i Reixac Santa Maria
Moncada i Reixac Manresa
Moncada Bifurcació
R3
Vic
Les Franqueses del Vallès
Granollers-Canovelles
Parets del Vallès
Mollet Santa Rosa
Santa Perpètua de Mogoda
Montcada Ripollet
R2
Maçanet-Massanes
La Llagosta
Montcada i Reixac
Mollet Sant Fost
uperior
L11
Can Cuiàs
Ciutat Meridiana
Torre del Baró
Torre Baró Vallbona
Tibidabo
Montbau
Mundet
Vall'Hebron
Canyelles
Pl. del Funicular
Penitents
Valldaura
L3
Trinitat Nova
Casa de l'Aigua
Trinitat Nova
L4
Roquetes
L5
Horta
Trinitat Nova
L11
Vallcarca
Vilapicina
Llucmajor
Via Júlia
Trinitat Vella
El Putxet
Lesseps
Virrei Amat
Sant Andreu Arenal
Torras i Bages
Pàdua
Baró de Viver
Alfons X
Maragall
Pl. Molina
Fabra i Ruig
Sant Andreu Comtal
Santa Coloma
Fontana
Guinardó
Congrès
Gràcia
Joanic
Hospital de Sant Pau
Camp de l'Arpa
L1
Fondo
Saguera
Diagonal
Verdaguer
Navas
L4
Encants
Bac de Roda
La Pau
Girona
Sagrada Família
El Clot-Aragó
Artigues de Sant Adrià
Monumental
St Martí
Verneda
Passeig de Gràcia
Can Jaumandreu
St Martí de Provençals
Sant Roc
Tetuan
T5
Glòries
Encants de Sant Adrià
L2
Pep Ventura
La Farina
Besòs
Arc de Triomf
Ca l'Aranyó
Esponceda
La Catalana
T5
Gorg
Auditori Teatre Nacional
Pere IV
Alfons
Urquinaona
El Maganànim
Parc del Besòs
Sant Joan Baptista
R1
Maçanet-Massanes
Marina
Fluviá
Jaume I
Poblenou
Besòs Mar
Can Llima
T4
Estacio de Sant Adrià
Wellington
Bogatell
Selva de Mar
Ocata
Fòrum
Centra Tèmica del Besòs
Llacuna
El Maresme Fòrum
Montgat
El Masnou
Barceloneta
T4
Ciutadella / Villa Olímpica
Badalona
Montgat Nord
Estació de França
L6
L7
S1
S2
S5
S55
R1
R3
R4
R7
L1
L3

Universitat de Barcelona
Gran Via de Les Corts Catalanes
Carrer de Balmes
Ronda de la Universitat
Plaça de Catalunya
PLAÇA DE CATALUNYA
Catalunya
Avinguda del Portal
Carrer de Bergara
Plaça de Catalunya (Fgc)
Universitat
Carrer de Pelai
Plaça de la Universitat
HOTEL MIDMOST BARCELONA
Placeta de Ramon Amadeu
Rambla de Canaletes
Carrer de Santa Anna
HOTEL CONTINE
HOTEL CIUTAT VELLA
TERESA CARLES
Plaça de Castella
Carrer Dels Tallers
FORN MISTRAL
HOLALA ! PLAZA
Plaça de Vicenç Martorell
Jardins de Torres I Clavé
Jardins de Victoria de los Ángeles
Plaça del Bonsuccés
Carrer de Montalegre
CENTRAL DEL RAVAL
BUENAS MIGAS
de Goya
Plaça
Ronda de Sant Antoni
CCCB
Carrer D'en Xuclà
Carrer de Valldonzella
DOS PALILLOS
BAR LOBO
SILENUS
MISCELANEA
Plaça Dels Àngels
DOS PEBROTS
RESTAURANTE BIOCENTER
CERVECERÍA MORITZ
Carrer del Lleó
NUOVUM
Carrer del Carme
Plaça de Sant Galdric
Carrer de Ferlandina
BAR FIDEL
Carrer de Sant Vicenç
MUSEU D'ART CONTEMPORANI DE BARCELONA - MACBA
Plaça d'Emili Vendrell
Carrer del Peu de la Creu
Plaça de Joan Amades
Carrer de la Lluna
BAR MUY BUENAS
Jardins de Rubió I Lluch
Plaça de la Gardunya
Carrer de Villarroel
Carrer de Sant Gil
Carrer D'en Roig
Placeta d'Aureli Capmany
Sant Antoni
Carrer de la Riera Alta
LULLABY VINTAGE
WAH WAH DISCOS
Carrer de l'Hospital
Carrer de la Junta de Comerç
DISCOS EDISON'S
Carrer de la Cendra
JAZZSÍ CLUB
Plaça del Pedró
CASA LEOPOLDO
Carrer de St. Rafael
Carrer D'en Robador
Rambla del Raval
Plaça de Salvador Seguí
Carrer Dels Salvador
Carrer de la Cera
Carrer de Vistalegre
Carrer de l'Aurora
Rambla del Raval
Plaça de Vázquez Montalbán
Plaça de Salvador Seguí
SUCULENT
Carrer de St. Pacià
Carrer de St. Ramon
Carrer de la Reina Amàlia
Carrer de la Riereta
Carrer de Sant Oleguer
Ronda de Sant Pau
Carrer del Marquès de Campo Sagrado
Carrer de Les Carretes
Plaça de Josep M. Folch I Torres
Carrer de Sant Pau
Jardins Dels Horts de Sant Pau
Carrer del Marquès de Campo Sagrado
Carrer del Comte Borrell
CA L'ISIDRE
Carrer de Les Flors
Carrer D'aldana
CONFITERIA
Carrer de Santa Madrona
Plaça de Raquel Meller

Barri Gotic et Raval
SUR BARRI GOTIC ET RAVAL
Plaça de l'Acadèmia
Plaça Lluís Millet
Carrer de Gombau
Avinguda de Francesc Cambó
Carrer D'en Tarròs
Carrer Comtal
Via Laietana
Carrer de Freixures
Plaça de Joan Capri
Placeta d'en Marcús
Carrer Dels Assaonadors
Carrer del Rec
Plaça de Santa Caterina
Plaça de Jaume Sabartés
Plaça de Raimon Noguera
Carrer de Montsió
KOY SHUNKA
HOSTEL ITACA
Plaça de Carles Pi I Sunyer
Carrer de Mercaders
Plaça de la Llana
Carrer de Montcada
Avinguda de la Catedral
Plaça de Ramon Berenguer el Gran
Carrer Dels Arcs
Plaça de Cucurulla
Carrer Dels Boters
Pla de la Seu
Plaça de Sant Iu
Plaça del Rei
Jaume I
Carrer Dels Banys Vells
Placeta de Montcada
Plaça de l'Àngel
Carrer de la Palla
Carrer del Bisbe
Carrer de l'Argenteria
Plaça de Santa Maria
Plaça de Frederic Marès
Plaça de Sant Felip Neri
Plaça d'Emili Vilanova
Plaça de Jacint Reventós
Carrer del Pi
Carrer de Jaume I
Carrer del Sots-Tinent Navarro
Carrer de la Nau
Placeta de Manuel Ribé
Plaça de Sant Jaume
Carrer de Lledó
Carrer Dels Agullers
Carrer de la Ciutat
Plaça de Sant Josep Oriol
Carrer del Call
Placeta del Pi
Plaça de Sant Miquel
Pati d'en Llimona
Plaça Dels Traginers
Carrer de Ferran
Carrer de la Boqueria
Liceu
Carrer del Regomir
Plaça de la Verònica
Carrer D'ataülf
Carrer D'avinyó
La Rambla
Plaça de Milans
Plaça de George Orwell
Rambla Dels Caputxins
Plaça Reial
Placeta de Sant Francesc
Carrer Ample
Carrer de la Mercè
Carrer D'en Serra
Passeig de Colom
Carrer la Rambla
Carrer D'escudellers
Carrer D'en Rull
Mercè
PALAU GUELL
OCAÑA
Plaça del Teatre
Carrer de Josep Pijoan
Passatge de la Pau
Carrer de Josep Anselm Clavé
Plaça del Duc de Medinaceli
B-10
Moll de la Fusta
Moll de Bosch I Alsina
Carrer de Lancaster
Carrer de Guàrdia
CONCHA DEL RAVAL
PAZ 19
EL CANGREJO RAVAL
MUSEU DE CERA
Les Cirés
Drassanes
BOSC DE LES FADES
ARTS SANTA MÒNICA
Plaça de Jean Genet
Ronda del Litoral
Port Vell
Jardins de Dolors Aleu
200 M
Carrer de Peracamps
MUSEU MARÍTIM BARCELONA
MIRADOR DE COLOM
Jardins del Baluard
Rambla de Mar
Passeig D'ítaca
Moll D'espanya
Plaça de Blanquerna

Carrer de la Canuda
Carrer Dels Arcs
HAPPY PILLS
CAPELL
Pla de la Seu
Pla de la Seu
Carrer del Duc de la Victòria
Carrer de Cucurulla
Carrer de Francesc Pujols
Carrer D'en Bot
Plaça de Cucurulla
Carrer Dels Boters
Plaça Nova
CASA DE L'ARCADIA
Plaça de Frederic Marès
Plaça de Garriga I Bachs
Carrer del Bisbe
Carrer de la Portaferrissa
Plaça de Sant Felip Neri
Carrer del Pi
Pati Dels Tarongers
Carrer de Sant Sever
CAELUM
Carrer de Sant Honorat
GRANJA LA PALLARESA
ARCA
Placeta de Manuel Ribé
Carrer de Petritxol
Carrer de la Palla
SATAN'S COFFEE CORNER
BISTROT LEVANTE
SALA PARÉS
GRANJA DULCINEA
CAJ CHAI
Carrer D'en Roca
Plaça del Pi
Plaça de Sant Josep Oriol
Carrer Dels Banys Nous
CASA GUINART
Plaça de Sant Josep Oriol
SANTA MARIA DEL PI
EMPREMTES DE CATALUNYA
Rambla de Sant Josep
Carrer del Call
Dels Coloms
BAR PINOTXO
Carrer del Cardenal Casañas
Placeta del Pi
PAPABUBBLE
Passatge
Carrer de la Boqueria
HOSTAL FERNANDO
Liceu
M
DIREKTE BOQUERIA
Pla de la Boqueria
PETIT PALACE BOQUERÍA GARDEN
Carrer D'en Rauric
Carrer de Ferran
PENSION CANADIENSE
Carrer de l'Hospital
CAFÈ DE L'OPÉRA
Jardí de la Casa Ignacio de Puig
La Rambla
Carrer de la Lleona
HERBORISTERIA DEL REI
RAMBLA
Carrer D'escudellers Blancs
GREEN-CO
Carrer de l'Arc de Sant Agustí
Plaça Reial
Rambla Dels Caputxins
Carrer la Rambla
NOU PIPA CLUB
Plaça Reial
Plaça Reial
PLAÇA REIAL
Carrer del Vidre
TARANTOS
Carrer de la Unió
Carrer de Sant Pau
TABLAO CORDOBÉS
Rambla Dels Caputxins
Carrer Nou de la Rambla
OCAÑA
PALAU GÜELL

Zoom Barri Gotic et Raval
de la Tapineria
Plaça de Ramon Berenguer el Gran
MUSEU FREDERIC MARÈS
Plaça de Sant Iu
MUHBA - MUSEU D'HISTÒRIA DE BARCELONA
Plaça del Rei
Jaume I
M
Plaça de l'Àngel
Carrer de la Bòria
Carrer de la Princesa
Carrer Dels Vigatans
Carrer Giriti
Carrer de l'Argenteria
Carrer D'en Rosic
Carrer del Veguer
Carrer de Freneria
CERERIA SUBIRA
MUHBA - TEMPLE D'AUGUST
Carrer del Paradís
Carrer de la Llibreteria
Carrer de Jaume I
Plaça d'Emili Vilanova
Plaça de Jacint Reventós
Carrer de Manresa
Via Laietana
Carrer de la Nau
CAFÉ DE L'ACADÈMIA
CASA DE LA CIUTAT
Plaça de Sant Just
Carrer D'hercules
Baixada del Caçador
Carrer del Sots-Tinent Navarro
Plaça de Sant Jaume
Plaça de St. Jaume
Carrer de la Ciutat
Carrer de Lledó
BODEGA LA PALMA
PLA B
Carrer de Bellafila
Plaça Milans
Plaça Dels Traginers
Carrer D'àngel J. Baixeras
Plaça de Sant Miquel
CAPET
Carrer del Cometa
Pati d'en Llimona
SALÓN
Carrer Dels Gegants
Carrer Dels Templers
Plaça del Regomir
SENSI BISTRO
Carrer de la Fusteria
Carrer de Palau
Carrer del Regomir
Carrer de Cervantes
Carrer de la Comtessa de Sobradiel
Carrer D'ataülf
BODEGA VASCONIA
BELMONTE
Plaça de la Verònica
Carrer D'en Gignàs
HASH MARIHUANA & HEMP MUSEUM
Carrer D'avinyó
Carrer de Milans
Plaça de Milans
GOURMET TAPAS BY SENSI
Plaça de George Orwell
Carrer de N'arai
Carrer D'escudellers
GUESTHOUSE BARCELONA GOTIC
BAR LA PLATA
Carrer de la Plata
Carrer Ample
SENSI MEZZANINE
Carrer D'en Carabassa
Carrer de Simó Oller
Carrer D'obradors
Carrer Dels Còdols
Carrer D'en Serra
Carrer D'en Rull
Carrer de la Mercè
Passeig de Colom
Plaça de la Mercè
Nou de Sant Francesc
80 M

Carrer de Trafalgar
Carrer de Méndez Núñez
Plaça de Sant Pere
Plaça de St. Pere
Carrer del Rec Comtal
Carrer del Davant del Portal Nou
Placeta del Comerç
Placeta de Vicenç Albert Ballester
Carrer D'en Cortines
CANDELA
ESSENCE BY ESPAI SUCRE
Carrer de Sant Pere Més Alt
PICNIC
Carrer del Portal Nou
Carrer Dels Petons
Carrer de Les Basses de Sant Pere
Carrer de la Séquia
Carrer D'en Mònec
Carrer de Sant Pere Mitjà
Carrer D'en Llàstics
Passeig de Picasso
Carrer de l'Argenter
Carrer d'Armengol
RED ANT NOODLE BAR
Carrer Dels Metges
Plaça de Sant Agustí Vell
MENEGHINA
Plaça de l'Acadèmia
Carrer del Comerç
Passeig de Pujades
Carrer de Sant Pere Més Baix
MUSEU DE LA XOCOLA
Carrer de Jaume Giralt
MUNDIAL BAR
Carrer D'en Tantarantana
Carrer de Gombau
Carrer de Fonollar
MESCLADÍS DEL POU
Plaça de Pons I Clerch
Carrer D'allada Vermell
Carrer de la Blanqueria
Avinguda de Francesc Cambó
Plaça Sant Cugat
Carrer de l'Allada-Vermell
Carrer D'en Giralt El Pellisser
Carrer D'en Tarròs
Plaça de Sant Cugat
Plaça de la Puntual
Carrer de Freixures
CUINES SANTA CATERINA
PLA DE LA GARSA
Carrer Carders
Plaça de Joan Capri
Carrer Dels Assaonadors
Carrer del Rec
Carrer de Colomines
Carrer de la Princesa
CASA MARI Y RUFO
Carrer D'avella
Placeta d'en Marcús
Carrer Cremat Gran I Xic
PIM PAM
Plaça de Santa Caterina
Carrer Dels Corders
Plaça de Jaume Sabartés
BAR DEL PLA
Catedral
Carrer de Mercaders
CARRER MONTCADA
MUSEU PICASSO
MUSEU ETNOLÒGIC I DE CUL
Plaça de la Llana
Plaça de la Llana
THE PAN'S CLUB
Plaça Raimon Noguera
EL BORN CENTRE I MEMÒRIA
Via Laietana
Plaça de Ramon Berenguer el Gran
Carrer de la Bòria
APRÈS SKI
Carrer Dels Banys Vells
XAMPANYET
EUSKAL ETXE
Plaça del Rei
Plaça del Rei
Jaume I
M
DR. STRAVINSKY
Carrer de Mirallers
PETRA
EL CHIGRE
Carrer Dels Sombrerers
Plaça de l'Àngel
Carrer de l'Argenteria
Plaça del Fo de les More
BASILIQUE SANTA MARIA DEL MAR
Plaça de Santa Maria
Plaça d'Emili Vilanova
Carrer del Sots-Tinent Navarro
Carrer de Manresa
BUBÓ
Carrer de la Llibreteria
Carrer de Jaume I
Carrer de la Nau
Plaça de Víctor Balaguer
Carrer Dels Canvis Vells
Plaça de Sant Just
Carrer de Lledó
Carrer D'hèrcules
Carrer Dels Agullers

La Ribera et Born
Lluís Companys
Passeig de Pujades
MF
Carrer Destillers
Parc de la Ciutadella
Plaça de Joan Fiveller
Plaça de Joan Fiveller
Pas de l'Institut Escola
Passeig de Picasso
PICASSO EL BORN
PARADETA BORN
Passatge Mercantil
Carrer Comercial
Carrer Comercial
Jardins de Fontserè I Mestre
Passeig de Picasso
ZOO DE BARCELONE
SALA MAGIC
Carrer Destillers
Plaça Comercial
Carrer de la Ribera
Carrer de la Ribera
ERÍA HOFMANN
MÓN
Carrer Antic de Sant Joan
Carrer del Comerç
PENSIÓN CIUDADELA
Passeig de Circumval.lació
Avinguda del Marquès de l'Argentera
Carrer del Rec
Carrer del Bonaire
Carrer de la Pescateria
BAR MUDANZAS
CAL PEP
PARADISO
Carrer de la Duana
BACOA KIOSKO
E DI LATTE
90 M
Pla de Palau
Pla de Palau
Carrer de la Marquesa
Carrer del Doctor Aiguader
Ronda del Litoral
Carrer del Doctor Aiguader
B-10
Pla de Palau

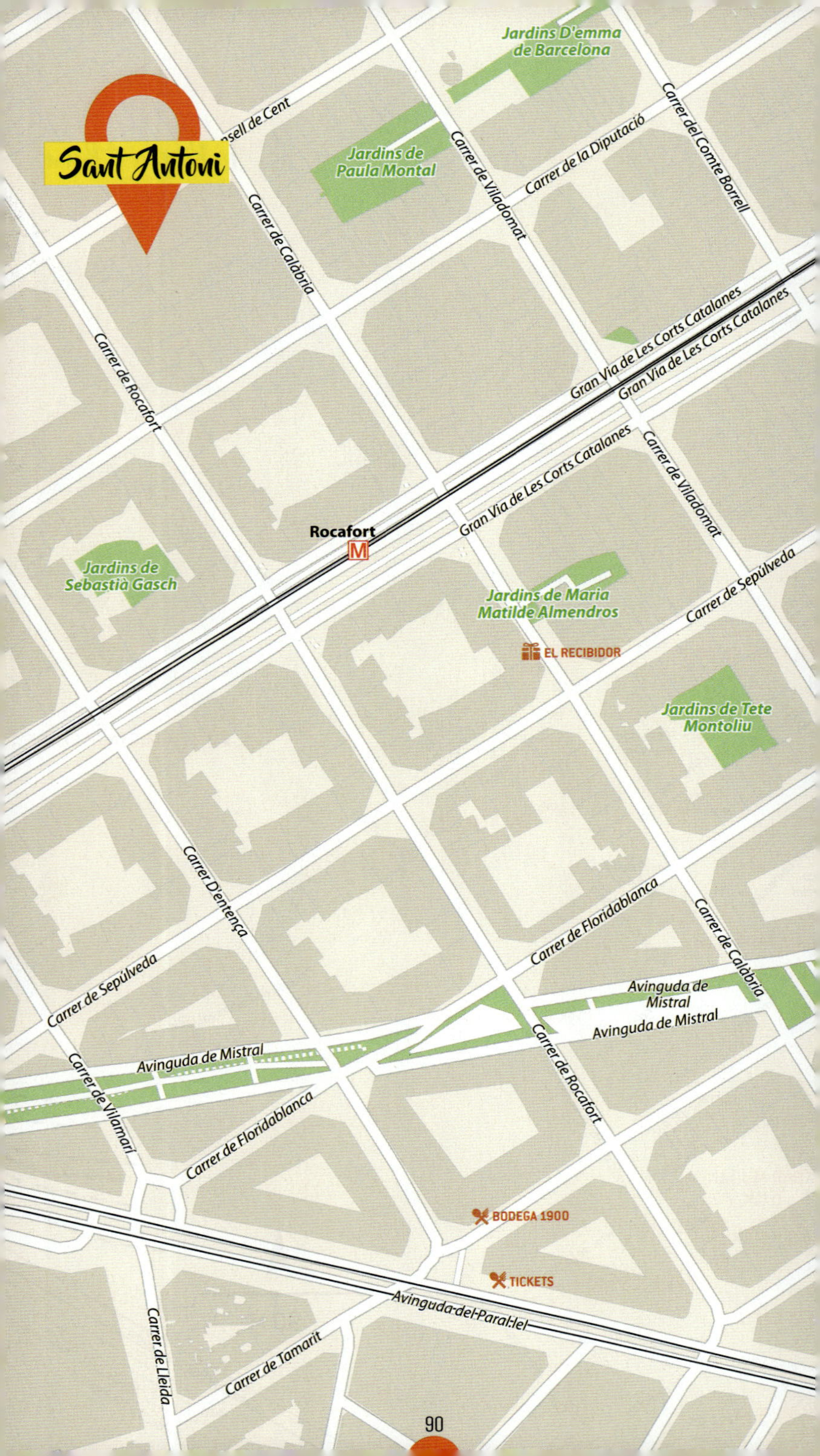
Sant Antoni
Jardins D'emma de Barcelona
Consell de Cent
Jardins de Paula Montal
Carrer de Viladomat
Carrer de la Diputació
Carrer del Comte Borrell
Carrer de Calàbria
Carrer de Rocafort
Gran Via de Les Corts Catalanes
Gran Via de Les Corts Catalanes
Gran Via de Les Corts Catalanes
Carrer de Viladomat
Rocafort
M
Jardins de Sebastià Gasch
Jardins de Maria Matilde Almendros
Carrer de Sepúlveda
EL RECIBIDOR
Jardins de Tete Montoliu
Carrer D'entença
Carrer de Floridablanca
Carrer de Calàbria
Carrer de Sepúlveda
Avinguda de Mistral
Avinguda de Mistral
Avinguda de Mistral
Carrer de Rocafort
Carrer de Vilamarí
Carrer de Floridablanca
BODEGA 1900
TICKETS
Avinguda del Paral·lel
Carrer de Lleida
Carrer de Tamarit

Urgell
Carrer del Comte D'Urgell
Bodega Sepúlveda
Carrer de Villarroel
Carrer de Casanova
Ronda de Sant Antoni
Jardins D'illa Mercè Vilaret
Carrer de Valldonzella
Carrer del Tigre
Dr. Zhang
Carrer de la Paloma
Carrer de Floridablanca
Plaça del Pes de la Palla
Rekons
Carrer del Comte D'urgell
Carrer de Villarroel
Carrer Nou de Dulce
Carrer de la Riera Alta
Plaça del Dubte
Sant Antoni
Passatge de Sant Antoni Abat
Carrer del Príncep de Viana
Carrer de la Cendra
Ronda de Sant Antoni
Bar Ramón
Carrer de Tamarit
Plaça del Pedró
Masclans Orígens
Mercat de Sant Antoni
Carrer de Sant Antoni Abat
Carrer D'en Santcliment
Carrer Dels Salvador
Carrer de Viladomat
Jardins D'illa Càndida Pérez
Carrer del Comte Borrell
Ronda de Sant Pau
Carrer de la Cera
Els Sortidors del Parlament
Sucursal Aceitera
Sant Antoni Gloriós
Federal Cafe
Jardins de Tres Tombs
Carrer del Parlament
Carrer del Marquès de Campo Sagrado
100 M
Sec

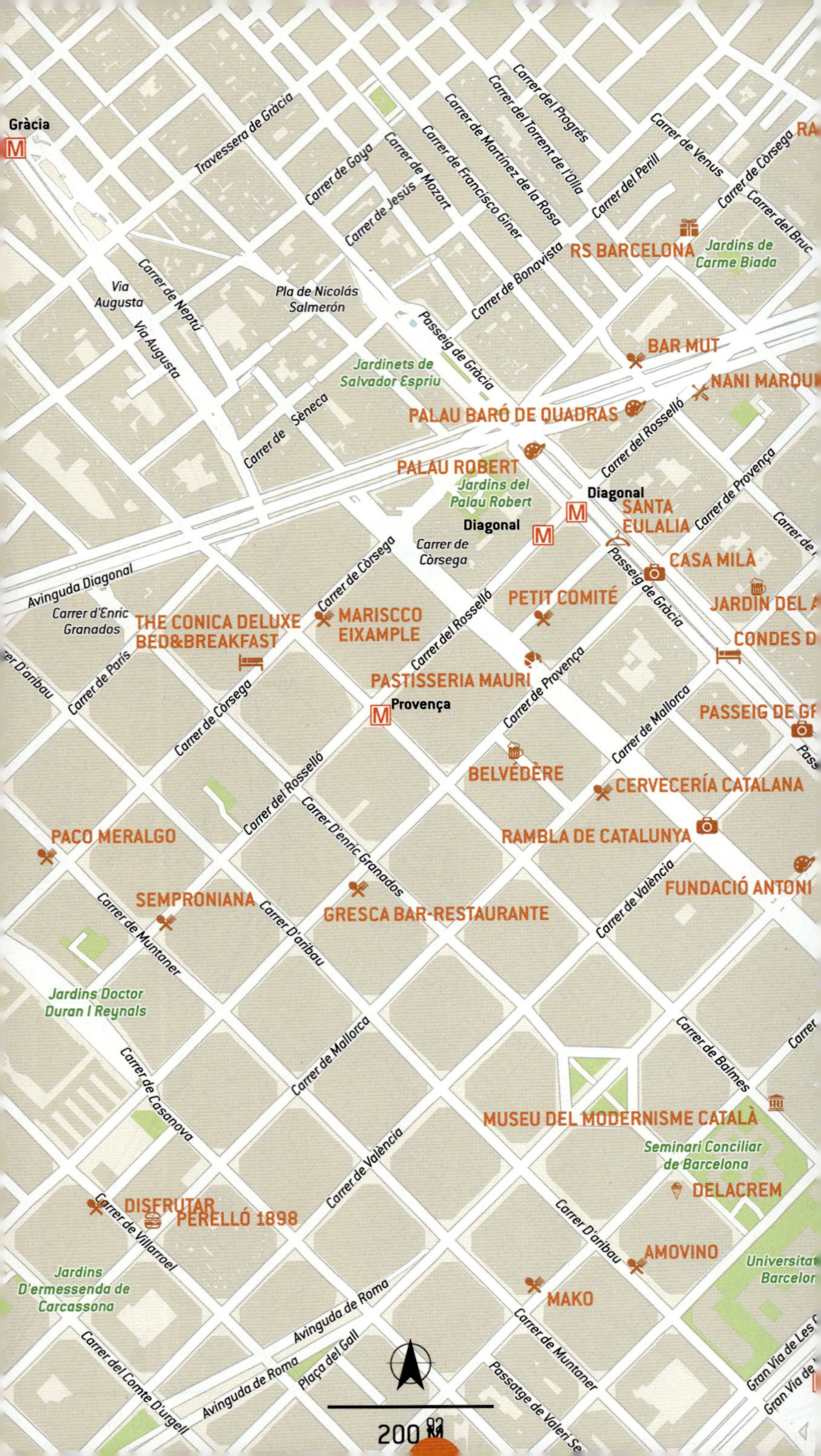
Gràcia
Travessera de Gràcia
Carrer de Goya
Carrer de Jesús
Carrer de Mozart
Carrer de Francisco Giner
Carrer de Martínez de la Rosa
Carrer del Torrent de l'Olla
Carrer del Progrés
Carrer del Perill
Carrer de Venus
Carrer de Còrsega
Carrer del Bruc
RS BARCELONA
Jardins de Carme Biada
Carrer de Bonavista
Via Augusta
Carrer de Neptú
Pla de Nicolás Salmerón
Passeig de Gràcia
Jardinets de Salvador Espriu
BAR MUT
NANI MARQU
PALAU BARÓ DE QUADRAS
Carrer de Sèneca
Carrer del Rosselló
PALAU ROBERT
Jardins del Palau Robert
Diagonal
SANTA EULALIA
Carrer de Provença
Carrer de Còrsega
CASA MILÀ
Avinguda Diagonal
Carrer d'Enric Granados
THE CONICA DELUXE BED&BREAKFAST
MARISCCO EIXAMPLE
PETIT COMITÉ
JARDÍN DEL A
CONDES D
Carrer de París
PASTISSERIA MAURI
Provença
PASSEIG DE G
Carrer de Mallorca
BELVÉDÈRE
CERVECERÍA CATALANA
RAMBLA DE CATALUNYA
PACO MERALGO
Carrer D'enric Granados
FUNDACIÓ ANTONI
SEMPRONIANA
GRESCA BAR-RESTAURANTE
Carrer de València
Carrer de Muntaner
Carrer D'aribau
Jardins Doctor Duran I Reynals
Carrer de Balmes
Carrer de Casanova
MUSEU DEL MODERNISME CATALÀ
Seminari Conciliar de Barcelona
DELACREM
DISFRUTAR
PERELLÓ 1898
Carrer de Villarroel
AMOVINO
Universitat Barcelon
Jardins D'ermessenda de Carcassona
MAKO
Avinguda de Roma
Plaça del Gall
Carrer del Comte D'urgell
Passatge de Valeri Se
Gran Via de Les C
200

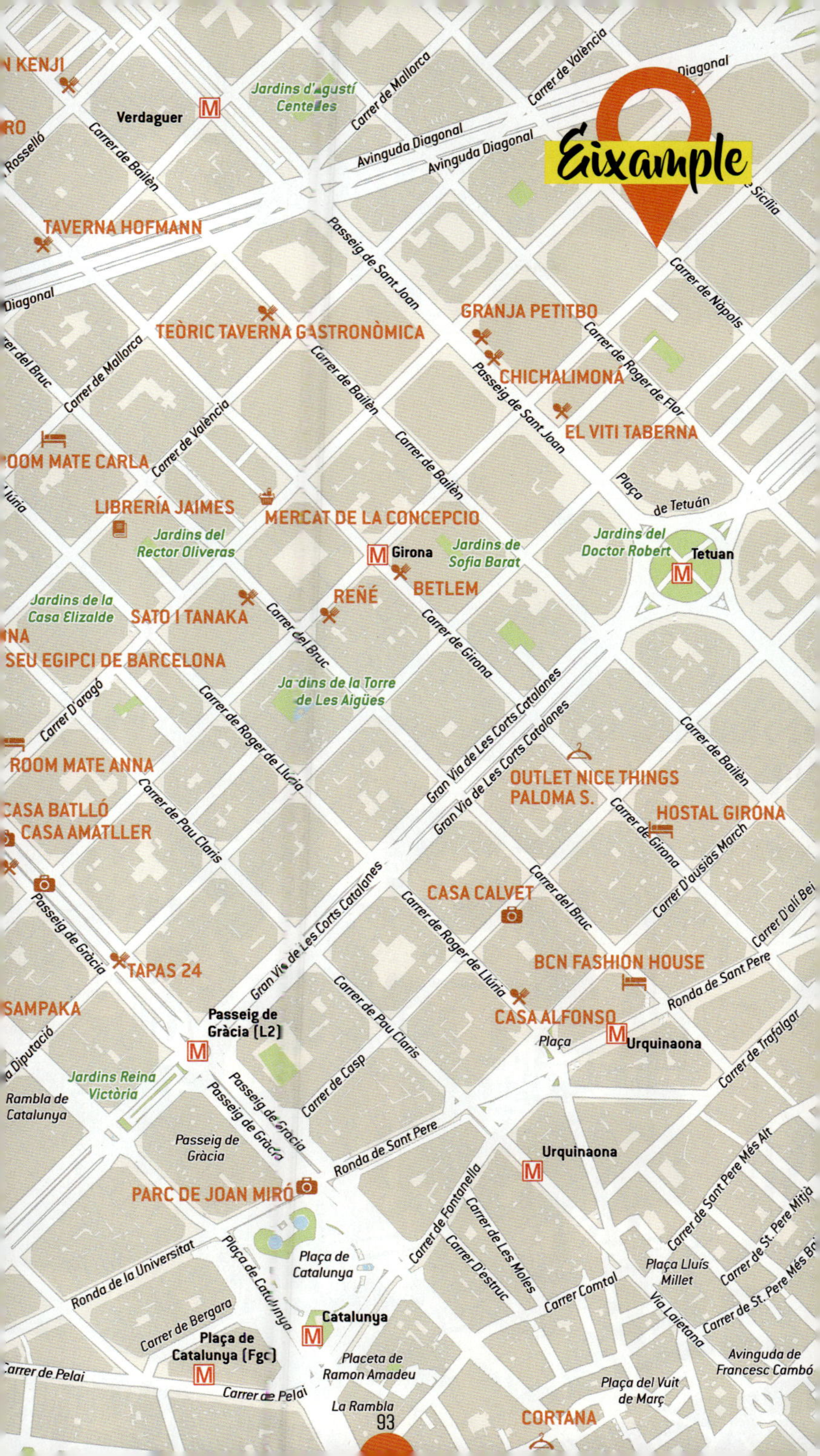

Eixample
N KENJI
Verdaguer
Jardins d'agustí Centelles
Carrer de Mallorca
Carrer de València
Diagonal
Avinguda Diagonal
Avinguda Diagonal
Rosselló
Carrer de Bailèn
Sicília
TAVERNA HOFMANN
Passeig de Sant Joan
Carrer de Nàpols
Diagonal
GRANJA PETITBO
TEÒRIC TAVERNA GASTRONÒMICA
Carrer de Roger de Flor
Carrer de Bailèn
CHICHALIMONÁ
Carrer de Mallorca
Passeig de Sant Joan
EL VITI TABERNA
Carrer de València
Carrer de Bailèn
OOM MATE CARLA
Plaça de Tetuán
LIBRERÍA JAIMES
MERCAT DE LA CONCEPCIO
Jardins del Rector Oliveras
Girona
Jardins de Sofia Barat
Jardins del Doctor Robert
Tetuan
BETLEM
RENÉ
Jardins de la Casa Elizalde
SATO I TANAKA
Carrer del Bruc
Carrer de Girona
SEU EGIPCI DE BARCELONA
Jardins de la Torre de Les Aigües
Carrer D'aragó
Carrer de Roger de Llúria
Gran Via de Les Corts Catalanes
Gran Via de Les Corts Catalanes
Carrer de Bailèn
ROOM MATE ANNA
OUTLET NICE THINGS
PALOMA S.
CASA BATLLÓ
CASA AMATLLER
Carrer de Pau Claris
Carrer de Girona
HOSTAL GIRONA
Carrer D'ausiàs March
CASA CALVET
Carrer de Roger de Llúria
Carrer del Bruc
Carrer D'ali Bei
Gran Via de Les Corts Catalanes
Passeig de Gràcia
TAPAS 24
BCN FASHION HOUSE
Ronda de Sant Pere
SAMPAKA
Passeig de Gràcia (L2)
Carrer de Pau Claris
CASA ALFONSO
Plaça
Urquinaona
Carrer de Trafalgar
Diputació
Jardins Reina Victòria
Rambla de Catalunya
Carrer de Casp
Passeig de Gràcia
Passeig de Gràcia
Passeig de Gràcia
Ronda de Sant Pere
Urquinaona
PARC DE JOAN MIRÓ
Carrer de Sant Pere Més Alt
Carrer de St. Pere Mitjà
Carrer de St. Pere Més Baix
Carrer de Fontanella
Carrer de Les Moles
Carrer D'estruc
Ronda de la Universitat
Plaça de Catalunya
Plaça de Catalunya
Plaça Lluís Millet
Via Laietana
Carrer Comtal
Catalunya
Carrer de Bergara
Plaça de Catalunya (Fgc)
Placeta de Ramon Amadeu
Avinguda de Francesc Cambó
Carrer de Pelai
Carrer de Pelai
La Rambla
Plaça del Vuit de Març
CORTANA

Park Guell.

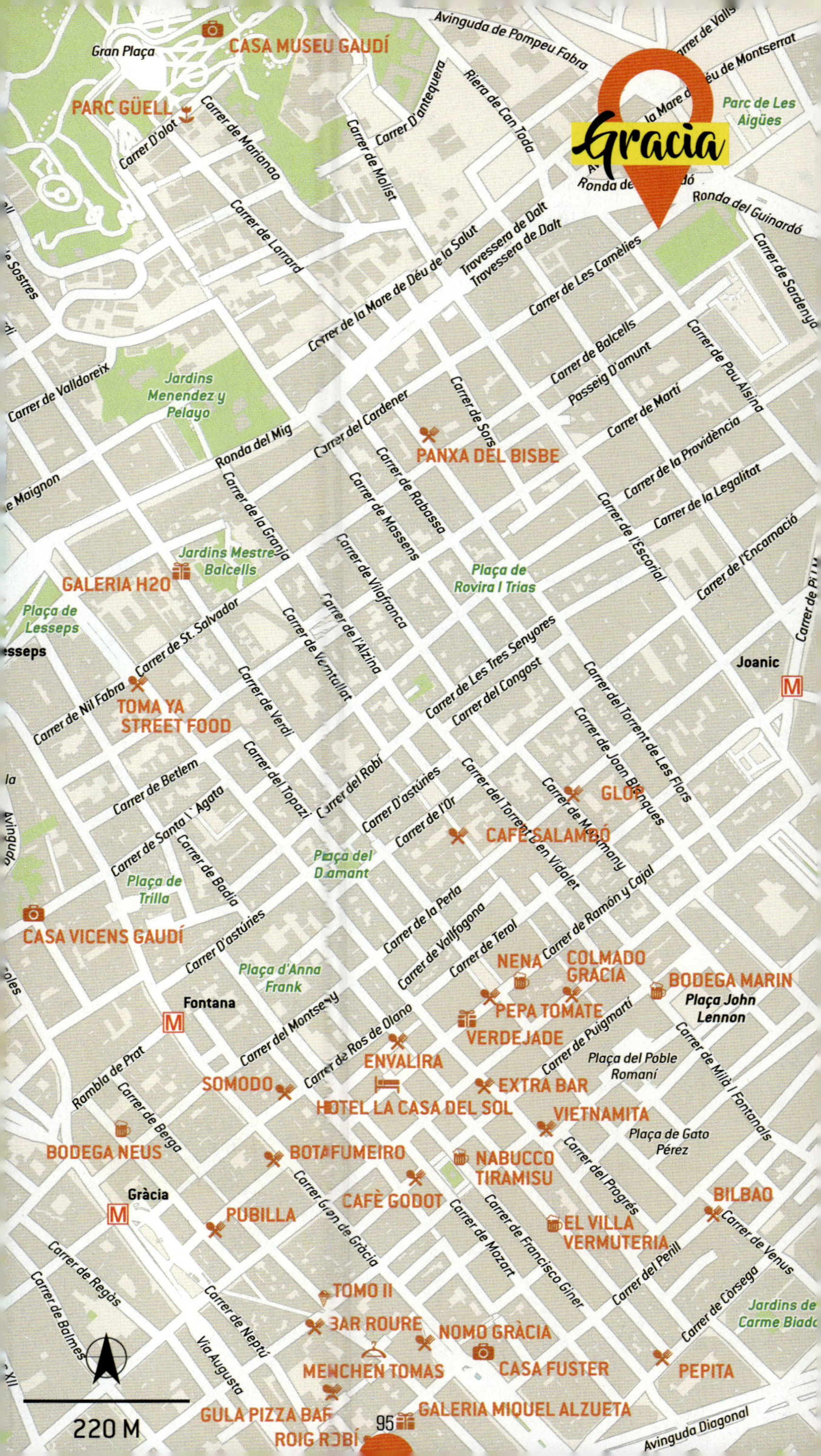
Gracia
CASA MUSEU GAUDÍ
Gran Plaça
PARC GÜELL
Avinguda de Pompeu Fabra
Parc de Les Aigües
Ronda del Guinardó
Carrer de Sardenya
Carrer D'olot
Carrer de Marianao
Carrer de Molist
Carrer D'antequera
Riera de Can Toda
Carrer de Larrard
Carrer de la Mare de Déu de la Salut
Travessera de Dalt
Carrer de Les Camèlies
Carrer de Balcells
Passeig D'amunt
Carrer de Pau Alsina
Carrer de Martí
Carrer de la Providència
Carrer de la Legalitat
Carrer de l'Encarnació
Carrer de l'Escorial
Carrer de Valldoreix
Jardins Menendez y Pelayo
Ronda del Mig
Carrer del Cardener
Carrer de Sors
PANXA DEL BISBE
Carrer de Rabassa
Carrer de Massens
Carrer de la Granja
Jardins Mestre Balcells
GALERIA H2O
Plaça de Lesseps
Plaça de Rovira I Trias
Carrer de Vilafranca
Carrer de l'Alzina
Carrer de Ventallat
Carrer de St. Salvador
Carrer de Nil Fabra
TOMA YA STREET FOOD
Carrer de Verdi
Carrer de Les Tres Senyores
Carrer del Congost
Carrer del Torrent de Les Flors
Carrer de Joan Blanques
Joanic
M
Carrer de Betlem
Carrer del Topazi
Carrer del Robí
Carrer D'astúries
Carrer de l'Or
Carrer del Torrent en Vidalet
CAFÈ SALAMBÓ
Carrer de Santa Agata
Carrer de Badia
Plaça de Trilla
Plaça del Diamant
CASA VICENS GAUDÍ
Carrer de la Perla
Carrer de Vallfogona
Carrer de Terol
Carrer de Ramón y Cajal
Plaça d'Anna Frank
NENA
COLMADO GRACIA
BODEGA MARIN
Plaça John Lennon
Fontana
M
Carrer del Montseny
PEPA TOMATE
VERDEJADE
Carrer de Puigmartí
Carrer de Milà I Fontanals
Rambla de Prat
Carrer de Ros de Olano
ENVALIRA
Plaça del Poble Romaní
SOMODO
HOTEL LA CASA DEL SOL
EXTRA BAR
VIETNAMITA
Carrer de Berga
Plaça de Gato Pérez
BODEGA NEUS
BOTAFUMEIRO
NABUCCO TIRAMISU
Gràcia
M
CAFÈ GODOT
PUBILLA
Carrer Gran de Gràcia
Carrer de Mozart
Carrer de Francisco Giner
Carrer del Progrés
EL VILLA VERMUTERIA
BILBAO
Carrer de Venus
Carrer del Penil
Carrer de Regàs
Carrer de Balmes
Carrer de Neptú
Via Augusta
TOMO II
BAR ROURE
NOMO GRÀCIA
Carrer de Còrsega
Jardins de Carme Biada
MENCHEN TOMAS
CASA FUSTER
PEPITA
GULA PIZZA BAR
GALERIA MIQUEL ALZUETA
ROIG ROBÍ
Avinguda Diagonal
220 M

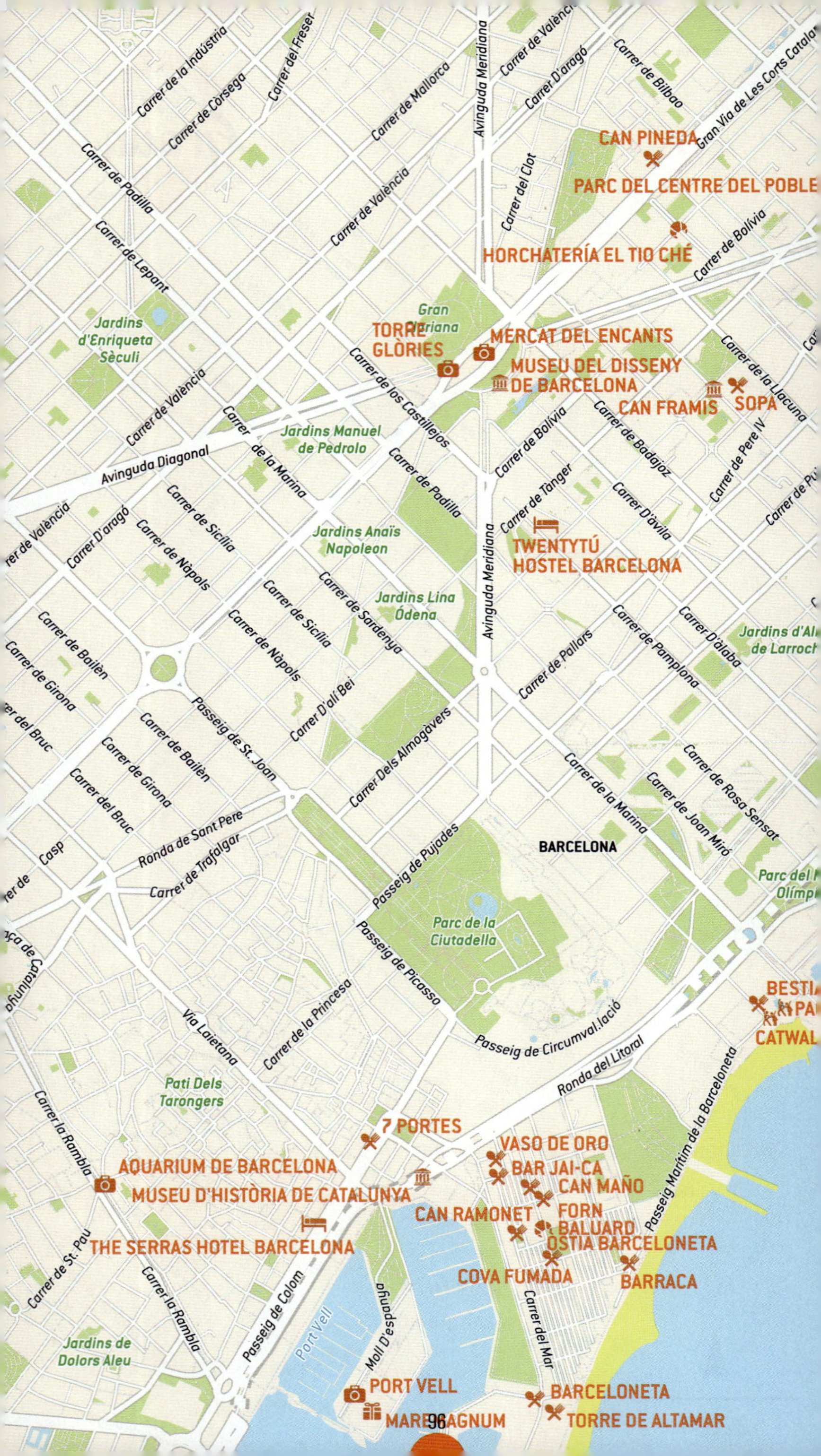
CAN PINEDA
PARC DEL CENTRE DEL POBLE
HORCHATERÍA EL TIO CHÉ
TORRE GLÒRIES
MERCAT DEL ENCANTS
MUSEU DEL DISSENY DE BARCELONA
CAN FRAMIS
SOPA
TWENTYTÚ HOSTEL BARCELONA
BARCELONA
7 PORTES
AQUARIUM DE BARCELONA
MUSEU D'HISTÒRIA DE CATALUNYA
THE SERRAS HOTEL BARCELONA
VASO DE ORO
BAR JAI-CA
CAN MAÑO
CAN RAMONET
FORN BALUARD
OSTIA BARCELONETA
COVA FUMADA
BARRACA
PORT VELL
BARCELONETA
TORRE DE ALTAMAR
CATWAL
Carrer de la Indústria
Carrer del Freser
Carrer de Còrsega
Carrer de Mallorca
Avinguda Meridiana
Carrer de València
Carrer D'aragó
Carrer de Bilbao
Gran Via de Les Corts Catala
Carrer de Padilla
Carrer del Clot
Carrer de Lepant
Carrer de Bolívia
Gran Via de Les Corts Catala
Jardins d'Enriqueta Sèculi
Gran Mariana
Carrer de los Castillejos
Carrer de la Llacuna
Carrer de Badajoz
Carrer de Pere IV
Jardins Manuel de Pedrolo
Avinguda Diagonal
Carrer de la Marina
Carrer de Tànger
Carrer D'àvila
Carrer de Sicília
Carrer de Nàpols
Jardins Anaïs Napoleon
Jardins Lina Òdena
Carrer de Sardenya
Carrer de Pamplona
Carrer D'àlaba
Carrer de Pallars
Carrer de Bailèn
Carrer de Girona
Carrer del Bruc
Passeig de St. Joan
Carrer D'ali Bei
Carrer Dels Almogàvers
Carrer de Rosa Sensat
Carrer de Joan Miró
Ronda de Sant Pere
Carrer de Trafalgar
Casp
Passeig de Pujades
Parc de la Ciutadella
Passeig de Picasso
Passeig de Circumval.lació
Via Laietana
Carrer de la Princesa
Ronda del Litoral
Passeig Marítim de la Barceloneta
Pati Dels Tarongers
Carrer la Rambla
Carrer de St. Pau
Passeig de Colom
Port Vell
Moll D'espanya
Carrer del Mar
Jardins de Dolors Aleu

Sant Adrià De Besòs
AC HOTEL BARCELONA FORUM
CENTRE COMMERCIAL DIAGONAL MAR
Carrer de Bolívia
Carrer de Pere IV
Carrer del Treball
Carrer de l'Agricultura
Carrer de Pujades
Carrer de Josep Pla
Avinguda Diagonal
Carrer de Bac de Roda
Espronceda
Carrer de la Selva de Mar
Parc Diagonal Mar
Passeig del Taulat
B-10
Carrer de Llull
Ronda del Litoral
Avinguda del Litoral
R EL TIMBAL
RECASENS
BALIUS
EL 58
Jardins de Carles Barral
Jardins de Jaime Gil de Biedma
PESCADORS
HOSTAL POBLENOU
Carrer del Perelló
Passeig de Calvell
Parc del Poblenou
Carrer del Taulat
Salvador Espriu
OLÍMPIC
RANT & BEACH CLUB
ELONA
Barceloneta, Vila Olimpica et Poble Nou
250 M

Espanya
Plaça Espanya
Espanya (L3)
Carrer de la Creu Coberta
PLAÇA D'ESPANYA
Carrer de Sepúlveda
Avinguda de Mistral
Carrer D'entença
Carrer de Rocafort
Carrer de St. Roc
Avinguda de la Reina Maria Cristina
PAKTA
CASA DE TAPES CAÑOTA
RIAS DE GALICIA
Plaça de Santa Madrona
Plaça de la Navas
TAVERNA CAN MARGA
Plaça de l'Univers
Plaça de Joan Corrades
Gran Via de Les Corts Catalanes
Carrer de Mèxic
Carrer de Lleida
Carrer de la Mare de Déu del Rem
Avinguda de Rius I Taulet
Plaça del Doctor Pere Franquesa
Plaça d'Ovidi Montllor
Carrer de Sant Fructuós
Carrer de Valls
PAVELLÓ MIES VAN DER ROHE
Plaça de Carles Buïgas
Jardins de Fabià Puigserver
TEATRE LLIURE
Carrer de Baix
Plaça de Margarida Xirgu
FONT MÀGICA
Plaça de Josep Puig I Cadafalch
MUSEU D'ARQUEOLÒGIA DE CATALUNYA
MERCAT DE LES FLORS
Plaça de les Cascades
Carrer de la Guatlla
Carrer de la Dàlia
TERRRAZZA
ARTISANS DU POBLE ESPANYOL
TABLAO DE CARMEN
Avinguda de Francesc Ferrer I Guàrdia
POBLE ESPANYOL
Pl. Castellana
Plaça Major
Plaça Aragonesa
Plaça de la Font
Plaça de l'Església
MUSEU ETNOLOGIC I DE CULTURES DEL MÓN
Passeig de Santa Madrona
TEATRE GREC
MUSEU NACIONAL D'ART DE CATALUNYA (MNAC)
Jardins de Laribal
Camí de la Foixarda
Avinguda Dels Montanyans
Jardins de Joan Maragall
Antic Jardí Botànic
Avinguda de l'Estadi
Carrer Del
Carrer del Polvorí
Jardí D'aclimatació
Plaça d'Europa
Montjuïc
Plaça de Nemesi Ponsati
Carrer del Doctor Font I Quer
JARDÍ BO
Plaça D'europa
Carrer de Pierre de Coubertin
PALAU SANT JORDI
Carrer Dels Jocs del 92
Carrer Jocs del 92
Carrer de la Pedrera del Mussol
Passeig Olímpic
Jardí Botàn Barcelon
Carrer de la Pedrera del Mussol
Carrer del Foc
Mirador del Migdia
Via Sant Salvador
Via Sant Ramon
Via St. Andreu
Via St. Antoni Abat
LA CASETA MIGDIA
Cementiri del Sud-Oest Montjuïc

Autres quartiers
Montjuïc et Poblesec
Jardins Dels Horts de Sant Pau
Carrer de l'Om
Plaça de Blanquerna
Placeta de Lluís Ulloa I Cisneros
Plaça de Raquel Meller
Carrer de Viladomat
Ronda de Sant Pau
Plaça Dels Ocellets
Avinguda del Paral.lel
M
Poble Sec
Plaça de la Bella Dorita
Parc de Les Tres Xemeneies
Jardins Walter Benjamin
Carrer de Blai
Carrer D'elkano
Carrer de Tapioles
Carrer del Poeta Cabanyes
Carrer de Salvà
Carrer del Roser
Carrer Nou de la Rambla
Carrer de Lafont
Carrer de Cabanes
Carrer de Mata
Carrer de Vila I Vilà
QUIMET & QUIMET
LOSKA TAVERNA
GRAN BODEGA SALTO
Carrer de Blesa
Jardins Hortes Sant Bertran
Passeig de Josep Carner
Plaça del Sortidor
TOMAQUERA
Carrer de Magallanes
Carrer D'annibal
HOTEL BRUMMELL
CASTELL DE MONTJUÏC
Parc del Mirador del Poble Sec
Parc de la Primavera
Passeig de Miramar
TRASMEDITERRÁNEA
Carrer de Margarit
PISCINES MUNICIPALS DE MONTJUÏC
Avinguda de Miramar
Jardins de Joan Brossa
ANELLA OLIMPICA
Carretera de Miramar
Carrer Litoral b-10
Ronda del Port
Port
Jardins de Mossèn Cinto Verdaguer
Jardins de Mossèn Costa I Llobera
Carrer Dels Tarongers
Camí Baix del Castell
Carretera de Montjuïc
MARTINEZ
Avinguda del Castell
Camí del Far
Ronda del Port
SALA MONTJUÏC
Pati d'Armes
Moll Costa
B-10
Carrer de la Cartoixa
Migdia
Mar Mediterr
Ronda del Litoral
Moll Contradic
E-90
Carrer de l'Oest
Camí del Far
Moll de Contradic
Passeig de Can Tunis
Ronda del Port
Moll del Sud
300 M

Autres quartiers
Tibidabo
Camí del Salze
Carretera de l'Església
Camí de la Font Dels Pins
Camí del Pantà
Camí del Mas Sauró
Camí de la Reineta
Pantà De Vallvidrera
Jardí Baltasar Porcel
Carrer de Les Alberes
BV-1418
Carrer de Mont D'orsà
BV-1462
BV-1468
E-9
C-16
Carrer del Bosc
Parc de Collserola
Avinguda de Vallvidrera
Carrer de St. Pere Claver
Carrer de Plantada
Plaça de Benet XV
Jardins de Can Sentmenat
Carrer del General Vives
Via Augusta
EUROSTAR ANG
Parc de Joan Raventós
Jardins Dels Setze Jutges
Parc del Castell de l'Oreneta
Avinguda de J. V. Foix
TRAM-TRAM
Plaça de Sant Gaietà
VIVANDA
EL CANALLA
Reina Elisenda
Sarrià
Carrer de la Font del Lleó
Avinguda de la Mare de Déu de Lorda
Carrer de Montevideo
Avinguda de Pearson
Carrer de Panamà
MUSEU MONESTIR DE PEDRALBES
Jardí de Joan Llarch
FOIX DE SARRIÀ
BAR TOMÁS
Plaça de Sant Vicenç de Sarrià
Jardins de la Creu de Pedralbes
Plaça de Josep Puig I Esteve
Plaça de Carmen Tórtola Valencia
Carrer de Joan D'alòs
Jardins de la Vil.la Cecília
Plaça de Cirici Pellicer
Jardins de Rubió I Tudurí
Jardins de Senillosa
500 M
Jardins de la Vil.la Amèlia
Carrer Dels Cavallers
Carrer de Sor Eulàlia D'anzizu
Plaça Fib
Jardins de William Shakespeare
Avinguda D'esplugues
Plaça de Camins
Carrer de Manuel Ballbé
Carrer de Jordi Girona
Jardins del Mirall de Pedralbes
Jardins Font Dels Ocellets
Jardins del Palau de Pedralbes
PAVELLONS GÜELL
Parc de Cervantes
Palau Reial
PALAU REIAL DE PEDRALBES
Jardins de Jaume Vicens I Vives
B-23
Avinguda Diagonal

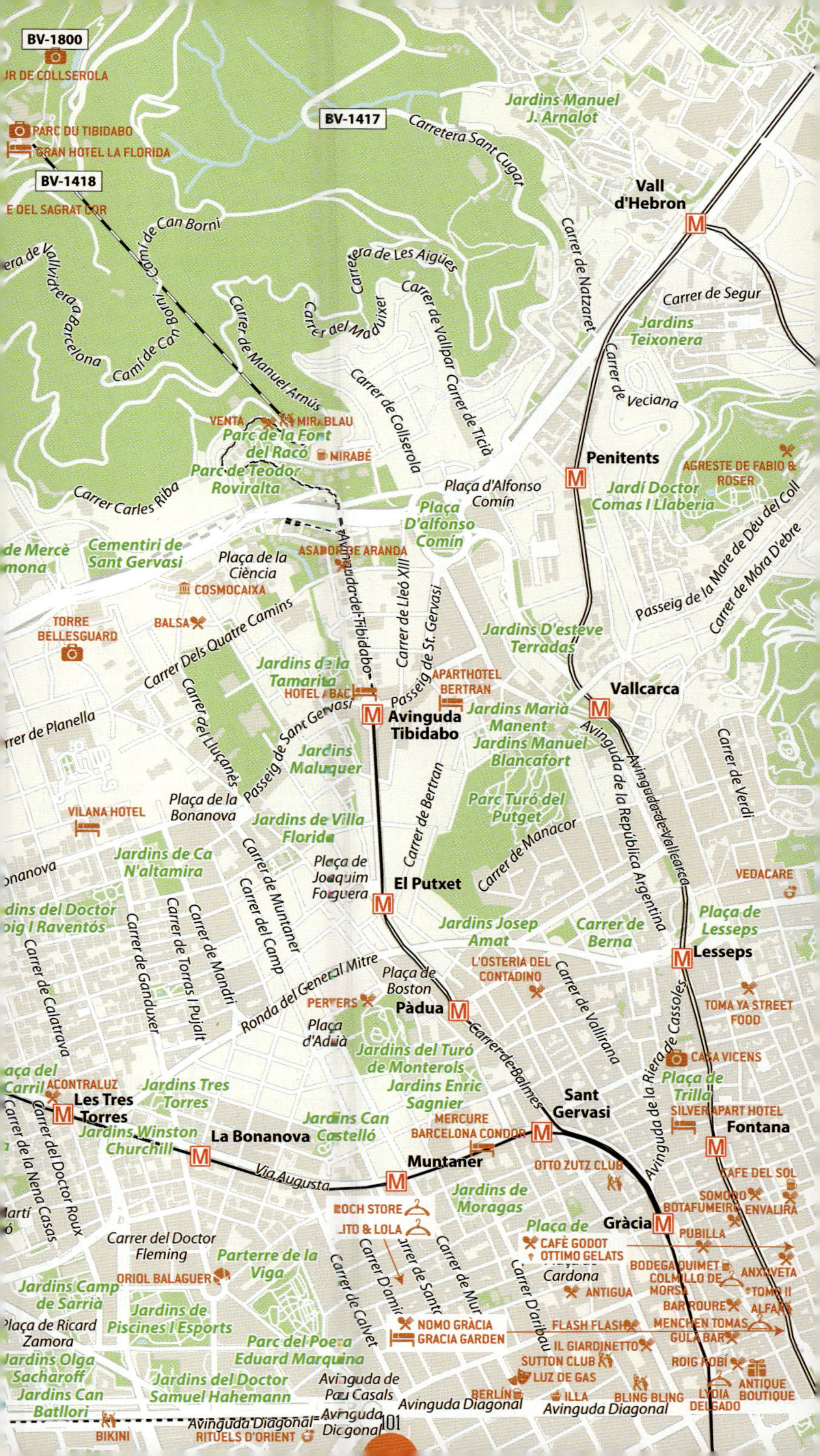

BV-1800
BV-1417
BV-1418
PARC DU TIBIDABO
GRAN HOTEL LA FLORIDA
Carretera Sant Cugat
Jardins Manuel J. Arnalot
Vall d'Hebron
Camí de Can Borni
Carretera de Les Aigües
Carrer de Natzaret
Carrer de Segur
Jardins Teixonera
Carrer del Maduixer
Carrer de Vallpar
Carrer de Manuel Arnús
Carrer de Collserola
Carrer de Ticià
Carrer de Veciana
Vallvidrera a Barcelona
VENTA
MIRABLAU
Parc de la Font del Racó
MIRABÉ
Parc de Teodor Roviralta
Penitents
AGRESTE DE FABIO & ROSER
Jardí Doctor Comas I Llaberia
Carrer Carles Riba
Plaça d'Alfonso Comín
Plaça D'alfonso Comín
Passeig de la Mare de Déu del Coll
Carrer de Móra D'ebre
Cementiri de Sant Gervasi
Plaça de la Ciència
ASADOR DE ARANDA
COSMOCAIXA
TORRE BELLESGUARD
BALSA
Carrer Dels Quatre Camins
Avinguda del Tibidabo
Carrer de Lleó XIII
Passeig de St. Gervasi
Jardins D'esteve Terradas
Jardins de la Tamarita
HOTEL ABAC
APARTHOTEL BERTRAN
Vallcarca
Carrer de Planella
Carrer del Lluçanès
Passeig de Sant Gervasi
Avinguda Tibidabo
Jardins Maria Manent
Jardins Manuel Blancafort
Avinguda de la República Argentina
Avinguda de Vallcarca
Carrer de Verdi
Jardins Maluquer
Plaça de la Bonanova
VILANA HOTEL
Jardins de Villa Florida
Parc Turó del Putget
Carrer de Bertran
Carrer de Manacor
Jardins de Ca N'altamira
Plaça de Joaquim Folguera
El Putxet
VEDACARE
Jardins del Doctor Roig I Raventós
Carrer de Calatrava
Carrer de Ganduxer
Carrer de Torras I Pujalt
Carrer de Mandri
Carrer de Muntaner
Carrer del Camp
Jardins Josep Amat
Carrer de Berna
Plaça de Lesseps
Lesseps
Ronda del General Mitre
Plaça de Boston
L'OSTERIA DEL CONTADINO
Carrer de Vallirana
PERVERS
Pàdua
Carrer de Balmes
TOMA YA STREET FOOD
Plaça d'Adrià
Jardins del Turó de Monterols
CASA VICENS
Avinguda de la Riera de Cassoles
ACONTRALUZ
Les Tres Torres
Jardins Tres Torres
Jardins Enric Sagnier
Plaça de Trilla
Sant Gervasi
SILVER APART HOTEL
Fontana
Carrer del Doctor Roux
Carrer de la Nena Casas
Jardins Winston Churchill
La Bonanova
Jardins Can Castelló
MERCURE BARCELONA CONDOR
Muntaner
OTTO ZUTZ CLUB
CAFE DEL SOL
Via Augusta
Jardins de Moragas
SOMODÓ
BOTAFUMEIRO
ENVALIRA
Gràcia
Plaça de Cardona
PUBILLA
CAFÈ GODOT
OTTIMO GELATS
Carrer del Doctor Fleming
Parterre de la Viga
Carrer de Calvet
Carrer D'amigó
Carrer de Mur
Carrer D'aribau
BODEGA QUIMET
COLMILLO DE MORSA
ANXOVETA
ORIOL BALAGUER
ANTIGUA
TOMÁS II
ALFAS
Jardins Camp de Sarrià
BAR ROURE
MENCHEN TOMAS
Jardins de Piscines I Esports
NOMO GRÀCIA
GRACIA GARDEN
FLASH FLASH
GULA BAR
Plaça de Ricard Zamora
Parc del Poeta Eduard Marquina
IL GIARDINETTO
ROIG ROBÍ
Jardins Olga Sacharoff
SUTTON CLUB
LUZ DE GAS
ANTIQUE BOUTIQUE
Jardins del Doctor Samuel Hahemann
Avinguda de Pau Casals
BERLÍN
ILLA
BLING BLING
LYDIA DELGADO
Jardins Can Batllori
Avinguda Diagonal
BIKINI
RITUELS D'ORIENT

AEROBÚS

✆ +34 902 100 104
www.aerobusbcn.com
Tarif aller simple : 5,90 €. Aller-retour : 10,20 €.

Depuis le terminal 1, comptez 35 minutes en moyenne pour rejoindre la Plaça Catalunya. Depuis le terminal 2, comptez 55 minutes. Pour vous rendre à l'aéroport, arrêts à : Plaça Catalunya (face à l'entrée du Corte Ingles), Sepúlveda-Urgell et Plaça Espanya. De l'aéroport vers le centre, arrêts à Plaça Espanya, Gran Via-Urgell, Plaça Universitat et Plaça Catalunya.

- **Ligne A1.** Pl. Catalunya–Terminal T1 : de 5h à 22h30. Terminal T1–Pl. Catalunya : de 5h45 à 23h.
- **Ligne A2.** Pl. Catalunya–Terminal T2 : de 5h à 22h30. Terminal T2–Pl. Catalunya : de 5h50 à 23h10.

IBERIA

✆ +34 901 111 500
www.iberia.com

À destination de Barcelone, la compagnie espagnole propose plusieurs vols directs, opérés par la compagnie Vueling, depuis/vers Paris, Bordeaux, Bruxelles, Nantes, Rennes, Lyon, Marseille, Nice et Genève. Compter en moyenne 1h40 pour relier Paris à Barcelone. Certains tarifs, à certaines dates, sont très intéressants. Plusieurs options disponibles au moment de la réservation : possibilité de choisir son siège, d'ajouter des bagages, de réserver un hôtel, de louer une voiture, ou d'accéder à un billet de classe supérieure (voir les conditions sur le site).

RENFE SNCF

www.renfe-sncf.com
Liaison Paris-Barcelone à partir de 39 €.

Depuis 2013, le réseau de coopération Renfe SNCF assure les liaisons à grande vitesse entre la France et l'Espagne. Ces trains relient Paris et Barcelone en seulement 6h40 au départ de Gare de Lyon jusqu'à Sants Estació, avec une fréquence de 2-4 trains par jour selon les saisons. D'autres liaisons sont proposées notamment au départ de Lyon (5h), Marseille (4h30), Toulouse (3h) ou encore Narbonne (2h). Les trains, très confortables, sont équipés du wifi gratuit. Mais vous apprécierez aussi les merveilleux paysages traversés, notamment entre Figueres et Nîmes !

RYANAIR

✆ 0892 562 150
www.ryanair.com

Selon la saison, Ryanair relie Barcelone à Paris/Beauvais et Bruxelles (Zaventem ou Charleroi). Bien qu'elle affiche des prix défiant toute concurrence, les options font vite monter l'addition. Pour vous rendre à Barcelone sans supplément, par exemple, il vous faudra voyager avec un sac qui se place sous le siège passager. Mais ces conditions de transports mises à part, il faut reconnaître à Ryanair des rotations intéressantes à prix très doux. Sur le site, on peut avoir une vue des tarifs sur l'ensemble du mois. Les prix les plus bas sont affichés.

AÉROPORT BARCELONA-EL PRAT

✆ +34 91 321 10 00
www.aena.es

Situé à une quinzaine de kilomètres du centre de Barcelone, l'aéroport dispose de deux terminaux, T1 et T2. Il est desservi par de nombreuses compagnies aériennes, notamment Ryanair (vols depuis Paris Beauvais), Easyjet (depuis Paris CDG, Bordeaux, Lyon, etc.), Air France, Transavia (depuis Paris Orly), et bien sûr les compagnies espagnoles Vueling et Iberia. Pour les achats de dernière minute, sachez que le T1 abrite une multitude de boutiques de mode !

TRAIN AÉROPORT

http://rodalies.gencat.cat
Ligne R2 depuis/vers l'aéroport, arrêts à Passeig de Gràcia et Sants Estació. Prix du trajet : 4,20 €.

Le trajet pour rejoindre le centre-ville dure environ 25 minutes. Départs toutes les 30 minutes environ depuis l'aéroport entre 5h42 et 23h38. Départs de Passeig de Gràcia en direction de l'aéroport entre 5h08 et 23h07 (depuis Sants, entre 5h13 et 23h14). Depuis le Terminal 1 : vous devrez prendre une navette gratuite (10 minutes de trajet environ) pour rejoindre la station. Cette option n'est pas très pratique, mieux vaut opter pour le bus si vous arrivez au Terminal 1. Depuis le Terminal 2 : l'accès à la station se fait par une passerelle couverte.

PARTEZ EN ESPAGNE
À GRANDE VITESSE
NOUS RELIONS DIRECTEMENT 19 VILLES
ENTRE LA FRANCE ET L'ESPAGNE
De centre-ville à centre-ville
Embarquement direct et rapide
Profitez du voyage
Wifi gratuit à bord
Jusqu'à trois valises
Transport écologique
LA MEILLEURE FAÇON DE VOYAGER
ENTRE LA FRANCE ET L'ESPAGNE
www.renfe-sncf.com
renfe SNCF
en cooperación / en coopération

QUARTIERS

Barcelone est composée de nombreux quartiers possédant chacun une histoire, une ambiance et une âme bien distinctes. Ces anciens villages ont été absorbés dans le ventre de la ville au milieu du XIXe siècle, à l'occasion d'un ambitieux plan d'agrandissement dirigé par l'urbaniste Cerdà. Visiter ces quartiers, c'est découvrir les origines de la cité avec la Ciutat Vella et ses monuments médiévaux et gothiques, prendre un bol d'air sur la colline de Montjuïc, s'émerveiller devant l'exubérance de l'architecture moderniste de l'Eixample et se laisser emporter par l'ambiance populaire de Gràcia.

Barri Gòtic et Raval

La Plaça Catalunya est le centre névralgique de Barcelone, la frontière entre le vieux quartier et l'Eixample. La place est entourée d'imposants bâtiments. Si vous recherchez une vue panoramique de la zone, montez tout en haut du bâtiment du Corte Inglés : le dernier étage s'ouvre sur une immense cafétéria restaurant avec terrasse couverte. La vue est magnifique et s'étend sur les deux tissus urbains qui se rejoignent sur la place : la Ciutat Vella, fouillis inextricable de ruelles, et l'Eixample, avec le Passeig de Gràcia, majestueux, arboré et rectiligne. De la Plaça de Catalunya, les Ramblas traversent la vieille ville jusqu'au vieux port où Christophe Colomb pointe le doigt en direction de la mer. Cette longue promenade bordée d'arbres est l'artère principale de la ville, vous ne pouvez pas y échapper ! Las Ramblas (au pluriel puisqu'il y en a sept) offrent un étonnant spectacle où se mêlent marchés aux fleurs, kiosques à journaux, terrasses de café, mimes et statues humaines...

Non loin, se trouve le Barri Gòtic qui coïncide avec l'ancienne cité romaine, et les vestiges témoignent de son passé. Il abrite, entre autres trésors architecturaux, la cathédrale ainsi que les représentations politiques et administratives de Barcelone et de Catalogne, respectivement la Casa de la Ciutat (l'hôtel de ville) et le Palau de la Generalitat (le Parlement catalan). Aujourd'hui, le quartier reste très animé.

Le quartier du Raval s'étend quant à lui à l'ouest des Ramblas. Ici, il y a de tout. L'effervescence de la zone attire la crème de la société contemporaine, séduite par ses offres culinaires, ses galeries d'art, ses studios d'artistes et ses boutiques de mode. Mais si vous décidez de vous balader vers la Calle Joaquin Costa ou depuis la Calle Hospital vers le bas, vous découvrirez l'autre visage du Raval, avec ses ruelles obscures et ses influences marocaines, pakistanaises, philippines, sud-américaines et nord-africaines.

Eixample

Au milieu du XIXe siècle, Barcelone étouffe dans ses murailles érigées au Moyen Age. En 1854, elles sont abattues et un appel d'offres est lancé afin de réorganiser l'espace. Le choix se porte sur le projet de l'ingénieur Ildefons Cerdà, qui impose sa vision futuriste de la cité en prévoyant un quadrillage rigoureux des rues et des avenues délimitant des pâtés de maisons iden-

Casa de la ciutat.

© KALMAN - SHUTTERSTOCK.COM

Depuis la colline de Montjuïc.

tiques, destiné à relier Barcelone aux villages environnants : Gràcia, Sarrià, Les Corts, Sant Andreu, etc.

Ainsi est né l'Eixample (« l'élargissement » en catalan), un modèle d'aménagement urbain, qui permet à Barcelone de répartir de façon plus homogène ses habitants, de rendre plus fluide la circulation et de quintupler sa superficie en 50 ans seulement. La construction de l'Eixample coïncide avec une brillante période pour les Barcelonais. La bourgeoisie locale, née du développement économique et industriel, veut que Barcelone devienne une grande métropole et finance donc de nombreux projets architecturaux. De plus, cette croissance sociale s'accompagne d'une nouvelle approche artistique, spécifique à la Catalogne : le modernisme. On trouve une multitude d'exemples de ce style dans ce quartier.

Gràcia

Du Port Vell jusqu'au village olympique en passant par le quartier populaire de la Barceloneta, le front de mer a subi au cours des dernières années des modifications urbanistiques importantes. Les Jeux olympiques de 1992 ont été un élément déclencheur de la remise en état du littoral. De profondes transformations ont favorisé la valorisation des plages naturelles ou créées : Barcelone a de quoi s'enorgueillir de ses quatre kilomètres de sable !

La Barceloneta est plus que jamais un quartier populaire auprès des Barcelonais. Son marché, ses petits restaurants de poisson et fruits de mer et ses tavernes attirent une clientèle à la recherche d'authenticité. Construits pour les Jeux de 1992, les plages et les quais ont été envahis par les restaurants et bars en tous genres.

PobleNou ou le « Manchester catalan », ancien quartier ouvrier, est quant à lui devenu le fief des start-up, agences de design et boîtes de production. Sa Rambla, restée très populaire, attire les familles au retour de la plage.

Autres quartiers

La colline de Montjuïc, alliant les plaisirs de la nature et de la culture, est une invitation à des balades dans la verdure environnante, mais aussi à la visite de ses musées et autres édifices. Sans oublier qu'elle offre de magnifiques panoramas de Barcelone. L'origine du nom reste incertaine. Certains affirment que les Romains l'auraient baptisée ainsi après avoir construit sur le Mons Jovis un temple en l'honneur de Jupiter. Selon d'autres, c'est l'installation, au Moyen Age, d'une communauté juive qui aurait valu à la colline son surnom de « mont Juif ». Malgré la construction d'une citadelle en 1640, Montjuïc ne s'est développé qu'en 1929, à l'occasion de l'Exposition internationale. La plupart de ses bâtiments datent de cette époque. Puis il faut attendre les années 1990 et les Jeux olympiques pour que le quartier se modernise.

Le quartier de Poble Sec, situé aux pieds de Montjuïc, est très apprécié des jeunes Barcelonais. Principalement habité par les communautés pakistanaises et sud-américaines, on y trouve d'excellents bars à tapas, des salles de concert, des bodegas, etc. Un bon endroit pour faire la fête hors des sentiers battus. Au nord de la ville, plusieurs quartiers disparates constituent un périmètre résidentiel appelé Zona Alta. Les Corts est un quartier populaire où ont été construits de nombreux immeubles, en particulier à proximité de la Diagonal. Ce quartier abrite le temple du football barcelonais, le Camp Nou, ainsi que le campus universitaire. De l'autre côté de la Diagonal, se trouvent les quartiers chics et très résidentiels de Pedralbes et de Sarrià. On peut y visiter plusieurs bâtiments historiques et des musées. Sur les hauteurs, Sarrià abrite de belles villas, anciennes résidences d'été des riches familles d'industriels du XIXe siècle. Aujourd'hui, c'est une zone paisible avec d'élégants restaurants. Au-dessus de Sarrià se profilent la montagne de Collserola et le Tibidabo.

ESTACIÓ DE FRANÇA

Av. Marquès de l'Argentera, s/n

Inaugurée en 1929, cette belle gare moderniste a perdu de son importance au profit de la gare de Sants. Elle fut à l'origine construite au XIXe siècle pour accueillir les trains en provenance de France, avant d'être remodelée pour l'Exposition internationale de 1929. Magnifiquement décorée avec ses motifs Art déco, elle se trouve sur l'avenue del Marquès de l'Argentera, à mi-chemin entre le quartier du Born et la façade maritime. Aujourd'hui, seules quelques lignes régionales des trains Rodalies et Media Distancia continuent de s'y arrêter.

GARE SOUTERRAINE DE LA PLAÇA DE CATALUNYA

Plaça de Catalunya

Cette gare souterraine est un nœud de communication entre le métro de Barcelone, les Ferrocarrils de la Generalitat et les Cercanías. Vous pourrez notamment prendre le train R1 en direction des plages de Badalona et du littoral du Maresme, avec des arrêts dans les stations balnéaires de El Masnou, Premià de Mar... Le métro est quant à lui desservi par les lignes L1 (rouge) et L3 (verte), tandis que les lignes FGC vous permettront de rejoindre Sarrià ou l'avenue Tibidabo.

ESTACIÓ DE SANTS

Plaça Paisos catalans s/n

Il s'agit de la gare centrale de Barcelone, inaugurée en 1979 après plus de 10 ans de travaux. Située au nord-ouest de la ville, dans le quartier de Sants, elle s'organise sur deux niveaux : le rez-de-chaussée dédié à l'accueil des voyageurs, et le sous-sol, où se trouvent les quais et les voies. Sur place : trains à destination de l'aéroport, AVE (grande vitesse) en provenance des grandes villes espagnoles, TGV en provenance de Paris, nombreuses lignes régionales et trains de banlieue ! Consignes, office de tourisme et toilettes publiques.

LOCKER BARCELONA

Carrer Estruc, 36

✆ +34 933 028 796

www.lockerbarcelona.com

Consigne à partir de 4 €.

Locker Barcelona se situe juste à côté de la Plaça de Catalunya, à proximité de l'arrivée des navettes de l'aéroport et des différents transports en commun menant notamment à la gare et au port. Leurs consignes fonctionnent à l'aide d'un code électronique qui, toute la journée, vous assure un accès sécurisé à vos objets personnels. Le lieu est surveillé par des caméras de sécurité et vous offre un accès gratuit à des vestiaires. Il est possible de faire une réservation en ligne. L'espace est adapté aux personnes handicapées.

GARE DE PASSEIG DE GRÀCIA

Passeig de Gràcia - Aragó, s/n

Cette gare est desservie principalement par des trains de banlieue et des trains régionaux, notamment la ligne R2 de Rodalies (vers Castelldefels, l'aéroport, Sitges) et plusieurs trains régionaux en direction de LLeida, Valence et Girona. C'est aussi un nœud important regroupant 3 lignes du métro de Barcelone (L2, L3, L4). La gare se trouve sous le Passeig de Gràcia, entre la Gran Via de les Corts Catalanes et le Carrer Aragó : plusieurs accès permettent de la rejoindre.

TRAINS RODALIES DE CATALUNYA

✆ 900 41 00 41

www.gencat.cat/rodalies

Service de trains opéré par Renfe. Départs depuis les gares de Plaça Catalunya, Sants, Passeig de Gràcia, etc. Le réseau est notamment composé de six lignes régionales et de sept lignes de trains de banlieue. Ces trains de banlieue vous permettront par exemple de rejoindre l'aéroport, Castelldefels ou encore Sitges. Le réseau régional, dont les trains partent de l'Estació de França, couvre plusieurs lignes en direction de Lleida, Tarragone et Gérone.

ESTACIÓ D'AUTOBUSOS BARCELONA NORD

80 Carrer d'Alí Bei
✆ +34 902 260 606
www.barcelonanord.cat

La gare routière de Barcelone Nord se trouve dans le quartier de l'Eixample, à environ 15 minutes à pied de la Plaça Catalunya. Elle occupe l'emplacement d'une ancienne gare ferroviaire de 1862, dont le bâtiment principal de style néo-classique est l'œuvre de Pere Andrés. C'est la principale gare routière de Barcelone, avec des bus qui relient Barcelone aux principales villes du reste de l'Espagne et de l'Europe. Jouxtant sa façade sud, s'étend un parc de trois hectares.

ESTACIÓ D'AUTOBUSOS DE SANTS

C/ Viriat, s/n

Située juste à côté de la gare ferroviaire de Barcelona-Sants (en sortant côté Plaça de los Països Catalans, elle se trouve sur la gauche), cette gare routière rassemble les bureaux de plusieurs compagnies de bus réalisant des trajets nationaux et internationaux. C'est le cas notamment de la compagnie Eurolines, qui relie les grandes villes de France avec Barcelone, mais aussi des villes plus petites comme Béziers, Dijon, Poitiers, Perpignan, Carcassonne, Avignon, La Rochelle, etc.

PORT DE BARCELONE

✆ +34 932 986 000
www.portdebarcelona.cat

Premier port de croisières d'Europe et de Méditerranée, le port de Barcelone se situe au pied de la colline de Montjuïc, tout au bout des Ramblas. Chaque année, une centaine de paquebots font escale dans le port, déversant quelque trois millions de croisiéristes. Dans la partie industrielle du port transitent également plus de trois millions de conteneurs par an ! Les départs de ferries et bateaux de croisière ont lieu sur le Moll de Barcelona (au niveau du World Trade Center). C'est de là que partent les bateaux pour les Baléares notamment.

APARCAMENTS BSM

✆ +34 934 092 021
www.aparcamentsbsm.cat
Abonnement 3 jours à partir de 35 €.

Vaste réseau de 40 parkings situés dans des lieux stratégiques de la ville (La Rambla, Sagrada Familia, Park Güell, Port Vell, Vila Olimpica, Montjuïc, etc.). Il propose des abonnements de 1 à 7 jours permettant d'entrer et de sortir librement du parking et d'accéder à tous ceux du réseau. Avec plus de 13 000 places réparties aux quatre coins de la ville, Aparcaments BSM est le plus grand réseau de parking de Barcelone : une option pratique pour ceux qui viennent à Barcelone en voiture et souhaitent l'utiliser durant leur séjour.

AVIS

Rambla Catalunya, 40
✆ +34 902 110 275
www.avis.es

Créée en 1946 aux Etats-Unis, cette société est l'une des plus fiables du secteur de la location de voitures. De la simple réservation d'une journée à plus d'une semaine, Avis s'engage sur plusieurs critères : proposition d'assurance, large choix de véhicules de l'économique au prestige avec un système de réservation rapide et efficace. Plusieurs points de location sont disponibles à Barcelone : à l'aéroport El Prat et la gare de Sants, comme la plupart de ses concurrents, mais aussi en plein centre-ville, à côté de la Plaça Catalunya.

SIXT

Passeig de Gràcia, 126
✆ +34 871 18 01 92
www.sixt.com
Tous les jours de 7h à 22h.

Sixt vous propose une gamme variée de véhicules (utilitaires, cabriolets, 4x4, limousines, etc.). C'est l'une des rares enseignes qui dispose de succursales en plein centre-ville, en plus de la gare et de l'aéroport. L'agence située en haut du Passeig de Gràcia propose un service de qualité : l'accueil est agréable, les voitures sont garées juste en face dans un parking souterrain vaste et bien surveillé. D'autres agences sont disponibles sur la Rambla Catalunya, dans l'Eixample, près du vieux port et vers la zone du Forum.

BARCELONA MOTO RENT

Calle Roger de Lluria, 31
✆ +34 935 325 925
www.barcelona-moto-rent.com

Ouvert du lundi au samedi de 10h à 20h et le dimanche de 10h à 19h. Location de scooter à partir de 20 €.

Barcelona Moto Rent vous propose des locations de scooters 50 cc, 125 cc et 250 cc de bonne qualité et à prix avantageux. Il vous donne également la possibilité de réserver en ligne ou de se rendre directement à l'agence qui se situe en plein cœur de Barcelone. La location de la moto inclut deux casques, le kilométrage illimité, l'assurance au tiers et le cadenas. Pratiques : les services de livraison de votre scooter dans le lieu de votre choix, ainsi que le service gratuit de consigne pour les bagages vous permettant de laisser vos valises à l'agence.

BUS BARCELONA

✆ +34 902 075 027
www.tmb.cat

En moyenne, le service commence à 6h et termine à 22h. Entre 23h et 5h, service de bus nocturne.

Une centaine de lignes desservent Barcelone. Les titres de transport sont compatibles avec le métro, tramway, FGC et trains Rodalies de la zone 1. Le système tarifaire en vigueur permet d'accéder à différents moyens de transport avec le même billet pendant 1 heure et 15 minutes. La nuit, une vingtaine de lignes nocturnes urbaines (*Nitbus*) et quelques lignes interurbaines desservent les principaux quartiers de la ville. La plupart de ces bus partent de la plaça Catalunya. Ils ont une fréquence moyenne de 20 minutes les week-ends, et 30 minutes en semaine.

COOLTRA / ECOOLTRA

Vía Laietana, 6
✆ +34 932 214 070
www.cooltra.com

Tous les jours de 10h à 14h30 et de 15h30 à 19h (l'été, sans interruption de 10h à 20h).

Agence de location de scooters offrant plusieurs points de livraison dans la ville : Estació de França, Estació de Sants, Estació del Nord et Sagrada Familia. Sa filiale eCooltra offre quant à elle un service de location de scooters électriques en libre-service. Depuis l'application, il vous suffit de repérer le scooter le plus proche ou autour de l'adresse de votre choix, puis de réserver en seulement quelques clics. Dans ce cas, vous ne payez que vos minutes de location ! Une option économique, écolo et très pratique pour découvrir la ville.

DONKEY REPUBLIC BARCELONA

www.donkey.bike

La startup danoise Donkey Republic dispose à Barcelone d'une flotte de vélos en libre service, que vous pourrez réserver à travers son application mobile. Ses vélos orange avec cadenas électronique sont très commodes pour sillonner la ville à votre rythme. Il suffit de localiser le vélo le plus proche grâce à son appli, et de le débloquer en pressant un simple bouton. Si vous souhaitez faire une pause durant votre balade, vous pourrez bloquer facilement le vélo.

FERROCARRILS DE LA GENERALITAT DE CATALUNYA (FGC)

✆ 012
www.fgc.cat

FGC exploite un réseau de plus de 300 km de lignes de chemin de fer dans toute la Catalogne. Lors d'un séjour à Barcelone, vous utiliserez le FGC pour rejoindre Sant Cugat, Montserrat ou encore Manresa. Le FGC possède aussi 3 lignes urbaines (L6, L7 et L8) qui complètent le réseau de métro de Barcelone. Ces lignes sont très pratiques pour rejoindre les hauteurs de Barcelone (Gràcia, Sarria, Tibidabo) depuis Plaça Catalunya, avec un simple ticket de métro.

FUNICULAR DE MONTJUÏC

www.tmb.cat

L'hiver, de 7h30 à 20h en semaine et de 9h à 20h le week-end. L'été, tous les jours jusqu'à 22h.

Le funiculaire de Montjuïc est un moyen de transport qui permet d'accéder à la colline de Montjuïc. La ligne, inaugurée en 1928 pour l'Exposition internationale, a été presque entièrement rénovée en 1992 pour faciliter l'accès au stade olympique Lluís-Companys lors des Jeux olympiques. Le départ a lieu depuis la station de métro Paral·lel et l'arrivée au niveau de la station inférieure du téléphérique, sur l'Avinguda Miramar. C'est le moyen de transport le plus pratique pour rejoindre la Fundació Joan Miró. Les tarifs sont les mêmes que pour le métro !

GREEN BIKES

Carrer Escudellers, 48
✆ +34 933 013 612
www.greenbikesbarcelona.com
Tous les jours de 10h à 20h (18h en hiver). Location à partir de 12,50 € par jour.

Au cœur du Barri Gòtic, cette boutique de location de vélos loue des bicyclettes de couleur verte, discrètes et sans logo, pour pédaler en toute discrétion dans la ville. Le prix de la location inclut un antivol, un casque (optionnel, bien que vivement recommandé) et un siège pour enfant, si nécessaire. Sur leur site, n'hésitez pas à consulter le plan des pistes cyclables pour préparer votre itinéraire. Green Bikes propose aussi des visites guidées de la ville, tous les jours à 11h et 16h, au départ de la plaça Reial (réservation sur le site).

HOLA BARCELONA TRAVEL CARD

✆ +34 93 465 53 13
www.holabarcelona.com
À partir de 16,30 € pour 48h.

Hola Barcelona est une carte d'abonnement pour 2, 3, 4 et 5 jours, offrant un nombre illimité de voyages dans les transports en commun. Vous pourrez monter et descendre autant de fois que vous le souhaiter du tramway, bus (sauf les bus de nuit), métro TMB, funiculaire de Montjuïc, en plus des lignes urbaines des Ferrocarrils de la Generalitat (FGC) et des lignes de proche banlieue de Renfe. La carte fonctionne aussi pour les trajets jusqu'à l'aéroport d'El Prat.

TELEFÈRIC DE MONTJUÏC

Avinguda Miramar, 30
www.telefericdemontjuic.cat
Ouvert de 10h à 18h en hiver, jusqu'à 19h au printemps et jusqu'à 21h en été. Prix du trajet : 8,90 €.

Inauguré en 1970 pour faciliter l'accès au sommet de Montjuïc, le téléphérique a été entièrement reconstruit en 2007 pour améliorer son confort. Les cabines possèdent désormais 8 places assises et des vitres fermées, contrairement aux anciennes cabines qui n'avaient pas de vitres. La ligne possède une longueur totale de 750 mètres, avec un faible dénivelé de seulement 85 mètres. Elle effectue trois arrêts : parc de Montjuïc, Miramar et Château de Montjuïc. C'est un moyen de transport insolite pour découvrir Montjuïc et ses belles vues sur Barcelone.

METRO BARCELONA

✆ +34 902 075 027
www.tmb.cat

Propre, pratique, climatisé et rénové à l'occasion des Jeux olympiques, le métro barcelonais vous permet de découvrir facilement la ville grâce à ses huit lignes. Elles fonctionnent en semaine de 5h à 0h, le vendredi de 5h à 2h, et toute la nuit le samedi. Contrairement au métro parisien, ici on composte à gauche. Vous utiliserez essentiellement la ligne verte (L3) pour visiter la ville : elle dessert les Ramblas, le Raval, la Plaça Catalunya, le Passeig de Gràcia... La ligne jaune (L4) permet de rejoindre les plages et le quartier du Born !

© AUTHOR'S IMAGE

© AUTHOR'S IMAGE

Telefèric de Montjuïc.

TELEFÈRIC DEL PORT

✆ +34 934 304 716

www.telefericodebarcelona.com

Tous les jours de 10h30 à 19h (jusqu'à 20h l'été, 17h30 l'hiver). Aller simple 11 €.

Le téléphérique du port de Barcelone relie les plages du quartier de La Barceloneta à la colline de Montjuïc en survolant le port. Conçu à l'origine pour l'Exposition internationale de 1929, il n'est finalement inauguré qu'en 1931 en raison de la complexité des travaux. Il est constitué de deux tronçons et de trois stations : Sant Sebastià, Jaume I et Miramar. La ligne est longue de 1 300 mètres, parcourus en moins de dix minutes ; le trajet culmine à 107 mètres d'altitude au niveau de la tour Jaime I, offrant un panorama sublime sur la ville et la mer.

VESPING

Pasaje Simó, 24

✆ +34 93 66 77 877

www.vesping.com

Location à partir de 20 €.

Vesping vous propose des locations d'authentiques Vespas 50cc, 125cc et 300cc en parfait état ! Toutes les Vespas sont équipées d'un GPS, permettant de suivre des tours pré-enregistrés ou même de créer des tours sur mesure. Le prix comprend un très chaleureux accueil dans un espace moderne où, outre l'assurance au tiers incluse, deux casques et le premier plein d'essence, on vous donnera de très utiles suggestions pour découvrir Barcelone. Enfin, Vesping propose des tours guidés pour explorer la ville selon les exigences et les désirs des clients.

TRAM DE BARCELONA

✆ +34 900 701 181

www.tram.cat

Tous les jours de 5h à minuit, jusqu'à 2h les week-ends. Même tarifs que pour le métro.

Ecologique, rapide et confortable, le Tram circule sur une trentaine de kilomètres et effectue un total de 56 arrêts. Il existe deux lignes de tramway à Barcelone : le Trambaix (T1, T2, T3), qui relie la place Francesc Macià et les villes résidentielles de Sant Just Desvern, Sant Joan Despí, Sant Feliu de Llobregat et Cornellà ; et le Trambesòs (T4, T5, T6), qui effectue le trajet entre la Vila Olímpica et le port de Badalona, en passant par Glòries et le quartier du Fòrum. Un projet municipal prévoit de relier ces deux lignes par l'avenue Diagonal.

YEGO BARCELONA

www.rideyego.com

Créée en 2016 à Barcelone par de jeunes entrepreneurs français, la startup Yego dispose d'une flotte de scooters électriques en libre service, que vous pourrez réserver grâce à une application mobile. Le service fonctionne sur le principe du *free floating,* c'est-à-dire sans que le véhicule soit rattaché à une station de recharge. À l'aide de l'appli, vous n'aurez qu'à repérer le scooter le plus proche, le réserver et le déverrouiller ! Tous les véhicules sont 100 % électriques et connectés : une option très pratique et durable pour sillonner Barcelone !

DE L'AÉROPORT AU CENTRE-VILLE

Plusieurs options sont disponibles pour rejoindre le centre-ville depuis l'aéroport : l'aerobús, le métro, le train, et bien sûr le taxi. Le trajet est relativement court et bon marché : comptez en moyenne 30 minutes jusqu'au centre-ville, quel que soit le moyen de transport utilisé. Pour le métro, il faut acheter un ticket spécial (4,60€) pour l'aéroport. La ligne 9 Sud, actuellement en cours de prolongation, relie pour le moment les terminaux T1 et T2 de l'aéroport avec 3 stations du centre de Barcelone : Torrassa (L1), Collblanc (L5) et Zona Universitària (L3). Concernant le train (4,20€), c'est une bonne option pour ceux qui arrivent au terminal 2. D'une manière générale, l'aerobús (5,90€) est l'option la plus commode pour rejoindre la Plaça Catalunya. En taxi, vous devrez débourser environ 30€.

ARRIVÉE EN TRAIN

Les trains provenant de France arrivent à la gare de Sants, au cœur de Barcelone. La ligne de métro L3 (verte) vous permettra de rejoindre directement la vieille ville, tandis que la ligne L5 (bleue) vous conduira jusqu'à la station Diagonal en seulement quelques arrêts.

TRANSPORTS EN COMMUN

Le réseau de transports en commun de Barcelone est moderne et relativement bon marché. En semaine, les métros circulent généralement de 5h à 0h, jusqu'à 2h le vendredi et sans interruption le samedi et les veilles de jours fériés. Les bus urbains fonctionnent en moyenne de 6h à 22h, puis les Nitbus (bus de nuit) prennent le relais de 23h à 5h. Les abonnements de transport illimité « Hola Barcelona » (www.holabarcelona.com) sont une option économique pour un séjour dans la ville. Ils donnent accès au métro, bus, tram et trains FGC et Rodalies de la zone 1.

VÉLO, TROTTINETTE & CO

Avec près de 200 km de pistes cyclables, Barcelone est une ville très agréable à découvrir à vélo. Le centre historique et les plages sont des zones plates et donc parfaitement adaptées pour la circulation à vélo. Comme toutes les grandes villes d'Europe, Barcelone dispose d'un système de vélos en libre-service, le Bicing (www.bicing.cat), disponible uniquement pour les abonnements à l'année. Pour les courts séjours, le moyen le plus simple et le plus économique reste la location à la journée. De nombreuses enseignes proposent des tarifs intéressants (en moyenne 15€ la journée). L'usage de trottinettes électriques se développe à la vitesse grand V auprès des particuliers. Elles peuvent circuler à une vitesse de 25 km/h maximum, mais jamais sur les trottoirs et autres lieux réservés aux piétons. La location de trottinettes en libre-service connait également un grand succès.

AVEC UN CHAUFFEUR

De couleur jaune et noir, avec une petite lampe verte lorsqu'ils sont libres (lliure), les taxis sont moins chers qu'en France, mais pas beaucoup moins : comptez 10 € pour parcourir une distance de 3 ou 4 stations de métro. Le grand nom des VTC, Uber, ne fonctionne plus à Barcelone depuis le début de l'année 2019 en raison d'une législation trop contraignante qui oblige les usagers des véhicules de transport avec chauffeur à réserver leur trajet quinze minutes à l'avance au minimum. Seul Cabify semble résister pour le moment...

EN VOITURE

Comme toute grande métropole, Barcelone n'échappe pas aux embouteillages. Vous aurez des difficultés à vous garer dans le centre-ville et autour des sites touristiques. Mieux vaut prendre un abonnement dans un parking pour y laisser votre voiture et privilégier les transports en commun durant votre séjour.

ACCESSIBILITÉ

Transports, lieux de visite, hébergements : Barcelone est une ville bien adaptée aux personnes à mobilité réduite. Le site barcelona-access.com (disponible en français) recense de nombreuses informations utiles sur les visites touristiques adaptées, les coordonnées de taxis adaptés, des informations sur les transports, etc. Le site ajuntament.barcelona.cat/accessible est également utile pour consulter les plages accessibles, les agences de voyage spécialisés et différentes ressources numériques.

LES ATTRAPE-TOURISTES

Attention aux vélo-taxis qui arpentent les principaux sites touristiques et le littoral : la plupart d'entre eux ne possèdent pas de licence et circulent donc dans l'illégalité !

LES PHRASES CLÉS

Bonjour, comment puis-je me rendre à…
Hola, ¿com puc arribar a…?

Est-ce loin à pied ? Y a-t-il le métro ou un bus... pour y aller ?
És lluny si hi vaig a peu? Hi ha metro, autobús… per arribar-hi?

Pouvez-vous me montrer cet endroit sur la carte s'il vous plait ?
Pot ensenyar-me el lloc al mapa, ¿si us plau?

Où puis-je acheter les tickets de transport ? Est-ce que je peux payer en carte de crédit ?
On puc comprar els bitllets de transport? Puc pagar amb targeta de crèdit?

Où est la sortie ? A gauche, à droite ou tout droit ?
On és la sortida? A l'esquerra, dreta o tot dret?

Je suis perdu et je suis en retard, s'il vous plait, aidez-moi ! Merci beaucoup !
Estic perdut i faig tard; ajudeu-me, si us plau! Moltíssimes gràcies.

À VOIR / À FAIRE

Barcelone regorge de musées, d'églises et de cathédrales, de monuments et de parcs. Chaque ruelle invite à la flânerie, chaque quartier est un appel à la contemplation. D'autant que l'air marin et les terrasses ensoleillées de la ville ont tendance à facilement détourner l'attention du visiteur... On conclut donc très vite que visiter Barcelone nécessite de faire des choix ! Mais, si vous disposez de quelques bonnes journées, vous pourrez voir un certain nombre de lieux culturels : la capitale catalane n'étant pas si étendue que cela si on sait bien gérer son temps. Nous vous présenterons ici les monuments et musées d'importance, il vous faudra faire une sélection selon vos intérêts et miser sur les incontournables si vous n'avez que peu de temps ! Nous avons également sélectionné un florilège de visites guidées et d'expériences insolites. De quoi découvrir la ville hors des sentiers battus !

A VOIR / A FAIRE

HORAIRES

Les musées municipaux ouvrent généralement du mardi au dimanche de 10h à 19h et sont fermés le lundi. Ces horaires varient en fonction du lieu et de la saison, n'hésitez donc pas à vérifier les informations pratiques sur les sites Internet des musées. Les monuments modernistes, pour la plupart de gestion privée, affichent quant à eux des horaires beaucoup plus larges. Ils sont généralement ouverts tous les jours de l'année, certains même en soirée.

A RÉSERVER

Pour les monuments les plus visités de la ville, il est fortement conseillé – voire indispensable – d'acheter vos tickets à l'avance en choisissant un créneau horaire pour la visite. Cela concerne principalement la Sagrada Familia, le Parc Güell, et dans une moindre mesure la Pedrera et la Casa Batlló. Pour certains musées et monuments, il est indispensable de télécharger les invitations en ligne lors des journées de gratuité. C'est le cas au Museu Picasso et au Palau Güell.

BUDGET / BONS PLANS

Dans les musées et autres lieux de visite municipaux, l'entrée coûte aux alentours de 6-12 € pour les adultes, et elle est gratuite pour les moins de 16 ans. Dans les institutions privées, les prix sont plus élevés : à partir de 17 € pour la Sagrada Familia, jusqu'à 25 € pour la Casa Batlló. De nombreux musées et centres culturels offrent un accès gratuit à certains jours ou horaires. Le jeudi à partir de 18h, c'est le cas du Museu Picasso. Le samedi après-midi, l'entrée est gratuite au Museu Nacional d'Art de Catalunya et au MACBA. Enfin, le dimanche à partir de 15h, vous pourrez visiter gratuitement le Museu Frederic Marès, le Museu d'Història de la Ciutat de Barcelona, le Jardí Botànic de Barcelona, El Born Centre de Cultura i Memòria, le Museu Blau, le Museu del Disseny, le Castell de Montjuïc et le CCCB.

En dehors de ces périodes gratuites, plusieurs pass vous permettront de faire les visites à moindre prix. La Barcelona Card (barcelonacard.com) permet d'avoir un accès gratuit dans les transports publics et dans de nombreux musées de la ville (MNAC, Fundació Joan Miró, etc.). Elle coûte à partir de 20 € pour 48h. L'Art Ticket (articketbcn.org) vous permet quant à lui de découvrir six musées et fondations culturelles avec un seul ticket au prix de 35 €. Il vous donnera notamment accès au musée Picasso et au Macba. Enfin, l'Arqueoticket (14,50 € sur bcnshop.barcelonaturisme.com) permet d'accéder à 4 musées de la ville : le Museu d'Arqueologia de Catalunya (MAC), le Museu Egipci, le Museu d'Història de Barcelona (MUHBA) et le Born Centre de Cultura i Memòria.

Le Parc Guell.

LES ÉVÉNEMENTS

A l'arrivée des beaux jours, les musées et institutions de la ville rivalisent d'inventivité pour attirer un public souvent plus enclin à bronzer sur la plage qu'à parfaire sa culture générale ! Résultat : la nuit devient le meilleur moment pour attirer la foule. En juillet et août, ne manquez pas la Pedrera Jazz, des concerts de jazz organisés tous les week-ends sur la spectaculaire terrasse imaginée par Gaudí. Ou encore les *Nits Màgiques* de la Casa Batlló et les *Nits* del Palau Güell, avec concert et coupe de cava. Perché sur les hauteurs du Tibidabo, l'observatoire Fabra a trouvé une bonne idée pour attirer les visiteurs : organiser des dîners sur sa grande terrasse, accompagnés d'une visite nocturne de son musée et la possibilité d'observer la lune depuis un télescope centenaire ! Réservations sur sternalia.com/ca/sopars-amb-estrelles

VISITES GUIDÉES

Sur son site Internet (bcnshop.barcelonaturisme.com), l'office de tourisme propose les classiques visites guidées sur les thèmes de Gaudí et du modernisme, la Barcelone médiévale, ou encore la Barcelone maritime. Plus originales, les virées gastronomiques dans les marchés de la ville, les tournées des bars à tapas en compagnie d'un guide ou les dégustations de vins catalans. De nombreuses agences proposent aussi des parcours à vélo le long du littoral. Pour sortir des sentiers battus, optez pour une visite dans les nouveaux quartiers à la mode (Sant Antoni, Gràcia, Poblenou). Le collectif Barcelona Street Style Tour (barcelonasstreetstyletour.com) offre des visites gratuites à la découverte des plus beaux graffitis de la ville. Pensez aussi aux visites guidées gratuites, en particulier celles proposées par Jean-Pierre (visitesguideesbarcelone.com) en français.

LES PHRASES CLÉS

Bonjour, puis-je avoir deux entrées adultes et un enfant s'il vous plait ?
Hola, voldria dues entrades d'adult i una d'infantil, si us plau.

Le tarif enfant est jusqu'à quel âge ? Et pour les seniors, est-ce qu'il y a une réduction ?
Fins quina edat arriba la tarifa infantil? I, ¿hi ha descompte per a la gent gran?

Est-ce qu'il y a des visites guidées en français ou un audioguide ?
Hi ha visites guiades en francès o una audioguia?

Combien de temps faut-il pour faire la visite ?
Quant de temps es triga en visitar-ho?

J'ai du mal à monter les escaliers, avez-vous un ascenseur ?
Tinc problemes per pujar les escales, ¿hi ha ascensor?

Excusez-moi, pouvez-vous me dire où sont les toilettes ? Merci beaucoup.
Disculpi, ¿podria dir-me on és el lavabo? Moltíssimes gràcies.

OFFICE DE TOURISME PLAÇA DE CATALUNYA

17 Plaça de Catalunya
✆ +34 932 853 834
www.barcelonaturisme.com
Ouvert tous les jours de 8h30 à 21h.

Il s'agit du principal office de tourisme de Barcelone. Il est situé au sous-sol de la plaça Catalunya. Dans ces locaux de sept cents mètres carrés, des informations touristiques et culturelles sont mises à votre disposition en plusieurs langues. Des réservations d'hôtels de dernière minute sont également proposées. Vous trouverez d'autres offices de tourisme sur la Plaça Sant Jaume, l'Estació de Sants, près de la Cathédrale, ou dans le Mirador de Colom.

OFFICE DU TOURISME DE CATALOGNE

107, Passeig de Gràcia
✆ +34 932 388 091
www.catalunya.com
Du lundi au samedi de 9h à 20h, dimanche de 9h à 14h30.

L'office de tourisme de Catalogne est situé au 1er étage du Palau Robert, tout en haut du Passeig de Gràcia. Ce beau bâtiment néoclassique du début du XXe siècle s'ouvre sur des jardins agréables, où il fait bon faire une pause au soleil. Plusieurs salles accueillent des expositions. L'office de tourisme vous proposera diverses informations sur la Catalogne : documentation sur le patrimoine, les logements, les activités à faire dans la région, etc.

BARCELONA SPECIAL TRAVELER

C/ Escoles Pies, 28
✆ +34 937 637 347
www.barcelonaspecialtraveler.com

Cette agence de voyages réceptive à Barcelone est spécialisée dans le tourisme accessible. Elle propose des séjours sur mesure aux personnes à mobilité réduite comprenant l'hôtel, les transports et de nombreuses expériences dans la ville. Des expériences adaptées aux possibilités physiques de chaque client. L'agence organise tout ce dont un touriste handicapé peut avoir besoin à Barcelone afin que rien ne puisse nuire au parfait déroulement de son séjour.

EVG BARCELONE

✆ +34 693 765 033
www.evg-barcelone.com

Cette agence française, basée à Barcelone, est spécialisée dans les enterrements de vie de garçon et de jeune fille. Au programme, des séjours 100 % personnalisés pour faire la fête et vivre des expériences insolites : fiesta sur un catamaran navigant au large de Barcelone, tour en limousine, tournée des bars et parcours de défis (réalisation d'empanadas, karaoké en catalan ou autres challenges piquants), sortie en voilier avec skipper, pack restaurant et club... De nombreuses expériences vous sont proposées pour profiter au mieux de votre séjour !

BALLOONING

21, Av. Francesc Cambó
✆ +34 666 424 177
www.ballooning.es
160 € par personne pour un vol de 1 heure 30, prix dégressif en fonction du nombre de personnes.

Cette agence propose des balades en montgolfière à proximité du parc naturel du Montseny pour admirer depuis les airs de splendides paysages. Vous participerez au montage de votre montgolfière, puis vous partirez en balade d'une heure à une heure et demie environ. Les départs sont prévus à l'aube, prévoyez votre matinée entière… Les conditions exceptionnelles de la Costa Brava permettent de voler toute l'année. En hiver, vous pouvez aussi voler au-dessus de la chaîne Pyrénéenne. Vous aurez la possibilité d'être pris en charge depuis Barcelone.

BARCELONA BUS TURISTIC

www.barcelonabusturistic.cat
Tous les jours de 9h à 19h, jusqu'à 20h en été. Tarif : 30 € pour un jour et 40 € pour deux jours consécutifs.

Un grand classique pour découvrir Barcelone. Trois itinéraires sont proposés : le premier (bleu) dessert la partie nord de la ville, de Plaça Catalunya au MACBA, en passant par la Sagrada Família, le Park Güell et le Camp Nou. Le second (rouge) circule de Plaça Catalunya au parc de la Ciutadella, en passant par Montjuïc et Port Vell. Enfin, le troisième (vert) dessert la zone des plages. Les trois itinéraires comptent 45 stations et 5 points de connexion entre les lignes. Vous pourrez emprunter les trois lignes et effectuer autant d'arrêts que vous le souhaitez.

BARCELONA EBIKETS

Carrer de Montsio, 10
✆ +34 935 480 457
www.barcelonaebikes.com
Visite guidée à partir de 25 €.

Comme son nom l'indique, cette agence propose des visites guidées de la ville en vélo électrique. Tous les jours, c'est l'occasion de découvrir la vie et l'œuvre de Gaudí à travers un parcours passionnant de 3 heures, ou d'explorer la Barcelone bohème lors d'un itinéraire le long de la plage et à travers le Born, le Raval et le Barri Gòtic. Le soir, profitez d'une balade à travers Montjuïc pour admirer le spectacle des « fontaines magiques ». Presque tous les itinéraires s'effectuent sur des pistes cyclables ou des zones piétonnes.

BARCELONA GUIDE BUREAU

50, Via Laietana
✆ +34 932 682 422
www.barcelonaguidebureau.com

Cette agence propose quantité de circuits et d'activités dans Barcelone et ses environs, à composer selon vos envies ou vos humeurs : shopping, art contemporain, modernisme, excursion à Montserrat et les caves de Codorníu, visite de Girona et du musée Dalí, etc. Vous pouvez également composer vos tours privatifs ainsi qu'organiser vos transferts depuis et vers l'aéroport. Par ailleurs, l'agence propose une visite « Easy Gòtic » pour les personnes à mobilité réduite. Possibilité de réserver en ligne directement sur son site Internet.

BARCELONE A VÉLO

9 C/ de Guatemala
✆ +34 666 53 15 36
www.barcelonavelo.com
24 € par personne pour une visite de 3h.

Cette agence propose de vous faire découvrir la capitale catalane de façon ludique et sportive en vous baladant à vélo. Le parcours classique dure environ 3 heures et vous permet d'explorer la ville en petit groupe d'une dizaine de personnes. Il vous conduira notamment à travers le Parc de la Ciutadella, le marché aux puces des Encants et le long du littoral. La visite de 4h vous permettra de faire un crochet vers le Raval et découvrir le Moll de la fusta et les anciens arsenaux royaux. Possibilité également de visites privées ou en famille.

BCN SKY TOUR

Passeig de l'Escullera
✆ +34 93 224 07 10
www.cathelicopters.com
A partir de 80 € par personne.

Cette entreprise propose des vols touristiques en hélicoptère. Le « Sky Tour Barcelona » vous permet d'explorer le littoral, avant de vous diriger vers la Tour Agbar, la Sagrada familia et le Camp Nou, puis de redescendre vers Plaça España et Montjuïc. Ce trajet très complet dure environ 10-12 minutes. Autre option plus économique, le « Costa Tour Barcelona » propose un vol de 5-6 minutes le long du littoral, d'où vous pourrez observer le vieux port, le quartier de La Barceloneta et le port olympique. Egalement une formule qui vous conduira jusqu'à Montserrat.

CATALUNYA BUS TURISTIC

www.catalunyabusturistic.com
La Roca Village 20 €. Le reste des excursions à partir de 45 €.

Service d'excursions en bus au départ de Barcelone pour découvrir les incontournables de la Catalogne : Montserrat et la Colònia Güell de Gaudí ; le musée Dalí et la ville de Girona ; les grandes *bodegas* du Penedès, à la rencontre des producteurs de vins et cavas ; la vall de Núria et le monastère de Santa Maria de Ripoll, l'un des plus beaux exemples de l'art roman catalan ; ou encore La Roca Village, pour une journée shopping à prix dégriffés ! Les départs ont lieu depuis la plaça de Catalunya, juste en face du Corte Inglés.

CHARTERS BCN

Port Olímpic
✆ +34 694 451 152
www.chartersbcn.com
A partir de 38 € par personne.

Cette agence basée dans le port olympique propose des excursions en catamaran ou en voilier le long du littoral, une façon originale de découvrir Barcelone depuis la mer ! Plusieurs types de sorties vous sont proposées, notamment le classique coucher de soleil en catamaran (1h30) pour admirer le skyline entre amis lors d'une excursion privée, ou en groupe de 20 personnes maximum. Les sorties à la pleine lune, l'apéro vermouth à bord d'un voilier, les démonstrations de pêche ou l'excursion vers la Costa Brava comptent parmi les nombreuses options proposées.

CULTRUTA

Carrer d'Estruc, 10
✆ +34 634 534 333
www.cultruta.com

Une agence de tourisme responsable, qui propose des visites guidées plutôt orientées aux locaux : c'est dire si son programme de visites est passionnant et hors des sentiers battus ! Quelques exemples : « Gràcia, bourgeoise et révolutionnaire », « la Chine à Barcelone », « Barcelone et Carlos Ruiz Zafón », « Barcelone nocturne et criminelle »... Autant de parcours surprenants pour découvrir un autre visage de la ville, loin des hordes de touristes. Les guides, tous diplômés en histoire de l'art, ne manquent pas d'anecdotes pour surprendre leur public !

ICONO SERVEIS CULTURALS

Avda. Portal de l'Àngel, 38
✆ +34 934 101 405
www.iconoserveis.com
Visites thématiques à partir de 14 € par personne.

Une agence catalane très sérieuse, qui propose depuis plus de 25 ans des circuits thématiques, visites guidées et activités diverses à travers la ville. Parmi les tours régulièrement proposés, « Les fantômes de Barcelone », une visite nocturne qui explore les légendes de la ville ; des circuits littéraires, sur les traces des personnages de *L'Ombre du Vent* ou *La Cathédrale de la mer* ; une visite « slow » du Barri Gòtic, pour percer le moindre de ses mystères ; ou encore des circuits plus classiques autour du modernisme, des balades à vélo, etc.

EURO SEGWAY BARCELONA

6 Carrer del Correu Vell
✆ +34 60 33 555 33
www.eurosegway.es
A partir de 29 € par personne.

Située au cœur du Barri Gòtic, l'agence Eurosegway Barcelona propose plusieurs types de tours en individuel ou en groupe. Avant chaque tour, vous aurez un petit cours pour apprendre à manipuler le Segway, on vous fournit un casque, une bouteille d'eau et on prend même des photos ! Plusieurs types de visites guidées vous seront proposées : grand tour de Barcelone en 3h, le modernisme catalan en 2h, les miradors de Montjuïc (2h), ou encore un tour de 2h très complet à travers le parc de la Ciutadella, le littoral et le vieux port de Barcelone.

LAS GOLONDRINAS

Moll de Drassanes s/n
✆ +34 934 423 106
www.lasgolondrinas.com
Port et littoral (60 min) : 9,50 €.

Pour découvrir le port au ras de l'eau, montez à bord de l'une des embarcations appelées Golondrinas. Depuis 1888, date de l'Exposition universelle de Barcelone, ces petits bateaux touristiques promènent les visiteurs sur le littoral barcelonais. La visite « Port et littoral » de 60 minutes vous mènera du vieux port jusqu'à la gare maritime, où font escale des bateaux de croisière venus du monde entier, puis le long du littoral jusqu'au Port Olimpic en passant par la plage de la Barceloneta, pour admirer le skyline de Barcelone.

GO CAR TOUR

Passeig de Pujades, 7
✆ +34 932 691 792
https://gocarbarcelona.com
A partir de 30 € par personne.

Voilà une façon originale de découvrir Barcelone : à bord d'une mini-voiture à 3 roues jaune poussin ! D'accord, vous ne passez pas inaperçu, mais l'expérience est plutôt amusante. Ces petites voitures sont équipées d'un GPS qui organise la visite pour vous, avec commentaires audio sur les principaux sites de la ville. Choisissez votre itinéraire et suivez le guide : « Express Tour » pour un tour d'horizon de la ville, spécial Camp nou pour les fans de foot, ou encore une virée spécialement conçue pour les enterrements de vie de garçon et de jeune fille !

MA BARCELONE

✆ +34 678 154 642
www.mabarcelone.com

Ilona et Bénédicte, installées à Barcelone depuis de nombreuses années, proposent avec le reste de leur équipe des visites guidées en français à des petits groupes. Au programme : « Barcelone ville des merveilles », « Raval, quartier de la Mala vida »... En tout, une dizaine d'itinéraires bien ficelés pour découvrir la ville à travers le regard de ces expatriées. Ma Barcelone offre un tourisme culturel de qualité et de proximité. Egalement de nombreuses activités en groupe : ateliers créa-tapas, jeux de piste EVG/EVJF, cours de flamenco, chasse au trésor...

ANTIC HOSPITAL SANTA CREU ★

56, Carrer de l'Hospital

L'ancien hôpital de Sainte-Croix, dont la construction commença en 1401, est un ensemble gothique du XVe siècle, qui abrite notamment le siège des études catalanes, la faculté de médecine, la bibliothèque de Catalogne et la salle d'exposition La Capella. A l'origine, ce centre hospitalier a permis de regrouper les différents services sanitaires de la ville, initiative peu répandue au Moyen Age. Dans cet hôpital, est mort, le 7 juin 1926, l'architecte Antoni Gaudí.

ARTS SANTA MÒNICA

7, La Rambla

✆ +34 933 162 810

http://artssantamonica.gencat.cat

Du mardi au samedi de 10h à 20h (11h-21h d'avril à octobre), dimanche de 11h à 19h. Entrée gratuite.

Le centre d'art Santa Mònica est situé dans un ancien couvent datant de 1636. Il s'agit d'un espace d'exposition pour différentes disciplines de la création contemporaine, autour des domaines de la science, de la pensée et des communications. Son rôle est de promouvoir la création de la culture catalane contemporaine, en particulier la culture digitale. Le centre organise régulièrement des expositions, des installations d'art vidéo, des « actions musicales » en pleine Rambla, etc. Un endroit en pleine ébullition à ne pas rater pour les amateurs du genre.

CASA DE LA CIUTAT ★

1, Pl. de Sant Jaume

✆ +34 934 027 000

Ouvert au public le dimanche de 10h à 14h. Entrée libre.

A l'époque romaine, la *plaça* Sant Jaume était le forum de Barcino. C'est là que se trouve l'actuelle mairie de Barcelone. Sa façade principale, de style néoclassique, date de 1840, tandis que celle donnant sur le carrer Ciutat est de style gothique. A l'intérieur du bâtiment, vous remarquerez le Saló de Cent, superbe salon baroque construit au XIVe siècle. Les activités du conseil municipal ont lieu dans cette salle. Ne manquez pas non plus le patio gothique et sa superbe collection de sculptures signées Josep Clarà, Josep Llimona et Frederic Marès.

CASA DE L'ARCADIA ★

1, C/ Santa Llúcia

✆ +34 932 562 255

Du lundi au vendredi de 9h à 19h30, samedi de 10h à 19h30.

© IRÈNE ALASTRUEY - AUTHOR'S IMAGE

Juste à côté de la cathédrale, cette demeure aménagée aux XVe et XVIe siècles dans un style gothique, avec des éléments Renaissance, abrite les archives historiques de la ville. Près du portail, vous remarquerez une boîte aux lettres originale, en marbre, de style moderniste. Conçue par l'architecte Domènech i Muntaner, elle représente une tortue entourée d'hirondelles. On raconte qu'il avait choisi ce symbole pour dénoncer la lenteur du service de courrier de l'époque, qui aurait dû être rapide comme une hirondelle, et qui en réalité était lent comme une tortue !

CCCB ★

5, C/ Montalegre

✆ +34 933 064 100

www.cccb.org

Du mardi au dimanche de 11h à 20h. Entrée : 8 €. Gratuit le dimanche de 15h à 20h.

Le Centre de culture contemporaine, adjacent au MACBA, occupe l'ancienne Casa de la Caritat, ancien hospice de la Maison de la Charité bâti en 1749 et restauré en 1929. Le CCCB est le premier centre européen consacré aux évolutions sociales et culturelles. Son patio impressionnant – le Pati de les dones – mêle les tendances modernes à la décoration originale du lieu, composée de mosaïques et de sérigraphies. Des expositions temporaires, des cours d'art contemporain, des conférences et des festivals sont présentés dans ce centre.

CATEDRAL DE LA SANTA CREU I SANTA EULÀLIA ★★★

Pla de la Seu, s/n

www.catedralbcn.org

Du lundi au vendredi de 8h30 à 19h30, samedi et dimanche de 8h30 à 20h. Visite touristique 9 €.

Le parvis de la cathédrale, Pla de la Seu, est une large promenade construite en 1421. Chaque année, au mois de décembre, elle est le théâtre de la Fira de Santa Llúcia où l'on peut acheter toutes sortes de décorations de Noël et des santons. Consacrée à sainte Eulalie, patronne de Barcelone, la cathédrale fut commencée en 1238 et construite selon des critères bien différents de ceux des cathédrales françaises : elle s'impose en effet par la largeur de sa nef et non par sa hauteur vertigineuse. Sa façade, qui ne fut réalisée qu'au XIXe siècle, selon un modèle de 1408, respecte toutefois les particularités du style gothique. A droite de l'entrée principale se trouve la chapelle du Saint-Sacrement (Capella del Santíssim Sagrament) qui abrite le Christ de Lépante, crucifix qui ornait la proue de la galère de Don Juan d'Autriche lors de la bataille de Lépante, en 1571. Au milieu de la nef, longue de 29 m, se trouve le cor (chœur). C'est une particularité des cathédrales espagnoles que ce chœur construit au milieu de la nef et fermé par des murs. Derrière le chœur, on accède à la crypte de sainte Eulalie, où se trouvent le sarcophage en albâtre de la sainte ainsi que les tombeaux des fondateurs de la cathédrale romane, Raymond Bérenger le Vieux et Almodis. Par la droite de la nef, on parvient au cloître : c'est une véritable oasis où, comme au Moyen Age, palmiers, orangers et quelques oies sont les véritables gardiens du sanctuaire. A côté de la fontaine dédiée à saint Georges, un urinoir du XVe siècle donne une touche insolite à ce havre de paix. Lors de la fête du Corpus Christi, célébrée le jeudi qui suit la Trinité, c'est-à-dire soixante jours après Pâques, ne manquez pas d'assister à la cérémonie de l'ou com balla, curieuse tradition locale qui consiste à faire « danser » la coquille d'un œuf vide en haut d'un jet de fontaine. Une tradition que l'on retrouve aussi dans la Casa de l'Ardiaca et le patio du Musée Frederic Marès. Toujours dans le cloître, le musée de la cathédrale présente une intéressante collection d'objets religieux et de peintures, dont un ostensoir du XIVe siècle orné de joyaux, l'emblématique Piedad de Bartolomé Bermejo (1490), et un superbe retable gothique de Jaume Huguet, réalisé entre 1465 et 1470. Pour clore la visite, ne manquez pas de grimper jusqu'au toit de la cathédrale (accès par ascenseur), lieu privilégié pour admirer ses tours et le panorama, superbe, sur les toits de la vieille ville.

HASH MARIHUANA & HEMP MUSEUM

35 Carrer Ample
✆ +34 933 197 539
www.hashmuseum.com
Tous les jours de 11h à 20h. Entrée 9 €.

Ce musée est entièrement dédié au cannabis ! Ouvert en 2012, son impressionnante collection d'objets passe non seulement en revue tous les aspects de cette plante aux vertus innombrables, mais lui rend également hommage. Le musée se trouve dans le Palau Mornau, un palais datant du XVe siècle, remodelé en 1908 par l'architecte moderniste Raspall et rénové avec grand soin. Le magasin Sensi Seeds, juste à côté du musée, propose divers produits autour du cannabis.

MIRADOR DE COLOM ★

Plaça Portal de la Pau
✆ +34 933 025 224
Tous les jours de 8h30 à 19h30, en été jusqu'à 20h30. Entrée 6 €.

Au bout de La Rambla et face au vieux port se dresse le monument à Christophe Colomb, érigé par Gaietà Buïgas en 1886, à l'occasion de l'Exposition universelle. Il correspond à la mode des monuments à structure métallique de l'époque. D'une soixantaine de mètres de hauteur, la colonne, qui combine pierre, fer et bronze, rend hommage à Christophe Colomb qui avait choisi le port de Barcelone pour débarquer à son retour des Amériques. Vous remarquerez que la direction indiquée par le navigateur n'est pas celle du Nouveau Monde, mais celle de la mer, voire de l'Italie, sa patrie d'origine (Colomb pointe en fait vers l'Afrique suite à une erreur de cartographie). Inauguré en 1888, il devint rapidement une des icônes de la ville.

A l'intérieur de la colonne, un ascenseur permet d'accéder au sommet du monument. De là se déploie une belle vue panoramique sur Barcelone où se détachent la Sagrada Família, la flèche de la cathédrale au nord, les tours de la ville olympique à l'est et la colline de Montjuïc au sud.

Sur le piédestal de la colonne, vous remarquez la riche décoration sculpturale à laquelle participèrent de nombreux artistes de l'époque, dont Eduard Alentorn, Pere Carbonell ou encore Josep Llimona. Les huit lions qui montent la garde aux pieds du monument sont devenus les mascottes du lieu, les touristes n'hésitant pas à grimper dessus pour immortaliser leur passage. Une visite à ne pas manquer avec des enfants, ou simplement pour ceux qui aiment les beaux panoramas, d'autant que le tarif est relativement modéré.

MUHBA - MUSEU D'HISTÒRIA DE BARCELONA ★★

s/n Plaça del Rei ✆ +34 932 562 122
http://ajuntament.barcelona.cat/museuhistoria
Ouvert du mardi au samedi de 10h à 19h, dimanche de 10h à 20h. Entrée : 7 € (valable pour tous les centres du MUHBA).

Le MUHBA est installé dans l'ensemble monumental de la Plaça del Rei, qui comprend le Palau Reial Major, ancienne résidence des comtes de Barcelone et des rois d'Aragon, et la Casa Padellàs. Cette demeure gothique, construite dans la rue Mercaders par une famille de nobles barcelonais du XVe siècle, fut déplacée jusqu'à la Plaça del Rei en 1931, pierre par pierre, suite à la création de la Via Laietana. Lors des travaux de reconstruction, d'importants vestiges de la ville romaine de Barcino furent découverts dans le sous-sol de la maison.

La visite du musée s'organise donc sur deux niveaux : au sous-sol, vous pourrez admirer les vestiges de la cité romaine (ruelles, installation balnéaire, systèmes d'écoulement, etc.), notamment une ancienne usine de salaison de poisson où l'on fabriquait le *garum*, sorte de sauce élaborée avec des intestins de maquereaux dont raffolaient les Romains. A l'étage, plusieurs salles offrent un parcours à travers la Barcelone médiévale.

On accède ensuite au Palais Royal, où admirer le Salon del Tinell et la chapelle Sainte-Agathe. Le Salon del Tinell est une salle de banquet longue de plus de 30 m dont le plafond est soutenu par des arcs situés à 17 m de hauteur. En 1493, les Rois Catholiques y ont accueilli Colomb rentrant des Amériques. La chapelle gothique, bâtie entre 1302 et 1316 sous le règne de Jacques II d'Aragon, possède un plafond en bois polychrome et renferme un superbe retable de 1465, *L'Épiphanie*, œuvre de Jaume Huguet.

MUHBA - TEMPLE D'AUGUST

C/ Paradís, 10
✆ +34 932 562 122
https://ajuntament.barcelona.cat/museuhistoria
Lundi de 10h à 14h, du mardi au samedi de 10h à 19h, dimanche de 10h à 20h. Entrée libre.

A côté de la cathédrale, dans un patio médiéval du carrer Paradís, on peut voir l'un des vestiges les plus significatifs de la Barcino romaine : les quatre colonnes du temple d'Auguste. Construit au cours du Ier siècle av. J.-C., le temple était destiné au culte de l'empereur, qui avait autorisé la construction d'une colonie romaine à cet endroit. Son emplacement, dans la partie centrale du forum, marquait le point le plus élevé de la ville romaine : le Mont Tàber. Les colonnes mesurent 9 mètres de hauteur et témoignent de plus de 2 000 ans d'histoire.

À VOIR / À FAIRE

MERCAT DE SANT JOSEP - LA BOQUERIA ★★★

91, Rambla ✆ +34 93 318 20 17
Ouvert du lundi au samedi de 8h à 20h30.

Situé au milieu des Ramblas, c'est le marché le plus animé et le plus célèbre de toute l'Espagne. C'est ici que les chefs des grands restaurants viennent faire leur marché, à la recherche de produits rares et de première fraîcheur. Une exposition permanente de produits divers, poissons, salaisons, volailles, fruits, viandes, abats, etc., qui émerge en pleine Rambla sur près de 6 000 m².

L'histoire du marché de Sant Josep, plus connu sous le nom de la Boquería, remonte au XIIIe siècle, à l'époque où des marchands ambulants vendaient leurs produits à l'emplacement actuel du marché. Mais ce n'est qu'en 1840 qu'est inaugurée la halle telle qu'on la connaît de nos jours, à l'emplacement d'un couvent incendié lors des émeutes de 1835. Sa structure métallique, couronnée de vitraux modernistes, date quant à elle de 1914. Aujourd'hui, la Boquería est le marché couvert le plus emblématique de Barcelone. Les étals, la gouaille des vendeurs et l'effervescence des clients offrent un spectacle sans pareil. C'est l'occasion par exemple d'acheter du jambon ibérique, du *fuet* catalan (saucisson) ou des fromages artisanaux, que l'on vous mettra sous vide. Vous pouvez également y prendre un verre ou y déguster un plat du jour, au coude à coude, dans des estaminets. Le bar Pinotxo, tenu par le chef Juanito, est un incontournable, tout comme le Quim de la Boquería. Alors, pour le plaisir des yeux, des oreilles et de l'odorat, ne manquez pas d'y faire un petit tour.

© HOLGS

MUSEU D'ART CONTEMPORANI DE BARCELONA - MACBA ★★

1, Plaça dels Àngels ✆ +34 934 120 810
www.macba.cat
Du lundi au vendredi de 11h à 19h30, samedi de 10h à 20h, dimanche de 10h à 15h. Fermé le mardi. Entrée 10 €.

Le bâtiment principal du Macba est l'œuvre de l'architecte américain Richard Meier. D'un blanc immaculé et doté de larges surfaces de verre, cet édifice rationaliste se dresse sur la Plaça dels Àngels, lieu de concentration pour les skaters barcelonais. Le musée possède aussi une annexe dans le Convent dels Àngels, couvent gothique du XVIe siècle, aménagé pour accueillir des activités culturelles. L'ancienne chapelle, rebaptisée La Capella, accueille quant à elle des expositions de manière ponctuelle.

Inauguré en 1995, le Museu d'Art Contemporani de Barcelona, plus connu sous le nom de Macba, possède une collection formée d'environ 5 000 œuvres. Du matiérisme des années 1950, cette collection évolue vers le pop art européen, les avant-gardes des années 1960 et 1970, le retour de la figuration photographique et la sculpture anti-minimaliste des années 1980, jusqu'aux jeunes créateurs de nos jours. Une exposition permanente au 1er étage du musée présente les œuvres maîtresses de la collection, agencées de manière chronologique de 1929 jusqu'à nos jours. On remarquera notamment les maquettes préparatoires en plâtre que Joan Miró réalisait pour ses sculptures, mais aussi des œuvres de Basquiat, des installations de Juan Muñoz et de Christian Boltanski, avec son impressionnante « Réserve de Suisses morts » (1991). Le musée organise également d'importantes expositions temporaires et activités parallèles, notamment des conférences et des projections de films.

MUSEU DE CERA

Ptge de la Banca, 7
✆ +34 933 172 649
https://museocerabcn.com
Tous les jours de 10h30 à 19h30. Entrée 20 €.

Le musée de la cire de Barcelone est situé au bout d'un passage qui part des Ramblas, à l'intérieur d'un palais néoclassique de 1867 qui abritait autrefois la Banque de Barcelone. Le musée a fait peau neuve en 2020, en intégrant des technologies pointues et de nouveaux personnages répartis sur 28 espaces. Parmi ces personnages : des scientifiques, des peintres, des stars du foot, des artistes... Ne manquez pas le bar du musée, El Bosc de les Fades, littéralement « la forêt des fées », au décor peuplé d'arbres, de gnomes et autres créatures mystérieuses.

MUSEU DE L'ERÒTICA

96 bis, La Rambla ✆ +34 933 189 865
www.erotica-museum.com
Ouvert tous les jours de l'année de 12h à 22h. Entrée : 10 €.

Situé sur les Ramblas, le musée de l'Erotisme propose de découvrir l'évolution de la notion d'érotisme à travers ses diverses représentations. Avec un fonds artistique de 900 pièces, le musée traverse civilisations et continents, du Moyen-Orient à l'Inde en passant par la Grèce antique, au travers d'objets et d'œuvres surprenants. Erotisme oriental, Kama sutra, pin-up, fétichisme : ses quatorze salles offrent un parcours ludique et enrichissant ! Une salle est notamment consacrée aux génies de la peinture, avec des reproductions de grandes œuvres érotiques.

MUSEU FREDERIC MARÈS ★★

Plaça de Sant Iu, 5
✆ +34 932 563 500
www.museumares.bcn.cat
Du mardi au samedi de 10h à 19h, dimanche de 11h à 20h. Entrée : 4,20 €. Gratuit le dimanche à partir de 15h.

Installé dans une dépendance du Palau Reial, ce musée vit le jour en 1948 à l'initiative du sculpteur Frederic Marès (1893-1991), qui fit don de ses collections à la ville de Barcelone. Il est typique des musées conçus à partir d'une collection privée où l'éclectisme règne. Art roman au sous-sol, sculpture espagnole au premier étage et le « cabinet du collectionneur » aux deux derniers étages du musée, qui présente une collection passionnante de pipes, timbres, éventails, armes, céramiques, etc. Dans le patio, profitez du charmant Café d'Estiu.

MUSEU MARÍTIM BARCELONA ★★

Av. de les Drassanes s/n ✆ +34 933 429 920
www.mmb.cat
Tous les jours de 10h à 20h. Entrée : 10 €. Gratuit le dimanche à partir de 15h.

Le musée est situé dans les anciens arsenaux, sublimes et grandioses, de la couronne d'Aragon, construits entre 1213 et 1276 et agrandis jusqu'au XVIIIe siècle. C'est un exemple unique au monde d'architecture civile gothique destinée à des usages maritimes. L'exposition permanente retrace l'histoire de la marine catalane, avec de nombreuses maquettes de bateaux, des cartes maritimes (la plus ancienne date de 1439), des tableaux de marine... Il est aussi possible de visiter la goélette *Santa Eulàlia*, une embarcation historique installée sur le Moll de la Fusta.

PALAU DE LA GENERALITAT ★

4, Plaça de Sant Jaume
✆ +34 934 024 600
presidencia.gencat.cat
Visites sur réservation les 2e et 4e week-ends de chaque mois. Gratuit.

Il s'agit du siège du gouvernement autonome catalan. Derrière sa façade Renaissance de la fin du XVIe siècle, il conserve de magnifiques exemples du gothique flamboyant, en particulier la chapelle de Sant Jordi. La visite vous permettra d'admirer le Saló Sant Jordi (XVIe-XVIIe s.) et ses plafonds peints, ainsi qu'une superbe galerie gothique ornée de fines colonnes. La cour des orangers, Pati dels Tarongers, accueille de nombreux actes officiels du gouvernement. Sur la façade gothique de la rue Obispo, observez le Sant Jordi du sculpteur Pere Johan.

PALAU DE LA VIRREINA ★

99, La Rambla
✆ +34 933 161 000
ajuntament.barcelona.cat/lavirreina
Du mardi au dimanche de 11h à 20h. Entrée libre.

Situé sur les Ramblas, ce palais baroque fut construit au XVIIIe siècle pour Manuel Arnat, devenu vice-roi du Pérou. À son retour d'Amérique, pour montrer sa richesse, il ordonne la construction de ce superbe palais pour son épouse, la vice-reine (*la virreina*). Le palais est désormais le siège du département de culture de la mairie de Barcelone et abrite une exposition permanente des *gegants* (géants). C'est aussi un important espace d'expositions constitué de deux salles, l'Espai Xavier Miserachs et l'Espai 2, consacrées à la culture visuelle contemporaine.

PALAU GÜELL ★★

3, Carrer Nou de la Rambla ✆ +34 933 173 974
www.palauguell.cat
Entre novembre et mars, du mardi au dimanche de 10h à 17h30. Entre avril et octobre, de 10h à 20h. Entrée 12 €.

Il s'agit du premier édifice majeur de Gaudí (1890), commandé par son mécène Eusebi Güell. La façade d'inspiration gothique est couronnée d'un phénix entourant le blason catalan, symbole de la Renaixença. Elégant et majestueux, le palais comporte des grilles extravagantes, deux jeux de colonnes, un escalier monumental, des balustrades en ferronnerie, vingt cheminées-sculptures sur la terrasse, des mosaïques décoratives en céramique (*trencadis*) et des meubles dessinés par Gaudí lui-même. L'ensemble est classé au patrimoine mondial de l'Unesco.

PLAÇA DE CATALUNYA ★

Plaça de Catalunya

Centre névralgique de la capitale catalane, la Plaça de Catalunya fut créée au XIXe siècle pour relier la vieille ville au quartier de l'Eixample. Après plusieurs tentatives d'urbanisation, dont un premier projet signé Puig i Cadafalch en 1923, la place est finalement inaugurée en 1927. Face au Corte Inglés se dressent deux grandes fontaines et des statues dessinées par Gargallo et Llimona. Lieu de passage incontournable, cette place est le théâtre de nombreuses manifestations culturelles et sociales (elle a notamment été le siège des « indignés » en 2011).

Museu marítim Barcelona.

© AUTHOR'S IMAGE

Fontaine de la plaça de Catalunya.

PLAÇA DEL REI ★★

Pl. del Rei, s/n

La Plaça del Rei est sans aucun doute le site qui reflète le mieux le passé médiéval de Barcelone. La place est dominée par le Palau Reial Major, ancienne résidence des comtes de Barcelone et des Rois d'Aragon. Sur la gauche s'élève le Palau del Lloctinent (XVIe s.), dont on peut admirer le superbe patio Renaissance. A droite de la place, la Casa Padellàs (XVe-XVIe s.) est le siège du Museu d'Història de la Ciutat, dont le sous-sol offre une promenade au milieu des vestiges de la muraille et de la première communauté chrétienne de la ville.

SANTA MARIA DEL PI ★

7, Plaça del Pi

✆ +34 933 184 743

www.basilicadelpi.cat

Visites tous les jours de 10h à 18h. Entrée 4,50 € (9 € avec la visite du clocher).

Entre la Plaça del Pi et la Plaça Sant Josep Oriol se dresse l'église de Santa Maria del Pi, bâtie au XIVe siècle dans le style gothique le plus pur. On raconte qu'il y avait autrefois à cet endroit de Barcelone une pinède, d'où le nom de l'église (*pi* signifie « pin »). Un pin, seul arbre de la place, est là pour nous le rappeler. La visite guidée permet de découvrir le trésor de la basilique, constitué d'une importante collection d'orfèvrerie catalane, et de grimper jusqu'au clocher, pour une belle vue sur les toits de la ville.

LA RAMBLA ★★

La Rambla

Ce célèbre passage est une longue promenade bordée d'arbres qui part de la Plaça de Catalunya et traverse la vieille ville jusqu'au vieux port où Christophe Colomb pointe le doigt en direction de la mer. *Las Ramblas* (au pluriel puisqu'il y en a sept) offrent un étonnant spectacle où se mêlent les marchés aux fleurs, les kiosques à journaux, les terrasses de café, les mimes et statues humaines, les chanteurs de rue, etc. Bref, un inventaire à la Prévert où tout semble se côtoyer en parfaite harmonie. Le mot rambla viendrait de l'arabe *ramla*, qui désigne un « torrent s'arrêtant de couler en été ». L'enceinte fortifiée de Barcelone suivait, au XIIIe siècle, la rive gauche de ce torrent. L'université et quelques monastères ont été construits sur la rive opposée à partir du XVIe siècle. Le souvenir de ce cours d'eau demeure dans les noms des cinq Ramblas qui composent le passage (de Canaletes, dels Estudis, de Sant Josep, dels Caputxins et de Santa Monica).

Les couvents et monastères incendiés en 1835 lors de révoltes anticléricales laissèrent place à de nouvelles constructions à partir de la moitié du XIXe siècle : le Gran Teatre del Liceu (1847), la Plaça Reial (1848) et le mercat de La Boqueria (1840). Ce dernier, avec sa structure métallique couronnée de vitraux modernistes, est l'une des icônes de Barcelone.

La Rambla, surpeuplée de jour comme de nuit et envahie de touristes, est aussi le théâtre de très nombreux vols à la tire, alors prenez garde à vos sacs, appareils photo et téléphones portables !

PLAÇA REIAL ★

Plaça Reial

Lieu de rencontre toute heure du jour et de la nuit, cette place néoclassique fut aménagée entre 1848 et 1860 sur le site de l'ancien couvent des capucins. Une allée d'arcades borde la place, agrémentée de réverbères modernistes dessinés par le jeune Gaudí, de palmiers et d'une fontaine centrale en fer forgé, *Les Trois Grâces* (1876). C'est un haut lieu de la vie nocturne barcelonaise, avec ses nombreux bars, restaurants et clubs musicaux. Tous les dimanches matin, un marché aux timbres et monnaies s'installe au centre de la place.

ARC DE TRIOMF ★

Passeig de Lluís Companys

La perspective monumentale qu'offrent l'Arc de Triomf, le Passeig Lluís Companys et le parc de la Ciutadella constitue le cadre choisi pour accueillir l'Exposition universelle de 1888. L'Arc en figure la porte d'accès symbolique. Son auteur, Josep Vilaseca i Casanovas, s'est inspiré de l'art mudéjar pour sa construction. D'une hauteur de 30 mètres, cet arc en brique rouge présente une riche ornementation, en particulier des frises allégoriques sculptées dans la pierre, représentant l'agriculture, l'industrie et le commerce, ou les arts et les sciences.

CARRER MONTCADA ★★

Carrer de Montcada

Artère historique qui connut son apogée aux XVe et XVIe siècles, à l'époque où les nobles et les marchands enrichis par le commerce maritime y firent construire de somptueux palais médiévaux. Remarquez le Palau dels Marquesos de Llió, au n° 12, et son magnifique patio gothique ; les Palau Berenguer d'Aguilar (n° 15), Baró de Castellet (n° 17) et Meca (n° 19), qui composent le musée Picasso ; le Palau Dalmases au n° 20, palais baroque du XVIIe siècle qui accueille à présent des concerts de flamenco ; et, au n° 25, la Casa Cervelló-Guidice à la façade Renaissance.

BASILIQUE SANTA MARIA DEL MAR ★★★

1, Pl. Santa Maria

✆ +34 933 102 390

www.santamariadelmarbarcelona.org

Du lundi au samedi de 9h à 20h30, dimanche de 10h à 20h30. Visite à partir de 5 €.

Chef-d'œuvre du gothique catalan, cette superbe basilique bâtie entre 1329 et 1383 par l'architecte Berenguer de Montagut va très vite devenir le symbole de l'empire maritime catalan. Dédiée à la patronne des marins, elle fut édifiée « pour le peuple et par le peuple » selon le récit d'Ildefonso Falcones dans son best-seller *La Cathédrale de la Mer*, qui raconte par le biais de la fiction la construction de cette basilique monumentale. Par opposition à la cathédrale de La Seu, tenue par la monarchie et le haut clergé, Santa Maria del Mar fut principalement financée par les commerçants et armateurs du quartier. Tous les habitants de la Ribera participèrent à sa construction, en particulier les *bastaixos*, transportant les blocs de pierre sur leur dos, un à un, de la carrière de Montjuïc jusqu'au chantier de l'église. Ils sont représentés sur la porte principale de la basilique.

Santa Maria del mar sera construite en un temps record : 55 ans ! Elle est composée de trois nefs séparées par des piliers. La grande élégance et l'harmonie qu'on lui reconnaît tiennent pour beaucoup au dépouillement de sa décoration. La qualité de son acoustique lui a valu d'accueillir de nombreux concerts. L'église a perdu un grand nombre de ses œuvres d'art, détruites au cours d'un incendie en 1936, pendant la guerre civile. A l'extérieur, elle présente une belle façade principale avec une superbe rosace de style gothique flamand. L'ensemble est encadré par deux tours octogonales.

CASA DE LA SEDA

San Pere Mès Alt, 1

✆ +34 933 107 778

www.casadelaseda.com

Visites guidées 10 € (sur réservation).

Construite au XVIIIe siècle, l'élégante Casa de la Seda était autrefois le siège de la confrérie (« gremi » en catalan) des tisseurs de soie. Le bâtiment, édifié entre 1759 et 1763, possède une façade ornée de sgraffites. Avec ses murs tapissés de soie et son mobilier d'époque, c'est un site de grande valeur artistique et historique. La visite guidée permet de découvrir l'impressionnante « sala gremial » (salle de la confrérie), la bibliothèque, qui réunit plus de 3 000 documents historiques, le bureau présidentiel et la salle des réunions.

EL BORN CENTRE DE CULTURA I MEMÒRIA ★

Pg. del Born, s/n

✆ +34 932 566 851

http://elbornculturaimemoria.barcelona.cat

Du mardi au samedi de 10h à 19h (20h l'été), dimanche de 10h à 20h. Accès aux expositions 4 €.

L'ancien marché du Born, que l'on connaît également sous le nom de « Cathédrale de fer et de verre », était autrefois le principal marché du quartier. Sous son emblématique structure en fer forgé du XIXe siècle, une exposition commémore la Barcelone de 1700 à travers les différents objets et vestiges découverts lors de fouilles. Le centre accueille également une salle d'expositions temporaires et programme de nombreuses activités tout au long de l'année.

Arc de Triomf.

MUSEU DE LA XOCOLATA

36, Carrer del Comerç
✆ +34 932 687 878
www.museuxocolata.cat
Du lundi au samedi de 10h à 19h, le dimanche de 10h à 15h. Entrée : 6 €.

Tout ce que vous avez toujours rêvé de savoir sur le chocolat est exposé ici, et de surcroît sous toutes ses formes. Après quelques données historiques et gastronomiques, on entre dans le vif du sujet avec les très nombreuses sculptures en chocolat des monuments de Barcelone comme la Sagrada Família ou la casa Batlò, ses figures emblématiques comme le gorille albinos (décédé en 2003) du jardin zoologique, ou les héros de la littérature comme Don Quichotte. Un régal… pour les yeux ! Mais ne manquez pas la boutique en fin de parcours.

MUSEU ETNOLÒGIC I DE CULTURES DEL MÓN ★

Carrer Montcada, 12 ✆ +34 932 562 300
www.barcelona.cat/museu-etnologic-cultures-mon
Du mardi au samedi de 10h à 19h, dimanche jusqu'à 20h. Entrée 5 €. Gratuit le dimanche de 15h à 20h.

Inauguré en 2015, le Musée des Cultures du Monde met à l'honneur l'héritage artistique et culturel de quatre continents : l'Afrique, l'Asie, l'Amérique et l'Océanie. Diversité et coexistence sont les maîtres mots de ce musée au contenu mondial. L'exposition permanente compte plus de 30.000 pièces à découvrir. Ce fonds incroyable a été rassemblé depuis les années 1940 par les institutions publiques de Barcelone et des collectionneurs privés.

Le musée occupe deux splendides palais médiévaux du carrer Montcada : le Palau Nadal, autrefois siège du musée Barbier-Mueller d'Art précolombier (aujourd'hui fermé), et le Palau del Marquès de Lió, où se trouvaient une partie des collections du Museu del Disseny (à présent réunies dans le nouveau siège de la Plaça Glòries).

Parmi les nombreuses œuvres exposées, il ne faut pas manquer la salle des masques rituels africains, les statues *aripa* du continent océanique, les marionnettes d'ombres asiatiques, et les *cuchimilcos*, ces figurines péruviennes symboliques déposées dans les tombes. Remarquez également les curieuses collections venues d'Indonésie, dont un livre de divination du XIXe siècle et autres objets mystérieux. Des expositions temporaires sur des thèmes transversaux sont aussi organisées tout au long de l'année. Depuis 2018, le musée des cultures du monde a été regroupé au musée ethnologique de Barcelone, situé sur la colline de Montjuïc, pour former une seule entité : le Museu Etnològic i de Cultures del Món.

MUSEU PICASSO ★★

Carrer de Montcada, 15-23
✆ +34 932 563 000
www.museupicasso.bcn.cat
Du mardi au dimanche de 10h à 19h. Entrée 12 €.

Installé dans un ensemble de cinq palais des XIIIe et XIVe siècles, emblématiques du gothique catalan, le musée Picasso illustre la relation étroite entre le peintre et la ville de Barcelone. Si la collection est splendide, l'ensemble architectural participe également à une unité artistique de toute beauté. La collection permanente abrite un fonds de plus de 4 200 œuvres, constitué en grande partie grâce au legs de Jaume Sabartés, ami et secrétaire de Picasso, mais aussi grâce à des donations de l'artiste lui-même et de son épouse Jacqueline Picasso. De quoi plonger dans le monde vibrant de ses débuts, mais également observer avec ferveur le lien de l'artiste avec cette ville foisonnante. En effet, le jeune Picasso s'installa à Barcelone avec sa famille en 1895, où il suivit les cours de l'académie de La Llotja. Cette période de formation artistique prendra fin en 1904, date de son installation à Paris, bien qu'il continuera de séjourner régulièrement à Barcelone.

La visite du musée permet d'admirer des œuvres de jeunesse du peintre, des toiles intéressantes de la période bleue (1901-1904), ainsi qu'une série de variations libres autour des *Ménines* de Velásquez, dont il réalisa 58 variantes ! Le tout est complété par des pièces maîtresses comme *Science et Charité* (1897), *L'Arlequin* (1917), et le *Portrait de Jaume Sabartés* (1939). L'entrée au musée est gratuite tous les jeudis en fin d'après-midi : pour en bénéficier, pensez à réserver un créneau horaire sur le site au moins 4 jours à l'avance.

© AUTHOR'S IMAGE

PALAU DE LA MÚSICA CATALANA ★★★

C/ Palau de la Música, 4-6
✆ +34 93 295 72 00
www.palaumusica.cat
Visite avec audioguide : 10 €.

Considéré comme l'un des chefs-d'œuvre du modernisme catalan, le Palau de la Música Catalana fut réalisé par Domènech i Muntaner entre 1905 et 1908 sur une commande de l'Orfeó Català, ensemble choral de référence de la musique catalane du XXe siècle. Imprégné d'un fort sentiment nationaliste, l'édifice présente une façade spectaculaire de brique rouge et de mosaïques. À l'angle du bâtiment, un groupe sculpté par l'artiste Miguel Blay rend hommage à la chanson populaire catalane. Il représente une femme, telle une figure de proue, comme allégorie de la musique. Elle est entourée d'enfants, d'agriculteurs et de pêcheurs, sous la protection de saint Georges. Au deuxième étage, observez les bustes de musiciens qui ornent les colonnes, œuvres du sculpteur Eusebi Arnau, qui représentent Palestrina, Bach, Beethoven et Wagner.

La décoration intérieure est encore plus impressionnante. La salle de concert présente une coupole inversée en vitrail qui, tel un véritable soleil, permet un éclairage naturel (unique en Europe) vers laquelle s'inclinent les lustres ouvragés. Au fond de la scène, les silhouettes des muses en mosaïque, œuvre d'Eusebi Arnau, complètent cet espace surprenant, coloré et insolite. Un décodage des symboles omniprésents s'impose pour lire toute la richesse du Palais, véritable illustration de l'imagination débordante des artistes issus du modernisme, qui est classé parmi les sites culturels de la liste du patrimoine mondial de l'Unesco.

PASSEIG DEL BORN

Entre les XIIIe et XVIIe siècles, le Passeig del Born était un lieu de festivités, où l'on célébrait des foires d'artisanat et des tournois de chevalerie. Le nom actuel du quartier, Born, signifie d'ailleurs « tournoi » en catalan. En 1874, on édifie, à l'une des extrémités du passage, le marché couvert du même nom. Cette construction métallique, symbole du XIXe siècle industriel, compte parmi les premières réalisées en Espagne. L'ensemble de la zone a gardé une ambiance populaire, avec ses bistrots et ses commerces de quartier.

ZOO DE BARCELONE ★

Parc de la Ciutadella, s/n ✆ +34 902 457 545
www.zoobarcelona.cat
Tous les jours de 10h à 20h (printemps-automne jusqu'à 19h ; hiver jusqu'à 17h30). Adultes : 21,40 €. Enfants 13 €.

Fondé en 1892, ce zoo s'étend sur une superficie de 14 hectares et accueille plus de 7 000 animaux. Le célèbre Copita de Nieve, le seul gorille albinos en captivité, y vécut jusqu'à sa mort en 2003. Cet événement a profondément marqué les Barcelonais, qui avaient fait du gorille leur mascotte. Parmi les quatre cents espèces présentes dans le zoo, on pourra voir des mandrilles, des ouistitis, des éléphants, des girafes, des hippopotames, des lions, etc. Pour les petits, l'espace La Granja permet de caresser des animaux de la ferme et de faire des tours à poney.

© 1001NIGHTS

Palais de la musique catalane.

PARC DE LA CIUTADELLA ★★

Tous les jours de 10h à 22h30.

En 1715, Philippe V décide la construction d'une citadelle afin d'enfermer et de contrôler la ville. Cette décision de répression des Catalans s'explique par leur longue résistance au siège de Philippe V. Celui-ci ferme aussi les universités pour chasser les intellectuels, et interdit l'expansion de la ville pour en augmenter la population. L'édification de la citadelle entraîne la démolition de plus de mille maisons du quartier de la Ribera. Détestée par les Barcelonais, la citadelle est finalement détruite au XIXe siècle. Parmi ses rares vestiges, l'ancien arsenal est le siège du Parlement de Catalogne depuis 1932. L'architecte Josep Fontserè dessina un parc de 17 hectares, doté d'un lac artificiel où se promener en barque. S'inspirant du Jardin des plantes de Paris, il construit le Museu Martorell (1882) pour accueillir les collections du musée des sciences naturelles (désormais exposées dans le Museu Blau), ainsi que l'Umbracle (1883) pour abriter des plantes tropicales. Le jeune Antoni Gaudí participa, quant à lui, à la construction d'une Cascade monumentale. Le parc est inauguré en 1881 et accueille, quelques années plus tard, l'Exposition universelle de 1888. Plusieurs constructions modernistes datent de cette époque, dont le Castell dels Tres Dragons de Lluís Domènech i Montaner (ancien musée de Zoologie), l'Hivernacle de Josep Amargós, et le monumental Arc de Triomf, d'inspiration néo-mudéjar. Le terrain laissé libre après l'exposition permit la création du Zoo de Barcelone en 1892.

© ELI_ASENOVA

CASA AMATLLER ★★

41, Passeig de Gràcia
✆ +34 934 617 460
https://amatller.org
Tous les jours de 10h à 18h. Visite guidée à partir de 15 €.

© AUTHOR'S IMAGE

L'architecte catalan Josep Puig i Cadafalch s'est chargé de la transformation de cet immeuble en 1898, dans un style gothique catalan avec des éléments flamands. La toiture insolite de l'édifice rappelle en effet les maisons flamandes avec son pignon crénelé, recouvert de carreaux de céramique. Si vous ne visitez pas la maison, allez au moins prendre un bon chocolat chaud dans le café du rez-de-chaussée, superbement aménagé. Vous pourrez aussi faire des provisions de chocolat Amatller – au design délicieusement rétro – dans la boutique attenante.

CASA CALVET

48, Carrer de Casp
Ne se visite pas.

Construite avec des pierres de Montjuïc et d'apparence assez classique, la Casa Calvet est une œuvre de jeunesse de Gaudí destinée à un grand industriel du textile. On y retrouve l'utilisation du fer forgé pour les balcons et des formes ondulées. Mêlant plusieurs styles, roman, baroque, gothique et mujédar, on y dénote également une sensibilité moderniste. Le projet de construction débuta en 1898 et son ouverture date de 1900. En juin de cette même année, la casa reçut de la mairie le premier prix pour son architecture, son originalité et sa modernité.

CASA DE LES PUNXES ★★

420, Avinguda Diagonal
✆ +34 930 185 242
www.casadelespunxes.com
Fermeture provisoire.

La Casa Terrades, qui occupe tout un pâté de maisons, doit son surnom de *Casa de les Punxes* (maison aux pointes) aux flèches qui coiffent ses tourelles. Bâti par Puig i Cadafalch en 1905 sur une commande des sœurs Terrades, cet édifice moderniste présente un aspect médiéval, avec des éléments qui rappellent le gothique. En haut de sa façade principale, remarquez le panneau en céramique représentant Sant Jordi. La visite, passionnante, s'intéresse d'ailleurs au mythe de Sant Jordi et son iconographie omniprésente dans le modernisme catalan.

CASA LLEÓ I MORERA ★★

35, Passeig de Gràcia
www.casalleomorera.com
Ne se visite pas.

La Casa Lleó i Morera fait partie des trois édifices de la « manzana de la Discòrdia », avec la Casa Batlló et la Casa Amatller, qui offrent trois interprétations différentes du modernisme. Comme dans les deux autres cas, il s'agit de la rénovation d'un bâtiment déjà existant, réalisée en 1905 par l'architecte Lluís Domènech i Montaner. Au cours de la transformation du rez-de-chaussée en boutique de luxe, de magnifiques sculptures d'Eusebi Arnau ont été détruites. Certains visages sculptés ont été récupérés par Dalí qui les a installés dans son musée à Figueres.

MANZANA DE LA DISCORDIA ★★

35- 43, Passeig de Gràcia

La « pomme de la discorde » fait allusion au jugement de Pâris dans la mythologie grecque. Ici, le dilemme concerne trois splendides bâtiments modernistes, aux numéros 35, 41 et 43, dont il est difficile de déterminer lequel est le plus beau (le jeu de mot en espagnol venant du mot « manzana », qui signifie à la fois « pomme » et « pâté de maison »). Ces bâtiments ont été construits par les trois architectes les plus représentatifs du modernisme : la Casa Lleó i Morera par Domènech i Montaner, la Casa Amatller par Puig i Cadafalch et la Casa Batlló par Gaudí.

© MASTERLU - ISTOCKPHOTO

CASA BATLLÓ ★★

43, Passeig de Gràcia
✆ +34 932 160 306
www.casabatllo.es

Ouvert tous les jours de 9h à 21h (dernière entrée à 20h). Entrée : 25 €.

Au cœur du Passeig de Gràcia, sur la fameuse « Manzana de la discordia », la Casa Batlló est une œuvre de Gaudí réalisée entre 1904 et 1906. A partir d'un édifice déjà existant, l'architecte a remodelé l'ensemble sur demande de l'industriel Josep Batlló i Casanovas. Connue comme la Casa de Los Huesos (Maison des os), elle doit ce nom à sa structure de forme osseuse, rappelant le squelette d'un animal. Œuvre de couleur et de fantaisie, la Casa Batlló est l'une des constructions majeures de Gaudí. La richesse de ce travail architectural a inspiré de nombreuses théories : pour certains, les *trencadís* colorés (une mosaïque créée à partir d'éclats de carreaux) sur la façade rappellent une mer ondulante, pour d'autres, ce serait une allégorie du mythe de Sant Jordi, en raison de l'aspect écaillé du toit. Elle figurerait ainsi un dragon, et par là même symboliserait le combat mythique du saint patron catalan. Comme à son habitude, le thème organique, cher à l'artiste, s'exprime à travers chaque pièce, chaque pierre, son extraordinaire façade et l'exquis raffinement de l'ensemble.

Les détails ne manquent pas qui attirent l'œil en permanence, l'extrême recherche esthétique ne nuisant aucunement à la beauté simple, car presque organique, de l'édifice. Quand on sait que pendant les deux années de sa construction, le maître d'œuvre dictait la moindre pose, la moindre instruction en direct de la rue à ses ouvriers, on en arrive presque à saisir, dans cet élan de perfectionnisme ultime, la grandeur et la constance de ses chefs-d'œuvre.

CASA MILÀ - LA PEDRERA ★★★

92, Passeig de Gràcia ✆ +34 902 400 973
www.lapedrera.com
Tous les jours de 9h à 18h30 (jusqu'à 20h30 entre mars et octobre). Prix : 24 €. Egalement des visites nocturnes.

Plus connu sous le nom de La Pedrera, cet immeuble, la Casa Milà, compte parmi les plus célèbres réalisations de Gaudí. Construit entre 1906 et 1912 sur une commande du promoteur Pere Milà, il sera le dernier ouvrage civil entrepris par l'architecte avant qu'il ne se consacre entièrement à la Sagrada Família. L'édifice fait partie des sites inscrits sur la liste du patrimoine mondial de l'Unesco.

L'extérieur de la Pedrera est constitué de murs en pierre de Montjuïc, où se détachent de grandes fenêtres et balcons en fer forgé. Cet aspect rocailleux lui valut le surnom de *Pedrera* (carrière de pierres). L'édifice, aux formes ondulantes, ne possède aucun mur rectiligne. Il est couronné par une terrasse dénivelée, d'où émergent de curieuses cheminées et bouches d'aération souvent comparées à une armée de soldats. De la terrasse, on peut observer à loisir les patios intérieurs autour desquels s'organise l'immeuble. La vue, sublime, embrasse tout le quartier de l'Eixample. L'été, des concerts de jazz sont organisés sur la terrasse : une expérience magique ! L'Espai Gaudí, aménagé dans les combles de l'immeuble, présente une collection de maquettes et de photographies permettant de mieux comprendre les innovations techniques de l'architecte. Au 4e étage, vous pourrez visiter un appartement moderniste du début du XXe siècle, avec son mobilier d'époque. Enfin, au 1er étage, ne manquez pas les passionnantes expositions temporaires de la Fundació Catalunya La Pedrera, fondation culturelle qui gère le site.

© AUTHOR'S IMAGE

FUNDACIÓ ANTONI TÀPIES ★

255, Carrer d'Aragó
✆ +34 934 870 315
www.fundaciotapies.org
Du mardi au samedi de 10h à 19h, dimanche de 10h à 15h. Entrée : 8 €.

© AUTHOR'S IMAGE

Fondation créée en 1984 par le peintre et sculpteur catalan Antoni Tàpies (1923-2012). Elle occupe un édifice moderniste en brique et fer forgé de Lluís Domènech i Montaner bâti entre 1881 et 1885, qui fut longtemps le siège d'une maison d'édition. Pour couronner la façade du bâtiment, Tàpies réalisa l'œuvre *Núvol i cadira* (Nuage et chaise), aujourd'hui indissociable du bâtiment original. En plus de l'exposition permanente qui réunit plus de 300 œuvres de l'artiste, la fondation organise des expositions temporaires consacrées à l'art contemporain.

MUSEU DEL MODERNISME CATALÀ ★

Carrer Balmes, 48
✆ +34 932 722 896
www.mmbcn.cat
Du lundi au vendredi de 10h30 à 14h et de 16h à 19h, samedi de 10h30 à 14h. Entrée 12 €.

Intéressant musée inauguré en 2010 à partir des collections privées de deux antiquaires barcelonais, Fernando Pinós et María Guirao. Le rez-de-chaussée est consacré au mobilier moderniste, avec des pièces signées Antoni Gaudí, Gaspar Homar et Joan Busquets, tandis que le sous-sol expose des peintures et sculptures d'artistes emblématiques du modernisme catalan, comme Ramon Casas, Santiago Rusiñol et Eusebi Arnau. Les sculptures de Josep Llimona sont particulièrement belles.

MUSEU EGIPCI DE BARCELONA

284, Carrer de València ✆ +34 934 880 188
www.museuegipci.com
Du lundi au vendredi de 10h à 14h et de 16h à 20h, samedi de 10h à 20h, dimanche de 10h à 14h. Entrée 12 €.

Plus de 1 100 pièces sont exposées dans ce musée égyptien, né de l'initiative privée du collectionneur Jordi Clos, président de la chaîne hôtelière Derby Hotels Collection. Des sarcophages, des momies, des objets du quotidien des hauts dignitaires, relatifs aux croyances (amulettes, masques funéraires, etc.) et une luxueuse collection de bijoux figurent parmi les pièces les plus belles. Le musée dispose d'une bibliothèque spécialisée et d'un laboratoire de restauration sophistiqué.

PALAU BARÓ DE QUADRAS

373, Av. Diagonal
✆ +34 934 67 80 00
www.casessingulars.com
Visites guidées les vendredis. Tarif : 10 €

Bâti entre 1904 et 1906 sur une commande du baron de Quadras, ce palais moderniste est l'œuvre de l'architecte Josep Puig i Cadafalch. Il est le siège de l'Institut Ramón Llull, dédié à la promotion de la culture et de la langue catalane. Le bâtiment est constitué de deux façades bien distinctes : l'une donnant sur l'avenue Diagonal, richement décorée de sculptures d'Eusebi Arnau ; l'autre plus sobre, sur le carrer Rosselló, rappelle la Sécession viennoise. A l'intérieur, une profusion de mosaïques, vitraux et sgraffites ornent les salons.

ENCEINTE MODERNISTE DE SANT PAU ★★★

167, C/ Sant Antoni Maria Claret
✆ +34 935 537 801
www.santpaubarcelona.org
Du lundi au vendredi de 10h à 14h30, week-end et jours fériés de 10h à 17h. Entrée 15 €.

Une ville dans la ville. Sant Pau est le plus grand ensemble moderniste du monde. C'est aussi l'œuvre la plus importante de l'architecte Lluís Domènech i Montaner. Déclarée Patrimoine mondial par l'UNESCO en 1997 en raison de sa particularité et de sa beauté artistique, l'Enceinte est configurée comme un ensemble architectural formé par 12 pavillons entourés d'espaces verts et reliés par des galeries souterraines. L'ensemble fut alors restauré entre 2010 et 2014 pour accueillir des visites touristiques et de nombreuses activités culturelles y sont programmées.

© SANT PAU - ROBERT RAMOS

© SANT PAU - ROBERT RAMOS

Passeig de Gràcia, quartier de l'Eixample.

PALAU ROBERT

107, Passeig de Gràcia
✆ +34 932 388 091
http://palaurobert.gencat.cat
Du lundi au samedi de 9h à 20h, le dimanche de 9h à 14h30. Entrée libre.

Le marquis de Robert a fait replanter ici quelques-uns des palmiers qui entouraient la citadelle pendant l'Exposition universelle de 1888, sous lesquels il est agréable de s'asseoir pour regarder les enfants jouer sur la grande esplanade devant le palais ou contempler la colonie de perruches qui a élu domicile dans les palmiers. Le Palau Robert héberge l'office du tourisme de la Catalogne. C'est également un centre d'expositions temporaires consacrées à la culture catalane. En été, les jardins du palais accueillent des concerts à l'air libre.

PARC DE JOAN MIRÓ

Ouvert tous les jours de 10h jusqu'au coucher du soleil.

Autrefois connu sous le nom catalan de Parc de l'Escorxador (parc des Abattoirs), ce parc est blotti entre le centre commercial Las Arenas et l'avenue d'Aragó. Il fut aménagé dans les années 1980 et baptisé en hommage au célèbre peintre catalan Joan Miró, dont la sculpture *Dona i Ocell* (Femme et oiseau) couverte de céramiques rouges, jaunes, vertes et bleues s'élève à 22 mètres au-dessus du sol. Ses allées plantées de pins et de palmiers sont très agréables pour une balade ou un pique-nique improvisé, tandis que les aires de jeux raviront les enfants !

PASSEIG DE GRÀCIA ★★★

Passeig de Gràcia

Dessinée en 1827 pour relier Barcelone au village de Gràcia (resté indépendant jusqu'en 1897), cette large avenue devint rapidement le lieu préféré de l'aristocratie pour parader à cheval ou en calèche le long des théâtres, cafés et restaurants qui la jalonnaient. Après la destruction des murailles et la mise en place du plan Cerdà, le Passeig de Gràcia devint l'axe principal autour duquel se déploie le quartier naissant de l'Eixample. La bourgeoisie catalane y finance, à partir de 1890, la construction de somptueuses demeures imaginées par les architectes Gaudí, Puig i Cadafalch et Domènech i Montaner, pour ne citer que les plus célèbres. Le Passeig de Gràcia devient ainsi la vitrine du modernisme catalan, avec la construction de la Casa Lleó Morera (n° 35), la Casa Amatller (n° 41), la Casa Batlló (n° 43), ou encore la Casa Milà – La Pedrera (n° 92). Plus tard, de nombreuses boutiques chics sont venues s'y installer, et l'artère est restée encore longtemps le lieu favori des Barcelonais pour la promenade dominicale. De nos jours, le Passeig de Gràcia a gardé son agitation quotidienne, même s'il est surtout fréquenté par les touristes de passage. Les grandes marques du luxe et les enseignes de mode internationale ont remplacé les théâtres d'autrefois. Plusieurs hôtels de luxe ont également pignon sur rue. Ne manquez pas d'observer les deux symboles de cette artère : les bancs-lampadaires en fer forgé et céramique dessiné par Pere Falqués en 1900, et le pavement hexagonal des trottoirs, signé Gaudí.

Intérieur de la Sagrada Familia.

SAGRADA FAMÍLIA ★★★★

401, Mallorca ✆ +34 932 080 414
www.sagradafamilia.org
Tous les jours de 9h à 20h (18h entre novembre et février, 19h de mars à octobre). Entrée à partir de 17 €.

Classé au patrimoine de l'humanité par l'Unesco, le Temple Expiatori de la Sagrada Família (temple expiatoire de la Sainte Famille) est l'œuvre la plus emblématique de Barcelone et le chef-d'œuvre absolu de Gaudí. En cours de construction depuis 1882, la cathédrale devrait être achevée en 2026 pour le centenaire de la mort de son illustre créateur.

La cathédrale est située dans le quartier de l'Eixample, sur un terrain acheté à l'époque pour la modique somme de 172 000 pesetas (un peu plus de 1 000 €) par un libraire catalan du nom de Josep Maria Bocabella. Ce philanthrope barcelonais imagina la création d'un temple catholique dont le projet fut confié à l'architecte Villar. La première pierre est posée le 19 mars 1882, au cours d'une cérémonie à laquelle assiste le jeune Gaudí, alors âgé d'une trentaine d'années. Peu de temps après, Villar abandonne le projet qui est finalement confié à Gaudí en 1883. Celui-ci se charge de modifier les plans et d'y imprimer son style incomparable. C'est le début de l'œuvre de toute une vie, puisqu'il travaillera sur le projet jusqu'à sa mort en 1926.

L'architecte, qui a entièrement repensé les structures portantes néogothiques pour les faire évoluer vers des voûtes hyperboliques et des formes paraboliques, parvint à exprimer son profond mysticisme dans le décor très symbolique et exubérant de cette œuvre, à la réalisation de laquelle il consacra quarante années. Outre son caractère sacré, la Sagrada Família est devenue un monument à la gloire de l'idéal catalan, et son achèvement en cours est un véritable défi pour la Catalogne. En effet, pendant de nombreuses années, les travaux ont été ralentis, faute d'argent. C'était sans compter sur la générosité et la détermination des Catalans qui financèrent l'édifice. De fait, cette œuvre titanesque ne possédait pas de permis de construire jusque récemment ! Après 136 ans de travaux sans qu'aucune taxe ne soit versée à la municipalité, un accord a été signé en 2018 entre la mairie de Barcelone et les responsables de la basilique. De fait, rien ne semble pouvoir arrêter ce chantier titanesque. Ni la mort de Gaudí en 1926, écrasé par un tramway alors qu'il se rendait à l'église de Sant Felip Neri, ni la destruction des plans de la cathédrale, brûlés pendant la guerre civile. Quelques maquettes épargnées des flammes et des documents publiés dans des revues spécialisées permettront de reconstituer les plans, de manière plus ou moins fidèle. Mais n'oublions pas que Gaudí aimait remanier ses plans au gré de l'avancée des travaux. Ainsi, la polémique accompagne ce chantier depuis des décennies...

La Sagrada Família est constituée de trois façades monumentales : la Façade de la Nativité, à l'est ; la Passion et la Mort, à l'ouest ; et la façade de la Gloire, en cours de construction depuis 2002. Malgré les travaux en cours, la Sagrada Familia est ouverte au culte et à la visite. Une fois terminée, la basilique comptera 18 tours. La plus haute, celle du Christ, devrait atteindre 172 mètres de haut. La Sagrada Familia deviendra ainsi la plus haute cathédrale d'Europe, dépassant celle d'Ulm, en Allemagne (161,53 mètres).

Les 18 tours prévues font référence aux douze apôtres, aux quatre évangélistes, à Jésus et à la Vierge Marie. Pour le moment, 8 d'entre elles ont été achevées. En forme de coquillage, la façade de la Nativité, inspirée par l'Ancien et le Nouveau Testament, s'orne d'anges, d'animaux de l'arche de Noé et de riches motifs végétaux. Initiée en 1892, elle est la seule façade construite du vivant de Gaudí, qui supervisa pratiquement toute sa construction. Les sculptures du portail de la Passion, entrée actuelle du sanctuaire, ont été confiées au sculpteur Josep Maria Subirachs, dont le travail a fait l'objet de controverses en raison de leur grand contraste stylistique par rapport aux statues naturalistes de la façade de la nativité. Le sculpteur Subirachs s'est également chargé de la réalisation des portes en bronze de la façade de la Passion où sont gravés des textes et des phrases diverses, notamment un passage de la *Divine Comédie* de Dante. A l'intérieur de la basilique, on peut aussi visiter la crypte où repose le corps de Gaudí et rejoindre le sommet des tours en ascenseur, qui offre des vues splendides sur Barcelone. Au sous-sol, un passionnant musée est dédié à Gaudí et à la construction du temple. On peut notamment y voir des maquettes très intéressantes qui permettent de mieux comprendre les solutions architecturales employées par Gaudí et basées sur des hyperboloïdes, des paraboloïdes et des colonnes hélicoïdales.

La Sagrada Familia est l'un des sites touristiques les plus visités d'Espagne et reçoit chaque année plus de 4,5 millions de visiteurs, il est donc indispensable d'acheter vos tickets d'entrée à l'avance et de réserver un créneau horaire pour éviter de faire la queue pendant des heures. Comptez une bonne matinée ou une après-midi entière pour la visite. De nombreuses formules sont proposées sur le site de la cathédrale : nous vous conseillons d'opter pour la visite avec audioguide et accès aux tours pour une vision d'ensemble très complète.

Consacrée par le pape Benoît XVI en 2010, la Sagrada Familia est avant tout un lieu de culte. Tous les week-ends, des messes internationales y sont célébrées en plusieurs langues. Elles ont généralement lieu le samedi à 20h et le dimanche à 9h. L'accès a lieu 30 minutes avant le début de la messe par la façade de la Nativité. L'entrée est libre, mais les places sont limitées !

CASA VICENS GAUDÍ ★★

20-26, Carolines
✆ +34 93 271 10 64
www.casavicens.org
Consulter les jours et horaires d'ouverture sur leur site: www.casavicens.org. Entrée 16 €.

© CASA VICENS

Une œuvre de jeunesse de Gaudí, construite entre 1883 et 1885 sur une commande de Manuel Vicens i Montaner. Gaudí s'inspira de l'architecture orientale et du style mudéjar pour sa conception. Ses splendides façades allient la brique rouge et la céramique polychrome, avec des motifs orientaux. Les grilles du jardin en fer forgé sont ornées de motifs de feuilles de palmiers et d'œillets d'Inde. Sur 4 niveaux, on découvre les intérieurs restaurés, ornés de plafonds à caissons, de boiseries et de peintures, et plus particulièrement le salon des fumeurs, à l'étage noble.

CASA FUSTER

132, Passeig de Gràcia
www.hotelcasafuster.com

Dernier projet de l'architecte catalan Domènech i Montaner, construit entre 1908 et 1911 en collaboration avec son fils Pere Domènech i Roura. De style moderniste, la Casa Fuster est cependant plus austère dans les ornementations. Sur sa façade en marbre blanc, l'utilisation d'éléments néogothiques et floraux demeure relativement sobre. En 2004, l'édifice a été transformé en hôtel de luxe cinq étoiles. Pour apprécier l'ambiance du lieu, nous vous conseillons les soirées jazz organisées dans son Cafè Vienès tous les jeudis soir à partir de 21h.

CASA MUSEU GAUDÍ ★

Ctra. del Carmel, 23A
✆ +34 932 19 38 11
https://sagradafamilia.org/es/casa-museo-gaudi
Entre octobre et mars, tous les jours de 10h à 18h. Entre avril et septembre de 9h à 20h. Entrée : 5,50 €.

Bâtie au cœur du parc Güell, cette demeure moderniste est l'œuvre de Francesc Berenguer i Mestres, proche collaborateur de Gaudí. Elle fut construite en 1904 comme maison-témoin du projet de cité-jardin, hélas inachevé. Gaudí s'y installa en 1906 et y vécut pratiquement seul jusqu'en 1925, peu avant sa mort. Sa façade en stuc rose, couronnée d'une flèche en *trencadís*, cache un intérieur assez austère. On peut y voir une collection de meubles dessinés par Gaudí, ainsi que des objets personnels et des maquettes de ses principaux projets.

PARC GÜELL ★★★

C/ Olot, s/n
✆ +34 902 200 302
www.parkguell.cat
Tous les jours de 9h30 à 18h. Entrée 10 €.

Ce merveilleux parc est le fruit d'un projet de cité-jardin – hélas inachevé – lancé par Eusebi Güell en 1900. Le projet prévoyait l'aménagement de 60 parcelles dans un environnement verdoyant. L'échec économique de la cité-jardin et la mort du mécène en 1918 mirent fin prématurément au chantier. Gaudí eut tout de même le temps d'achever la construction des deux maisons de gardien à l'entrée du parc, la Sala hipóstila conçue pour abriter un marché couvert, la Plaça de la Natura vouée à accueillir des spectacles, ainsi qu'un vaste réseau de portiques et viaducs, dont le Pòrtic de la Bugadera (portique de la lavandière) aux colonnes inclinées. L'ensemble est classé au patrimoine de l'Unesco depuis 1984. Dès l'entrée, c'est un spectacle féerique que nous offre La Casa del Guarda (maison du gardien), bâtie entre 1901 et 1903 dans un style emprunt de fantaisie, souvent comparée à la maison de la sorcière de Hansel et Gretel. Une exposition y retrace l'histoire du parc et du modernisme catalan. En face se dresse le double escalier et sa célèbre salamandre toute vêtue de mosaïques. Une fois en haut, on accède à la place du marché soutenue par 84 colonnes. Admirez le plafond et ses nombreuses ornementations multicolores. En empruntant les escaliers, on arrive sur la place de la nature, qui offre un superbe panorama sur Barcelone et la mer. Cette place est également célèbre pour son banc décoré de trencadís, œuvre de Josep Maria Jujol. La promenade continue par les allées qui mènent vers les hauteurs du parc.

AQUARIUM DE BARCELONA ★

s/n Moll de Espanya ✆ +34 932 217 474
www.aquariumbcn.com

L'été, tous les jours de 10h à 21h. Jusqu'à 19h30 l'hiver et 20h30 le reste de l'année. Adultes 21 €, enfants 8-16 €.

Aménagé en 1995 dans la zone du Port Vell, cet aquarium, bien que vieillissant, possède la plus importante collection de la faune marine méditerranéenne au monde. Plus de 450 espèces y sont réunies parmi un total de 35 aquariums, dont 14 sont consacrés aux espèces autochtones, notamment aux écosystèmes du Delta de l'Ebre et des îles Medes. Mais les stars des lieux sont évidemment les requins ! On les observe à travers un long tunnel en verre de 80 mètres de long qui traverse le bassin. Ne manquez pas non plus les adorables petits manchots en fin de parcours.

CAN FRAMIS

116-126, C/ Roc Boronat
✆ +34 933 208 736
www.fundaciovilacasas.com

Du mardi au samedi de 11h à 18h, dimanche de 11h à 14h. Fermé en août et septembre. Entrée 5 €.

Ce musée dédié à la peinture contemporaine occupe une ancienne usine textile de la fin du XVIIIe siècle au cœur du 22@, quartier des nouvelles technologies au sein du Poblenou. Propriété de la Fundació Vila Casas, le musée présente une collection d'environ 300 œuvres d'artistes catalans ou résidents en Catalogne, des années 1960 jusqu'à nos jours, sur environ 3 400 m² d'espace d'exposition. Sur la place du musée, ne manquez pas la sculpture *Dell'Arte* (1990) de Jaume Plensa, qui représente les péchés de l'enfer dans la Divine Comédie de Dante.

MERCAT DEL ENCANTS

Plaça de les Glòries Catalanes
✆ +34 93 245 22 99
www.encantsbcn.com

Ouvert lundi, mercredi, vendredi et samedi de 9h à 20h.

Connu aussi sous le nom de Fira de Bellcaire, le vieux marché aux puces de Barcelone occupe depuis 2013 un bâtiment flambant neuf sur la plaça de les Glòries Catalanes, juste en face du musée du design. On y trouvera de tout et de rien selon les jours, mais le plaisir de chiner entre ses étals mérite déjà la visite. Si vous cherchez du beau vintage et des meubles de brocante, préférez le Mercantic à Sant Cugat. Sur place, profitez des stands de restauration, dont le fameux Can Paixano, prisé pour ses sandwichs et son *cava* bon marché.

MUSEU BLAU ★★

Plaça Leonardo da Vinci, 4-5 ✆ +34 932 566 002
www.museuciencies.cat

Du mardi au samedi de 10h à 19h, dimanche de 10h à 20h. Entrée 6 €. Gratuit le dimanche à partir de 15h.

Situé dans la zone très moderne du Parc del Fòrum, ce musée abrite les collections de sciences naturelles autrefois exposées dans le parc de la Ciutadella. Elles sont articulées autour d'une grande exposition permanente, « Planeta Vida », qui expose plus de 4 500 pièces (minéraux, roches, fossiles, faune et flore). La collection d'animaux naturalisés est particulièrement intéressante. Dans l'espace « Niu de ciència » (nid de science), les petits peuvent faire des expériences scientifiques. A l'entrée, ne manquez pas d'observer l'immense squelette de baleine !

MUSEU D'HISTÒRIA DE CATALUNYA ★

Plaça de Pau Vila, 3
✆ +34 932 254 700
www.mhcat.cat

Du mardi au samedi de 10h à 19h (mercredi jusqu'à 20h), dimanche de 10h à 14h30. Entrée : 6 €.

A l'entrée de La Barceloneta, ce musée occupe un vaste bâtiment en brique connu sous le nom de Palau del Mar. Jadis, le lieu était occupé par des entrepôts et accueillait les marchandises des bateaux venus mouiller dans le port. Sur cinq étages, on découvre l'histoire et la mémoire catalane, de la préhistoire à nos jours, au travers d'objets, de documents et de reconstitutions historiques. En plus de l'exposition permanente, des expositions thématiques y sont régulièrement organisées.

MUSEU DEL DISSENY DE BARCELONA ★★

Plaça de les Glòries, 37-38
✆ +34 932 566 800
ajuntament.barcelona.cat/museudeldisseny
Du mardi au dimanche de 10h à 14h et de 15h à 20h. Entrée 6 €. Gratuit le dimanche à partir de 15h.

Afin de réunir les collections dispersées du musée des Arts décoratifs, de la céramique, du textile et du cabinet des Arts graphiques, un bâtiment avant-gardiste a vu le jour en 2014 sur la plaça de Glòries. Comparé à une agrafeuse en raison de sa silhouette, ce bâtiment signé MBM Arquitectes réunit 3 500 m² dédiés à l'exposition permanente et plusieurs salles pour accueillir des expositions temporaires. La section des Arts décoratifs retrace neuf siècles de création et d'évolution, des pièces conçues par les Arabes aux réalisations des artistes contemporains, en passant par les objets de l'époque baroque. On peut y voir aussi de belles collections de meubles, d'objets d'art et de tapisseries provenant de plusieurs maisons de la noblesse barcelonaise. On ne manquera pas non plus la section dédiée au textile, qui expose tissus du XIIIe au XXe siècle, instruments utilisés dans l'industrie textile catalane, vêtements, costumes, chapeaux et bas. A noter également, une très belle collection de pièces exotiques (péruviennes, incas, indiennes, etc.). Dans la section dédiée aux arts graphiques, ne manquez pas les caractères typographiques de l'Imprimerie Royale (XVIIIe-XIXe siècles). La collection de Design Graphique réunit quant à elle une intéressante sélection d'affiches catalanes, depuis la fin du XIXe siècle jusqu'à nos jours. Bon à savoir : la cafétéria du musée est excellente ! Profitez-en pour faire une pause café accompagnée d'une pâtisserie.

PARC DEL CENTRE DEL POBLENOU

Av. Diagonal, 130
Ouvert de 10h à 21h l'été, jusqu'à 19h le reste de l'année.

Sur l'avenue Diagonal, non loin de la Plaça de les Glòries, ce parc urbain offre plus de cinq ha de jardins aménagés par l'incontournable Jean Nouvel. Inauguré en 2008, il renferme une riche végétation et une conception esthétique où l'empreinte de l'architecte est bien visible. Passés ses murs ondulants couverts de bougainvilliers, une curieuse balade s'offre aux visiteurs parmi le « cratère du monde » en forme de spirale, ou les « puits du ciel » couverts de fleurs et de lianes.

PLAGES ★

Le littoral de Barcelone est constitué de dix plages aménagées pour les baigneurs, qui couvrent plus de 4 kilomètres.

- **Sant Sebastià** (M° Barceloneta). La partie la plus agréable de cette plage se trouve au pied de l'hôtel W. L'ambiance est assez chic et cosmopolite en été car elle est fréquentée par les clients de l'hôtel.
- **Sant Miquel et Barceloneta** (M° Barceloneta). Ces deux plages sont très fréquentées en raison de leur proximité au métro, mais aussi très sales en fin de journée ! Ambiance jeune et internationale.
- **Somorrostro** (M° Ciutadella Vila Olímpica). Difficile de croire que cet endroit était jusque dans les années 1960 l'un des plus pauvres de la ville. Aujourd'hui, ce sont des restaurants branchés et des discothèques qui s'alignent le long de la plage.
- **Nova Icària** (M° Ciutadella Vila Olímpica), territoire des étudiants Erasmus, des vacanciers et des sportifs, avec ses terrains de volley.
- **Bogatell** (M° Poblenou), plus tranquille et moins touristique, elle est surtout fréquentée par des familles. Sur la promenade le long de la plage, bon nombre de restaurants proposent paellas et fruits de mer.
- **Mar Bella** (M° Poblenou), la plage la plus branchée, territoire des gays et des nudistes.
- **Nova Mar Bella** (M° Selva de Mar), généralement tranquille et fréquentée par les locaux.
- **Llevant** (M° Selva de Mar) : cette plage a la particularité de disposer d'un espace réservé pour les chiens.
- **Banys del Fòrum** (M° El Maresme Fòrum) : dernière zone de baignade, mais attention ici il n'y a pas de plage, on accède à la mer par des passerelles.

À VOIR / À FAIRE

PORT OLÍMPIC ★

Pg. Marítim del Port Olímpic

Situé entre les plages de la Barceloneta et Nova Icària, ce port a été construit en 1991 afin de pouvoir accueillir les compétitions de voile des Jeux olympiques de 1992. Plusieurs architectes participèrent à sa conception, notamment Oriol Bohigas, Josep Martorell et David Mackay à travers l'agence MBM Arquitectes. Au pied des tours de Mapfre et de l'hôtel Arts, le port accueille une forte concentration de restaurants, bars et boîtes de nuit. Ici se dresse la sculpture du *Peix d'or* de Frank Gehry, icône de la Vila Olímpica représentant un poisson doré.

TORRE GLÒRIES

211, Av. Diagonal

Inaugurée en 2005, cette tour imaginée par l'architecte français Jean Nouvel est devenue l'une des icônes de la Barcelone du XXIe siècle. La tour Glòries (anciennement Agbar) s'élève sur 142 mètres de hauteur avec des allures de missile... ou de suppositoire, selon les moqueurs ! La façade, entièrement constituée de verre, s'éclaire de rouge, de bleu et de blanc à la tombée du jour. La tour, qui accueille actuellement des bureaux, surplombe la très moderne Plaça de les Glòries, où s'élèvent le nouveau Mercat dels Encants et le Museu del Disseny.

PORT VELL ★

Port Vell

www.portvellbcn.com

La réhabilitation de la zone portuaire a débuté avec le projet du Moll de la Fusta (quai en Bois) à l'occasion des Jeux olympiques de 1992. Cette agréable promenade bordée de palmiers relie la statue de Christophe Colomb jusqu'aux portes de la Barceloneta. Longeant les bateaux, elle est ponctuée de sculptures dont la sympathique *Gamba* de Javier Mariscal et la fameuse *Barcelona's Head* (tête de Barcelone) de Roy Lichtenstein. Une passerelle flottante, la Rambla del mar, permet d'accéder au centre commercial Maremagnum et aux installations de l'Aquarium.

VILA OLÍMPICA

Le village olympique constitue l'aménagement urbanistique le plus spectaculaire entrepris pour les Jeux olympiques de 1992. Il a été construit sur l'ancien front de mer du Poble Nou pour accueillir les 15 000 athlètes venus participer aux Jeux. Aujourd'hui, cet ensemble de logements forme une zone aérée, avec de nombreux espaces verts et des sculptures modernes. C'est une zone où il fait bon se balader le week-end en famille ou entre amis. Avec ses clubs et ses restaurants, le port de plaisance est l'un des secteurs les plus animés et touristiques de la ville.

Port Vell, la Rambla de Mar et le front de mer.

ANELLA OLIMPICA

Parc de Montjuïc

Situé dans la partie haute de Montjuïc, l'Anneau olympique a servi de cadre aux principales épreuves sportives de 1992. Construit pour accueillir les Jeux de 1936, le stade n'a jamais servi en raison du déclenchement de la guerre civile. Le stade n'entre donc en fonction qu'en 1992, date à laquelle il est remanié pour accueillir 60 000 spectateurs. Face au stade, le Palau Sant Jordi, construit pour les épreuves de gymnastique, accueille aujourd'hui des concerts. La tour des télécommunications de Calatrava et les piscines Picornell complètent ces installations.

CASTELL DE MONTJUÏC ★★

66, Carretera de Montjuïc

✆ +34 932 564 440

http://ajuntament.barcelona.cat/castelldemontjuic

Entre mars et octobre, tous les jours de 10h à 20h. Le reste de l'année, jusqu'à 18h. Entrée 5 €.

Autrefois symbole de répression, le château de Montjuïc est chargé d'une histoire mouvementée. Construit en 1640, il sert à l'époque de tour de défense grâce à sa vue panoramique sur toute la ville. En 1842, la ville est bombardée depuis le château pour empêcher les soulèvements révolutionnaires. Pendant la guerre civile, le château sert de prison militaire, avant d'être transformé en 1963 en musée militaire. C'est aujourd'hui un centre d'interprétation dédié à l'histoire de Montjuïc, offrant de très belles vues sur Barcelone.

CAIXA FORUM ★★

6-8, Avinguda de Francesc Ferrer i Guàrdia

✆ +34 934 768 600

www.caixaforum.es

Ouvert tous les jours de 10h à 20h. En été, jusqu'à 23h le mercredi. Entrée aux expositions 6 €.

Ce centre culturel occupe l'ancienne Fábrica Casaramona, une usine textile construite entre 1909 et 1912 par l'architecte Josep Puig i Cadafalch. Bel exemple du Modernisme industriel, ce bâtiment en brique rouge s'inspire de l'art mudéjar, avec ses hautes tours semblables à des minarets. En plus des expositions temporaires consacrées à l'art contemporain, à la photographie ou à la sculpture, le Caixa Forum organise des activités très populaires auprès des Barcelonais : cycles de concerts, de cinéma, débats, conférences, cycles de littérature et de philosophie…

COSMOCAIXA ★★

26, Isaac Newton

✆ +34 932 126 050

www.cosmocaixa.es

Tous les jours de 10h à 20h. Entrée 6 €. Gratuit pour les moins de 16 ans.

Inauguré en 2004, ce musée des sciences occupe un bâtiment moderniste de Josep Domènech i Estapà (1904-1909). Une monumentale rampe hélicoïdale permet d'accéder aux différentes salles d'exposition et d'activités. Parmi les espaces les plus intéressants du musée se trouvent la « forêt inondée », qui recrée un écosystème amazonien, et le planétarium, qui offre un voyage à la découverte des étoiles et des planètes. À la fois ludique et pédagogique, ce musée permet aux plus jeunes de participer à des expériences et surtout de toucher au matériel exposé !

© EQROY - SHUTTERSTOCK.COM

Caixa Forum.

FONT MÀGICA ★★

Pl. Carles Buïgas, s/n

www.bcn.cat/fontmagica

L'été, du mercredi au dimanche de 21h30 à 22h30. Le reste de l'année, du jeudi au samedi (consulter les horaires).

© ALEXEY BROSLAVETS - SHUTTERSTOCK.COM

Construite pour l'Exposition universelle de 1929, cette « fontaine magique », œuvre de Carles Buïgas, trône sur l'Eix de Maria Cristina, large promenade qui relie la plaça d'Espanya au Palau Nacional. Tous les soirs, la fontaine s'illumine lors d'un spectacle de jets d'eau et de lumières, accompagné de musique, allant du répertoire classique jusqu'aux tubes des années 1980 ! C'est l'une des attractions les plus populaires de Barcelone, attirant chaque année plus de 2,5 millions de spectateurs. Sessions toutes les 30 minutes !

JARDÍ BOTÀNIC

2, Carrer del Doctor Font i Quer

✆ +34 934 264 935

www.museuciencies.cat

Tous les jours de 10h à 19h (17h l'hiver, 20h l'été). Entrée : 5 €.

Créé en 1999, le jardin botanique de Barcelone s'étend sur plus de 14 hectares au cœur de la colline de Montjuïc. Il présente une végétation apte pour le climat méditerranéen originaire des quatre coins du monde. C'est pour cette raison que le jardin est divisé en zones géographiques : Australie, Californie, Chili, Afrique du sud et bassin méditerranéen (îles Canaries, Afrique du Nord, îles Baléares, etc.). Des expositions temporaires sont présentées régulièrement dans l'Institut Botànic. Préférez le printemps pour faire cette visite, c'est la plus belle saison.

FUNDACIÓ JOAN MIRÓ ★★★

s/n Parc de Montjuïc ✆ +34 934 439 470

www.fmirobcn.org

Du mardi au samedi de 10h à 18h (20h l'été), dimanche de 10h à 15h (18h l'été). Entrée 13 €.

Les plus grandes œuvres du peintre catalan sont réunies dans cette fondation inaugurée en 1975 sur la colline de Montjuïc. Installée dans un bâtiment rationaliste imaginé et conçu par Josep Lluís Sert, la fondation accueille la collection la plus complète de l'œuvre de Joan Miró, composée de tableaux, sculptures, gravures et dessins. La construction est très ouverte, multiplie les matériaux en conservant une simplicité qui permet non seulement d'ouvrir des espaces très lumineux, mais également de mettre en valeur les créations de Miró. Ces lignes épurées laissent toute la place à la recherche innovante du peintre, et ce dans toutes sortes de disciplines.

Parmi un fonds immense de plus de 14 000 œuvres, seule une petite sélection est exposée dans le musée. Les collections s'organisent autour de plusieurs sections thématiques, des premières œuvres de jeunesse dans le village de Mont-roig jusqu'aux créations des années 1940-1970 où Miró affirme son goût pour l'imaginaire et la simplification du sujet. Vous pourrez ainsi voir certains chefs-d'œuvre de l'artiste comme l'*Homme et femme devant un tas d'excréments* (1935) ou la *Femme rêvant de l'évasion* (1945). Sur le toit-terrasse du musée sont également exposées de superbes sculptures de Miró, dont l'emblématique *Caresse d'un oiseau* (1967) formée de plusieurs objets assemblés.

Dans le reste des salles, la Fondation organise également des expositions temporaires d'art contemporain, tandis qu'un espace d'expérimentation est réservé aux jeunes artistes (Espai 13).

© AUTHOR'S IMAGE

À VOIR / À FAIRE

MUSEU D'ARQUEOLÒGIA DE CATALUNYA (MAC) ★

39-41, Passeig de Santa Madrona
✆ +34 934 232 149
www.mac.cat
Ouvert du mardi au samedi de 9h30 à 19h. Dimanche et jours fériés de 10h à 14h30. Entrée 6 €.

Situé à l'entrée du parc de Montjuïc, dans l'ancien Palais des Arts graphiques construit à l'occasion de l'Exposition universelle de 1929, ce musée abrite une belle collection de vestiges archéologiques. Le MAC propose un véritable voyage jusqu'aux origines de Barcelone, avec des vestiges allant du paléolithique jusqu'à l'époque médiévale. Sa collection permanente, composée de plus de 50 000 objets, présente des pièces remarquables comme la *Mosaïque des Trois Grâces* (IIIe siècle).

MUSEU ETNOLOGIC I DE CULTURES DEL MÓN ★

16-22, Passeig de Santa Madrona
✆ +34 93 256 34 84
ajuntament.barcelona.cat/museuetnologic
Du mardi au samedi de 10h à 19h, dimanche de 10h à 20h. Entrée 5 €. Gratuit le dimanche après-midi.

Blotti contre les Jardins Laribal, ce musée occupe un singulier bâtiment en béton construit en 1973. Le musée s'organise autour des traditions, des fêtes et des coutumes catalanes. Il expose notamment des objets agricoles traditionnels, mais aussi des santons et des *gegants*, ces personnages en carton-pâte typiques des fêtes catalanes. Les six sections de la collection permanente s'organisent autour d'un objet ; citons par exemple le bateau, la cabane du berger, le métier à tisser...

MUSEU MONESTIR DE PEDRALBES ★★

9, Baixada del Monestir
✆ +34 932 563 434
Du mardi au vendredi de 10h à 17h (14h l'hiver), samedi de 10h à 19h, dimanche jusqu'à 20h (17h l'hiver). Entrée : 5 €.

Le monastère Santa Maria de Pedralbes a été fondé en 1327 sur ordre de la reine Elisenda de Montcada, épouse de Jaume II d'Aragon. Il était à l'origine ceint par une muraille dont ne subsistent que deux tours de guet et deux des portes d'accès. L'édifice est divisé en deux parties, l'une ouverte au public, l'autre réservée à la communauté religieuse des clarisses qui s'y sont établies depuis le XIVe siècle. Son vaste cloître à trois étages est un magnifique exemple du gothique catalan avec ses arcs brisés soutenus par de délicates colonnes. Il encadre une charmante fontaine entourée de cyprès, d'orangers et un jardin de plantes médicinales. Le cloître donne accès aux cellules, à l'ancien réfectoire, à la pharmacie et à la salle capitulaire. Dans l'ancien dortoir des sœurs, l'exposition dédiée aux « trésors du monastère » réunit une sélection d'œuvres d'art, de mobilier et d'objets liturgiques acquis par la communauté au fil des siècles. A côté se trouve la Capella de Sant Miquel, récemment rénovée, ornée de superbes peintures murales de Ferrer Bassa datant de 1346 et inspirées des primitifs italiens. Une exposition retrace le passionnant travail de restauration des peintures. Près du presbytère, dans un tombeau flanqué de deux statues, repose la reine Elisenda, qui mourut dans le monastère en 1364. Elle est représentée en habits de reine côté église, et en pénitente côté cloître. Dans l'église, on remarquera les vitraux du XIVe siècle et divers tombeaux de familles nobles.

Museu Monestir de Pedralbes.

© AUTHOR'S IMAGE

Palau Reial de Pedralbes.

MUSEU NACIONAL D'ART DE CATALUNYA (MNAC) ★★

Palau Nacional – parc de Montjuïc
✆ +34 93 622 03 60
www.museunacional.cat
Du mardi au samedi de 10h à 18h (20h l'été), dimanche de 10h à 15h. Entrée 12 €. Gratuit le samedi à partir de 15h.

Le musée national d'Art de Catalogne occupe le Palau national, construit pour l'Exposition internationale de 1929, puis remanié dans les années 1990 par l'architecte italienne Gae Aulenti. Le musée est renommé pour sa collection d'art roman, considérée comme l'une des plus belles au monde. Elle rassemble des fresques murales datant des XIe-XIVe siècles provenant de petites églises romanes de Pyrénées catalanes. La technique du *strappo* fut utilisée à partir des années 1920 pour transférer ces œuvres jusqu'alors dispersées. Remarquez notamment le Christ en majesté provenant de l'abside de Sant Climent de Taüll, l'une des pièces phares de la collection. Le reste des collections du musée rassemble des peintures et sculptures gothiques qui correspondent aux moments les plus importants de l'histoire catalane, avec des œuvres d'artistes catalans (Ferrer Bassa, Dalmau, Huguet, Bonassá, Martorell), valenciens, aragonais et castillans. Les œuvres capitales de la Renaissance et du baroque, époque de décadence pour la Catalogne. Egalement, quelques pièces du siècle d'or espagnol (Zurbarán, Berruguete, Ribera, Velásquez, El Greco). Pour terminer, une superbe collection d'art moderne catalan avec des pièces modernistes et noucentistes, dont une section dédiée aux arts décoratifs. Vous y verrez notamment des toiles de Ramon Casas, Santiago Rusiñol et Joaquín Sunyer. Plusieurs salles du musée sont aussi consacrées à recevoir des expositions temporaires.

PALAU REIAL DE PEDRALBES ★

686, Avinguda Diagonal
Accès uniquement aux jardins.

Entre 1919 et 1931, le Palau Reial de Pedralbes était la résidence de la famille royale espagnole lors de ses déplacements à Barcelone. C'est aujourd'hui le siège de l'Union pour la Méditerranée. A l'origine, Eusebi Güell avait cédé ce terrain à la Couronne en signe de reconnaissance pour son anoblissement. Dans les jardins du Palau, vous pourrez voir deux œuvres de Gaudí : une pergola en fer forgé noyée sous la végétation, et un banc-fontaine dédié à Hercules. En été, un grand festival de musique est célébré dans ces jardins.

PARC DEL LABERINT D'HORTA ★

1-17, Passeig Castanyers
Parc ouvert tous les jours de 10h à 18h, jusqu'à 20h entre avril et octobre. Entrée : 2,20 €.

Ce parc néoclassique est le plus ancien de la ville ; un labyrinthe de cyprès lui a donné son nom. Il occupe l'ancien domaine de la famille Desvalls, dont le somptueux palais se trouve malheureusement à l'état d'abandon. Etalé sur trois niveaux, le parc comporte un jardin néoclassique du XVIIIe siècle, et un jardin romantique de XIXe siècle. Il fut autrefois le cadre de somptueuses représentations théâtrales auxquelles participèrent divers monarques.

PARC DU TIBIDABO ★★

3-4, Pl. Tibidabo
www.tibidabo.cat
Ouvert tous les jours en été. Les week-ends et vacances scolaires le reste de l'année. Adultes 28,50 €, enfants 10,30 €.

Installé sur le mont Tibidabo, ce parc d'attractions centenaire est une véritable institution à Barcelone. De génération en génération, on profite des attractions et de la vue panoramique sur la ville. Elles ne sont pas très modernes mais réservent cependant quelques émotions fortes, en particulier la *Talaia*, qui soulève ses visiteurs à 550 mètres de hauteur. Ne ratez pas non plus le musée des Automates et sa collection de marionnettes et de jouets mécaniques. L'*Embruixabruixes* offre, quant à lui, un voyage magique sur les hauteurs de la ville !

PAVELLONS GÜELL ★

7, Avigunda de Pedralbes
✆ +34 933 177 652
www.rutadelmodernisme.com
Tous les jours de 10h à 16h. Entrée 5 €.

En 1884, Eusebi Güell confie à Gaudí la rénovation de l'une de ses propriétés dans le quartier de Pedralbes, avec la création d'un portail et de deux pavillons destinés aux écuries et à la conciergerie. L'architecte s'inspira du poème épique l'*Atlàntida* (1877), de Jacint Verdaguer, pour dessiner le splendide dragon du portail en fer forgé. Ce chef-d'œuvre de la ferronnerie moderniste représente en effet Ladon, gardien du jardin des Hespérides. La visite guidée du site, menée par la Ruta del Modernisme, permet de visiter les écuries d'influence mudéjare.

PAVELLÓ MIES VAN DER ROHE ★

Avinguda de Francesc Ferrer i Guàrdia, 7
✆ +34 934 234 016
www.miesbcn.com
Tous les jours de 10h à 18h, jusqu'à 20h entre mars et octobre. Entrée : 5 €.

Les lignes pures et rationalistes du pavillon représentant l'Allemagne pour l'Exposition universelle de 1929 n'ont rien perdu de leur modernité. Démonté après l'Exposition universelle, le pavillon a été reconstruit en 1986, en raison de son influence considérable sur l'architecture contemporaine. Vous pouvez y admirer la fameuse *Silla Barcelona*, imaginée par Mies van der Rohe. Un paradis pour les amateurs d'architecture qui apprécieront l'élégance de ses lignes.

PLAÇA D'ESPANYA

Plaça d'Espanya

La monumentale Plaça d'Espanya s'ouvre sur la colline de Montjuïc par deux tours inspirées du campanile de la basilique Saint-Marc de Venise. Au centre de la place, une fontaine allégorique représente les fleuves de la Péninsule. À proximité, se trouvent les arènes de style néomauresque, transformées en centre commercial et de loisirs par l'architecte Richard Roger. On accède à Montjuïc par l'Avinguda de la Reina Marià Cristina, lieu des foires et salons professionnels, qui monte jusqu'à la Fontaine magique et au Musée national.

Plaça d'Espanya.

© DEM10

Le Poble Espanyol.

POBLE ESPANYOL ★★

Avinguda Francesc Ferrer i Guardia, 13
✆ +34 935 086 300
www.poble-espanyol.com
Ouvert tous les jours de l'année. Voir horaires sur le site. Entrée 6 €.

Construit en 1929, le Poble Espanyol reconstitue l'architecture des différentes régions d'Espagne : des façades du nord, des places castillanes, un monastère catalan ou bien encore des maisons blanchies à la chaux d'Andalousie. Le Poble Espanyol est devenu un centre de loisirs pour toute la famille avec ses nombreux ateliers d'artisanat, ses boutiques ainsi que des installations audiovisuelles qui montrent les traditions, les paysages et les fêtes populaires du pays. Ne manquez pas la visite du Musée Fran Daurel, qui expose les œuvres de grands artistes espagnols.

TORRE BELLESGUARD ★

Carrer de Bellesguard, 16-20
✆ +34 93 250 40 93
www.bellesguardgaudi.com
Du mardi au dimanche de 10h à 15h. Entrée 10 €.

Située au pied de la sierra de Collserola, cette fabuleuse maison aux allures de château médiéval est l'œuvre d'Antoni Gaudí. Elle fut construite entre 1900 et 1909 sur les ruines d'un vieux château du XIVe siècle, offrant une curieuse synthèse entre le modernisme et le style gothique. Elle doit son nom de Bellesguard (« belle vue » en catalan) au très beau panorama qu'elle offre sur la ville. Propriété privée, elle accueille depuis 2013 les inconditionnels de Gaudí pour des visites libres avec audioguide ou des visites guidées.

TEMPLE DEL SAGRAT COR ★

Plaça del Tibidabo
✆ +34 934 175 686
tibidabo.salesianos.edu
Tous les jours de 11h à 17h45 (19h l'été). Entrée libre. Accès aux terrasses 4 €.

Le temple expiatoire du Sacré-Cœur domine la colline du Tibidabo à 532 mètres. Le nom reprend la traduction latine des paroles de Satan, qui voulait corrompre le Christ en lui présentant le monde à ses pieds : « *tibi dabo* » (« je te le donnerai »). Le temple, commencé en 1902 par Enric Sagnier, n'a été achevé qu'en 1961, avec la pose de la statue du Christ sur son sommet. Remarquez le portail de la crypte, d'inspiration moderniste, orné de mosaïques. L'accès aux terrasses se fait par ascenseur. Au pied du temple se trouve le parc d'attractions centenaire.

TOUR DE COLLSEROLA ★

Ctra. de Vallvidrera al Tibidabo, s/n
✆ +34 93 211 79 42
www.torredecollserola.com
Visites les week-ends. Les horaires dépendent du parc du Tibidabo (consultez le calendrier). Entrée 5,60 €.

Cette immense aiguille d'acier perchée sur le Turó de la Vilana a été conçue par l'architecte américain Norman Foster pour les Jeux olympiques de 1992. Il s'agit d'une tour de télécommunications haute de 288 mètres qui domine Barcelone et le Vallès Occidental. On accède au dernier étage en moins de 2 minutes chrono ; là se trouve un observatoire doté d'un puissant télescope et d'une plate-forme panoramique. A 560 mètres au-dessus du niveau de la mer, c'est le point d'observation le plus haut de la ville. Ames sujettes au vertige s'abstenir !

SE RÉGALER

Véritable destination épicurienne, Barcelone se distingue par la qualité de ses restaurants et la richesse de sa cuisine. Bars à tapas, restaurants de poissons et fruits de mer, bistrots branchés et tables étoilées occupent le devant de la scène gastronomique. Du simple *menu del dia* aux créations avant-gardistes des chefs catalans, vous apprécierez au quotidien cette cuisine de *mar i muntanya* (mer et montagne) mêlant d'excellents produits du terroir aux saveurs de la Méditerranée. *Arrossos* (riz), *pa amb tomàquet* (pain à la tomate), *escalivada* (légumes grillés) et *patatas bravas* comptent parmi les incontournables. Les bonnes tables étant rapidement prises d'assaut, il est conseillé de réserver à l'avance dans les lieux à la mode. Mais surtout, oubliez vos habitudes et adoptez la coutume locale des *platets* (petits plats) à partager : une façon conviviale et locale de découvrir la cuisine catalane !

HORAIRES

En général, les Catalans déjeunent vers 14h en semaine, et dînent le soir à partir de 21h. Le dimanche, ils optent pour le service de 15h30 pour partager une paella… et pas avant ! Évidemment, Barcelone étant une ville très internationale, les restaurants offrent des horaires assez amples. En semaine, vous pourrez déjeuner à partir de 13h, et le week-end opter pour le service de 13h30 dans les restaurants de poissons. Le soir, le service commence aux alentours de 20h30. Attention, beaucoup de restaurants ferment le dimanche soir, pensez à vérifier les horaires ! Soyez aussi prévoyants au mois d'août : la plupart des restaurants (non touristiques) prennent des congés durant cette période. C'est le cas aussi durant les premiers jours de janvier. Enfin, pour les tables les plus à la mode, pensez à réserver au moins 24h à l'avance !

BUDGET / BONS PLANS

Les restaurants sont un peu moins chers qu'en France, mais pas beaucoup moins ! La différence se fait surtout sur les boissons : alors qu'en France le budget pour une bouteille de vin tourne facilement autour des 30 €, à Barcelone, vous débourserez moins de 15 €. Quoi qu'il en soit, il faut compter environ 25 € par personne pour des tapas à partager dans les tavernes à la mode, 40 € pour un restaurant de poisson et plus de 70 € pour une table gastronomique. Le midi, beaucoup de restaurants servent un *menu del dia* aux alentours de 15 €, une formule économique qui inclue généralement une entrée, un plat, un dessert et une boisson. C'est une excellente option pour découvrir les bonnes tables de la ville à moindre prix.

Au niveau des moyens de paiement, vous pourrez payer en carte bleue dans la plupart des restaurants de la ville. Cependant, il n'est pas impossible que l'on vous demande de payer en liquide dans certains bouis-bouis ou vieilles bodegas de la ville : il est donc plus prudent d'avoir un peu de cash sur vous.

EN SUPPLÉMENT

En général, les taxes sont incluses dans les prix annoncés sur la carte. Si ce n'est pas le cas, il sera indiqué *+IVA*. À Barcelone, vous ne devriez pas être confronté à ce cas de figure ; en revanche, dans les villages de la province de Barcelone, encore beaucoup de restaurants facturent la TVA à part. Elle correspond à 10 % de la note.

Concernant les pourboires, il est de coutume de laisser 5-10 % de la note si vous avez apprécié le service. Mais cela n'est en rien obligatoire. Enfin, notez que l'eau n'est jamais incluse dans les restaurants espagnols ! Inutile de tenter d'expliquer que vous voulez simplement une carafe d'eau, cela ne se fait pas ! Il vous faudra commander une bouteille d'eau plate (*agua sin gas*) ou gazeuse (*agua con gas*), fraîche (*fría*) ou à température ambiante (*natural*), qui vous sera facturée en fin de repas.

Dégustation de tapas.

C'EST TRÈS LOCAL

Que l'on déguste des tapas, des *platets* (petits plats) ou même un plat du jour, à Barcelone, il est de coutume de partager son assiette ! Évidemment, les typiques *patatas bravas*, *croquetas* et calamars frits sont directement placés au centre de la table par le serveur. Mais même dans les bistrots à la mode et les tavernes gastronomiques, il est tout à fait normal de commander 3-4 petits plats différents pour les partager.

À ÉVITER

Au risque de passer pour un touriste de première, oubliez vos couverts pour déguster *pinchos* (tapas sur du pain), *pescaditos* (petits poissons frits), *croquetas*, et autres tapas de comptoir. Elles se dégustent avec les doigts, tout simplement ! Évitez aussi la sangria, boisson pour touristes par excellence. Préférez le *vermut*, la bière locale, et bien sûr les vins catalans.

ENFANTS

En Espagne, les enfants sont les bienvenus dans tous les restaurants. D'ailleurs, les week-ends, la plupart des restaurants de poissons et fruits de mer du littoral sont remplis de *niños* ! Même dans les restaurants gastronomiques, il est rare que l'on vous refuse l'accès avec des enfants : à vous de voir si vos chérubins pourront tenir en place ou non !

FUMEURS

Les Espagnols se sont pliés en janvier 2011 à l'interdiction de fumer dans les lieux publics. Après une période de transition durant laquelle il était permis de fumer dans certains établissements, en fonction de certains critères, désormais il est tout simplement interdit de fumer dans tous les bars et restaurants du pays. Cette interdiction devrait s'étendre prochainement aux terrasses de cafés et restaurants.

LES ATTRAPE-TOURISTES

La plupart des restaurants situés sur les Ramblas et le Passeig de Joan de Borbó sont d'authentiques attrape-touristes. Pour les repérer, c'est facile : la carte, affichée en dix langues à l'extérieur du restaurant, est illustrée par des photos de paella, sangria et tapas des années 1990. En prime, un rabatteur super sympa vous vantera les mérites de son restaurant. Si c'est le cas : fuyez !

LES PHRASES CLÉS

Bonjour, je voudrais réserver une table pour deux personnes pour ce midi ou ce soir.
Hola, m'agradaria reservar una taula per a dues persones per a aquest migdia o aquesta nit.

Avez-vous un menu en français ou en anglais ?
Té una carta en francès o en anglès?

Je suis végétarien, y a t-il des plats sans viande ?
Soc vegetarià, que hi ha plats sense carn?

Je n'ai vraiment plus faim mais avez-vous une carte des desserts ?
No tinc més gana, però tenen carta de postres?

Puis-je avoir l'addition s'il vous plait ? Je peux payer par carte ou en espèces ?
Em passa el compte, si us plau? Puc pagar amb targeta o en efectiu?

C'était très bon, nous reviendrons. Merci et à bientôt.
Era tot molt bo, tornarem. Gràcies i fins una altra.

BACARO €€

C/ Jerusalem, 6

✆ +34 931 156 679

www.bacarobarcelona.com

Du lundi au samedi de 13h30 à 16h et de 20h30 à 0h. Comptez 30 €.

Dans une ruelle cachée derrière La Boqueria, une micro taverne vénitienne à l'accueil chaleureux ! Quelques tables en rez-de-chaussée, le reste en mezzanine, plantent le décor intimiste de ce restaurant mené par le chef Marco Filipponi. On y déguste une sublime *pasta* faite maison, mais aussi d'excellentes recettes maritimes, profitant des arrivages de poissons frais du marché voisin : carpaccio de gambas, crabes frits à la mayonnaise d'anchois, passatelli aux cèpes... Clientèle locale, dont on apprécie la compagnie au sortir des Ramblas et de La Boqueria !

BAR LOBO €

3, Carrer del Pintor Fortuny

✆ +34 934 815 346

www.grupotragaluz.com

Ouvert tous les jours de 9h à minuit, jusqu'à 1h30 du jeudi au samedi. Menu de midi 13,50 €. A la carte, comptez 20 €.

Une adresse cosmopolite de la vieille ville, à deux pas des Ramblas ! Son emplacement, en plein quartier du Raval, sa décoration tendance, mais pas surfaite, sa clientèle branchée, mais pas élitiste sont autant d'ingrédients qui font la recette de son succès. A tout moment de la journée, sa terrasse est un spot agréable pour profiter de l'ambiance de la place tout en avalant un petit déjeuner, un plat du jour ou des tapas en soirée. Aubergines grillées au miel, tataki de thon, salade de quinoa, fajitas au poulet... le choix est vaste !

BAR FIDEL €

24, Carrer de Ferlandina

✆ +34 933 04 14 39

Ouvert tous les jours de 13h à 1h. Environ 10 €.

Les meilleurs bocatas (sandwichs) du Raval ! Alors forcément, il vous faudra faire la queue pour obtenir une table et déguster ces petites merveilles au pain croustillant. Notre préféré ? Le Mallorquin, à base de fromage fondu et de sobrasada. Mais la carte est longue et propose bien d'autres options tout aussi alléchantes, comme le Norvégien au saumon fumé et crème de roquefort, ou le Catalan à la saucisse sèche et au camembert. Jeune et pas chère, voilà une très bonne adresse pour manger sur le pouce à deux pas du MACBA et du CCCB.

BAR PINOTXO €€

85, La Rambla

✆ +34 933 171 731

www.pinotxobar.com

Du lundi au samedi de 6h30 à 16h. Comptez 25 €.

Le petit bar Pinotxo se trouve en plein cœur du marché de la Boqueria. C'est une véritable institution du quartier, et certains serveurs sont fidèles au poste depuis près d'un demi-siècle ! Tout le monde s'accorde à dire que le Pinotxo est le meilleur établissement de la Boqueria, mais les places sont chères... On y mange au bar, dans l'atmosphère effervescente du marché, le meilleur de la cuisine catalane : butifarra, pois chiches au boudin, gambas à la plancha, et en dessert, l'incontournable xuxo à la crème. Formidable ambiance, bien que très touristique.

BAR LA PLATA €

28, Carrer de la Mercè

✆ +34 933 151 009

www.barlaplata.com

Du lundi au samedi de 10h à 15h15 et de 18h15 à 23h. Fermé le dimanche. Comptez 10 €.

Surnommé « Los Pescaditos », le bar La Plata est connu pour sa spécialité : les tapas de poissons frits (pescaditos). Ce petit bar sans prétention est un classique de la Carrer de la Mercè, où se réunissent étudiants et habitants du quartier. Vous y viendrez sur les coups de 19h pour un apéritif au zinc, voire carrément dans la rue lorsque le bar est bondé ! Outre les fameux *pescaditos*, on testera l'excellente salade de tomates, et le pincho de *butifarra* (saucisse catalane). Le tout à arroser d'un *quinto* (petite bière de 20 cl) ou d'un vermouth maison !

BELMONTE €

29, Carrer de la Mercè

✆ +34 933 107 684

Du mardi au jeudi de 20h à 23h30, vendredi et samedi de 13h à 15h30 et de 20h à 0h. Environ 20 €.

Une adresse de charme, dans un décor rétro de vieux miroirs, d'affiches et de cartes postales. Ce petit restaurant du Barri Gòtic est spécialisé dans le vermouth et les tapas catalanes : *escalivada* (aubergines et poivrons au four), *xató* (salade à base d'anchois et de morue), divines tortillas et les incontournables *patatons* à la sauce romesco. Le tout préparé avec des ingrédients de proximité, la plupart provenant du potager familial situé aux alentours d'El Vendrell. Une bonne alternative aux bars à tapas bruyants des environs !

BISTROT LEVANTE €€

1 Placeta de Manuel Ribé
✆ +34 938 582 679
www.bistrotlevante.com
Lundi de 18h30 à 0h, du mercredi au dimanche de 10h à 16h et de 19h à 0h. Comptez 25 €.

A deux pas de la Plaça de Sant Jaume, au détour d'une ruelle de l'ancien quartier juif (El Call), se cache ce petit bistrot à la décoration épurée. Le restaurant, finement conçu, propose une cuisine libano-méditerranéenne très inventive, à découvrir à l'heure du brunch ou lors d'un dîner en couple ou entre amis. A la carte : *tostada* (pain grillé) aux raisins et tomates rôties, chakchouka piquante avec des œufs, kubaneh à l'agneau grillé... Autant de plats exotiques et très savoureux qui s'accompagnent d'une belle sélection de vins naturels.

BODEGA LA PALMA €

7, Carrer de la Palma de Sant Just
✆ +34 933 150 656
www.bodegalapalma.com
Du lundi au samedi de 12h à minuit. Menu du jour : 13 €. Environ 20 € à la carte.

A deux pas de la plaça Sant Jaume, une vieille bodega de 1937 cachée dans une ruelle sombre. Ici, on fait une parenthèse hors du temps, dans un décor de tonneaux à vin, de poivrons et d'ail suspendus, pour déguster une très bonne cuisine catalane. Parmi les petits plats et tapas à partager : ragoût de porc ibérique au cidre, (divine) brandade de morue, et les classiques *patatas bravas* et *croquetas*... Les week-ends, arrêt indispensable pour un vermouth accompagné de quelques olives et d'anchois. Une bonne adresse en plein Barri Gòtic !

BODEGA VASCONIA €

13, Carrer d'En Gignàs
✆ +34 677 36 03 75
Du mardi au dimanche de 14h à minuit. Environ 20 €.

Cette typique *bodega* de quartier, ouverte depuis 1905, présente une décoration à l'ancienne avec ses vieux cadres accrochés au mur et son aspect poussiéreux. Authentique et pleine de charme, la Bodega Vasconia, connue également sous le nom de Casa Miguel, propose des tapas traditionnelles. La carte change tous les jours en fonction du marché, mais les *tablas de embutidos* (assortiment de charcuterie) et les vins de Rioja sont fidèles au poste. Autres valeurs sûres : la tortilla, les anchois, le poulpe, les couteaux, et même la paella !

BAR MUY BUENAS €€

63, Carrer del Carme
✆ +34 938 07 28 57
www.muybuenas.cat
Du lundi au vendredi de 13h à 15h30 et de 20h à 23h, samedi et dimanche de 13h à 23h30. Comptez 20-25 €.

Un authentique bar moderniste de 1924, qui a conservé sa façade et son mobilier d'époque. Entièrement restauré en 2016, il offre un merveilleux décor de boiseries et de céramiques pour se régaler de spécialités catalanes dans la partie restaurant, ou déguster un excellent cocktail à l'étage. A la carte, délicieuses *croquetas*, morue à la samfaina, poulet aux langoustines, mandonguilles (boulettes de viande) et seiche, fricandó (ragoût) : autant de classiques de la cuisine catalane préparés avec grand soin. Service attentionné, mais un peu lent !

© GRUP CONFITERIA

© GRUP CONFITERIA

SE RÉGALER

BUENAS MIGAS €

6, Plaça Bonsuccés
✆ +34 933 183 708
www.buenasmigas.com
Tous les jours de 8h à 0h (jusqu'à 1h les vendredis et samedis). Environ 10 €.

Une bonne adresse pour un petit déjeuner ou un repas sur le pouce. A la carte : grand choix de focaccias, mais aussi de bonnes quiches, des pâtes à la mozzarella, au pesto, des lasagnes… Vous pourrez aussi déguster de délicieux desserts, dont un bon crumble aux pommes et à la cannelle. Les tarifs bon marché attirent une clientèle jeune et internationale. Il y a une quinzaine d'établissements dans Barcelone, tous situés à proximité de lieux touristiques, dont un sur le Passeig de Gràcia (au n° 120) et un autre face à la Sagrada Familia.

CA L'ISIDRE €€€

12, Carrer Les Flors
✆ +34 934 411 139
www.calisidre.com
Du lundi au samedi de 13h30 à 16h et de 20h30 à 23h. Menu de midi 35 €, à la carte 70 €.

Ca l'Isidre, lieu chic et élégant, est un restaurant familial haut de gamme, fondé au début des années 1970. Reconnu pour son service et l'excellence de sa cave à vin (environ 400 références), le restaurant propose une cuisine méditerranéenne et catalane, élaborée avec des produits de saison provenant du marché de La Boqueria. La carte propose un vaste choix de plats, parmi lesquels les incontournables *peus de porc*, et les *torrijas* en dessert. Pour l'anecdote, sachez que le roi et la reine d'Espagne y ont célébré leur anniversaire de mariage en 1986 !

CAFÉ DE L'ACADÈMIA €

C/ Lledó, 1
✆ +34 933 198 253
Ouvert du lundi au vendredi de 13h30 à 16h et de 20h30 à 23h30. Menu de midi à 16 €. A la carte, comptez 25 €.

Une référence du quartier, tant pour sa longue trajectoire que pour la qualité de ses plats. On y sert le midi une bonne cuisine du marché, élaborée avec des produits de saison. A la carte, des plats beaucoup plus élaborés et enracinés, telles la savoureuse *escudella*, la *fideuà* aux gambas et les diverses spécialités de morue. Outre son charmant décor de poutres et de pierres apparentes, vous apprécierez la terrasse du restaurant sur la Plaça Sant Just, l'une des plus belles places du Barri Gòtic. Excellent rapport qualité-prix !

CAPET €€

5 Carrer del Cometa
✆ +34 937 204 421
www.capetrestaurant.com
Du mardi au samedi de 13h à 15h30 et de 20h à 23h. Comptez 40 €.

Au cœur du Barri Gòtic, un restaurant aux allures de bistrot moderne, où le chef vénézuélien Armando Álvarez concocte une cuisine dans l'air du temps, dictée par les produits de saison. Les tables en salle ou en mezzanine sont très agréables, mais si vous voulez voir le chef à l'œuvre, demandez une place au comptoir, qui fait face à la cuisine ouverte. Ses plats, très inventifs, évoluent constamment au gré des saisons. Laissez-vous tenter par les suggestions du jour et pensez à réserver une table : les fidèles sont nombreux…

CASA GUINART €€

95, La Rambla
www.casaguinart.com
Tous les jours de 10h à 23h30. Comptez 30 €.

Un établissement emblématique de La Rambla, ouvert depuis 1899. On venait autrefois y acheter du jamón de Jabugo, des charcuteries ou du vin. Avec la quatrième génération de la famille, le concept a évolué pour devenir, en 2012, un restaurant de *raciones* et tapas élaborées avec des produits du marché. A la carte : gambas fraîches, patatas bravas, *pa amb tomaquet*, *canelones*, ainsi que de belles assiettes de jambon 5J (l'un des meilleurs d'Espagne). Les places en terrasse sont tentantes, mais préférez une table à l'intérieur pour plus de tranquillité.

CASA LEOPOLDO €€

C/ Sant Rafael, 24
✆ +34 934 41 30 14
www.casaleopoldo.es
Du jeudi au lundi de 13h à 16h et de 19h30 à 23h. Comptez 30-40 €.

Fondé en 1936 au cœur du Raval, Casa Leopoldo réinvente ses classiques depuis l'arrivée, en 2017, des chefs Oscar Manresa et Romain Fornell. Nouvelle étape, mêmes exigence et savoir-faire, pour offrir une cuisine catalane tout en finesse, dans un décor inchangé de céramiques et de souvenirs taurins. Ne manquez pas le *rabo de toro* au vin rouge du Priorat, spécialité de la maison, les mandonguilles (boulettes de viande) aux petites seiches, et le *cap i pota Pepe Carvalho*, qui rend hommage à l'écrivain Manuel Vázquez Montalbán, son client le plus illustre.

LA CERERÍA €

3, Baixada de Sant Miquel
✆ +34 933 018 510
Du mardi au samedi de 13h à 23h, dimanche de 13h à 17h. Environ 15 €.

Installée dans un joli passage avec des arcades, la Cerería présente un concept original au cœur du Barri Gòtic. Entièrement décorée sur le thème de la musique, cette adresse présente une collection atypique de vieilles partitions de musique, de flûtes ancestrales et de CD introuvables. A la carte, vous dégusterez de délicieux petits plats végétariens, dont les aubergines à la milanaise, les lasagnes au potiron et épinards, ou les courgettes au four farcies aux champignons. Les tables à l'extérieur offrent une ambiance très agréable les soirs d'été.

CAN CULLERETES €€

5, Carrer d'En Quitana
✆ +34 933 176 485 - www.culleretes.com
Du mardi au dimanche de 13h à 15h45 et de 20h à 22h30 le jeudi, vendredi et samedi. Fermé le lundi. Comptez 25 €.

Cuisine traditionnelle de rigueur dans ce restaurant fondé en 1786 à deux pas de la Plaça Reial. Il suffit de regarder les innombrables photos d'artistes, de politiciens et autres personnalités pour se rendre compte que ce lieu est resté incontournable pendant de nombreuses années. Dans le grand *comedor* aux murs couverts de céramique, on vous sert de bonnes spécialités catalanes : *escudella* (soupe garnie de viande, pois chiche...), le poulet rôti aux pommes de terre et *samfaina*, ou encore la *botifarra* (saucisse) aux haricots blancs. Typique... et touristique !

CERVECERÍA MORITZ €

Ronda Sant Antoni, 41
✆ +34 934 260 050
www.moritz.com
Tous les jours de 9h à 1h30. Comptez 20 €.

Tout ici est à grande échelle, à commencer par la réhabilitation du lieu, impressionnante, qui a été dirigée par Jean Nouvel. A l'arrivée, d'immenses espaces, une boutique de gadgets *collector*, un sous-sol où tout le monde accourt pour des événements culturels. Dans la Cervecería, nombreuses spécialités qui vont de la cuisine alsacienne (dont le fondateur, Louis Moritz, était originaire), à la tradition catalane en passant par les recettes d'un bistrot français… La Fàbrica accueille aussi le restaurant gastronomique Alkimia, orchestré par le chef Jordi Vilà.

DOS PALILLOS €€€

9, Carrer d'Elisabets
✆ +34 933 040 513
www.dospalillos.com
Ouvert mardi et mercredi de 19h30 à 23h30, du jeudi au samedi de 13h30 à 15h30 et de 19h30 à 23h30. Menu 90-110 €.

Situé au rez-de-chaussée de l'hôtel Casa Camper, le Dos Palillos propose une cuisine d'inspiration asiatique, récompensée par 1 étoile au Michelin. Albert Raurich, ancien chef des cuisines d'El Bulli, est le responsable de cette savoureuse cuisine qui se situe pile dans la tendance. Une véritable expérience culinaire, avec un concept basé sur la rencontre de la gastronomie espagnole et asiatique. Les baguettes asiatiques et les piques espagnoles sont à l'origine de l'appellation du restaurant, *palillos* désignant à la fois des piques et des baguettes.

DIREKTE BOQUERIA €€€

Carrer de les Cabres, 13 ✆ +34 931 14 69 39
www.direkte.cat
Du mardi au jeudi de 13h à 17h, vendredi et samedi de 13h à 17h et de 19h30 à 21h30. Menus 45-58 €.

La sensation gastronomique du moment ! Arnau Muñío, formé auprès des plus grands chefs du panorama barcelonais (Albert Adrià, Carles Abellan), vous offre un voyage gastronomique au cœur de la Boqueria. Dans un décor d'*izakaya* de 14 mètres carrés et seulement 8 couverts, deux cuisiniers préparent sous vos yeux un succulent menu aux influences asiatiques. Les plats varient au gré des saisons, mais ne manquez pas le divin cheesecake au thé matcha en dessert ! Superbe, surprenant, et toujours bondé… pensez donc à réserver votre tabouret bien à l'avance !

DOS PEBROTS €€€

Carrer Doctor Dou, 19
✆ +34 938 539 598
www.dospebrots.com
Ouvert mercredi et jeudi de 20h à 23h30, du vendredi au dimanche de 13h30 à 16h et de 20h à 23h30. Menus 50-70 €.

Le chef Albert Raurich s'attaque aux vieilles recettes dans son nouveau restaurant du Raval. Son approche à la fois historique et innovante des plats traditionnels offre une belle aventure culinaire, qui débute par une lecture attentive de sa carte, très didactique, où sont expliqués l'origine des plats et les ingrédients utilisés pour leur élaboration. Tortilla « unilatérale » de pignons, oignon « noir » braisé, morue à la sauce pil pil… Voilà autant de petits plats surprenants à partager, pour une expérience aussi conceptuelle que savoureuse !

ELS QUATRE GATS €€

3 bis, Carrer de Montsió
✆ +34 933 024 140
www.4gats.com
Ouvert tous les jours de 9h à 0h. Menu de midi à 19 €.

Inauguré en 1897, Els Quatre Gats était le lieu de rendez-vous de la bohème du début du XXe siècle. Picasso, particulièrement assidu, a exposé ses œuvres dans la salle principale et dessiné la couverture du menu. Le restaurant est resté imprégné de cette ambiance si particulière. La décoration intérieure rend un bel hommage à l'esthétique moderniste. A la carte, une cuisine traditionnelle catalane et des tapas. Le menu de midi est tout à fait correct et permet de déjeuner pour pas trop cher dans cet endroit incontournable de Barcelone.

FONDA ESPAÑA €€

9-11, Carrer de Sant Pau
✆ +34 93 550 00 00
www.hotelespanya.com
Ouvert de 13h à 16h et de 20h à 23h. Fermé le dimanche soir. Plusieurs menus à partir de 32 €.

Si vous souhaitez manger dans un authentique palais moderniste, accourez à Fonda España, le restaurant de l'hôtel España. Ce sera d'abord un plaisir pour les yeux que de déjeuner ou dîner dans un édifice construit par Domènech i Muntaner. Puis, certainement, un plaisir de découvrir les plats proposés dans ce lieu, placé sous la direction du célèbre chef Martín Berasategui. Son mot d'ordre : une actualisation de la cuisine traditionnelle, élaborée à partir des meilleurs produits du marché. Honneur aux poissons, aux variations sur le riz et aux produits de saisons.

GREEN-CO €€

Plaça Reial, 8 ✆ 934 12 45 36
www.greencobarcelona.com
Ouvert tous les jours de 12h30 à minuit. Compter environ 25-30 € par personne.

Petit nouveau sur la Plaça Reial, au cœur du quartier Gothique, Green-Co a été conçu de façon à offrir des plats sains, colorés et savoureux à base de produits de saison écologiques issus de l'agriculture locale. Quel que soit votre régime, vous y trouverez forcément votre bonheur. La carte offre un menu varié avec des options végétariennes, véganes, sans gluten, régime paléo et keto, élaborées avec soin. Nous recommandons vivement les tagliatelles à base de patates douces et bien sûr le fantastique burger de saumon au gingembre et roquette !

GOURMET TAPAS BY SENSI €€

4 Milans
✆ +34 932 955 752
www.sensi.es
Tous les jours de 18h30 à minuit. Comptez 30 €.

Oubliez les croquetas, les patates bravas et autres classiques du genre… Ici, on parle de ce qui se fait de mieux en matière de tapas gastronomiques, le tout dans une ambiance cosmopolite et décontractée, au cœur du Barri Gòtic. Au menu, de délicieuses tapas au tartare de tomate et émulsion de moutarde, soufflé de brocoli, coquilles Saint-Jacques et artichauts frits, moules à la sobrasada et au basilic, jarret d'agneau et purée de chou-fleur truffée... le mieux reste encore de réserver à plusieurs pour être sûr de goûter à tout !

LAS FERNÁNDEZ €€

11, Carrer de les Carretes
✆ +34 934 432 043
www.lasfernandez.com
Du mardi au dimanche de 20h à 0h, jusqu'à 2h les week-ends. Environ 25 €.

Au cœur du Ravalquistán (c'est ainsi que l'on surnomme la partie la plus pakistanaise du quartier), ce restaurant à la mode est le résultat du travail de trois sœurs : les Fernández bien sûr ! A contre-pied de la mode minimaliste, le restaurant a été décoré dans des coloris rouge et orange, pour une ambiance pop et une clientèle funky. La carte revisite les plats traditionnels de la cuisine espagnole. Ne ratez pas les *papa's don't preach*, version des traditionnelles *patatas bravas*. Le burger queen et la cocotte Chanel sont aussi des valeurs sûres.

KOY SHUNKA €€€

Carrer Copons, 7
✆ +34 934 127 939
www.koyshunka.com
Du mardi au samedi de 13h30 à 15h et de 20h30 à 22h30. Menu dégustation à partir de 90 €.

L'une des meilleures adresses de Barcelone pour manger japonais. Très connu auprès de la clientèle barcelonaise et même des célébrités locales (il n'est pas rare d'y croiser des joueurs du Barça), Koy Shunka affiche souvent complet et il vous faudra réserver à l'avance. Si vous arrivez à avoir une place au comptoir (la plus convoitée), attention les yeux : le chef Hideki Matsuhisa et son équipe vous en mettront plein la vue et les papilles ! Une cuisine japonaise traditionnelle et savoureuse, récompensée par une étoile au Michelin.

LLOP €

C/ Carme, 42
✆ +34 934 615 911
www.encompaniadelobos.com
Tous les jours de 9h à minuit. Comptez 20 €.

A l'angle du carrer del Carme, où s'élevait jadis un couvent carmélite (aujourd'hui disparu), ce café-restaurant séduit par ses hauts plafonds, ses colonnes et ses murs en brique. On s'y arrête à n'importe quel moment de la journée pour un petit déjeuner, un brunch, un *menu del dia*, un jus de fruits frais ou des tapas. A la carte, des plats dans l'air du temps pour une clientèle cosmopolite : guacamole servi avec des nachos, salade de quinoa au potiron grillé, tajine de poulet aux prunes, et une grande variété de desserts. Un lieu stylé... et pratique !

LOS CARACOLES €€

14, Carrer dels Escudellers
✆ +34 933 012 041
www.loscaracoles.es
Ouvert tous les jours de 13h à minuit. Environ 30-40 €.

Fondé en 1835 à deux pas de la plaça Reial, ce monument du Barri Gòtic demeure un classique de la restauration barcelonaise. Dans ses salons ont dîné d'illustres personnages, dont Salvador Dalí et Gala, Joan Miró, Ava Gardner ou encore Catherine Deneuve, dont les photographies tapissent les murs du restaurant. Le décor, superbe, conserve intacts les azulejos, les tonneaux peints et les tableaux d'époque. Parmi les classiques de la maison : le poulet rôti, la paella, les cannelloni à la truffe... et les *caracoles* (escargots) bien sûr !

PAZ 19 €€

Carrer de Josep Anselm Clavé, 19
✆ +34 931 41 31 93
www.sensi.es/paz19
Ouvert tous les jours de 18h30 à 02h30. Compter environ 30 € par personne. Réservation par téléphone ou mail.

C'est le petit dernier de la famille Sensi et le succès est déjà au rendez-vous. Dans un cadre moderne, mêlant style industriel et mobilier coloré, les plateaux de tapas gastronomiques se succèdent dans une atmosphère conviviale. Si vous êtes nombreux, vous pourrez partager une large sélection de tapas, toutes plus succulentes les unes que les autres. Si vous venez en couple, laissez-vous porter par les suggestions du chef, entre classiques, poissons et viandes. Vous pourrez également agrémenter votre dîner d'un cocktail concocté par le maître des lieux !

QUIM DE LA BOQUERIA €€

91, La Rambla ✆ +34 933 019 810
www.elquimdelaboqueria.cat
Lundi et mercredi de 12h à 16h, mardi et jeudi de 8h à 16h, vendredi et samedi de 8h à 17h. Comptez 30 €.

Situé à l'intérieur du marché de la Boquería, le Quim est une institution à lui tout seul. Ouvert en 1987, il offre un joyeux mélange d'habitués et de touristes bien informés. On y mange au comptoir une authentique cuisine du marché, réinterprétée avec une pointe de modernité. Testez les gambas à l'ail, le risotto de *rabo de toro* (queue de taureau), l'œuf frit aux chipirons, la poêlée de champignons au foie gras caramélisé, et la spécialité de la maison, les *huevos con llanqueta* ! Tous les plats sont préparés sous vos yeux, dans une ambiance joyeuse et survoltée.

RESTAURANTE BIOCENTER €

25, Carrer del Pintor Fortuny
✆ +34 933 014 583
www.restaurantebiocenter.es
Du lundi au vendredi de 10h à 23h, samedi de 13h à 23h, dimanche de 13h à 16h. Comptez 10-20 €.

Installé dans une rue sympathique du Raval, à proximité des Ramblas, le Biocenter est un vétéran des restaurants végétariens de Barcelone. Sa décoration cosy et la variété de ses plats ont fait de cet endroit l'un des incontournables du genre. Le midi, un grand buffet végétarien réunit des produits frais à perte de vue ! Le soir, on s'y régale de tapas, de crèmes de légumes et salades, de burgers végétariens et de plats plus raffinés, tels les ravioles artisanales de tomates séchées et fromage de chèvre, ou le wok de tempeh au gingembre.

EL SALÓN €€

6-8, Carrer del Hostal d'en Sol
✆ +34 933 152 159
www.elsalonrestaurant.com
Du lundi au samedi de 17h à 0h. Comptez 25 €.

Né en 1995, il fut l'un des premiers restaurants de la ville conçus dans un esprit « bistrot ». Sa décoration impeccable s'apparente à un véritable salon : bibliothèque, canapé, étagères et meubles à l'ancienne... Cet environnement très cosy est la recette du succès du Salón, en plus d'une cuisine méditerranéenne très soignée. La carte change au gré des saisons, mais vous pourrez par exemple tester en entrée la terrine au fromage de chèvre gratiné, et en plat principal le filet de morue à la confiture de tomate et mousseline d'ail. Savoureux et charmant !

SENSI BISTRO €€

4, Regomir
✆ +34 931 799 545
www.sensi.es
Ouvert tous les jours de 19h à minuit. Comptez 30 €.

A 200 mètres de la Plaça Sant Jaume, Sensi Bistro vous accueille dans une atmosphère tamisée, à la fois romantique et dans l'air du temps. Tenu par deux Français attachés à la cuisine méditerranéenne, la carte propose des tapas « classiques », mais raffinées, ainsi qu'une sélection de tapas végétariennes, à base de viande, et des tapas de la mer. Testez par exemple le filet de bœuf et sa sauce au vin rouge, la plume ibérique et sa purée de panais, la daurade au four avec sauce au beurre blanc, ou les calamars farcis au chorizo et gambas...

SUCULENT €€€

Rambla del Raval, 45
✆ +34 934 436 579
www.suculent.com
Du mercredi au dimanche de 13h à 16h et de 20h à 23h30. Comptez 45 €.

Ce qui était à l'origine une modeste *tasca* fréquentée par les marginaux du quartier est devenue un repère gastronomique, grâce à l'ambition et la créativité du chef Toni Romero. Sa cuisine rénove les recettes traditionnelles, en accordant un soin particulier aux sauces. Dans un décor rénové qui a su conserver l'âme de l'ancienne taverne, on se régale de petits plats méditerranéens et espagnols, tels le ceviche de gambas, le steak tartare et pommes de terre soufflées, ou encore le *cochinillo* (cochon de lait) croustillant aux trompettes de la mort… Exquis !

SENSI MEZZANINE €€

Carrer Ample 24
✆ +34 935 414 459
www.sensi.es/mezzanine
Ouvert tous les jours de 18h30 à minuit. Comptez environ 30 € par personne. Réservations par téléphone ou mail.

Si vous venez à Barcelone pour la gastronomie, voilà un endroit à ajouter à votre liste ! D'entrée, l'établissement est chaleureux avec ses murs nus d'époque et la fresque envoûtante à l'étage. Pourquoi ne pas attaquer les hostilités avec un verre de sangria le temps de faire votre choix de tapas, à la fois traditionnelles et créatives, mais toujours finement cuisinées avec des produits frais. Une mention toute particulière à l'ensemble de l'équipe pour sa bonne humeur, son professionnalisme, et son efficacité. Clientèle locale et touristique.

TERESA CARLES €

2, Jovellanos
✆ +34 933 171 829
www.teresacarles.com
Tous les jours de 9h à 23h30. Comptez 15 €.

Les fruits et les légumes ont la vedette dans cet espace moderne et chaleureux. On y propose un grand choix de plats végétariens, mais aussi de nombreuses options véganes ou sans gluten. Du lundi au vendredi, bonne sélection de plats du jour pour un déjeuner sain et équilibré. Le soir et les week-ends, on opte pour la carte et ses plats plus raffinés : tartare de mangue et avocat, riz « senyoret » aux calamars et noix de Saint-Jacques, burger de seitan... Excellent choix à l'heure du brunch ou du petit déjeuner pour ses pancakes, yaourts de soja, etc.

SILENUS €€

8 C/ Àngels
✆ +34 933 022 680
www.restaurantsilenus.com
Ouvert du lundi au samedi de 9h30 à 1h. Menu du jour 14 €.

Nommé en l'honneur de Silène, dieu personnifiant l'ivresse et père de Dionysos, le café-restaurant Silenus est situé au cœur du Raval, tout près du musée Macba. Vous pourrez y déguster des plats savoureux de cuisine méditerranéenne et boire du bon vin dans une ambiance intime et bohème. C'est aussi un lieu à vocation artistique qui organise de nombreuses expositions. A la carte : intéressante sélection de tapas, burgers et plats du jour, avec aussi des options végétariennes, véganes ou sans gluten. En semaine, bon menu du jour à prix serrés.

THE GREENHOUSE €€

C/ Bergara, 8
✆ +34 934 636 116
www.hotelpulitzer.es
Du lundi au samedi de 13h à 16h. Menu du jour : 22 € (25 € le samedi).

A deux pas de la Plaça Catalunya, ce restaurant est situé à l'intérieur du très chic Pulitzer, boutique-hôtel apprécié des artistes de passage. Dans un décor de plantes exubérantes auquel il doit son nom de « maison verte », ce restaurant à la mode célèbre les légumes de saison et autres produits de proximité, à travers des plats aussi beaux que bons et toujours sophistiqués ! Côté ambiance, la clientèle – très cosmopolite – est un mélange de businessmen et de visiteurs bien informés. Un rapport qualité-prix imbattable en plein centre-ville !

BACOA KIOSKO €

Avinguda del Marquès de l'Argentera, 1
✆ +34 933 107 313
www.bacoaburger.com
Tous les jours de 12h30 à 1h. Environ 15 €.

Le spécialiste des burgers, avec plusieurs variétés de pain, de la viande de qualité et des produits frais. Burger au fromage *manchego* et oignon caramélisé, végétarien aux haricots noirs et fromage de chèvre, japonais à la sauce teriyaki, végan aux pois chiches et épinards... ou comment le burger est devenu le plat incontournable des fines bouches. A notre humble avis, c'est ici qu'on trouve le meilleur burger de Barcelone... et vu la queue kilométrique à toute heure de la journée, nous ne sommes pas les seuls à le penser ! Quatre autres adresses dans la ville.

BAR DEL PLA €

2, C/ Montcada
✆ +34 932 683 003
www.bardelpla.cat
Du lundi au samedi de 12h à 23h (jusqu'à minuit vendredi et samedi). Comptez 20 €.

A deux pas du musée Picasso, dans l'incontournable carrer de Montcada et ses palais médiévaux, une joyeuse taverne offrant des tapas, *raciones* et plats du jour. Sous le plafond voûté, à peine quelques tables et un grand bar en marbre, d'où observer le bal des serveurs. A la carte, les tapas classiques se conjuguent avec des petits plats inventifs, qui changent au gré des saisons : *coca* de sardines fumées, *carrillera* (viande de bœuf mijotée), cannelloni de champignons à l'huile de truffe... Laissez-vous tenter par les suggestions du jour !

BODEGA LA TINAJA €

9, Carrer de l'Esparteria
✆ +34 933 102 250
Du lundi au samedi de 19h à 0h. Environ 20 €.

Une taverne hors du temps, avec son interminable collection de cruchons et son sol en tomettes, installée dans les anciennes écuries d'un palais du XVIe siècle. Pensez à réserver, car on se bouscule pour tâter des nombreuses tapas et des assiettes de jambon de Bellota ou de fromages artisanaux, qui arrivent sur les tables en portions très généreuses. Certes, l'endroit est touristique, mais la tortilla de morue, les filets d'anchois de Cantabrie et les concerts – ponctuels – de flamenco méritent vraiment la visite ! Très belle sélection de vins.

BORMUTH €

C/ Rec, 31
✆ +34 933 10 21 86
www.bormuthbarcelona.com
Tous les jours de 12h30 à 1h30 (jusqu'à 2h30 vendredi et samedi). Comptez 15 €.

Une sympathique taverne face à l'incontournable Plaça Comercial, où boire un verre et partager des tapas après la visite du Born Centre de Cultura i Memòria. Fréquenté par les jeunes du quartier et des touristes bien tombés, le Bormuth est une bonne adresse pour se régaler de tapas traditionnelles accompagnées d'une bière Mahou tirée comme il se doit ! Sur l'ardoise, des classiques de comptoirs barcelonais, tels que les *patatas bravas*, les beignets de morue, les calamars frits ou encore les aubergines au miel. Simple et efficace, dans une ambiance joyeuse !

CAFÉ KAFKA €€

7, Carrer de la Fusina
✆ +34 933 151 776
www.cafekafka.es
Du mardi au samedi de 12h30 à 15h30 et de 20h à 23h30, dimanche de 13h30 à 17h. Comptez 25 €.

Un lieu emblématique du quartier, situé juste en face de l'ancien marché du Born. Le décor chic, avec ses plafonds hauts, ses colonnes dorées et ses lampes vintage, est apprécié d'une clientèle cosmopolite. On y déguste la spécialité de la maison, les tartares de bœuf et de thon rouge, ainsi qu'une variété de plats de saison, tout en buvant de délicieux vins et liqueurs. Egalement un bar à huîtres, avec quelques variétés à choisir. Le must : sa belle terrasse sur la place rénovée, où profiter du soleil à l'arrivée des beaux jours.

CAL PEP €€€

8, Plaça de les Olles
✆ +34 933 107 961
www.calpep.com
Ouvert de 13h à 15h30 et de 19h30 à 23h30. Fermé lundi midi et dimanche. Fermé en août. Environ 40 €.

Chez Cal Pep, on mange au bar (très étroit), même s'il y a aussi un coin restaurant. Ce n'est pas ce qu'il y a de plus confortable, mais l'ambiance y est indescriptible. Dans ce restaurant, vous trouverez le meilleur du poisson et des fruits de mer cuisinés sous vos yeux, mais aussi des délices catalans comme les *rovellons* (champignons), et, surtout, la meilleure tortilla de Barcelone (impossible de repartir sans l'avoir goûtée) ! Il n'a l'air de rien, mais c'est un endroit immanquable. Attention aux prix avant de commander, l'addition grimpe rapidement.

LA CANDELA €

Plaça de Sant Pere, 12
✆ +34 933 10 62 42
Tous les jours de 10h à 0h. Comptez 20 €.

Le point fort de ce petit restaurant, c'est surtout son emplacement sur la jolie plaça de Sant Pere, où s'élève l'église romane du même nom. Il faut donc réserver une table en terrasse pour profiter de l'ambiance de la place, d'autant que la salle intérieure du restaurant est plutôt exiguë. Dans l'assiette, on se régale des classiques tapas de la région (calamars, *patatas bravas*, piments de Padrón), revisitées avec beaucoup d'originalité. Un conseil : testez les délicieuses *pieles de patata* (pommes de terre sautées) et le croustillant de fromage manchego.

DOBLE ZEROO €€

53, Carrer de Jaume Giralt
✆ +34 933 151 744
www.doblezeroo.com
Du mercredi au dimanche de 13h à 16h et de 18h30 à 23h, jusqu'à minuit les vendredis et samedis. Environ 25 €.

Une adresse à l'image du quartier : branchée et cosmopolite. Le Doble Zeroo propose une cuisine de fusion qui fait la part belle aux sushis et makis. De fait, l'âme de Doble Zeroo repose sur le mélange des saveurs du monde avec une base japonaise, mélange des origines, des passions, des idées... Egalement une sélection séduisante de tapas d'inspiration orientale. La carte est longue et on se plairait bien à tout goûter ! Bon plan : garde d'enfants dans le restaurant avec le service Kodomoo les samedis, dimanches et jours fériés à l'heure du déjeuner !

CASA MARI Y RUFO €€€

Carrer de Freixures, 11
✆ +34 933 19 73 02
Mardi, mercredi et dimanche de 13h15 à 17h. Du jeudi au samedi de 13h15 à 17h et de 20h30 à 0h. Comptez 40 €.

En face du Mercat de Santa Caterina, cette vénérable « casa de comidas » concocte depuis 1981 une vraie cuisine du marché pour une clientèle d'habitués. Ne vous laissez pas tromper par son décor modeste et son ambiance popu : ici on sert une cuisine de grande qualité, avec d'excellentes viandes, et des poissons et fruits de mer de première fraîcheur, que Rufo et son fils cuisinent à la plancha. Mari, son épouse, domine quant à elle les classiques de la cuisine catalane. Belle ambiance familiale dans ce lieu authentique du Born !

EL CHIGRE 1769 €€

Carrer dels Sombrerers, 7
✆ +34 937 82 63 30
www.elchigre1769.com
Tous les jours de 12h à minuit. Comptez 20-40 €.

Petit frère du restaurant Llamber, cet établissement fusionne, lui aussi, les influences catalanes et asturiennes. Son concept ? Un mix entre la *vermutería* (local spécialisé dans le vermouth) et la *sidrería* (cidrerie), pour déguster des plats savoureux dans une ambiance informelle. Incontournables : le chorizo au cidre et les *patatinas* (petites pommes de terre) au fromage Cabrales, que l'on accompagne d'un verre de cidre Emilio Martinez, légèrement pétillant. Plus copieux : les assiettes de fromages des Asturies, le riz noir aux crevettes, la typique *fabada*...

CUINES SANTA CATERINA €€

16, Avinguda de Francesc Cambó
✆ +34 932 689 918
www.grupotragaluz.com
Ouvert tous les jours de 9h à 23h. Environ 25 €.

Une adresse cosmopolite située à l'intérieur du Mercat de Santa Caterina, offrant un bel espace à la décoration chaleureuse. La carte s'organise par catégories d'aliments et par styles de cuisine ou de cuisson (méditerranéen, cuisine du monde, *carbón*). C'est donc l'occasion de goûter un peu à tout sous forme de petits plats : *butifarra* aux haricots et foie, nouilles yakisoba sautées aux crevettes, agneau grillé à l'ancienne, raie au beurre noir, cannelloni à la truffe... il y en a pour tous les goûts ! Le service, en revanche, laisse un peu à désirer.

ESSENCE BY ESPAI SUCRE €€€

Carrer Sant Pere més Alt, 72
✆ +34 932 681 630
www.essence-espaisucre.com
Service du jeudi au samedi à 21h précises. Menu à 58 € (+ 20 € avec les vins).

Ce restaurant dédié aux produits sucrés propose une expérience très didactique autour d'un menu composé de tapas salés et sucrées et de 5 desserts. Dans une ambiance intime, autour d'une grande table commune pour seulement 12 convives, les plats se succèdent dans un ordre très réfléchi, afin d'apprécier toute l'évolution des saveurs. Elaborée par des « cuisiniers en pâtisserie », comme se définit le chef Jordi Butrón, cette cuisine s'adresse aux plus gourmets des gourmands ! Réservation indispensable sur le site web du restaurant.

EUSKAL ETXEA €

1-3, Placeta de Montcada
✆ +34 902 520 522
www.euskaletxeataberna.com
Tous les jours de 10h à 0h30, jusqu'à 1h les vendredis et samedis. Tapas 15 €, restaurant 30 €.

Les tapas du Pays basque jouissent depuis longtemps d'une excellente réputation. Pour preuve, cet établissement est toujours plein. Situé à deux pas du musée Picasso, il fonctionne à la fois comme centre culturel, bar à tapas et restaurant. Comme dans une authentique taverne basque, le comptoir expose une ribambelle de *pintxos* (tapas sur du pain), que l'on picore un verre de *txakoli* à la main. Dans la partie restaurant, nombreuses spécialités basques, dont la morue à la sauce pil pil et le *marmitako* de thon. Touristique, mais bonne ambiance autour du bar.

GINETTE €€

Carrer del Rec Comtal, 12 ✆ 932 80 95 03
www.ginette.es
Ouvert du mardi au dimanche de 19h30 à 0h. Service le samedi et dimanche de 13h30 à 16h. Compter 30 € par personne.

Dans un espace intime, décontracté et festif, à deux pas de l'Arc de Triomphe, Ginette c'est avant tout la rencontre de trois types de cuisine : français, catalan et espagnole. Une cuisine fusion audacieuse fière des traditions passées, mais innovante. Une large sélection de vins espagnols et français pour accompagner un foie gras poêlé aux betteraves confites ou le poulpe grillé avec chutney d'ananas et piquillos, mais aussi une belle carte de cocktails pour accompagner vos desserts, dont la fameuse mousse au chocolat, suffisamment consistante pour être partagée.

KOKU KITCHEN BUNS / RAMEN & GYOZA BAR €

C/ Comerç, 29
✆ +34 932 69 65 36
kokukitchen.es
Tous les jours de 13h à 16h et de 19h30 à 23h30. Comptez 15 €.

Koku Kitchen Buns est le spécialiste des bánh bao, offrant aussi de délicieuses soupes vietnamiennes et des dumplings garnis de porc ou de légumes. Au sous-sol, dans un décor industriel faussement clandestin, le Kitchen Ramen & Gyoza Bar sert, quant à lui, l'un des meilleurs ramens de la ville ! Ambiance jeune et cosmopolite, et un bon rapport qualité-prix à deux pas de l'ancien Mercat del Born ! En revanche, il faudra vous armer de patience avant d'obtenir une table...

LLAMBER €€

C/ de la Fusina, 5
✆ +34 933 196 250
www.llamber.com
Ouvert tous les jours de 9h à 0h. Menu de midi à 18,90 €. A la carte, comptez 30 €.

Cette taverne gastronomique, située sur la jolie place de l'ancien marché du Born, est l'un des QG des *foodies* barcelonais. Agréable décoration intérieure, avec une salle de restaurant et un espace avec des tables hautes, pour un repas plus informel. Mais surtout, une cuisine créative et novatrice imaginée par le chef asturien Francisco Heras, servie sous forme de *platets* ou de tapas. Préférez un repas à la carte pour tester les créations du chef, qui mêlent les produits asturiens au savoir-faire de la cuisine catalane. On va de surprise en surprise !

MENEGHINA €€

C/ Tiradors, 2
✆ +34 931 19 22 21
www.meneghina.es
Du lundi au vendredi de 19h à 23h, samedi de 13h à 15h30 et de 19h à 23h30, dimanche de 13h à 15h30. Comptez 30 €.

Un petit restaurant à la décoration chaleureuse et intime, où Arianna et Roberto proposent une cuisine italienne aux influences catalanes, ou vice versa. Les bons ingrédients et la simplicité des plats sont l'essence de cette cuisine sans prétention, mais pourtant très savoureuse. Même si la carte évolue au fil des saisons, la burrata aux tomates cherry et roquette, les pâtes aux gambas, les aubergines à la Parmigiana et les raviolis de courge et parmesan restent des valeurs sûres... tout comme le tiramisu en dessert ! Beaucoup de charme.

MESCLADÍS DEL POU €

C/ Carders, 35
✆ +34 933 198 732
www.mescladis.org
Ouvert tous les jours de 10h à 21h. Comptez 10 €.

Une charmante terrasse à l'abri des regards où l'on se régale de *coques* (la pizza catalane), *empanadas* et quiches. Géré par une association à but non lucratif, l'Espai Mescladis utilise des fruits et légumes écologiques et des produits de proximité comme les glaces de La Fageda, les jus de fruits bio de Cal Valls, les vins de la coopérative L'Olivera et toutes sortes de bières artisanales. La terrasse, sous des voûtes en pierre, est l'une des plus jolies du quartier. Le service sympathique est assuré par des personnes en réinsertion professionnelle.

MUNDIAL BAR €€

1, Plaça de Sant Agustí Vell
✆ +34 933 199 056
Mardi de 19h30 à 23h30, du mercredi au dimanche de 13h à 16h et de 19h30 à 23h30. Comptez 20-30 €.

Un petit bar de quartier où se pressent les habitués pour déguster des fruits de mer et du poisson frais. Ouvert en 1925, le Mundial Bar est aujourd'hui un classique du quartier, populaire et authentique, où vous dégusterez des clovisses (*almejas*), des gambas, du poulpe à la galicienne, des calamars à l'andalouse et des *parilladas* de poissons. Attention : il est souvent impossible de trouver une table ! Vous pourrez toujours vous installer à son joli bar pour vous imprégner de l'ambiance et tester une ou deux tapas. Rapport qualité-prix très correct.

LA PARADETA BORN €

7, C/ Comercial
✆ +34 932 681 939
www.laparadeta.com
Du mardi au dimanche de 13h à 16h et de 20h à 23h30. Environ 20 €.

Un endroit atypique pour déjeuner : la Paradeta est en fait une poissonnerie qui abrite une grande salle de restaurant aux allures de cantine. Pas de carte ni de menu : il faudra faire votre marché comme tout le monde ! Sur le stand de poissons, vous faites votre sélection au poids et choisissez la cuisson (à la plancha, au four, etc.). Quelques minutes plus tard, on vous sert un poisson ou des fruits de mer ultra frais dans une ambiance très conviviale. Une bonne option en groupe ou avec des enfants. Plusieurs adresses à Barcelone !

PASSADIS D'EN PEP €€€

2, Plà del Palau
✆ +34 933 101 021
www.passadis.com
Du lundi au samedi de 13h30 à 15h30 et de 20h15 à 23h30. Comptez 80 €.

Un restaurant classique et atemporel, caché au bout d'un couloir, où l'on déguste sous des plafonds voûtés les meilleurs poissons et fruits de mer de la ville. Son dos de merlu mérite le détour, au moins une fois dans sa vie aux dires de l'écrivain barcelonais Manuel Vázquez Montalbán. Attention, ici il n'y a pas de carte, car tout dépend de l'arrivage de poissons et des produits de saison. Il faudra donc vous laisser conseiller, sans trop craindre pour votre portefeuille. La bodega est à la hauteur des mets proposés avec plus de 100 références.

PETRA €

13, Carrer dels Sombrerers
✆ +34 933 199 999
www.restaurantpetra.com
Du lundi au samedi de 13h15 à 16h et de 20h30 à 23h. Ouvert aussi le dimanche midi en hiver. Environ 20 €.

Juste à côté de la basilique Santa Maria del Mar se cache ce petit restaurant au décor moderniste, avec ses vitraux colorés et ses murs ornés de céramiques. La carte, succincte, propose des plats de saison à prix modiques, notamment de belles salades, des « cazuelas » aux œufs et foie gras, des pâtes à la *butifarra* noire et pignons, une morue au miel d'acacia et romarin... Tout est savoureux, sans prétention, et idéal pour un repas romantique ou une soirée entre amis. L'un des meilleurs rapports qualité-prix du centre historique de Barcelone !

PICNIC €

Carrer del Comerç, 1 ✆ +34 935 116 661
www.picnic-restaurant.com
Du lundi au mercredi de 10h à 16h, du jeudi au samedi de 10h à 16h et de 19h à 23h, dimanche de 10h à 17h. Comptez 20 €.

Jaime et Tara, un Chilien et une Californienne, ont imaginé cet espace contemporain et chaleureux avec tables hautes et tabourets, qui séduit les hipsters et les familles modernes du Born. Les week-ends, place au brunch avec les typiques pancakes aux fruits rouges, les œufs Bénédicte ou *rancheros*, les délicieuses *croquetas* de quinoa... le tout accompagné d'un Mimosa ! Le soir, la carte propose une belle cuisine de saison, avec de nombreuses options pour les végétariens. Petite terrasse très agréable pour bruncher au soleil, mais pensez à réserver votre table !

PIM PAM PLATS €

18, Carrer del Rec
✆ +34 933 152 093
www.pimpamplats.com
Tous les jours de 12h à minuit. Comptez 10 €.

Depuis 2004, José Carlos et Mar proposent de bons petits plats à emporter ou à grignoter sur place dans cet établissement très central, à 200 mètres du musée Picasso et du parc de la Ciutadella, où vous pourrez improviser un pique-nique aux beaux jours ! Salades, pâtes fraîches, plats à base de riz, de poulet ou de légumes : chaque jour, ce sont une trentaine de plats qui sont proposés sur le présentoir. Tout est fait maison et ça se voit ! A deux pas (Carrer del Sabateret, 4), Pim Pam Burger propose quant à lui de bons burgers.

PISA MORENA €

3, Carrer del Consolat de Mar
✆ +34 933 19 68 38
Ouvert tous les jours de 9h à 0h. Environ 10 €.

L'une des plus jolies terrasses du Born, à l'abri de la foule, pour grignoter une tortilla, des *patatas bravas* ou boire un cocktail préparé avec soin. Mené par une équipe jeune et sympathique, le bar est situé à 150 mètres de la basilique Santa Maria del Mar. Outre une sélection de tapas, la carte propose plusieurs types de burgers (classique, au fromage de chèvre, au poulet...) ainsi que des empanadas ou des burritos servis avec une salade. Une adresse pleine de charme, en particulier le dimanche, lorsque les voisins du quartier viennent y prendre l'apéritif.

PLA DE LA GARSA €€

13, Carrer dels Assaonadors
✆ +34 933 152 413
www.pladelagarsa.com
Du mardi au dimanche de 19h à minuit. Comptez 25 €.

À 100 mètres du musée Picasso, ce joli restaurant a conservé le charme des anciens bistrots. Le comptoir en faïence de la salle et l'escalier en fer forgé sont, dit-on, la fierté du patron. A la carte, grand choix de charcuteries et de fromages catalans, mais aussi des spécialités locales comme l'*esqueixada* (à base de morue), l'*escalivada* aux sardines fumées, la *coca* (sorte de pizza) au foie et oignons caramélisés, ou encore le ragoût de veau mijoté au vin de Montsant. Idéal pour un dîner en tête à tête, mais aussi pour un groupe dans son salon privé !

RED ANT NOODLE BAR €

C/ Tiradors, 3-5
✆ +34 935 01 68 60
www.mosquitotapas.com
Lundi et du mercredi au dimanche de 13h à 1h. Mardi de 19h30 à 1h. Comptez 20 €.

A deux pas du parc de la Ciutadella, un petit restaurant asiatique au décor chaleureux, tel un bar de quartier avec ses tables en bois, ses ventilateurs de plafond et ses étagères chargées de bières artisanales et de thés parfumés. La clientèle, plutôt jeune et cosmopolite, apprécie ses nouilles japonaises faites maison, préparées sous forme de délicieux *ramens* (soupe) ou au wok, garnies de crevettes ou de poulet. Le curry du jour est également un must, tout comme le *bibimbap* (spécialité coréenne) et les *baos* (brioches à la vapeur). Exotique et savoureux !

SAGÀS €

Pla de Palau, 13
✆ +34 933 102 434
www.sagasfarmersandcooks.com
Tous les jours de 12h30 à 0h (jusqu'à 1h les week-ends). Environ 15 €.

Les sandwichs sont à l'honneur dans cette adresse moderne et dotée d'une grande terrasse sur la place Pla de Palau, aux portes du quartier d'El Born. La philosophie de Sagàs repose sur le respect du produit, et cela se ressent dans l'assiette. A la carte, des sandwichs gourmets d'ici et d'ailleurs, dont le classique burger new-yorkais, le bánh mi vietnamien au rôti de porc, ou le sandwich catalan à la *butifarra* noire. Notre coup de cœur : la Xapata Sagàs, avec du fromage frais, du bacon, des câpres, des figues et de la roquette… un délice !

THE PAN'S CLUB €

16 Plaça de Llana
✆ +34 932 776 827
www.thepansclub.com
Tous les jours de 11h30 à 20h30. Comptez moins de 10 €.

The Pan's Club est le lieu idéal pour un repas, un petit déjeuner ou un brunch végétarien et équilibré. Ici, tout est préparé sur place dans un décor original signé Barbara Appolloni. Idéalement situé juste à côté du Museu Picasso, leur staff est jeune et souriant. La lunch box « signature » se compose d'une quiche et d'une salade généreusement servie. Leurs smoothies naturels sauront vous revitaliser avant de repartir explorer le quartier. Enfin, essayez leurs desserts, vous ne serez pas déçu, surtout leurs excellentes déclinaisons de brownies !

EL XAMPANYET €

22, Carrer de Montcada
✆ +34 933 197 003
Ouvert de 12h à 15h30 et de 19h à 23h. Fermé le dimanche soir et le lundi. Environ 20 €.

Située à quelques pas du musée Picasso, El Xampanyet est une vieille bodega de 1929 réputée pour ses tapas. Alors, après les nourritures spirituelles des musées voisins, autorisez-vous quelques délices gastronomiques dans ce lieu culte de Barcelone, décoré de céramiques, de vieilles affiches et de tonneaux à vin. L'ambiance y est très agréable. Bons produits à la carte avec une mention spéciale pour le cidre maison. Essayez la *cecina de León*, du bœuf travaillé comme un jambon sec, et les délicieux anchois marinés, une autre spécialité du bar.

ALBA GRANADOS €€

34, Carrer d'Enric Granados
✆ +34 934 546 116
www.albagranados.cat
Ouvert tous les jours de 13h à 16h et de 20h à 0h. Environ 35 €.

Charmant restaurant avec terrasse, situé dans un bel édifice de l'Eixample. Au premier étage, quelques tables sont installées sur un grand balcon : ambiance romantique garantie. Côté cuisine, l'Alba Granados a la bonne idée de proposer la plupart des plats sous forme de *ración* ou *platillo* (demi-portion), une excellente façon de déguster une cuisine raffinée tout en goûtant un peu à tout. Riz sauvage aux légumes, escargots « a la llauna », poulpe braisé, cannelloni de poulet rôti : la carte offre un large choix de spécialités catalanes.

AMOVINO €€

30 Carrer d'Aribau,
✆ +34 931 570 711
www.amovino.es
Du lundi au samedi de 16h à 0h. Environ 25€ le repas.

Créé en 2017 par un couple de Français, AmoVino est un espace entièrement consacré à l'univers du vin catalan et à toutes les façons de le partager entre amis. Différents espaces sont prévus à cet effet : restaurant, bar, cave et salle de dégustation. Ainsi, on y vient pour boire un verre au bar accompagné de tapas, découvrir les meilleures recettes pour accompagner tel ou tel cépage catalan, s'initier à la dégustation de vins, ou acheter des bouteilles dans l'espace boutique. Consultez l'agenda et ses multiples évènements (afterwork, dégustation, master class).

BAR MUT €€€

192, Carrer de Pau Claris
✆ +34 932 174 338
www.barmut.com
Ouvert tous les jours de 13h à 23h30. Réservation indispensable. Comptez 50 €.

Le Bar Mut est l'endroit idéal pour s'offrir un verre de vin accompagné de tapas créatives. Cet élégant bistrot est fréquenté par une clientèle chic, dans un décor hors du temps. En été, quelques tables sont installées en terrasse. On y déguste des *raciones* de produits très fins, principalement du poisson, des fruits de mer ou des champignons si c'est la saison. Evidemment, ces bons produits ne sont pas à portée de toutes les bourses, alors faites attention à ce que vous commandez : il n'y a pas de carte et les prix sont parfois excessifs !

BAR RAMÓN €

Carrer del Comte Borrell, 81
✆ +34 933 250 283
Du lundi au jeudi de 20h30 à 23h30, vendredi et samedi de 13h30 à 16h et de 20h30 à minuit. Environ 20 €.

Ouvert en 1939, le Bar Ramón est un classique du quartier de Sant Antoni, aujourd'hui dirigé par les petits-enfants du fondateur. Dans ce lieu à la décoration rock, où se mêle une clientèle d'habitués et de touristes bien informés, on se régale de bonnes tapas dans une ambiance informelle. La carte varie en fonction de la saison et du marché, mais on pourra y déguster à coup sûr des *bombas*, du jambon ibérique et de bonnes palourdes. Excellente programmation musicale, avec une prédilection pour le blues et le jazz. Réservation indispensable !

BETLEM €€

Carrer de Girona, 70
✆ +34 932 65 51 05
Ouvert tous les jours de 13h à minuit. Compter entre 25-30 € par personne.

Entre « gastro-tapas », vermouth et un bon ginto à partager sur une petite terrasse à la parisienne, cette ancienne épicerie populaire de 1892, La Miscell·lània, offre de quoi satisfaire chaque moment de la journée. La carte varie au gré des produits de saison. Au menu : poulpe grillé avec légumes rôtis, omelette de morue et ail tendre, sardine fumée avec purée de céleri, ravioles de crabe à la noix de coco et citron vert... Le restaurant propose également une salle privée à l'étage avec une table confortable pour des petits groupes de 4 à 10 personnes.

BODEGA 1900 €€

Carrer de Tamarit, 91
✆ +34 933 252 659
www.bodega1900.com
Du mardi au samedi de 13h à 16h et de 19h à 22h30. Comptez 30-40 €.

L'art du vermouth réinventé par Albert Adrià, cela donne la Bodega 1900, typique taverne catalane revisitée sous le prisme de la modernité. A la carte, des classiques mis au goût du jour avec les produits de saison et les techniques actuelles : incontournables olives sphériques, *ensaladilla* (macédoine) de tourteau à l'avocat et sauce romesco, Blonde de Galice marinée aux épices, *albóndigas* (boulettes de viande) mijotées à la sauce tomate… Ne manquez pas non plus le petit sandwich aux calamars (divin !), à déguster dans un décor de bistrot moderne.

BODEGA SEPÚLVEDA €€

173, Carrer de Sepúlveda
✆ +34 933 235 944
www.bodegasepulveda.com
Ouvert du lundi au samedi de 13h30 à 16h30 et de 20h à 1h. Environ 30 €.

Ancienne bodega transformée en restaurant en 1952 par la famille Solà. Derrière le fameux néon à l'entrée du restaurant, un décor authentique avec son grand bar en bois sombre, ses tonneaux à vin et ses tables à nappes blanches. On y sert une cuisine catalane traditionnelle sous forme de tapas et de plats à partager : thon piquant, pois chiches au boudin et *botifarra*, œufs brouillés aux calamars et trompettes de la mort, et l'excellente morue à la « llauna », couverte de lamelles d'ail et d'amande. Des produits de qualité, dans une ambiance très barcelonaise.

LA BODEGUETA €

100, Rambla de Catalunya
✆ +34 932 154 894
www.labodegueta.cat
Du lundi au vendredi de 7h à 1h30, samedi de 8h à 1h30, le dimanche de 18h30 à 1h30. Environ 20 € à la carte.

Ancienne bodega reconvertie en restaurant, cet établissement respire le bon vin et l'authenticité. Evitez le menu de midi (sans grand intérêt), et préférez un pica pica en soirée. La spécialité de la maison : les *huevos estrellados* (œufs « éclatés » dans de la pomme de terre), que vous pourrez accompagner d'une assiette de jambon ibérique et d'une bonne bouteille de rioja sans vous ruiner. Ne vous affolez pas en entrant : il y a souvent la queue, mais vous n'attendrez généralement pas plus de 15 minutes. Pour cela, il suffira de donner votre nom à l'entrée !

CAN KENJI €€

Carrer del Rosselló, 325
✆ +34 934 76 18 23
www.cankenji.com
Tous les jours de 13h à 15h30 et de 20h30 à 23h. Menu 16€, à la carte 25 €.

Un japonais de poche, avec seulement quelques tables dans un local exigu, pour déguster d'excellentes tapas mêlant saveurs orientales et méditerranéennes. A la carte, makis et nigiris côtoient les *mandonguilles* (boulettes de viande) aux langoustines et shiitake, ou le tataki de thon au guacamole. Des plats très savoureux à déguster dans une ambiance locale, tout près du Passeig de Sant Joan. Le midi, installez-vous au bar pour vous régaler d'un menu très complet composé de trois plats du jour, une sélection de sushi et un dessert.

CASA ALFONSO €€

6, Carrer Roger de Llúria
✆ +34 933 019 783
www.casaalfonso.com
Du lundi au vendredi de 8h à 1h, samedi de 13h à 1h. Environ 25 €.

A deux pas de la Plaça de Catalunya, Casa Alfonso est un lieu historique fondé en 1934, qui fait office de café, restaurant et épicerie depuis trois générations. Bien que très touristique, l'endroit n'a pas perdu son charme. L'intérieur, parfaitement conservé avec son merveilleux bar en marbre et ses vieilles lithographies, sert régulièrement de décor à des tournages pour la télévision et le cinéma. Vous y mangerez des assiettes de charcuterie (en particulier de bons jambons ibériques), des tapas classiques et des plats plus élaborés.

CERVECERÍA CATALANA €

236, Carrer de Mallorca
✆ +34 932 160 368
Ouvert tous les jours de 9h à 1h30. Environ 20 €.

Même si l'endroit est très touristique, cette *cervecería* est une valeur sûre de l'Eixample pour partager des tapas. C'est donc au milieu d'une foule cosmopolite que vous dégusterez beignets de morue, chips d'aubergine, *huevos cabreados* (œuf et pomme de terre), ainsi qu'une grande variété de fruits de mer et poissons frais à la plancha. Ne vous laissez pas rebuter par la queue à l'entrée du restaurant : après avoir donné votre nom à l'hôtesse d'accueil, vous devriez avoir une table assez rapidement. Bon rapport qualité-prix à deux pas du Passeig de Gràcia !

CHICHALIMONÁ €

Passeig de Sant Joan, 80
✆ +34 932 77 64 03
www.chichalimona.com
Du mardi au jeudi de 9h30 à 1h, vendredi et samedi de 9h30 à 2h, dimanche de 9h30 à 17h. Comptez 15 €.

Une adresse à la mode sur le Passeig de Sant Joan. Après l'ouverture de la Granja Petitbo, son voisin ChichaLimoná réjouit à son tour les hipsters et les familles branchées du quartier. Design ultra soigné, petits plats préparés avec des produits frais et viennoiseries sorties du four : c'est définitivement le bon endroit pour bruncher les week-ends, partager des tapas à l'heure du vermouth, ou s'offrir un bon menu du jour. Son succès est tel que deux nouvelles adresses ont vu le jour : l'une près du port olympique (Av. d'Icària, 145), l'autre dans le Macba.

DISFRUTAR €€€

Carrer de Villarroel, 163
✆ +34 93 348 68 96
disfrutarbarcelona.com
Du lundi au vendredi de 13h à 14h30 et de 20h à 21h30. Menus à partir de 155 €. Réservation indispensable.

Mené par Mateu Casañas, Oriol Castro et Eduard Xatruch, anciens chefs des cuisines d'El Bulli (longtemps considéré comme le meilleur restaurant au monde jusqu'à sa fermeture en 2011), Disfrutar est une adresse consolidée du panorama gastronomique barcelonais. Il faut donc réserver longtemps à l'avance pour avoir la chance de déguster sa cuisine moderne, inventive et avant-gardiste, récompensée par deux étoiles au Michelin. Situé juste à côté du Mercat del Ninot, Disfrutar invite à « profiter » d'une expérience unique mêlant technique et émotion culinaire.

DR. ZHANG €

C/ Sepúlveda, 137
✆ +34 930 25 47 94
Mardi de 20h30 à 23h, du mercredi au samedi de 13h30 à 16h et de 20h30 à 23h, dimanche de 13h30 à 16h. Comptez 10 €.

Dans le quartier de Sant Antoni, à 5 minutes à pied de son fameux marché, un bar à *dumplings* (raviolis chinois) dont raffolent les hipsters du coin. On y déjeune au comptoir, face à la cuisine ouverte, d'un assortiment de dumplings savoureux : au porc, au saumon grillé, aux aubergines frites, aux crevettes, aux champignons... En dessert, les dumplings sucrés se déclinent au chocolat, au cheesecake, etc., tandis que les mochis – petits gâteaux japonais à base de riz gluant – se dégustent au tiramisu ou thé matcha. Bon et pas cher !

EL VITI TABERNA €

Passeig Sant Joan, 62
✆ +34 936 33 83 36
www.elviti.com
Tous les jours de 12h à minuit. Comptez 20 €.

Sur le Passeig de Sant Joan, un lieu dans l'air du temps, avec son décor de bistrot industriel mixant brique rouge et céramique noire. A la carte, l'indispensable *pica pica* pour accompagner le vermouth (*ensaladilla rusa*, anchois, moules en conserve, sardines marinées), et des plats d'une grande variété allant du classique poulpe grillé à la *brasa*, jusqu'aux exotiques tacos mexicains et *banh bao* de calamars, en passant par des classiques de la gastronomie espagnole, tel le *cochinillo* (cochon de lait) de Ségovie. De quoi satisfaire tous les appétits !

FEDERAL CAFE €

C/ Parlament, 39
✆ +34 931 873 607
www.federalcafe.es
Du lundi au vendredi de 8h à 23h, samedi de 9h à 23h et dimanche de 9h à 16h30. Environ 15 €.

QG des trentenaires branchés du quartier de Sant Antoni, le Federal est un lieu polyvalent où l'on vient aussi bien pour le petit-déjeuner, le goûter, le brunch dominical ou pour un repas léger. Design chaleureux, terrasse, espaces ouverts sur la rue : c'est un sans-faute pour le décor ! Le service, en revanche, pourrait s'améliorer si les serveurs y mettaient un peu de bonne volonté... Quoi qu'il en soit, les œufs Benedict au saumon, les toasts à l'avocat, les salades, burgers, pancakes et jus de fruits frais ne vous décevront pas !

GRANJA PETITBO €

Passeig Sant Joan, 82
✆ +34 93 265 65 03
www.granjapetitbo.com
Du lundi au mercredi de 9h à 23h, jeudi et vendredi de 9h à 0h, samedi et dimanche de 10h à 0h. Environ 15 €.

Repaire fétiche des familles hipster, la Granja Petitbo joue la carte du « bio et bon » dans un décor vintage sur le Passeig de Sant Joan. Tous les week-ends, il y a foule à l'heure du brunch pour se régaler de jus de fruits fraîchement pressés, d'œufs Bénédicte et de gâteaux faits maison. Egalement à la carte : les œufs *rancheros*, la salade de quinoa au fromage feta, les pancakes au chocolat... En semaine, les plats du jour offrent une option saine et savoureuse, non loin de la Sagrada Família. Autre adresse dans l'Eixample (C/ Mallorca, 194).

GRESCA BAR-RESTAURANTE €€€

C/ Provença, 230
✆ +34 934 51 61 93
Tous les jours de 13h30 à 15h30 et de 20h30 à 23h30. Menu du jour 21 €. A la carte 50 €.

Un petit restaurant assez austère dans sa conception minimaliste, mais dont l'intérêt gastronomique fait l'unanimité. Des produits de qualité, des plats créatifs et un service impeccable font de Gresca une adresse incontournable du panorama actuel, que l'on peut découvrir sans se ruiner grâce au menu du jour. Depuis 2016, le local s'est agrandi avec l'ouverture d'un bar à vin attenant, où l'on peut grignoter des tapas dans une ambiance plus informelle. Testez le délicieux bikini de *lomo* ibérique et fromage Comté, et en dessert, la divine tarte au chocolat !

MAKO €€

Carrer del Consell de Cent, 255
✆ +34 932 69 62 07
www.makobcn.com
Tous les jours de 13h30 à 16h et de 20h30 à 23h30. Comptez 30 €.

Petite taverne japonaise, qui propose une cuisine de fusion dans un décor intime, alliant le bois sombre à un éclairage discret. Hommage à la diversité culinaire, la cuisine de Tako mêle les produits et les techniques japonaises à des saveurs venues d'autres horizons. A la carte, de délicieux gyozas, des nigiris et sashimis d'une grande fraîcheur, et surtout une belle sélection de makis : à l'anguille du Delta (Trabucador), au crabe blanc et avocat (Cala Crancs), ou encore au tartare de thon piquant (Passió Caponet). Possibilité de prendre les plats à emporter.

MASCLANS ORÍGENS €

C/ Comte d'Urgell, 1
✆ +34 934 243 666
Du lundi au samedi de 7h à 20h30. Comptez 15 €.

Sous la grande halle rénovée de Sant Antoni, ce spécialiste de la morue depuis 1882 possède, juste à côté de l'espace traiteur, un vaste comptoir de dégustation ! S'il y a foule à l'heure du vermouth, ne vous laissez pas décourager trop facilement : en général des places se libèrent assez vite. Ainsi, dans une ambiance joyeuse et bruyante, vous dégusterez de délicieux plats de *bacallà* (morue) décliné sous forme de *canelons* (cannelloni), tortillas, en brandade ou accompagné de fèves. Laissez-vous conseiller... et gardez de la place pour les desserts !

MOMENTS €€€

Passeig de Gràcia, 38-40
✆ +34 93 151 87 81
www.mandarinoriental.es
Du mardi au jeudi de 13h30 à 15h, vendredi et samedi de 13h30 à 15h et de 20h30 à 22h. Menu dégustation 150-190 €.

Dirigé par la chef catalane Carme Ruscalleda et son fils Raül Balam, Moments est l'un des restaurants gastronomiques les plus cotés de Barcelone, récompensé par 2 étoiles au Michelin. Installé dans le très chic hôtel Mandarin Oriental, sur le Passeig de Gràcia, il propose une cuisine délicate et inventive, qui puise son inspiration dans la cuisine catalane traditionnelle. Le décor, très élégant, associe le bois, le cuir et les tons dorés à une végétation luxuriante, visible à travers de grandes baies vitrées. De précieux moments en perspective…

PACO MERALGO €€

171, C/ Muntaner
✆ +34 934 309 027
www.restaurantpacomeralgo.com
Ouvert tous les jours de 13h à 0h. Comptez 30 €.

Bien plus qu'une simple taverne : vous trouverez ici une cuisine raffinée sous forme de tapas et *raciones* à partager, faisant la part belle aux produits de la mer et aux légumes de saison. La carte propose notamment d'excellents chipirons sautés aux haricots, une poêlée de girolles au jambon ibérique, des asperges vertes à la sauce romesco, ainsi qu'une belle sélection de produits de la mer : poulpe aux oignons caramélisés, gambas à l'ail, couteaux à la plancha... Produits d'excellente qualité, ambiance animée : c'est une valeur sûre de l'Eixample !

MARISCCO EIXAMPLE €€

272, Corsega ✆ +34 932 922 816
www.mariscco.com
Ouvert tous les jours midi et soir. Compter environ 20 €.

Le Mariscco propose un concept innovant de poissonnerie et de restauration. Le chef prépare une cuisine méditerranéenne entièrement composée de produits frais. Le concept : vous choisissez vous-même dans la vitrine les poissons et fruits de mer que vous souhaitez déguster, les plats vous sont servis à table au fur et à mesure et la note se fera en fonction du poids du poisson. Deux spécialités à ne pas manquer : le riz « caldoso » de homard ou celui de crevettes. Le service est très chaleureux et l'adresse très appréciée, le tout dans un cadre très élégant.

PERELLÓ 1898 €

Carrer de Mallorca, 135
✆ +34 934 543 220
www.bacallaperello.com
Du lundi au jeudi de 9h à 18h, vendredi de 9h à 20h, samedi de 9h à 18h. Comptez 20 €.

Depuis 1898, la famille Perelló est une référence dans la vente et la préparation de morue. Dans cet espace dégustation du Mercat del Ninot, la maison centenaire élabore d'exquis petits plats à partir des produits disponibles dans la boutique. Installez-vous au comptoir pour tester les diverses spécialités proposées : morue à la *samfaina*, *trinxat* de Cerdagne aux sardines fumées, mais aussi brandade à l'huile de truffe, *canelons*, tortilla... Si l'ambiance est informelle autour du comptoir, les plats, eux, sont dignes des meilleurs restaurants.

PETIT COMITÉ €€€

Passatge de la Concepció, 13
✆ +34 935 50 06 20
www.petitcomite.cat
Tous les jours de 13h à 16h et de 19h30 à 23h. Menu de saison : 65 €.

Le prestigieux chef Nandu Jubany tient les rênes de ce restaurant élégant, propriété de l'hôtel Majestic. Dans un décor classique et sophistiqué, on y sert une cuisine catalane mise au goût du jour, que l'on déguste dans une atmosphère intime. La carte, actualisée au fil des saisons, offre un parcours à travers terroir : anchois de l'Escala, saucisson de Vic, *coca* de foie gras et figue caramélisée, cannelloni au poulet rôti ou champignons de saison, ragoût de veau (fricandó)... Pas de fausse note dans ce Petit Comité qui se prête bien à un dîner en tête à tête.

SANT ANTONI GLORIÓS €€

42, Carrer de Manso
✆ +34 934 240 628
Du mardi au samedi de 12h à 23h, dimanche de 12h à 15h30. Comptez 20-30 €.

A deux pas du Mercat de Sant Antoni, une taverne dans l'air du temps, où le chef Mandu réactualise les classiques des comptoirs barcelonais (incontournable *patatas bravas* !), tout en proposant sa vision moderne et innovante de la cuisine à travers des petits plats d'une grande finesse, comme les *albóndigas* (boulettes) de porc ibérique et mayonnaise Yuzu ou le maquereau à la sauce au yaourt et piment jaune. On y dîne autour du comptoir ou à l'une des tables hautes dans une ambiance assez branchée. Intéressante sélection de conserves et de charcuterie.

RAMEN YA HIRO €

C/ Girona, 164
✆ +34 930 02 84 41
Ouvert de 13h30 à 15h30 et de 20h30 à 23h30. Fermé le mercredi midi et le dimanche. Comptez 15 €.

Le temple du *ramen* à Barcelone, cette soupe japonaise à base de nouilles, de porc et de petits légumes. Ici le chef prépare tout lui-même, sous les yeux admiratifs des quelques chanceux qui ont réussi à avoir une place au comptoir. Quelques gyozas en entrée, un ramen, et pour finir un divin coulant au thé matcha : l'endroit est si authentique qu'il est souvent rempli de Japonais ayant le mal du pays ! Ne vous laissez pas effrayer par la queue monumentale à l'extérieur du restaurant : en général cela avance assez rapidement. Votre patience sera récompensée !

SATO I TANAKA €€€

C/ Bruc, 79
✆ +34 93 809 92 74
satotanaka.com
Du mardi au samedi de 13h à 15h30 et de 20h30 à 22h30. Comptez 50 €.

C'est l'un des meilleurs sushi-bars de la ville, offrant en prime un excellent rapport qualité-prix. Le concept : deux comptoirs d'une quinzaine de couverts, au décor simple et épuré, d'où l'on scrute la minutieuse préparation de chaque nigrini, garni de gamba rouge, d'anguille, de rouget ou de thon rouge. La dextérité des deux chefs nippons offre un spectacle tout bonnement fascinant, pour ceux qui apprécient la cuisine japonaise dans ce qu'elle a de plus minimaliste. Une valse de poissons frais à tester dans une ambiance très locale !

REKONS €

Comte de Urgell, 32
✆ +34 93 424 63 83
empanadasrekons.com
Tous les jours de 10h à 0h. Menu kilombo 11€.

C'est ici, dit-on, que l'on trouve les meilleures empanadas de Barcelone ! Situé dans le quartier de Sant Antoni, ce petit traiteur ne désemplit pas de la journée. On s'y régale donc de délicieuses empanadas, petits chaussons de pâte feuilletée garnis d'aubergines, de champignons, de viande et potiron, de chorizo piquant, ou encore de poulet aux pruneaux, que l'on déguste sur place ou à emporter. Optez pour le menu « Kilombo », avec salade et deux empanadas. L'établissement possède une annexe à proximité, dans la rue la plus animée de Poble Sec (C/ Blai, 48).

SEMPRONIANA €€

148, Carrer del Rosselló
✆ +34 934 531 820
www.semproniana.net
De 13h30 à 16h et de 20h30 à 23h. Fermé dimanche soir et lundi soir. Menu de midi 18 €. A la carte 25 €.

Voilà un restaurant comme on les aime : créatif, savoureux, accueillant et vraiment original. La décoration reflète un mélange d'époques et de cultures, avec des intérieurs chaleureux et personnels. A la carte, des plats qui se déclinent par taille (S, M, XL), en fonction de votre appétit et de votre goût du partage : arròs (riz) au fromage de Maó, cannelloni à la *botifarra* noire (saucisse catalane), morue parfumée au miel et romarin, magret de canard à l'orange et anis... Une adresse atypique et cosy pour sortir des sentiers battus.

SE RÉGALER

SUCURSAL ACEITERA €

C/ Comte Borrell, 36
✆ +34 933 42 73 00
www.restaurantsucursal.com
Du lundi au vendredi de 12h à 23h, samedi de 11h à 0h, dimanche de 11h à 16h. Comptez 20 €.

Un gastro-bar dans les règles de l'art, avec son décor de briques et tomettes, et sa carte informelle de tapas et petits plats à partager. A la carte, les légumes tiennent le haut de l'affiche, d'autant que le restaurant dispose de son propre potager bio : artichauts croustillants, fricassée de champignons et œuf poché, etc. L'endroit est également prisé à l'heure du vermouth, que l'on sirote en terrasse accompagné de *gildas* (olives, piments et anchois), de coques au naturel et de sardines fumées. Le midi, optez pour le *menú* élaboré avec des produits de saison.

LA TAVERNA DEL CLÍNIC €€

155, Carrer del Rosselló
✆ +34 934 104 221
www.latavernadelclinic.com
Ouvert de 13h à 16h et de 20h à 23h30. Fermé le dimanche. Environ 30 €.

Située dans le coin d'Hospital Clínic, cette taverne gastronomique a construit sa réputation sur le bouche-à-oreille. Au comptoir, une sélection appétissante de fromages et de jambons, et à la carte des recettes innovantes élaborées à partir de produits de qualité. Les patatas bravas, présentées sous la forme de cylindres, sont un classique de la maison, tout comme les cannelloni de cèpes et foie gras, et le mi-cuit aux pommes caramélisées. Les prix grimpent si vous vous laissez tenter par les fruits de mer. En dessert, testez le fameux Choco-Whisky Macallan.

TAPERÍA LOLITA €€

104, Carrer de Tamarit
✆ +34 934 245 231
www.lolitataperia.com
Mardi de 20h à 0h, du mercredi au samedi de 13h à 16h et de 20h à 0h. Comptez 25 €.

Le célèbre Bar Inopia s'appelle désormais Tapería Lolita. Vous pourrez toujours y déguster les tapas traditionnelles de la maison – croquettes, anchois, *patatas bravas*, *ensaladilla rusa* – mais aussi des plats plus modernes servis sous forme de *raciones*. L'idéal reste de commander un peu de tout et de partager les rations à plusieurs. Testez par exemple les *favetes* (petits haricots blancs) à la truffe, le thon mariné au soja, les fritures de gambas et les cubes d'aubergine au miel... Terminez par un *recuit* (fromage catalan) au miel !

TAVERNA HOFMANN €€

C/ Girona, 145
✆ +34 936 241 762
www.hofmann-bcn.com
Du lundi au samedi de 13h à 15h30 et de 20h à 23h30. Comptez 30-40 €.

Avec plusieurs restaurants, une pâtisserie de renom et une école prestigieuse, le groupe Hofmann est un référent de la gastronomie barcelonaise. Dans sa taverne chic, mais abordable, située à deux pas de la Casa de les Punxes, on partage des tapas et des plats catalans à la présentation originale, mais surtout très savoureux : tartare de bœuf aux câpres, riz aux gambas, « pluma » ibérique à la plancha... Si les recettes changent au fil des saisons, l'originalité et la qualité des plats sont au rendez-vous toute l'année. Gardez de la place pour les desserts !

LA TAQUERIA €

Passatge de Font, 5
✆ +34 931 26 13 59
www.lataqueria.eu
Tous les jours de 13h à 23h30, jusqu'à 0h les vendredis et samedis. Comptez 15 €.

Un minuscule restaurant mexicain, et son annexe (plus grande), à deux pas de la Sagrada Familia ! Son décor kitch et coloré est le paradis des instagramers ! On y déguste la spécialité de la maison, les tacos, garnis de délicieuses viandes mijotées (*cochinita pibil*), de poulet grillé, de viande de bœuf marinée (*arrachera*), etc. Ils sont servis sous forme de quatre unités, parfait pour partager à plusieurs ! En entrée, testez les délicieux nachos et leurs différentes sauces ! Les quesadillas à la fleur de courge sont également un must.

TEÒRIC TAVERNA GASTRONÒMICA €€

Carrer de Bailèn, 117
✆ +34 930 00 25 52
www.teoric.cat
Du mardi au samedi de 13h30 à 15h30 et de 20h30 à 23h. Environ 30 €.

Dans ce petit restaurant proche du Passeig de Sant Joan qui se définit lui-même comme une « taverne gastronomique », préparez-vous à découvrir une cuisine moderne et inspirée, servie sous forme de petits plats à partager. Exquis *trinxat* au poulpe, croquettes *mar i muntanya* (à base de viande et de poisson), coca de légumes de saison : les plats défilent sur un tempo parfait, dans l'esprit d'un menu dégustation, en moins cher. Excellent rapport qualité-prix !

AGRESTE DE FABIO & ROSER €€

Carrer de Funoses-Llussà, 2 ✆ +34 93 213 50 05
www.agreste.cat
Mardi de 20h à 22h30, du mercredi au samedi de 13h à 15h30 et de 20h à 22h30. Menu du jour 15 €, à la carte 25 €.

Une adresse de charme à proximité du parc Güell, pour déjeuner loin des pièges à touristes qui jalonnent les alentours de la cité-jardin de Gaudí. Le restaurant occupe les locaux de l'ancienne « Casa Fausto », dernière station de l'omnibus de Vallcarca dans les années 1940. Aujourd'hui, c'est un lieu coquet où découvrir la cuisine généreuse du chef milanais Fabio Gambirasi, élaborée avec les légumes de son potager bio et des produits de proximité. Très bon rapport qualité-prix pour le menu de midi, et grand choix de plats végétariens, végans et sans gluten.

BOTAFUMEIRO €€€

81, Carrer Gran de Gràcia
✆ +34 932 184 230
www.botafumeiro.es
Tous les jours de 12h à 1h. Comptez 70 €.

Le Botafumeiro propose le meilleur de la mer à une clientèle assez chic, comme en témoigne le service de voiturier à l'entrée du restaurant. Ses fruits de mer en provenance des ports de Galice et de Catalogne, sa sélection de jambons ibériques et son service impeccable ont séduit des personnalités comme Woody Allen, Bill Clinton et Julio Iglesias. Cependant, le Botafumeiro reste un lieu convivial et vivant, où vous pourrez simplement picorer quelques *bravas* au bar. Mais ce serait rater l'occasion de déguster les meilleurs plateaux de fruits de mer de la ville !

BAR ROURE €

7, Carrer de Luís Antúnez
✆ +34 932 377 490
Du lundi au samedi de 8h à 0h. Environ 10-15 €.

Un établissement *de toda la vida*, avec ses serveurs à chemise blanche, son large comptoir en bois et ses ardoises accrochées au mur, où s'affichent les différents plats de la carte. Vous y viendrez pour manger des tapas ou un menu du jour sans prétention au milieu d'une clientèle locale, savant mélange de papis venus boire le vermouth et de jeunes du quartier. Un conseil : testez leurs *croquetas*. Et si vous en avez l'occasion, venez voir un match du Barça au Roure : l'ambiance y est vraiment animée, et réunit toutes les générations autour du bar.

CAFÈ GODOT €

C/ de Sant Domènec, 19
✆ +34 933 68 20 36
www.cafegodot.com
Tous les jours de 10h à 1h, jusqu'à 2h les week-ends. Menu de midi 14,50 €. À la carte, comptez 20 €.

A deux pas de la Plaça de la Vila, un bistrot bien aimé des familles pour son brunch les week-ends (œufs Bénédicte, toast à l'avocat, scones...), ses grandes tables et son espace de jeux pour enfants. Ambiance bien différente en semaine, à l'heure du déjeuner, quand se retrouvent tous les « créa » du quartier autour d'un menu équilibré. Le soir, on se laisse séduire par une carte aux influences asiatiques : beignets de brandade de morue, curry vert aux crevettes, magret de canard et sa sauce chutney à la papaye, tartare de thon... Une valeur sûre !

BILBAO €€

Carrer Perill, 33
✆ +34 934 589 624
https://bilbaorestaurante.com
De 13h à 16h et de 20h à 23h. Fermé lundi et dimanche soir. Comptez 30-40 €.

Véritable institution du quartier, le Bilbao a rouvert ses portes en 2019 après un changement de propriétaires. Le lieu a gardé son charme à l'ancienne tout en dépoussiérant un peu sa carte et ses salons. Résultat ? Un décor de caractère et une cuisine catalane rénovée, alliant produits du marché et recettes *de toda la vida*. A la carte, des classiques de la maison comme le *rabo de toro* (queue de bœuf) confit au vin rouge, et des plats plus actuels comme les lamelles croustillantes de cœur d'artichaut ou le poulpe braisé et sa purée de pommes de terre crémeuse.

CAFÉ SALAMBÓ €

51, Carrer de Torrijos
✆ +34 932 186 966
www.cafesalambo.com
Tous les jours de 12h à 0h, jusqu'à 3h les week-ends. Menu de midi à 13 €. A la carte, comptez 20 €.

Le Salambó est un café-restaurant à la décoration élégante, avec des matériaux en bois brun, des plafonds hauts et une mezzanine à l'étage. C'est ici que les écrivains en herbe viennent pour bouquiner ou refaire le monde. Véritable café littéraire, le Salambó a été fondé par l'écrivain Pedro Zarraluki. C'est pourquoi de nombreuses lectures et activités littéraires y sont organisées régulièrement. Et chaque année, le prix Salambó récompense le meilleur écrivain espagnol. Vous y mangerez un menu pas cher et correct dans un cadre très agréable.

COLMADO GRACIA €

Travessera de Gràcia, 193
✆ +34 934 63 63 96
www.colmadogracia.com
Du mardi au samedi de 19h à 23h30. Comptez 15-20 € à la carte.

En face du marché de la Abaceria, ce minuscule bar-restaurant sert des tapas et des plats inventifs élaborés avec des produits de saison. Comme dans un typique « colmado » (épicerie), les étagères débordent de bons produits, d'épices, de guirlandes de tomates et de gousses d'ail à tout va. A la carte, peu de choix, mais des plats bien pensés et exécutés avec grand soin : poulpe grillé servi sur des cubes de patate douce, betterave farcie de fromage à la crème, noix de Saint-Jacques à la sauce cava. Parfait pour un *pica-pica* dans une ambiance barcelonaise !

LAS DELICIAS €€

1, Carrer de Muhlberg
✆ +34 934 292 202
www.barrestaurantedelicias.com
De 10h à 16h et de 20h à 23h. Fermé le dimanche soir et le lundi. Environ 20 €.

Situé dans la zone du Carmel, le quartier voisin de Gràcia, Las Delicias est une adresse authentique qui mérite vraiment le détour. Installé sur les hauteurs de Barcelone, ce quartier populaire abrite un mirador ignoré des touristes qui offre une vue incroyable sur Barcelone : une raison de plus pour vous aventurer vers l'inconnu ! A Las Delicias, vous mangerez de délicieuses tapas et rations dans une ambiance populaire. Les moules à la vapeur, les gambas à la plancha et les *patatas bravas* sont délicieuses. Si le temps le permet, demandez une table en terrasse.

ENVALIRA €€

13, Plaça del Sol
✆ +34 932 185 813
Du mardi au samedi de 13h30 à 16h et de 20h30 à minuit, dimanche de 13h30 à 17h. Environ 25 €.

Situé sur la très animée Plaça del Sol, Envalira est un classique de Gràcia. Le décor rétro semble inchangé depuis l'ouverture du restaurant, en 1972. Il faut donc se laisser submerger par le charme suranné du lieu, tout comme sa clientèle fidèle et essentiellement locale. La carte est assez variée, mais vous y viendrez surtout pour les *arroces* (riz), en particulier celui à la « milanesa », spécialité de la maison. En saison, les artichauts frits sont un délice ! Un lieu sans prétention, dont la cuisine honnête continue de séduire les nouvelles générations.

EXTRA BAR €

79 C/ Torrent de l'Olla
✆ +34 938 32 48 69
Du mardi au vendredi de 18h30 à 0h, samedi de 12h à 16h et de 19h à 0h. Comptez 15 €.

Petit frère de notre bien-aimée Pubilla, ce bar minuscule offre une dose *extra* de créativité dans ses tapas et *platets* (petits plats) qui changent toutes les semaines. Si vous arrivez à trouver une petite place au coin de LA table (il n'y en a qu'une !), c'est votre jour de chance : demandez une *caña* et laissez-vous conseiller par les serveurs, toujours très pro. A la carte, le mariage des saveurs entre la cuisine catalane et asiatique fait des merveilles. Attention l'endroit est toujours plein à craquer : essayez de venir à l'ouverture !

FLASH FLASH €

25, Carrer de la Granada del Penedès
✆ +34 932 370 990
www.flashflashtortilleria.com
Ouvert tous les jours de 13h à 1h30, service sans interruption. Environ 15 €.

Cantine du petit monde de la pub et du design, le Flash Flash est une véritable institution barcelonaise. Inauguré dans les années 1970 par le photographe catalan Leopoldo Pomés, le Flash Flash affiche une déco rétro qui rappelle les cafétérias à l'américaine, avec banquettes en skaï et lignes graphiques. Au menu : la tortilla sous toutes ses formes ! Aux truffes, au poisson, au chorizo ou au rhum… la carte propose plus de 70 sortes de tortillas, salées ou sucrées. Et pour les grosses faims, laissez-vous tenter par le hamburger Cadillac : tout un classique.

EL GLOP €€

24, Carrer de Sant Lluís
✆ +34 932 137 058
www.elglop.com
Tous les jours de 12h30 à 0h. Comptez 25 €.

Ce petit restaurant sur deux étages à la décoration traditionnelle est une bonne option pour goûter aux spécialités catalanes à des prix très raisonnables. Si vous êtes de passage entre octobre et fin mars, testez le menu *calçotada* : rien de plus typique en cette saison. Les *calçots* sont des oignons blancs cuits à la braise qui se mangent avec les doigts et que se trempent dans la sauce *romesco* (à base de tomate). On vous apportera un joli bavoir pour éviter les taches ! Notez que c'est aussi une bonne adresse pour un dîner en groupe.

GULA BAR €€

Carrer del Dr. Rizal, 20
BARCELONE (Espagne)
✆ +34 932 17 05 47
www.gulabar.com
Ouvert du mardi au samedi de 20h à 23h. Comptez 25 € par personne.

Le Gula Bar est à l'image de sa gastronomie : petit mais urbain, avec sa cuisine en vue d'où vous pourrez admirer les cuisiniers à l'œuvre depuis le comptoir. Si les tapas sont mises à l'honneur, l'établissement propose également des collations à toute heure dans une ambiance décontractée. Mais en réalité, son intention gastronomique va bien au-delà, car elle varie selon l'humeur du jour. Accompagnés d'une sélection de vins, aussi variée que surprenante, les plats se veulent créatifs tout en restant locaux avec des touches audacieuses.

IL GIARDINETTO €€€

C/ La Granada del Penedès, 28
✆ +34 932 18 75 36
www.ilgiardinetto.es
Du lundi au vendredi de 13h30 à 16h30 et de 20h30 à 1h, samedi de 20h30 à 1h30. Comptez 40 €.

Fondé dans les années 1970 par le photographe Leopoldo Pomés (auquel on doit aussi le restaurant Flash Flash, sur le trottoir d'en face), Il Giardinetto est un temple du design récompensé à deux reprises – l'une dans les années 1970, l'autre en 2013 après la rénovation du lieu – pour son superbe décor. La crème de la crème catalane s'y retrouve pour déguster une cuisine italienne simple et savoureuse ou des tapas au comptoir. Testez l'*ou en panet*, le steak tartare, et bien sûr tous les plats de pâtes ! Mention spéciale pour les cocktails divinement préparés.

KIBUKA €

9, Carrer de Goya
✆ +34 932 378 994
www.kibuka.com
Ouvert tous les jours de 13h à 23h30. Environ 20 €.

Situé à deux pas de la Plaça Vila de Gràcia, Kibuka est LE japonais incontournable de Gràcia. Midi et soir, en semaine ou les week-ends, il ne désemplit pas. La recette de son succès ? Une cuisine japonaise aux accents occidentaux, dont l'excellent rapport qualité-prix séduit une clientèle jeune et cosmopolite. A la carte, des sushis découpés avec précision, et une grande variété de makis : à l'anguille, aux pistaches et tzatziki, au ceviche de saumon... A midi, optez pour le menu de midi. Pas de réservation possible, alors essayez de venir tôt les week-ends !

MAMA'S ORGANIC KITCHEN & CAFE €

C/ Torrijos, 26 ✆ +34 932 100 050
Du lundi au mercredi de 9h à 21h, du jeudi au samedi jusqu'à 0h, dimanche de 10h à 22h. Comptez 15 €.

Voici le QG des jeunes mamans stylées de Gràcia. Avec son décor épuré et sa cuisine saine et savoureuse, Mama's Café a tout pour séduire. Le midi, on s'y régale d'un bon plat du jour au coin du bar ou à l'une de ses petites tables. Les sandwichs, élaborés avec des produits écologiques, sont absolument délicieux. L'endroit est également très bien pour le brunch : jus d'orange fraîchement pressé, pancakes, yaourt grec aux fruits ou au muesli, œufs brouillés, gâteaux faits maison... Un délice ! Pour vos loustics, demandez les caisses de jouets !

NOMO GRÀCIA €€

13, Gran de Gràcia
✆ +34 934 159 622
www.gruponomo.com
Ouvert tous les jours de 13h30 à 0h. Environ 30 €.

L'un des meilleurs restaurants japonais de Barcelone dans sa catégorie, assez chic et confidentiel (on y a croisé Isabel Coixet et Carles Puyol), mais les prix restent très abordables pour un établissement de ce niveau. La terrasse offre un cadre agréable pendant les soirées d'été, mais on préférera l'ambiance cosmopolite autour du bar, où les cuisiniers s'affairent aux yeux de tous. Grand choix de tatakis, nigiris et makis, dont certains assez sophistiqués comme celui à l'anguille du Delta et foie gras de l'Empordà, ainsi qu'une belle carte de desserts.

LA PANXA DEL BISBE €€

Carrer del Torrent de les Flors, 158
✆ +34 932 137 049
Ouvert du mardi au samedi de 13h30 à 15h30 et de 20h30 à 23h30. Environ 25 €.

Une très bonne adresse pour déjeuner ou dîner après la visite du parc Güell, qui se trouve à seulement 7 minutes à pied ! Dans ce petit restaurant agréable et sans prétention, on pourra déguster des plats modernes et originaux à des prix raisonnables. Ils sont servis sous forme de *raciones* et élaborés avec des produits de saison, la carte évolue donc tout au long de l'année. Ambiance informelle, où l'on partage les plats à sa guise, et sans aucun doute l'une des meilleures adresses du quartier pour savourer une cuisine créative et saine.

PEPA TOMATE €

Plaça de la Revolució, 17 ✆ +34 932 104 698
www.pepatomategrup.com
Lundi de 12h30 à 0h, du mardi au vendredi de 9h à 0h, samedi de 10h à 0h, dimanche de 11h à 0h. Comptez 20 €.

Une bonne adresse pour manger des tapas et *raciones* élaborées avec des produits frais provenant du marché voisin. Son décor de bistrot moderne séduit la clientèle jeune et éclectique du quartier. La carte évolue au fil des saisons, mais vous pourrez toujours compter sur les classiques de la maison comme *La Rusa de Gràcia* (macédoine de légumes) ou les *patatas con huevos estrellados y jamón* (œuf « éclaté » dans des pommes de terre avec du jambon). Grande terrasse sur la place, où il devient très difficile d'obtenir une place à l'arrivée des beaux jours !

LA PEPITA €

Carrer Còrsega, 343
✆ +34 93 238 48 93
www.lapepitabcn.com
Tous les jours de 13h à 0h. Environ 20 €.

Une adresse contemporaine où l'on mange des tapas autour d'un grand bar ou dans la salle de restaurant, au fond du local. L'accueil chaleureux de Sofía mérite une mention spéciale. La carte, toujours changeante, s'inspire des produits de saison. Excellents anchois marinés, jambon ibérique tranché sur le moment, délicieux thon présenté en conserve et un original gaspacho. A deux, préférez le coin-bar pour partager quelques tapas, l'ambiance est vraiment plus sympa. Au numéro 339 de la même rue, La Cava est une bonne alternative si La Petita est pleine !

LA PUBILLA €

23, Plaça de la Llibertat
✆ +34 932 182 994
www.lapubilla.cat
Lundi de 8h30 à 17h, du mardi au samedi de 8h30 à 23h30. Menu à 16 €. Réservation conseillée.

Un petit restaurant de quartier qui n'a l'air de rien, situé juste en face du marché, où se presse une foule d'habitués à l'heure du déjeuner. D'ailleurs, sans réservation, vous risquez de devoir attendre très longtemps car il y a peu de tables. Tous les midis, profitez de l'excellent menu avec entrée, plat et dessert, où priment les recettes catalanes et les bons produits. Le soir, on dîne à la carte des plats catalans absolument délicieux. Service attentif et un excellent rapport qualité-prix : c'est notre adresse préférée pour déjeuner dans Gràcia.

ROIG ROBÍ €€€

20, Sèneca
✆ +34 932 189 222
www.roigrobi.com
Du lundi au vendredi de 13h30 à 16h et de 20h30 à 23h30, samedi de 20h30 à 23h30. Menus à partir de 35 €.

Ce restaurant chic est un grand classique de la cuisine catalane depuis 1982. Dans un décor sobre et raffiné, avec un charmant patio au fond du restaurant, on se régale d'une excellente cuisine d'inspiration méditerranéenne. Le menu varie en fonction des saisons, mais la qualité est au rendez-vous tout au long de l'année. Le midi, la clientèle est plutôt masculine et l'ambiance aux affaires. En revanche, l'atmosphère est plus intime en soirée, et l'endroit convient parfaitement pour un dîner romantique. Un hymne à l'élégance discrète et à la cuisine catalane.

SANTA GULA €€

Plaça de Narcís Oller, 3
✆ +34 931 85 76 49
www.santagula.es
Tous les jours de 13h à 16h et de 19h à 23h (23h30 le week-end). Comptez 30 €.

© SANTA GULA

Sur une charmante place, un petit restaurant empreint d'une identité forte, où la carte change constamment au gré des produits de saison. A peine quelques tables en salle ou en terrasse, pour déguster une cuisine méditerranéenne aux multiples influences (françaises, italiennes, japonaises...), dans un décor chaleureux mêlant le bois blond et la brique blanche. À la carte : steak tartare de Wagyu, petits calamars farcis à la *botifarra*, *arròs* (riz) aux gambas de Palamós... et des desserts succulents comme le cheesecake aux fruits de la passion.

SOMODO €€

Carrer de Ros de Olano, 11
✆ +34 934 156 548
www.somodo.es
Du mardi au samedi de 13h30 à 15h30 et de 21h à 23h. Menus à partir de 18,80 €.

Caché dans une ruelle de Gràcia, ce petit restaurant japonais – qui n'en est pas un ! – occupe les locaux d'une ancienne boutique de lingerie. Au total, une dizaine de tables à nappe blanche, classiques et sans fioritures, pour déguster la cuisine innovante du chef Shojiro Ochi, qui fusionne à merveille les produits méditerranéens et les techniques japonaises. Son menu de midi offre un rapport qualité-prix imbattable ! Prévoyez tout de même une longue pause déjeuner, car le service, bien que très attentionné, est un peu lent. Réservation conseillée.

LA TABERNA DEL CURA €€

134, Carrer Gran de Gràcia
✆ +34 932 181 799
www.monchos.com
Ouvert tous les jours de 12h à 1h du matin. Compter 30 € par personne.

Au cœur du quartier de Gracia, un lieu chaleureux au décor rustique et atypique, à travers notamment ses énormes fûts de cidre recouvrant les murs. Le restaurant propose une cuisine espagnole traditionnelle, spécialisée dans les viandes grillées, au goût très tendre. Il dispose également d'une carte spéciale pour les plats à emporter. Un peu plus rare, une carte de fromage qui propose exclusivement des fromages espagnols : de Galice, d'Idiazabal, de Cabrales ou d'Asturies (5,25 €). Une adresse recommandée, le service est impeccable.

TAVERNA ONÍRIC €€

Carrer de la Indústria, 79
✆ +34 935 25 23 33
www.tavernaoniric.com
Mardi de 20h30 à 23h, du mercredi au samedi de 13h30 à 15h30 et de 20h30 à 23h, dimanche de 13h30 à 15h30. Comptez 30 €.

A 5 minutes à pied de la Sagrada Familia, Oníric est une taverne dans l'air du temps, servant une excellente cuisine catalane sous forme de *platets* (petits plats à partager). Ici Miquel Centelles revisite les recettes de son enfance avec les produits du terroir : *croquetas* de poulet rôti, *fricandó* (ragoût de bœuf) aux champignons, morue à la *samfaïna*... Le jeune chef s'est formé dans les cuisines d'un restaurant gastronomique, et ça se voit ! Surfant sur la vague bistronomique, il séduit les fines gueules du coin autant que les touristes de passage.

TOMA YA STREET FOOD €

Carrer de Nil Fabra, 34-36
✆ +34 932 17 90 23
Du mardi au vendredi de 13h30 à 15h15 et de 20h à 22h15, samedi de 13h30 à 15h15. Comptez 15 €.

Voilà une bonne adresse pour déjeuner ou dîner après la visite du parc Güell, puisque ce petit repaire pour amateurs de cuisine nikkei est situé à 10-15 minutes à pied du parc, en descendant vers Gràcia. Doté de seulement quelques tables, le restaurant de Salva (en cuisine) et de Roxana (en salle) est un condensé de « street food » péruvienne, avec des plats incontournables comme le « ceviche peruano » à base de poisson mariné au lait de tigre, le burger « pulled pork acevichado » et les bravas de patates douces. Le tout sur place ou à emporter !

LA VIETNAMITA €

C/ Torrent de L'Olla, 78
✆ +34 935 181 803
www.lavietnamita.com
Tous les jours de 13h à 23h, jusqu'à 0h les week-ends. Menu du jour 11,45 €.

Un minuscule restaurant vietnamien en plein cœur de Gràcia, repaire de jeunes gens avides de mets exotiques, offrant de nombreuses options pour les végétariens et les végans ! A la carte : des ceviches de poisson frais, des Banh mi (sandwichs vietnamiens) garnis de viande marinée, des currys de poulet, de bœuf, de tofu bio... Le menu de midi offre un bon rapport qualité-prix, et c'est une bonne option pour un déjeuner rapide dans le quartier. L'enseigne possède d'autres adresses dans la ville, notamment les quartiers de Sant Antoni et du Born.

7 PORTES €€

14, Passeig d'Isabel II
✆ +34 933 193 033
www.7portes.com
Ouvert tous les jours de 13h à 1h. Environ 30-40 € à la carte.

Inauguré en 1836, le 7 Portes est le restaurant le plus ancien de Barcelone. Situé sous les Pòrtics d'en Xifré, il a été le premier bâtiment à avoir bénéficié de l'eau courante à Barcelone, et figure sur la première photographie réalisée en Espagne. Dans cet endroit emblématique, vous pourrez déguster une cuisine catalane traditionnelle et la délicieuse paella Parellada. A l'intérieur, de petites plaques indiquent les tables préférées des nombreuses célébrités qui ont fréquenté l'endroit, notamment Orson Welles, Salvador Dalí, Pablo Picasso et Maria Callas.

BAR EL TIMBAL €

22, Carrer de Marià Aguiló
✆ +34 933 083 602
Du mardi au samedi de 9h à 0h, dimanche de 9h à 16h30. Environ 10 €.

A deux pas de la Rambla de Poblenou, le Timbal est un bar populaire et très authentique, avec une terrasse pleine à craquer à l'arrivée des beaux jours. Il propose au grand choix de tapas et de sandwichs (à la sobrasada, au fromage manchego...), mais vous y viendrez surtout pour leurs délicieuses *patatas bravas* à l'aïoli. Si la terrasse est vraiment complète, vous pourrez toujours vous faire servir sur le petit muret de la place votre ration de *bravas* : demandez directement aux serveurs. Ambiance locale et familiale, aucun touriste à l'horizon !

BAR JAI-CA €

13, Carrer de Ginebra
✆ +34 932 683 265
www.barjaica.com
Tous les jours de 9h à 23h30. Environ 15 €.

Un classique de La Barceloneta pour partager des tapas dans une ambiance joyeuse ! Depuis 1955, ce bar pittoresque est l'endroit idéal pour déguster des *tigres* (moules gratinées à la béchamel), des gambas, des artichauts frits, des *txocos* (petits calamars), ou encore des *buñuelos de bacalao* (beignets de morue). A l'extérieur, la petite terrasse est parfaite à l'heure du vermouth. Attention, l'endroit est très fréquenté et vous devrez probablement rester debout. Vous pourrez aussi tenter votre chance au numéro 9 de la même rue, où le Jai-Ca a ouvert une annexe.

BARCELONETA €€

22, Carrer de l'Escar
✆ +34 932 212 111
www.restaurantbarceloneta.com
Ouvert tous les jours de 13h à 0h. Environ 40 €.

Un air de vacances souffle sur ce restaurant et sa terrasse au milieu de la marina et des très grands voiliers : sa décoration en bois vernis et cordages rappelle les bateaux alentour. Vous y dégusterez d'excellentes recettes de la mer élaborées avec des produits de première qualité. Testez les anchois grillés, le carpaccio de bacalao (morue), la daurade au sel et la paella aux fruits de mer. Le personnel est très sympathique avec les grands comme les petits, d'autant qu'il s'agit d'un lieu de rendez-vous dominical pour les familles barcelonaises.

BARRACA €€

Passeig Maritim de la Barceloneta, 1
✆ +34 93 224 12 53
www.tribuwoki.com
Tous les jours de 13h à 23h30. Comptez 30-40 €.

Inauguré en 2013 sur la promenade maritime, Barraca séduit d'abord par son décor contemporain et chaleureux. La terrasse est assez agréable, mais nous avons préféré la salle du premier étage et son beau panorama sur la mer. Quoi qu'il en soit, le plus important se passe dans l'assiette, à travers une carte typiquement méditerranéenne. On y mange principalement des paellas et des tapas de la mer (beignets de morue, calamars à l'andalouse, etc.), mais ici on cultive un savoir-faire et un goût des choses simples qui nous a vraiment séduits.

BESTIAL RESTAURANT & BEACH CLUB €€

2-4, Carrer de Ramon Trias Fargas
✆ +34 932 240 407
www.grupotragaluz.com
Tous les jours de 13h à 16h et de 20h à 23h30. Environ 30 €. Consulter les jours d'ouverture du Beach Club.

Une situation privilégiée, quasiment sur la plage et sous le poisson de Frank Gehry et l'hôtel Arts, pour cette grande terrasse-jardin de plusieurs niveaux, avec une superbe vue sur la Méditerranée. Dans ce cadre élégant, on se régale de poissons frais, paellas et tapas variées (*coca* aux anchois, calamars à l'andalouse, *croquetas* de gorgonzola, etc.). Le Bestial se transforme le soir en club : sortez votre plus belle tenue, l'ambiance est chic et internationale.

SE RÉGALER

CAFÉ NINOSKA €

131, Avinguda d'Icària
✆ +34 932 212 444
Ouvert du lundi au jeudi de 7h à 22h, vendredi et samedi de 10h à 2h et dimanche de 10h à 22h. Environ 12 € à la carte.

Ninoska Palomino Olano, après avoir fait ses études hôtelières, décide de diffuser la cuisine péruvienne et ouvre le café Ninoska. L'endroit est un mythe dans le quartier. Elle y sert des plats comme le *ceviche* (poisson blanc cuit dans le jus de citron), qu'elle appelle *levanta muertos* parce qu'il fait des miracles les lendemains de soirées fortement alcoolisées. Egalement les *anticuchos* (morceaux de filet de cœur de bœuf à la braise) ou le maïs grillé. Ne le manquez surtout pas, c'est un lieu amusant et multiracial, avec musique péruvienne.

CAN RAMONET €€

17, Carrer de La Maquinista
✆ +34 933 193 064
www.grupramonet.com
Ouvert tous les jours de 12h à 0h. Menu de midi 18 €. A la carte, comptez 30-40 €.

Fondé en 1956, Can Ramonet était à l'époque une petite *bodega* de quartier qui vendait du vin en vrac. Installé dans l'un des édifices les plus anciens de la Barceloneta, à deux pas de la place du marché, ce restaurant est aujourd'hui un classique du quartier. Vous pouvez y grignoter des sardines, des chipirons, des calamars, et un grand choix d'*arroces* (riz) dans la partie restaurant : riz au bouillon garni de homard, riz noir à l'encre de seiche, et la classique paella Can Ramonet. Assez touristique, il conserve malgré cela beaucoup de charme.

CAN MAÑO €

12, Carrer del Baluart
✆ +34 933 193 082
Fermé le lundi midi, samedi soir et dimanche. Environ 15 €.

Véritable cantine de quartier, Can Maño est une adresse conviviale et informelle située à proximité du marché de la Barceloneta. Certes, on est bien loin des établissements branchés du bord de mer, mais l'ambiance mérite vraiment le détour. Souvent plein à craquer, Can Maño est une institution du quartier pour partager des fritures de poisson et des tapas de fruits de mer : calamars, *salmonetes a la plancha* (rouget), *chipirones*, etc. La présentation des plats et la décoration du lieu sont des plus sommaires, pourtant on y respire le charme de l'authenticité.

CAN RECASENS €€

102, Rambla del Poblenou
✆ +34 933 008 123
Ouvert tous les soirs à partir de 20h. Environ 25 €.

Situé dans un magnifique édifice de la Rambla del Poblenou, Recasens est sans aucun doute le plus joli des établissements du coin. Autour de ses petites tables, on vous servira des choses simples, mais le secret de son succès réside évidemment dans la qualité des produits : carpaccios, *tabla de quesos* (assortiment de fromages), fondues, *torradas* (pain de campagne grillé recouvert de poivrons, de fromage, etc.) et une grande variété de charcuterie. Excellents produits à partager à plusieurs, et que vous pourrez aussi acheter dans l'espace « Xarcuteria ».

CAN PINEDA €€€

Carrer de Sant Joan de Malta, 55
✆ +34 644 39 33 03
Du mardi au samedi de 13h à 16h et de 20h30 à 23h, dimanche de 13h à 16h. Fermé en août. Comptez 50 €.

A la frontière entre Poblenou et le quartier du Clot, voici un vrai classique catalan fréquenté par une clientèle fidèle et locale ! Né en 1904 comme simple *bodega*, Can Pineda est resté très authentique, avec ses boiseries et ses murs couverts d'azulejos et de vieilles photos. Sa cuisine mise sur des produits de saison de qualité, en particulier les champignons ! Testez par exemple l'œuf poché à la truffe, butifarra et foie gras poêlé (immanquable !) ou les médaillons de lotte aux champignons des bois… Soyez attentifs aux suggestions du jour !

LA COVA FUMADA €

56, Carrer del Baluart
✆ +34 932 214 061
www.lacovafumada.com
Du lundi au mercredi de 9h à 15h, jeudi et vendredi de 9h à 15h et de 18h à 20h, samedi de 9h à 13h. Environ 20 €.

La Cova Fumada est une adresse confidentielle, fréquentée par des habitués. Bien que les horaires d'ouverture ne facilitent pas la fréquentation du lieu, ce petit bar de quartier est un incontournable de la Barceloneta. Selon les propriétaires, c'est leur grand-mère Maria Pla qui aurait inventé la recette de la *bomba*, une grosse boule de pomme de terre remplie de viande, et un classique de la Barceloneta. Le reste de la (courte) carte est tout aussi bon et préparé sous vos yeux, dans la cuisine ouverte sur la salle. Un lieu plein d'authenticité.

EL 58 €

Rambla del Poblenou, 58
✆ +34 656 31 16 76
Ouvert de 13h à 23h. Fermé dimanche soir et lundi. Comptez 15 €.

Les restaurants sont nombreux sur la Rambla del Poblenou. Celui-ci est, sans aucun doute, notre préféré ! Décoré dans un style un peu bohème, avec ses murs en brique, ses boiseries et son zinc en céramique, le 58 est une excellente adresse pour partager des tapas créatives à prix serrés. Sur l'ardoise : bravas, croquetas, calamars à l'andalouse, risotto de légumes, aubergines au miel... Des petits plats plutôt simples, mais préparés avec soin et imagination. En prime, le personnel francophone vous réservera un accueil chaleureux !

L'ÒSTIA BARCELONETA €€

Plaça de la Barceloneta, 1
✆ +34 932 21 47 58
www.lostiabcn.com
Tous les jours de 10h à 23h30. Comptez 25 €.

Une taverne des temps modernes installée sur la plus jolie place de la Barceloneta. On y sert de bons classiques (calamars frits, *patatas bravas*) et des plats plus raffinés, à partager sous forme de tapas ou de *raciones*. Testez par exemple les *peixets* (petits poissons frits) servis en cornet, le risotto aux champignons, le ragoût de queue de bœuf ou les pois chiches aux épinards et *botifarra* noire. On apprécie l'ambiance autour du bar et la jolie décoration du restaurant, mais rien de tel qu'un déjeuner sur la terrasse à l'arrivée des beaux jours.

ELS PESCADORS €€€

1, Plaça Prim
✆ +34 932 252 018
www.elspescadors.com
Tous les jours de 13h à 15h30 et de 20h à 22h30. Environ 60 €.

Autrefois, Els Pescadors n'était qu'une simple buvette pour les travailleurs de l'ancienne gare de chemins de fer de Poblenou. Aujourd'hui, c'est l'un des secrets les mieux gardés du quartier : un excellent restaurant de poisson qui donne sur une petite place pleine de charme. Un service en habit blanc pour vous conseiller très aimablement parmi les poissons, les dizaines de variétés de riz et les vins de la cave. Qualité exceptionnelle, saveurs pures, même pour les desserts et glaces artisanales. Réservez une table en terrasse ou dans la salle principale.

CAN SOLE €€€

4, Carrer de Sant Carles
✆ +34 932 215 012
www.restaurantcansole.com
Du mardi au samedi de 13h à 16h et de 20h à 23h, dimanche de 13h à 16h. Comptez 50 €.

Ce restaurant ouvert depuis 1903 jouit d'une grande notoriété. La cuisine, inspirée des arrivages de saisons, met en vedette des recettes traditionnelles méditerranéennes et notamment les produits de la mer. Vous y dégusterez toutes sortes de riz tels l'arros caldos (riz dans son bouillon), les emblématiques petites seiches, et une excellente morue cuisinée de diverses manières (aux raisins secs et pignons, gratinée à l'aïoli, etc.). Les illustres clients de Can Solé ont beaucoup à voir avec sa réputation : Joan Miró, Sara Montiel... la liste est longue !

© CAN SOLE

© CAN SOLE

SE RÉGALER

PEZ VELA €€

Paseo del Mare Nostrum 19/21
✆ +34 932 216 317
www.grupotragaluz.com
Tous les jours de 12h30 à 23h30. Menu Chiringuito à 35 €. Réservation conseillée les week-ends.

Au pied de l'hôtel W, ce chiringuito branché présente une décoration séduisante et une belle terrasse face à la mer. L'ambiance, très cosmopolite, reflète à merveille l'esprit multiculturel de ce tronçon de plage, où se croisent des gens venus de quatre coins du monde ! Les *arroces* (riz), spécialité de la maison, se déclinent en paella aux fruits de mer, riz noir aux chipirons et artichauts, riz *caldoso* (au bouillon) garni de homard... Eté comme hiver, la terrasse est prise d'assaut dès les premiers rayons du soleil... pensez à réserver votre table à l'avance !

SOPA €

Carrer de Roc Boronat, 114
✆ +34 933 09 56 76
https://sopa.vg
Du lundi au vendredi de 8h à 22h, samedi de 10h à 22h, dimanche de 10h à 17h. Menu 10,50 €.

Lieu de rendez-vous veggie de Poblenou, Sopa est l'une des cantines fétiches des hordes de créa, *makers* et producteurs qui travaillent dans le quartier ! Dans un espace d'inspiration nordique, avec de larges baies vitrées et des tablées en bois, on vient déguster de bonnes soupes et autres plats du jour sains et végétariens. La philosophie du lieu ? Des produits de saison, locaux et écolo, car « nous sommes ce que nous mangeons ». Vous pourrez même suivre un cours de yoga sur place ! Egalement une boutique pour faire des emplettes veggies.

TORRE DE ALTAMAR €€€

88, Passeig de Joan de Borbo ✆ +34 932 210 007
www.torredealtamar.com
De 13h30 à 15h30 et de 21h à 23h30. Fermé lundi midi et dimanche midi. Menu de midi 39 €, menu dégustation 82 €.

Perché à 75 m au-dessus du niveau de la mer, dans la tour du téléphérique, ce restaurant offre des vues inégalables sur la ville et la Méditerranée. À la carte, on découvre une cuisine d'auteur méditerranéenne, élaborée par le duo de chefs Albert Dolcet et Joan Martínez. Le menu dégustation est évidemment le meilleur moyen d'apprécier leur cuisine, mais vous pourrez aussi tester à la carte leurs plats emblématiques, comme l'œuf à 60° au boudin de Wagyu ou les Saint-Jacques à l'ail noir. Quelques célébrités sont passées par là, notamment Victoria Abril et Shakira.

TRAS PASO €

24, Carrer de Fluvià
✆ +34 933 082 272
www.tras-paso.com
Du lundi au vendredi de 8h30 à 2h, samedi de 18h à 3h. Environ 15 €.

A deux pas du Palo Alto, repaire des créateurs les plus talentueux du Poblenou, Tras Paso est un petit restaurant au décor singulier, avec ses peintures pop et colorées qui égayent les murs du local. A la carte, des petits plats raffinés aux multiples influences, en particulier françaises, élaborés avec les produits de saison : sélection de pâtés, steak tartare, tartiflette, magret de canard aux pommes... vous ne serez pas dépaysés ! Le midi, optez pour le menu du jour qui offre un bon rapport qualité-prix. Ambiance cool et informelle au cœur du Poblenou !

EL VASO DE ORO €

6, Carrer de Balboa
✆ +34 933 193 098
www.vasodeoro.com
Tous les jours de 11h à 0h. Fermé 3 semaines en septembre. Environ 20 €.

Il faut faire preuve de dextérité pour se faire une place au comptoir de cette mythique *cervecería* située à l'entrée de la Barceloneta. Depuis 1962, la maison est réputée pour sa bière artisanale Fort, élaborée dans une micro-brasserie des environs. Les serveurs à chemise blanche assurent un service de qualité et sauront vous conseiller sur les spécialités de la maison : sandwich *granjero* au jambon blanc, fromage et laitue ; thon à la plancha aux poivrons verts de Padrón ; et l'incontournable *solomillo con foie* (filet de bœuf et foie gras poêlé).

XIRINGUITO ESCRIBÀ €€

42, Ronda Litoral
✆ +34 932 210 729
www.xiringuitoescriba.com
Tous les jours de 12h à 22h30. Environ 40 €.

La famille Escribà, célèbre pour ses pâtisseries hors du commun, est également propriétaire de ce fameux restaurant de bord de mer. Situé sur la plage de Bogatell, le Xiringuito offre un cadre très agréable pour déguster la spécialité de la maison : les paellas et *arroces* (riz). Lors de la commande, soyez vigilant avec les tapas en entrée (*croquetas*, beignets de morue, calamars à l'andalouse, etc.) : certes excellents, mais aussi chers que la paella elle-même ! Pensez à réserver à l'avance pour avoir une place en terrasse, et gardez de la place pour les desserts !

SE RÉGALER

ANTIGUA €€

59, Carrer de Marià Cubí
✆ +34 934 147 384
www.antiguarestaurante.com
Tous les jours de 13h30 à 16h et de 20h30 à 23h30. Environ 30 €.

Ce petit restaurant de Sant Gervasi propose une cuisine créative aux multiples influences – françaises, italiennes et asiatiques – selon l'humeur du chef et les ingrédients de saison. Les lumières tamisées, les nappes blanches, les briques roses et les moulures au plafond plantent un décor romantique, idéal pour un dîner en tête à tête. Les plats, présentés avec grand soin, débordent de créativité : poulpe croquant à la mousse de patates, *sobrasada* et miel, gaspacho aux poireaux et pommes de terre à la truffe, onglet à l'échalote, cochon de lait confit au romarin…

ASADOR DE ARANDA €€€

31, Avinguda Tibidabo
✆ +34 934 170 115
www.asadordearanda.com
Tous les jours de 13h à 23h. Menu « de la casa » 45 € (vin compris).

Si vous êtes amateur de grillades, courez à cette adresse ! Situé dans une splendide maison moderniste, cet *asador* est réputé pour ses viandes d'excellente qualité cuites au feu de bois, dans la pure tradition castillane. La spécialité de la maison ? Le fameux « lechazo asado » (agneau de lait grillé), que l'on accompagne de pommes de terre ou de légumes braisés. Le cochon de lait, la *morcilla* (boudin) de Burgos et la *cecina* de León complètent ce tour d'horizon des spécialités de Castille. Une terrasse permet de dîner en plein air les soirs d'été.

LA BALSA €€

4, Carrer de la Infanta Isabel
✆ +34 932 115 048
www.labalsarestaurant.com
Ouvert de 13h30 à 15h30 et de 20h30 à 23h30. Fermé le dimanche soir. Menu de midi à 20 €. Environ 40 € à la carte.

A proximité de l'avenue Tibidabo et du musée des sciences CosmoCaixa, un restaurant à l'architecture singulière, œuvre du grand architecte catalan Oscar Tusquets récompensée par le prestigieux prix FAD de 1979. Son entrée secrète, ses immenses baies vitrées, ses poutres en bois et ses sublimes terrasses entourées de végétation en font un lieu unique à Barcelone. A la carte, vous mangerez une cuisine méditerranéenne classique et de qualité, avec des valeurs sûres comme le poulpe grillé et sa purée de pois chiches, ou le cochon de lait confit aux pommes.

BAR TOMAS €

49, Major de Sarrià
✆ +34 932 031 077
www.eltomasdesarria.com
Du lundi au samedi de 12h à 16h et de 18h à 22h. Environ 10 €.

Un bar à l'allure bien modeste sur la rue principale de Sarrià, réputé dans toute la ville pour ses *patatas bravas* ! Dans un décor qui semble figé dans le temps, on s'installe au comptoir ou à l'une de ses tables pour respirer l'ambiance de quartier qui règne encore dans ce lieu. Une *caña* (petite pression) bien fraîche et une portion de bravas forment le duo idéal pour l'apéritif, dans ce bar qui s'enorgueillit d'être recommandé par le Wall Street Journal ! Un lieu authentique, dont les *patatas bravas* – on vous le confirme – sont les meilleures de Barcelone !

LA BODEGUETA DE CAL PEP €

C/ Canalejas, 12
✆ +34 933 39 30 37
Du mardi au vendredi de 10h à 15h, samedi et dimanche de 12h à 15h. Comptez 20 €.

Depuis 1998, cette bodega proche du marché de Sants régale les habitants du quartier de divines tapas, dans un décor de vieux tonneaux et de tables en marbre. Dès midi, les *quintos* (petites bières) et vermouths défilent sur le comptoir, tandis que les voisins de toujours viennent encore y acheter du vin en vrac. Pour remplir les estomacs, la bodega offre le meilleur de la mer : moules, crabes, couteaux, coques d'une fraîcheur irréprochable, mais aussi des beignets de morue et de petits poissons frits (*pescadito frito*) tout bonnement délicieux !

CAN TRAVI NOU €€

Carrer de Jorge Manrique, s/n
✆ +34 934 280 301
www.gruptravi.com
Tous les jours de 13h à 16h et de 20h30 à 23h. Comptez 40 €.

Situé dans le quartier d'Horta, Can Travi Nou est un restaurant au charme bucolique, installé dans une typique masía (ferme catalane) du XVIIe siècle, dont la façade se couvre de bougainvilliers en fleur à l'arrivée du printemps. Il propose une cuisine catalane de qualité dans un cadre authentique, qui accueille de nombreux banquets de mariage et autres célébrations. Ses salons cossus offrent un cadre idéal pour un dîner en famille ou une soirée spéciale en amoureux. En saison, c'est l'un des meilleurs endroits de Barcelone pour manger une *calçotada* !

CASA DE TAPES CAÑOTA €€

C/ Lleida, 7
✆ +34 933 25 91 71
www.casadetapas.com
De 13h à 16h et de 19h30 à 0h. Fermé dimanche soir et lundi. Environ 25 €.

Petit frère du prestigieux restaurant Rías de Galicia, Cañota est situé dans le quartier de Poble Sec, à 5 minutes à pied de la Plaça Espanya. Cette « casa de tapas » au décor de vaste cantine est appréciée des groupes et des familles pour son ambiance informelle. La carte, très amusante, propose des tapas variées où prédominent les produits de la mer et des *raciones* de moules, couteaux, gambas, pétoncles noirs, palourdes de première fraîcheur. Sympa pour partager à plusieurs, la « cajita de fritos », une sélection de tapas servie dans une boîte.

COCINA HERMANOS TORRES €€€

Carrer del Taquígraf Serra, 20
✆ +34 934 10 00 20
www.cocinahermanostorres.com
Du mardi au samedi de 13h30 à 15h30 et de 20h30 à 22h30. Menu dégustation à partir de 165 €.

Dans le quartier de Les Corts, la maison-mère des frères Torres, chefs médiatiques et stars des émissions de cuisine de RTVE (la grande chaîne publique de la télé espagnole). Logé dans un ancien atelier de pneumatiques de 800 m², ce restaurant ultra-contemporain s'organise autour d'une cuisine centrale, entourée par les tables des convives. Un décor sublime d'inspiration industrielle pour découvrir la cuisine avant-gardiste des frères Torres, récompensée par deux étoiles au Michelin. Une expérience gastronomique dans un lieu singulier !

DALT DE TOT €

Carrer de Saragossa, 66
www.morrofi.cat
Du lundi au jeudi de 18h à 0h, vendredi et samedi de 12h à 16h et de 18h à 0h, dimanche de 12h à 16h. Environ 15 €.

Monté par la bande du MorroFi (rois du vermouth à Barcelone), Dalt de Tot reprend les ingrédients qui ont fait le succès de l'enseigne : des bières bien tirées, du vermouth fait maison et des tapas de grande qualité. Ici, les propriétaires s'essayent à la préparation de plats chauds… et le résultat est à la hauteur de leur réputation ! A la carte : *butifarra* catalane, tortilla, salade de tomates et burrata, et une multitude de spécialités en conserve qui font le succès de la maison (sardines marinées, filets d'anchois, assortiment de chips et de moules…).

EL CANALLA €

C/ Mayor de Sarrià, 95
✆ +34 93 205 88 06
www.gruposantelmo.com
Tous les jours de 13h à 0h. Formule midi à 12,50 €. Comptez 20 € à la carte.

Joli bar à vins où l'on déguste autour du comptoir ou en terrasse des petits plats savoureux sous forme de platillos, parfait pour partager à plusieurs. On y retrouve les typiques patatas bravas, anchois, tortilla, mais aussi des portions de calamars, de gambas et de moules du delta de l'Ebre. Plus sophistiqués, la morue confite accompagnée de ratatouille ou le *mollete* (pain blanc) de calamars à l'aïoli. Bonne adresse pour grignoter un morceau dans une ambiance détendue et un cadre soigné. Sa terrasse, face à l'église, est l'une des plus prisées du quartier.

KOSKA TAVERNA €

Carrer de Blai, 8
✆ +34 931 27 03 13
www.koskataverna.com
Du mardi au vendredi de 18h à 0h. Samedi et dimanche de 12h à 0h. Comptez 15 €.

Sur le carrer Blai, la rue la plus animée du quartier de Poble Sec, une sympathique taverne proposant des *pintxos* basques, dont une délicieuse tortilla bien baveuse qui compte parmi les meilleures de la ville. Autre spécialité : les Gildas, à base d'anchois et de piment vert d'Ibarra. Mais tout est bon à la Koska : il suffit de choisir parmi les ribambelles de pintxos exposés au comptoir, ou de tester les plats à la carte mixant recettes basques et produits catalans. En accompagnement, un txakoli ou une bouteille de cidre sont des valeurs sûres !

L'OSTERIA DEL CONTADINO €€

123, Carrer de Saragossa ✆ +34 932 110 808
http://losteriadelcontadino.com
Ouvert de 13h30 à 16h et de 20h30 à 0h30. Fermé le lundi et le dimanche soir. A la carte, environ 30 €.

Ce petit restaurant au décor rustique offre un cadre très agréable pour une soirée à deux. Mais c'est surtout l'une des meilleures adresses de Barcelone pour manger italien, un établissement confidentiel situé au détour d'une petite rue de Sant Gervasi. Tous les ingrédients, de première qualité, sont directement importés d'Italie. L'occasion de déguster une excellente *burrata* artisanale en entrée, puis en plat principal, les *gnocchetti* au ragoût de sanglier, les *orecchiette* aux chipirons et brocoli, ou encore des lasagnes aux champignons. Une valeur sûre !

LA CASETA DEL MIGDIA €

s/n Mirador del Migdia
✆ +34 617 956 572
www.lacaseta.org
L'été, du mercredi au vendredi de 20h à 0h, week-end de 12h à 1h. L'hiver, week-end de 12h à 18h. Comptez 15 €.

L'un des secrets les mieux gardés de Montjuïc. La Caseta del Migdia est située juste à côté du jardin botanique et offre une vue panoramique. On dit même que c'est le meilleur point de vue de la ville pour admirer le coucher de soleil sur la mer. Le lieu est accessible en bus, mais aussi en téléphérique (arrêt Castell). Il s'agit d'une petite buvette entourée de jardins avec sessions DJ et transats. On y mange des plats simples cuisinés au barbecue, notamment de la *butifarra* ou des sardines grillées. Une cuisine modeste, mais des vues extraordinaires !

MARTINEZ €€€

Carretera de Miramar, 38
✆ +34 931 066 052
www.martinezbarcelona.com
Tous les jours de 13h à 1h. Comptez 40-50 €.

Niché à flanc de colline, à deux pas du téléphérique qui relie le littoral à Montjuïc, ce restaurant occupe un singulier bâtiment signé Oscar Tusquets, dont la terrasse surplombe le port de Barcelone et la mer Méditerranée. Outre ses vues sublimes, le restaurant séduit par sa cuisine traditionnelle, qui fait la part belle aux *arroces* (plats à base de riz) et aux viandes et poissons grillés « a la parilla ». Testez par exemple le *suquet* (ragoût) de poissons de la Costa Brava ou la *cazuela* de homard et lotte. Ce n'est pas donné, mais la vue vaut le déplacement.

PERVERS €€

Carrer d'Hercegovina, 24
✆ +34 936 84 65 71
Du mardi au samedi de 12h à 0h, dimanche de 12h à 17h. Comptez 20-25 €.

Dans une rue tranquille de Sant Gervasi, un bistrot tout en longueur inauguré en 2019 par trois jeunes intrépides – Vera, Albert et Xavi – à l'emplacement d'un ancien bar culte du quartier. S'autoproclamant « taverne poétique », le trio mixe littérature et gastronomie pour une clientèle locale. La carte, présentée sous une enveloppe, propose ainsi une *butifarra* Fahrenheit, des *patatas bravas* Stendhal servies avec une sauce rouge et une sauce noire, mais aussi l'excellent biscuit de *sobrasada* à la sardine fumée. Gardez de la place pour les succulents desserts !

QUIMET & QUIMET €

25, C/ Poeta Cabanyes
✆ +34 934 423 142
Du lundi au samedi de 12h à 16h et de 18h à 22h30. Environ 20 €.

Le meilleur bar à tapas de Poble Sec, et sans aucun doute l'une des meilleures adresses de Barcelone. Quimet y Quimet est une petite *bodega* de quartier avec seulement quelques tables hautes qui proposent des *montaditos* (tapas sur du pain) d'une créativité surprenante. Les produits sont simples (pâté, foie gras, fromage, etc.) mais le mariage des saveurs ne cesse de surprendre ses habitués... et les nombreux touristes de passage ! Etant donné les dimensions réduites du local, évitez l'établissement si vous êtes en groupe ou avec des enfants. Une adresse en or.

RESTAURANTE COURE €€€

Passatge de Marimon, 20
✆ +34 932 007 532
www.restaurantcoure.es
Ouvert du mardi au samedi de 13h à 16h et de 20h à 0h. Comptez 50 € en salle.

Situé Passatge de Marimon, l'une des plus petites rues de Barcelone, voici un restaurant à la décoration minimaliste. Ambiance chic et menu dégustation (6 plats et 2 desserts) dans la salle du restaurant. Ne vous laissez pas intimider, car il est possible de dîner dans la partie bar dans une ambiance informelle pour tester les divines tapas du Coure. A goûter absolument : les *croquetas* (tout simplement les meilleures de Barcelone !). Le service est attentif et efficace. En bref, une très bonne adresse et une référence en matière de haute cuisine catalane.

RIAS DE GALICIA €€€

7, Carrer de Lleida
✆ +34 934 248 152
www.riasdegalicia.com
Ouvert tous les jours de 13h à 16h et de 20h à 23h30. Environ 80 €.

Un classique barcelonais réputé depuis plus de 30 ans comme l'une des meilleures *marisquerías* de la ville. Ce restaurant familial se distingue par l'excellence de sa matière première : les poissons et fruits de mer sont importés directement de Galice, auprès des meilleurs producteurs de la région. À la carte : poulpe à la galicienne, salade de homard à la mangue et avocat, couteaux des îles Cíes, gamba rouge de Méditerranée... A l'étage supérieur, l'Espai Kru, qui comme son nom l'indique est spécialisé dans tout ce qui est cru : sashimis, carpaccios, tartares...

TAVERNA CAN MARGARIT €

21, Carrer de la Concórdia
✆ +34 934 416 723
Du lundi au samedi de 20h30 à 23h30. Environ 15 €.

Une vieille taverne au charme authentique, avec ses tonneaux à vins et ses tables en bois. Fréquentée par une clientèle d'habitués, c'est une adresse incontournable pour les dîners en groupe dans le quartier. Vous y mangerez de belles assiettes de tapas à partager à plusieurs, dans une ambiance bruyante et conviviale. Le *conill a la jumillana* (lapin) est la spécialité de la maison, mais les *caracoles alegres* (escargots à la sauce piquante) et l'*escalivada* de poivrons et d'aubergines méritent bien une visite ! Un classique de Poble Sec.

LA TOMAQUERA €€

58, Carrer de Margarit
✆ +34 675 90 23 89
Du mardi au samedi de 13h à 16h30 et de 20h30 à 23h30, dimanche de 13h à 16h30. Environ 25 €.

Un classique du Poble Sec, au pied de la colline du Montjuïc. Dans un décor très authentique, ce petit restaurant sert des spécialités catalanes, en particulier des escargots à *la llauna* (grillés) ou *guisat* (mijotés à la tomate) réputés dans toute la ville. Ils sont servis sur les tables à nappes vichy dans des poêles fumantes, et s'accompagnent de viandes grillées à *la brasa* (côtelettes de porc, lapin, entrecôte) et de grandes tranches de pain à la tomate. Un lieu convivial, où l'on mange avec les doigts, une serviette autour du cou !

TRAM-TRAM €€€

121, Major de Sarrià
✆ +34 932 048 518
www.tram-tram.com
De 13h30 à 15h30 et de 21h à 23h. Fermé dimanche soir, lundi et mardi soir. Menu dégustation 55 €.

Fidèle à sa clientèle et toujours disposé à bien s'occuper des nouveaux invités, le Tram-Tram séduit par son agréable décor. Le patio arboré est superbe les soirs d'été et la déco du restaurant est élégante et accueillante. Une cuisine créative de qualité qui, selon la saison et le marché, offre des délices de la gastronomie méditerranéenne. Le chef Isidre Soler propose par exemple des cannelloni de pintade à la truffe, riz au pigeonneau et champignons de saison, ou un cochon de lait de Segovia au gratin de pommes de terre. Un classique de Sarrià !

LA VENTA €€€

Plaça Doctor Andreu
✆ +34 932 126 455
www.restaurantelaventa.com
Du lundi au samedi de 13h30 à 15h30 et de 20h30 à 23h, dimanche de 13h30 à 15h30. Comptez 40 €.

Situé aux pieds du funiculaire de Tibidabo, ce restaurant centenaire possède l'une des plus jolies terrasses de Barcelone. Ses salons Art nouveau, à l'étage supérieur, offrent quant à eux des vues spectaculaires sur la ville. La carte, peu exhaustive, propose une cuisine méditerranéenne de qualité, avec quelques clins d'œil à la gastronomie française : vichyssoise, oursins gratinés, foie gras à la confiture de poire, arròs (riz) aux escargots, queue de bœuf... Incontournable pour les amateurs de lieux historiques et de cuisine traditionnelle !

VIVANDA €€

C/ Major de Sarrià, 134
✆ +34 93 203 19 18
www.vivanda.cat
Du mardi au samedi de 13h30 à 15h30 et de 20h30 à 23h, dimanche de 13h30 à 15h30. Environ 30 €.

A l'arrivée des beaux jours, la terrasse arborée du Vivanda est l'un des coins les plus agréables de Sarrià pour un déjeuner ou un dîner à l'air libre. L'intérieur, sobre et contemporain, offre lui aussi un cadre très accueillant. Ici on mange de divines *croquetas*, des tortillas bien baveuses, et des spécialités catalanes goûteuses comme le *fricandó* (ragoût), le *canelón* au poulet ou les petits escargots en sauce. Si vous êtes dans le coin, venez au moins y prendre un apéro avec une ration de *croquetas*, vous ne le regretterez pas !

XEMEI €€€

Paseo de la Exposicion, 85
✆ +34 935 53 51 40
www.xemei.es
Tous les jours de 13h30 à 16h et de 20h30 à 23h. Environ 40 €.

Une belle adresse où déjeuner après la visite de la Fundació Joan Miró (à 10 minutes à pied). Situé aux portes de Montjuïc, cette petite *osteria* est un lieu culte de la ville ! Aux commandes, Max et Stefano, deux garçons dans le vent qui ont su faire de ce restaurant plutôt classique la table favorite des célérités de passage, comme Mario Vargas Llosa ou Patti Smith. On y mange une cuisine vénitienne traditionnelle, dont la qualité des produits justifie vraiment les prix. Immanquables, les *spaghetti al nero di sepia* et l'assortiment de poissons vénitiens.

FAIRE UNE PAUSE

Bars à cocktails, *bodegas*, cafés hipsters, terrasses ensoleillées : tous les prétextes sont bons pour faire une pause à Barcelone ! Dans n'importe quel bar de la ville, boire une *caña* (petite bière) bien fraîche est un plaisir dont il serait dommage de se priver. Les *bodegas* sont un lieu incontournable de la vie barcelonaise pour tester les vins locaux et le traditionnel *vermut* à l'heure de l'apéritif. On l'accompagne évidemment de quelques tapas à partager : olives, anchois, *latas* (conserves) en tous genres... Le retour en grâce des bars à cocktails a vu l'émergence de nouveaux temples de la mixologie, aux côtés des *coctelerías* classiques de l'Eixample. Le gastro-cocktail bar est un concept qui cartonne ! Les soirs d'été, offrez-vous une coupe de *cava* sur le toit-terrasse d'un hôtel chic. Et pour les gourmands, n'oubliez pas les typiques *granjas* où se régaler de *churros* et d'un chocolat chaud épais !

PRATIQUE

FAIRE UNE PAUSE

HORAIRES

En semaine, les Barcelonais se retrouvent en général vers 19h pour prendre l'apéritif, à la sortie du travail. Les week-ends, c'est plutôt vers midi que l'on se donne rendez-vous pour boire une *caña* (bière) ou le fameux *vermut*. La plupart des bars sont ouverts tous les jours, certains fermant le dimanche soir. L'*happy hours* ne se pratique pas, mais les prix sont généralement moins chers qu'en France, sauf dans les lieux très touristiques.

BUDGET / BONS PLANS

Les prix varient beaucoup en fonction du quartier et l'emplacement de chaque bar. Évidemment, un verre en terrasse face à la mer ne vous coûtera pas le même prix que dans une bodega de quartier. D'une manière générale, comptez 2 € pour un café, 3 € pour une bière ou un vermut, entre 3 et 5 € pour un verre de vin, et de 7 à 12 € pour un cocktail. Un petit pourboire est de rigueur si vous avez apprécié le service...

A PARTIR DE QUEL ÂGE

Comme en France, la loi espagnole interdit la consommation d'alcool aux mineurs de moins de 18 ans.

C'EST TRÈS LOCAL

Le *vermut*, bien sûr ! À l'heure de l'apéritif, les Catalans apprécient ce vin aromatisé aux plantes, que l'on accompagne en général de quelques olives, anchois marinés, moules ou coques en conserve... Les week-ends, aux alentours de midi, c'est un véritable rituel ! Chaque quartier de la ville possède des bodegas traditionnelles où l'on sert le *vermut* dans les règles de l'art.
À l'heure du goûter ou du petit déjeuner, les *granjas* (ancienne laiterie) sont un arrêt obligatoire pour tester les *churros*, accompagnés d'un chocolat chaud onctueux. Celles du carrer de Petritxol, dans le Barri Gòtic, comptent parmi les plus anciennes de la ville.

ENFANTS

Ils sont les bienvenus dans tous les bars, cafétérias et salons de thé.

FUMEURS

Il est interdit de fumer dans les bars, les terrasses couvertes et les patios intérieurs. Vous serez autorisé à fumer uniquement sur les terrasses ouvertes et donnant sur l'extérieur. La plupart des bars vous interdiront de sortir avec votre boisson si vous souhaitez fumer une cigarette à l'extérieur.

LES ATTRAPE-TOURISTES

Attention aux bars sur les Ramblas et dans les lieux touristiques qui affichent des photos de pichets de sangria... ce n'est jamais bon signe ! N'oubliez pas non plus que les vendeurs de bières dans les lieux publics ou de *mojitos* sur les plages sont dans l'illégalité la plus totale, et vous aussi si vous achetez leurs produits !

LES PHRASES CLÉS

Bonjour, quelle est la spécialité de la maison ? Nous voulons découvrir.
Hola, quina és l'especialitat de la casa? Ens agradaria tastar-la.

Avez-vous de la place en terrasse ?
Que hi té lloc, a la terrassa?

Quel est votre nom ? Je m'appelle... Ravi de vous rencontrer !
Com es diu? Jo em dic ... Encantat de conèixer-te!

A votre santé ! Zut, j'ai renversé mon verre... pouvez-vous m'aider ?
Salut! Renoi, he vessat la beguda, ¿podria ajudar-me?

C'était très bon. Nous allons reprendre la même chose s'il vous plait.
Era molt bo, prendrem el mateix una altra vegada, si us plau.

BAR KENTUCKY

11, Carrer de l'Arc del Teatre
✆ +34 933 182 878
Ouvert du mercredi au samedi de 22h à 3h.

Si vous voulez vous plonger dans une atmosphère à la fois surchauffée et décadente, si vous souhaitez connaître le bar le plus chargé d'histoire de Barcelone, où Serge Gainsbourg aurait probablement traîné, faites un saut au Kentucky ! Difficile de se frayer un chemin jusqu'au comptoir, mais c'est ce qui fait le charme de cet établissement un peu mal famé du Raval, ouvert depuis les années 1940. Vous y trouverez de tout et dans tous les états... Alors faites attention à votre téléphone et à votre porte-monnaie en fin de soirée !

BOADAS COCKTAIL BAR

1, Carrer dels Tallers
✆ +34 933 189 592
www.boadascocktails.com
Du lundi au samedi de 12h à 2h (jusqu'à 3h les vendredis et samedis).

L'un des bars à cocktails les plus réputés de Barcelone. Inauguré en 1933, avec des murs ornés de cadres et de caricatures qui se sont accumulés au fil des ans depuis l'ouverture... Faites les comptes. Ici, la clientèle se partage entre les fidèles, quelques noms du milieu artistique local et des touristes futés. Derrière le bar, les sympathiques barmen vous demanderont sûrement *seco o dulce*, c'est-à-dire « sec ou doux », et vous concocteront un cocktail sur mesure. Trop fréquenté le week-end : il faut mieux venir en semaine pour vous plonger dans son charme rétro.

BOSC DE LES FADES

5, Passatge Banca
✆ +34 933 172 649
www.museocerabcn.com
Ouvert tous les jours de 10h à 1h du matin, samedi et dimanche à partir de 11h.

Ce curieux bar appartient au musée de la Cire, situé dans un petit passage tout en bas des Ramblas. *Bosc de les fades* signifie « la forêt des fées », un nom très significatif puisque ce local est une invitation à la rêverie. Avec une décoration digne d'un conte des frères Grimm, entre d'immenses troncs d'arbres aux milieux des tables et des recoins mystérieux peuplés de créatures fantastiques, on ne serait presque pas surpris de voir débarquer une horde de lutins par la porte principale. Une véritable expérience de l'imaginaire !

CAELUM

8, Carrer de la Palla
✆ +34 933 026 993
https://caelumbarcelona.com
Du lundi au jeudi de 10h à 20h30, vendredi et samedi de 10h à 21h. Service dans la crypte à partir de 14h30.

Situé dans le Call, ancien quartier juif du Barri Gòtic, ce charmant salon de thé propose – au rez-de-chaussée – des biscuits élaborés par des religieuses provenant de divers couvents d'Espagne, mais aussi des liqueurs, des confitures, du chocolat et même des savons ! Au sous-sol, dans la crypte, on pénètre dans un décor de voûtes et d'arcs de pierre : c'est ici que se trouvaient les bains juifs à l'époque médiévale. Ce mikvé du XVᵉ siècle est un lieu fantastique pour déguster une pâtisserie ou l'une des douceurs des religieuses.

EL CAFÈ DE L'OPÉRA

74, La Rambla
✆ +34 933 177 585
www.cafeoperabcn.com
Ouvert tous les jours de 8h30 à 2h30.

Longtemps fréquenté par les anarchistes du Raval, les intellectuels de la bohème barcelonaise, chanteurs et musiciens, ce café moderniste est un lieu emblématique des Ramblas, ouvert depuis 1929. Aujourd'hui, sa clientèle est nettement plus touristique, mais le charme est toujours là. On remarquera sa porte aux ondulations typiques, son grand bar en fer à cheval, les colonnes de fer qui divisent l'espace et les décorations murales. Parfait pour une pause café en début de matinée ou pour partager une portion de *churros* autour d'un chocolat chaud.

CAJ CHAI

12, Carrer de Sant Domènec del Call
✆ +34 933 019 592
www.cajchai.com
Tous les jours de 10h30 à 22h.

Niché dans une petite rue du Call, l'ancien quartier juif de Barcelone, un petit salon de thé à l'esprit bohème, véritable refuge à l'abri des regards. Plus de 150 variétés de thés provenant de Chine, du Japon, de Corée, du Népal et d'Inde y sont proposées à la carte, dans une ambiance chaleureuse avec des murs en pierre et de jolis meubles anciens. Tout au long de l'année, des dégustations et ateliers y sont régulièrement organisés, en général le samedi matin : cérémonie du thé Gong Fu, dégustations spéciales, mariage thé et chocolat...

LA CONCHA DEL RAVAL

14, Carrer de la Guàrdia
✆ +34 933 024 118
www.laconchadelraval.com
Ouvert tous les jours de 17h à 2h30, jusqu'à 3h30 le vendredi et le samedi.

C'est ici le sanctuaire de Sara Montiel, star espagnole des années 1950 (un peu l'équivalent de notre Brigitte Bardot nationale), dont le visage est placardé sur tous les murs de ce petit bar nocturne. L'endroit est kitsch à souhait, c'est donc l'un des fétiches des branchés du quartier. Il est teinté de culture orientale, avec ses confortables canapés où fumer la shisha dans une ambiance tranquille en fin d'après-midi. La nuit tombée, place à la fiesta avec sa clientèle hétéroclite et ses transformistes, sur fond de musique espagnole et orientale !

LA CONFITERIA

128, Carrer de Sant Pau
✆ +34 931 40 54 35
www.confiteria.cat
Du lundi au samedi de 19h à 2h30 (jusqu'à 3h les vendredis et samedis), dimanche de 17h à 2h.

Cette ancienne confiserie de 1912 est un arrêt obligatoire pour ceux qui entreprennent la route des cafés modernistes. Derrière sa façade parfaitement conservée, la Confiteria préserve un merveilleux décor de mosaïques, de miroirs et de lampes anciennes. Deux amis d'enfance, Lito et Enric, ont repris le bar en 2017 pour lui donner un concept à la hauteur de son magnifique décor. Désormais, derrière son sublime comptoir en bois sculpté, on sert des cocktails très sophistiqués, à travers une carte inventive et souvent renouvelée. Un must du Raval !

FORN MISTRAL

96, Ronda Sant Antoni
✆ +34 933 018 037
www.fornmistral.com
Du lundi au samedi de 7h à 21h.

L'une des meilleures boulangeries du quartier. Elle est tenue par la même famille depuis 1879, et on la reconnaît tout de suite avec sa jolie devanture rouge. A l'entrée, il vous faudra prendre un ticket avant de passer commande, car il y a souvent la queue ! La maison est réputée pour ses douceurs catalanes, notamment les *coques*, les *bunyols* (beignets au sucre), les *panellets* (boule de massepain et pignons, typique à la Toussaint) ou encore les *tortells* (gâteau brioché). Dans la partie cafétéria, vous pourrez déguster toutes ces spécialités sur place !

GRANJA DULCINEA

Carrer Petritxol, 2
✆ +34 933 026 824
www.granjadulcinea.com
Tous les jours de 9h à 13h et de 17h à 21h. Fermé en août.

L'une des plus anciennes granjas de la ville, fondée en 1941, située dans l'incontournable carrer Petritxol. Dans un décor traditionnel de boiseries et de céramiques, on se régale de churros trempés dans un chocolat chaud épais ou dans une crème fouettée, mais aussi de *melindros* (boudoirs), crème catalane ou gâteau aux pommes. Les week-ends, à l'heure du goûter, il faut souvent faire la queue avant d'avoir une place : essayez de venir à l'ouverture des portes (17h) pour éviter d'attendre. Une de nos adresses fétiches pour un goûter à Barcelone !

GRANJA LA PALLARESA

11, Carrer de Petritxol
✆ +34 933 022 036
Du lundi au samedi de 9h à 13h et de 16h à 21h, le dimanche de 9h à 13h et de 17h à 21h. Fermé en juillet.

Pas question de repartir de Barcelone sans avoir goûté aux célèbres churros. La charmante Carrer de Petritxol abrite justement la plus célèbre granja de la ville, la Granja Pallaresa, une institution depuis 1947. Voici la marche à suivre : 1) vous oubliez votre régime ; 2) vous commandez un chocolat « suís » (garni de crème fouettée) dans lequel vous trempez vos churros ; 3) vous marchez deux bonnes heures pour digérer le tout ! Autres spécialités de la maison : le mató de Pedralbes, semblable à une crème catalane, ou l'excellente ensaïmada en forme d'escargot !

GRANJA M. VIADER

4-6, Carrer de Xuclà
✆ +34 933 183 486
www.granjaviader.cat
Ouvert de 9h à 13h15 et de 17h à 21h. Fermé le dimanche.

Depuis son ouverture en 1870, on déguste dans cette *granja* (littéralement « crémerie ») une vingtaine de spécialités à base de lait, dont la fameuse *orxata*, une boisson typique de Valence à base de jus de souchet, mais aussi des flans, de la crème catalane et le traditionnel *mel i mató*. L'établissement est également réputé pour son chocolat chaud, qu'on accompagne de quelques churros ou d'une *ensaïmada*. Au comptoir, belle sélection de charcuteries et de fromages. Une vraie pause gourmande à deux pas des Ramblas, dans un décor de céramique à l'ancienne.

HAPPY PILLS

6, Carrer dels Arcs
✆ +34 933 18 86 54
www.happypills.es
Du lundi au samedi de 10h à 20h30, dimanche de 12h à 20h30.

Le concept : des bonbons colorés vendus sous forme de comprimés pour combattre « les dimanches sans football », « le régime à base d'ananas », « le prix de l'immobilier », etc., ou comment un bon concept marketing peut transformer une simple boutique de bonbons en un lieu incontournable pour les amoureux du design. Parmi les best-sellers de la maison : des kits d'urgence amoureuse et une boîte à pharmacie aux couleurs de l'arc-en-ciel ! Plusieurs boutiques dans toute la ville, notamment dans le Born (Argenteria, 70) et l'Eixample (Rambla Catalunya, 14).

KASPARO

4, Plaça de Vincenç Martorell
✆ +34 933 022 072
www.kasparo.es
Ouvert du mardi au samedi de 9h à 22h30, jusqu'à 0h l'été.

Un classique du Raval, idéal pour prendre un verre en terrasse ou grignoter un morceau, à l'ombre ou au soleil selon l'humeur et le moment de la journée… Le bar est situé sous les arcades de la Plaça de Vincenç Martorell, l'une des plus charmantes du quartier. Au milieu de la place trône une aire de jeux pour les enfants : pratique pour distraire vos loustics pendant que vous sirotez l'apéritif ! À la carte : de bons petits-déjeuners, une grande variété de sandwichs, des bières artisanales et des plats du jour axés sur les produits de saison.

L'ASCENSOR COCKTAIL BAR

3, Bellafila
✆ +34 933 185 347
Tous les jours de 18h à 2h30 (jusqu'à 3h vendredi et samedi).

Voilà déjà plus d'un demi-siècle que ce bar du Barri Gòtic compose des cocktails ensoleillés (mojitos, caipirinhas…), dont son fameux Pors de Sol, spécialité de la maison à base d'orange et de banane. L'Ascensor doit son nom à son entrée principale en forme de vieil ascenseur rustique, dans un bel immeuble du XVe siècle. La décoration à l'ancienne et les cocktails maison attirent une clientèle à la recherche d'authenticité, de préférence en début de soirée pour éviter la foule. Un lieu plein de charme pour une pause cocktail à deux pas de la Cathédrale.

LONDON BAR

34, Carrer Nou de la Rambla
✆ +34 938 08 21 87
Tous les jours de 17h à 2h30.

Un arrêt obligatoire sur la route du modernisme ! Inauguré en 1910 sur La Rambla, ce bar mythique a vu passer de célèbres personnages, tels Pablo Picasso, Joan Miró, Antoni Gaudí, Ernest Hemingway, Antonio Machado et Carlos Gardel. Après une période de fermeture, il a rouvert ses portes en 2018 sous l'égide de Carlos Raluy, propriétaire d'un cirque historique. Ainsi, il continue d'offrir un magnifique décor à l'esprit bohème où l'on peut boire d'excellents cocktails inspirés du cirque. Régulièrement, des concerts en live y sont organisés.

MANCHESTER BAR

40, Calle de Valldonzella
✆ +34 627 733 081
https://manchesterbar.com
Ouvert tous les jours de 19h à 2h30, vendredi et samedi jusqu'à 3h.

Son nom pourrait prêter à confusion, mais non, le Manchester n'est pas un pub anglais ! Ce bar musical situé au cœur du Raval fait salle comble les week-ends, surtout en fin de soirée, à l'heure où vous ferez facilement des rencontres. Sa bonne musique et ses bières pas chères attirent une clientèle jeune et hétéroclite. La programmation musicale très *eighties* fait la part belle aux groupes anglais *new wave* ou rock : Joy Division, New Order, Depeche Mode ou The Cure. Notez aussi que le bar possède une annexe dans le Barri Gòtic (C/ Milans, 5).

MARGARITA BLUE

Josep Anselm Clavé, 6
✆ +34 934 125 489
margaritablue.com
Ouvert tous les jours de 18h à 2h, jusqu'à 3h les vendredis et samedis.

Situé à deux pas du port, ce bar offre une ambiance cosmopolite et une multitude d'évènements pour animer ses soirées : concerts de jazz ou bossa nova, spectacles de magie, de trapèze… Les cocktails spécialités de la maison restent bien sûr les mojitos et les margaritas, et plus particulièrement le Margarita blue. En cas de petite faim, testez les tomates vertes frites, le guacamole, les *fajitas* et les *enchiladas* ! Un bar-restaurant mexicain à l'ambiance chaleureuse, où vous ferez facilement des rencontres autour du comptoir.

MARSELLA

65, Sant Pau
✆ +34 934 42 72 63
Du lundi au samedi de 22h à 2h30 (jusqu'à 3h les vendredis et samedis).

Ce bar fut ouvert par un Marseillais en 1820 qui introduisit la consommation de l'absinthe chez nos voisins catalans. Il fait partie de ces bars qui vivent de leur histoire. Aujourd'hui, le lieu semble hanté par l'âme de tous les artistes qui ont usé leurs fonds de culottes sur les chaises du Marsella et ne se décident pas à monter voir saint Pierre de peur de ne plus pouvoir redescendre pour boire un petit verre. Beaucoup de touristes en début de soirée, mais à partir de 1h du matin, on retrouve cette ambiance canaille qui fait le succès du Marsella.

PAPABUBBLE

Banys Nous, 3
✆ +34 932 688 625
www.papabubble.com
Du lundi au vendredi de 11h à 15h et de 16h à 20h30. Samedi de 10h à 20h.

Derrière une vitrine aux airs d'apothicaire se cache la plus jolie boutique de bonbons de Barcelone. Ouvert en 2004, Papabubble a remis au goût du jour les bonbons de fabrication artisanale. Ils sont élaborés sous vos yeux, et se déclinent sous forme de sachets, de pots ou de tubes aux formes minimalistes. Le résultat, merveilleusement design et coloré, séduit à travers le monde : Papabubble possède aujourd'hui des dizaines de boutiques en Asie, en Inde et au Moyen-Orient. Une bonne adresse pour rapporter des souvenirs gourmands.

NOU PIPA CLUB

3, Plaça Reial
✆ +34 652 58 91 16
www.pipaclub.eu
Tous les jours de 21h à 3h.

L'ancien Pipa Club, siège du club des fumeurs de pipe de Barcelone, a rouvert ses portes fin 2016 sous un nouveau concept. Ce lieu à l'esprit clandestin, situé au premier étage d'un bâtiment de la Plaça Reial, s'est transformé en bar à cocktails exclusif, réservé à ses membres, et animé par une intéressante programmation musicale. Pour y accéder, il suffit de sonner à l'interphone du numéro 3 et de s'inscrire (gratuitement) sur la liste des membres, sésame indispensable pour accéder au bar. A l'intérieur, ambiance intimiste et parties de billard !

PASTELERIA ESCRIBÀ

83, Rambla de les flors
✆ +34 933 016 027
www.escriba.es
Tous les jours de 9h à 21h.

Située dans la Casa Figueras, superbe établissement moderniste de 1902, la pâtisserie Escribà est une véritable icône de La Rambla depuis son ouverture en 1986. Derrière sa façade sublime en trencadís, le célèbre chocolatier Cristian Escribà régale les gourmands de ses créations originales. Parmi les incontournables : les lèvres rouge passion (« Llaví ») à la mousse de vanille, le cheesecake délicatement enrobé de chocolat blanc, la tarte sacher ou encore l'adorable « ovella » (mouton) aux copeaux de chocolat. Un classique des Ramblas !

OVEJA NEGRA RAMBLAS

5, Carrer de les Sitges
✆ +34 933 171 087
www.ovellanegrabcn.net
Tous les jours de 17h à 2h30, jusqu'à 3h les vendredis et samedis.

Cette taverne rustique à deux pas des Ramblas est l'une des adresses préférées des jeunes étudiants Erasmus. Entre deux parties de billard, on y boit et on y picore des tapas pour pas cher autour de grandes tablées en bois. Le local propose des dîners en groupe, mais on y vient surtout pour la sangria avant de faire la tournée des boîtes ou pour voir les matchs de foot entre copains. Vous l'aurez compris, l'ambiance est jeune, internationale et particulièrement animée ! Pour profiter de l'ambiance *bodega* du lieu, préférez l'heure de l'apéro.

SATAN'S COFFEE CORNER

C/ de l'Arc de Sant Ramón del Call, 11
✆ +34 666 22 25 99
www.satanscoffee.com
Tous les jours de 9h à 18h (week-ends à partir de 10h).

Une très bonne adresse pour boire un café dans le Barri Gòtic, prendre un petit déjeuner ou s'offrir un repas léger. Repaire de hipsters à la déco ultra soignée, ce local sert du café de qualité à déguster sur place ou à emporter. Il s'accompagne de céréales, de toasts grillés, ou d'un traditionnel *choushoku* (petit déjeuner japonais). A l'heure du déjeuner, testez le sandwich aux rillettes de canard ou le Katsu-sand (tonkatsu mis entre deux tranches de pain de mie). Une bonne adresse pour une pause stylée en plein Barri Gòtic !

BAR DEL CONVENT

36, Carrer del Comerç
✆ +34 93 256 5017
www.bardelconvent.com
Du mardi au samedi de 10h à 21h.

Ce joli café se trouve dans l'ancien couvent de Sant Agustí Vell, édifice gothique construit entre les XIVe et XVe siècles dans le quartier de La Ribera. Aujourd'hui transformé en centre civique, ce lieu paisible est un merveilleux refuge à l'abri des regards. Le café abrite un véritable trésor : une terrasse à l'ombre de vieilles arcades en pierre, s'ouvrant sur l'ancien cloître. Un spot en or à l'arrivée des beaux jours, très prisé des familles puisque les enfants peuvent y jouer en toute sécurité. Pour les petites faims : quiches maison, salades et *empanadas*.

BAR MUDANZAS

15, Carrer de la Vidrieria
✆ +34 933 191 137
http://barmudanzas.com
Du lundi au jeudi de 10h à 2h, vendredi de 10h à 3h, samedi de 18h à 3h, dimanche de 18h à 2h.

Bar situé dans le quartier du Born, à deux pas de la basilique Santa Maria del mar. Le bar Mudanzas (« déménagement ») doit son nom à l'entreprise de déménagement qui occupait autrefois les lieux. On aime son décor très *bistrot*, avec ses tables en marbre et son carrelage noir et blanc. Un escalier en bois conduit au premier étage où s'organisent ponctuellement des expositions. Repris en 2019 par le groupe La Confitería, spécialiste de la mixologie, c'est aujourd'hui un spot idéal à l'heure du cocktail, pour tester des créations raffinées.

BODEGA LA TINAJA

9, Carrer de l'Esparteria
✆ +34 933 102 250
Du lundi au samedi de 19h à minuit. Compter 15-20 €.

Une jolie *bodega* de style rustique, l'endroit parfait pour déguster un bon cru catalan en plein cœur du Born. Sous les voûtes en pierre, le charme est au rendez-vous : le bodega se trouve en effet logée dans un bâtiment du XVIIe siècle. Ses étagères remplies de vieilles cruches et de bouteilles de vin, ses tables en bois et ses plafonds aux poutres apparentes offrent un très beau décor pour partager une assiette de charcuterie catalane et de fromage artisanal, accompagnée de belles tranches de *pa amb tomàquet* (pain frotté à la tomate). Beaucoup de charme !

BODEGA MAESTRAZGO

90, Carrer de Sant Pere Més Baix
✆ +34 933 102 673
www.bodegamaestrazgo.com
Du lundi au samedi de 10h30 à 15h et de 17h à 22h.

Grande variété de vins et de cavas dans cette bodega fondée en 1952 à proximité du Mercat de Santa Caterina. Les vins sont vendus en bouteilles, bien sûr, mais aussi en vrac, conservés dans d'immenses tonneaux à l'entrée de la boutique. Un décor rustique et chaleureux pour cet endroit réputé pour ses dégustations de vins accompagnés de tapas ! Autour de ses hautes tablées en bois, vous partagerez d'excellents crus servis avec des olives, des charcuteries catalanes et des fromages artisanaux. Ambiance très conviviale et propice aux rencontres !

BUBÓ

10, C/ Caputxes
✆ +34 932 687 224
www.bubo.es
Tous les jours de 10h à 21h.

Pour le plaisir des yeux et des papilles, poussez la porte de cette boutique design située face à la basilique de Santa Maria del Mar. Carles Mampel, pâtissier archi-doué, crée des pâtisseries sophistiquées et exotiques, toutes plus bonnes les unes que les autres : verrines acidulées, classiques revisités, petits fours colorés, macarons à tomber par terre… Pour les palais plutôt salés, juste à côté le Bubó Bar propose des tapas tout aussi originales et une bonne sélection de vins. Testez l'excellente assiette ibérique et le surprenant gaspacho à l'ail blanc !

CAN CISA - BAR BRUTAL

C/ Princesa, 14
✆ +34 932 954 797
www.cancisa.cat
Boutique ouverte du mardi au samedi de 11h à 20h. Bar ouvert le lundi de 20h à 0h et du mardi au samedi de 13h à 0h.

D'un côté, une boutique de vins – Can Cisa – principalement fournie en vins naturels et écologiques ; de l'autre, un bar – le Bar Brutal – où l'on retrouve à la carte les crus sélectionnés pour la boutique. Tout cela dans un décor de charme, qui conserve l'esprit des bodegas de quartier, avec ses vieux tonneaux à vins et son éclairage tamisé. A deux pas du musée Picasso, l'endroit offre une merveilleuse halte aux amateurs de bons vins. Ils s'accompagnent d'une excellente sélection de fromages catalans et de plats créatifs élaborés avec les produits de saison.

DR. STRAVINSKY

Carrer dels Mirallers, 5
✆ +34 931 571 233
www.drstravinsky.cat
Tous les jours de 18h à 2h30.

Caché dans le labyrinthe médiéval du Born, Dr. Stravinsky se présente comme un mystérieux laboratoire, avec ses étagères chargées de bocaux, et son décor d'alambics et de tubes à essai. Monté par l'équipe du déjà célèbre Paradiso, ce bar à cocktails utilise ses propres alcools, liqueurs et boissons gazeuses, à travers un processus très artisanal. Ainsi, le Camp Nou, au goût proche de celui d'un gin tonic, est élaboré avec du sirop de basilic, aneth, coriandre, citron vert, camomille et gin maison. Un lieu incontournable pour les passionnés de mixologie !

PARADISO

C/ Rera Palau, 4
www.paradiso.cat
Tous les jours de 19h à 2h30.

A cette adresse, vous tomberez d'abord sur le Pastrami Bar, un bar à sandwichs tout couvert de céramique blanche, dont la spécialité – comme son nom l'indique – est le sandwich au pastrami. Pour accéder au « paradis », il vous faudra pousser la porte d'un vieux réfrigérateur et pénétrer, clandestinement, dans ce bar élégant aux lames de bois et lumière veloutée. Vous y testerez les sublimes cocktails de Giacomo Gianotti, qui lui ont valu d'entrer au classement des meilleurs bars au monde en 2018, selon le réputé « World's 50 Best Bars ».

GOCCE DI LATTE

Pla de Palau, 4
✆ +34 617 98 61 86
Tous les jours de 12h à 0h.

Voici l'un des meilleurs glaciers de la ville ! Créé en 2012 par l'italien Matteo Merella et sa compagne Rita Marra, Gocce di Latte séduit les fondus de glace avec ses parfums renversants (mandarine-romarin, violette aux amandes...) et leurs textures crémeuses, dont on peut observer la fabrication à travers une baie vitrée. Parmi les valeurs sûres de la maison, testez la pistache et le chocolat noir- huile d'olive- sel. À deux pas de la boutique de Pla de Palau, une annexe est dédiée aux glaces véganes (C/ Espaseria, 14). Celle au thé matcha est un must !

PASTELERÍA HOFMANN

Carrer dels Flassaders, 44
✆ +34 93 268 82 21
www.hofmann-bcn.com
Du lundi au samedi de 9h à 14h et de 15h30 à 20h (jusqu'à 20h30 vendredi et samedi), dimanche de 9h à 14h30.

Charmante pâtisserie dans l'une des venelles du Born appartenant à la prestigieuse école hôtelière Hofmann, qui compte aussi plusieurs restaurants à Barcelone. On dit que c'est ici qu'on trouve les meilleurs croissants de Barcelone... Ils sont fourrés au mascarpone, à la mangue ou encore aux framboises. Une chose est sûre, ils n'ont rien à envier aux croissants *made in France* ! A tester également, les cakes au citron, chocolat ou vanille, les financiers aux myrtilles, les pâtisseries Otoño, Romantic, Cactus... Un lieu de perdition pour les gourmands !

MARLOWE BAR

24, Carrer del Rec
✆ +34 93 310 10 27
www.marlowebar.com
Du lundi au samedi de 18h à 2h30, jusqu'à 3h les vendredis et samedis.

Un bar à cocktail classique à l'angle du Passeig del Born, dont le nom rend hommage au célèbre détective Philip Marlowe. Ce fief de la mixologie attire les puristes des cocktails et les amoureux des ambiances intimistes dans un espace étroit, mais sophistiqué. A la carte, des cocktails aux noms évocateurs comme le *Penicillin* à base de whisky écossais, miel et gingembre, ou le *Sol y Sombra* à base de vodka, pisco, basilique et citron. Le choix est succinct et varie à chaque saison. Bon rapport qualité-prix et sélection musicale soignée.

PAX 49

Rec, 49
✆ +34 932 682 389
www.pax49bcn.com
Du lundi au jeudi de 18h à 2h30, vendredi de 18h à 3h, samedi de 16h à 3h, dimanche de 16h à 2h30.

Un lieu agréable, à la clientèle hétéroclite, où savourer un excellent cocktail parmi une carte exhaustive. L'Elektrik Zombie, au rhum et à l'ananas, le Bloody Taco, à base de vodka et jus de tomate, ou le Palomita, à la tequila et au pamplemousse, comptent parmi ses cocktails signature. Son décor moderne, ses cocktails à prix serrés et les serveurs en uniforme hipster attirent les foules à l'heure de l'apéritif, d'autant que le bar se trouve à l'angle de Rec et du Passeig del Born, zone de passage hyper fréquentée. Un des lieux branchés du Born !

BAR VELODROMO

213, Carrer de Muntaner
✆ +34 934 306 022
www.moritz.com
Ouvert tous les jours de 7h à 2h.

Un établissement mythique de l'Eixample, autrefois lieu de rendez-vous des intellectuels barcelonais. Après presque dix ans de fermeture, le Velodromo a rouvert ses portes en 2009. La décoration originale de style Art déco est restée intacte, boostée par quelques meubles design. Mais c'est surtout du côte de sa carte que le Velódromo a pris un coup de jeune grâce au chef Jordi Vilà. Dans l'assiette, des tapas créatives et savoureuses, comme le *bikini de jamón* (mini-sandwich au jambon) et les *huevos estrellados* (œuf éclaté dans de la pomme de terre).

BELVÉDÈRE

3, Passatge de Mercader
✆ +34 932 159 088
Du lundi au vendredi, à partir de 19h.

Un bar à cocktail confidentiel, fréquenté par une clientèle largement masculine. Avec son grand bar en bois sombre et ses canapés recouverts d'un tissu fleuri des plus *old school*, le Belvedere est une adresse mythique de l'Eixample pour les amoureux des ambiances surannées. Le barman, aimable et discret, saura vous conseiller dans le choix de votre cocktail. Ensuite, patience... la préparation d'un cocktail implique du temps et de la rigueur. Côté cuisine, on vous servira des plats classiques et savoureux, dont l'incontournable steak tartare.

BOCA CHICA

Passatge de la Concepció, 12
✆ +34 934 675 149
www.bocagrande.cat
Tous les jours de 17h à 2h.

Au rez-de-chaussée, un restaurant, le Boca Grande. A l'étage, un bar à cocktails, le Boca Chica. Situé dans le passage le plus chic de l'Eixample, l'endroit est fréquenté par une foule très cosmopolite. Sortez votre tenue de soirée, car l'ambiance y est généralement glamour. Furieusement branché et décoré dans un goût exquis, le Boca Chica est l'endroit *hot* du moment. On y sert des cocktails créatifs à des prix élevés, pour une clientèle à la recherche d'exclusivité. Ne manquez pas de faire un petit tour aux toilettes... on ne vous en dit pas plus !

BRUNCH & CAKE ENRIC GRANADOS

Enric Granados, 19
✆ +34 93 138 35 72
www.brunchandcake.com
Tous les jours de 9h à 21h.

Idéal pour une pause gourmande ! De vrais gâteaux, cupcakes, pancakes, pâtisseries et autres merveilleuses gourmandises. Une vraie splendeur visuelle et gustative, dans un cadre ultra mignon et bien décoré. Avec un accueil sympa et une carte proposée en français, voilà le stop idéal entre deux balades.

CACAO SAMPAKA

292, Carrer del Consell de Cent
✆ +34 932 720 833
www.cacaosampaka.com
Du lundi au samedi de 9h à 21h.

Créée par Albert Adrià, frère du célèbre chef Ferran Adrià, Cacao Sampaka est une boutique dédiée à l'univers du chocolat. Avec des saveurs insolites et un packaging attractif, Cacao Sampaka est devenue une marque de référence pour les amoureux du chocolat. Son univers gourmand, organisé sous forme de collections thématiques, vous mènera à travers les cacaos et épices d'Amérique, les « cacaos de légende », ou encore l'esthétique de Gaudí. Impossible d'en ressortir sans faire une petite pause gourmande dans l'espace dégustation.

CAFÉ BAR ALEGRÍA

Calle Borrell, 133
✆ +34 933 28 33 68
www.baralegria1899.com
Tous les jours de 13h à 23h.

Une belle façade à l'ancienne et une terrasse agréable pour faire une pause café ou prendre un verre. Ce joyau moderniste de 1899 a fait peau neuve en 2018 en proposant une carte de tapas et de *platets* dans l'air du temps. Ainsi, pour accompagner le traditionnel vermouth, on partage des assiettes de jambon de *bellota*, des tortillas à la truffe, ou encre de petites sépias aux oignons caramélisés. Beaucoup d'habitués au bar et des groupes de jeunes en terrasse. Superbe ambiance les week-ends sur les coups de midi pour le vermouth.

COPITAS

Carrer Rosselló, 473
✆ +34 930 07 60 11
www.copitasbar.com
Ouvert du mardi au vendredi de 18h30 à minuit, le samedi de 12h à 1h, fermé le dimanche.

A côté de la Sagrada Familia, Copitas est un bar à vins français et catalans, mais pas que... Rhums arrangés, planteurs et rhums de dégustation sont toujours accompagnés de quelque chose à grignoter. Au menu : plateaux de charcuterie venue des Pyrénées, salade de gésiers ou de Chavignol gratiné, ainsi qu'une sélection de fromage *Made in France*. L'endroit est également réputé pour ses soirées fondues : Mont d'Or, camembert et époisses au four, mais aussi raclettes et tartiflettes. Une fois par mois, l'établissement organise un week-end huîtres de Port Leucate.

DELACREM

Carrer d'Enric Granados, 15
✆ +34 930 04 10 93
https://delacrem.cat
Tous les jours de 9h à 21h.

Originaire de Turin, Massimo Pignata fut l'un des premiers ambassadeurs du mouvement Slow Food à Barcelone. Son enseigne DelaCrem, fondée en 2010, est aujourd'hui une institution de la ville. Même les Italiens de passage à Barcelone font la queue chez ce glacier pour goûter ses créations ! Son concept ? Des glaces élaborées avec des ingrédients de proximité, ultra crémeuses, et changeantes au gré des saisons. Des classiques pistache ou noisette aux créations les plus surprenantes (Pin sylvestre du Montseny, lavande-safran...) : toutes les glaces sont à tomber !

DRY MARTINI

162, Carrer d'Aribau
✆ +34 932 175 072
www.drymartiniorg.com
Du lundi au vendredi de 13h à 2h30, samedi et dimanche de 18h30 à 3h.

La réputation de ce bar à cocktails a largement dépassé les frontières de l'Espagne. On y trouve une clientèle de petits groupes ou de couples réunis autour d'un bar confortable et spacieux. Le spectacle des serveurs préparant les cocktails est tout simplement fascinant. Leur spécialité ? Le Dry Martini bien sûr, une boisson à base de gin et de vermouth sec. Javier de las Muelas, alma mater du lieu, excelle aussi bien dans les préparations old school que dans les créations d'auteurs. Un lieu culte de l'Eixample pour les amateurs de cocktails !

ELS SORTIDORS DEL PARLAMENT

Carrer del Parlament, 53
✆ +34 934 411 602
www.elssortidors.com
Lundi de 17h à 23h, du mercredi au dimanche de 12h à 23h. Fermé le mardi.

Cette jolie *bodega* est l'un des QG des hipsters de Sant Antoni. Ici, on vient pour déguster du bon vin parmi une vaste sélection de crus, en particulier des vins catalans, vendus à prix boutique. Il faudra compter à peine quelques euros pour le débouchage. Les vins s'accompagnent de délicieuses tapas, comme la tortilla aux œufs de caille et à la truffe, et les artichauts grillés à la sauce romesco. Le tout dans un décor plaisant qui a su conserver le charme d'origine de la *bodega*.

LES GENS QUE J'AIME

286, Carrer de Valencia
✆ +34 932 156 879
www.lesgensquejaime.com
Ouvert du dimanche au jeudi de 18h à 2h, et le vendredi et le samedi de 19h à 3h.

Ce joli bar de l'Eixample cultive l'esprit bohème et littéraire. Très sombre et intimiste, Les Gens que J'aime est une adresse incontournable à l'heure du cocktail. Depuis 1967, il occupe une cave d'inspiration moderniste à l'ambiance feutrée. Recommandé par l'actrice Gwyneth Paltrow sur son blog, Les Gens que J'aime est une adresse insolite au charme suranné. Et si votre avenir vous préoccupe, vous pourrez consulter une cartomancienne et vous faire tirer les cartes sur place tous les jours à partir de 20h (réservation sur le site).

JARDIN DEL ALMA

Carrer de Mallorca, 271
✆ +34 932 16 44 78
https://almahotels.com
Tous les jours à partir de 16h. Environ 5 € le café, 18 € le cocktail.

Une oasis de verdure cachée au cœur de l'Eixample : voici le jardin secret de l'hôtel Alma, prestigieux 5 étoiles situé à deux pas de La Pedrera. L'endroit est idéal pour faire une pause en fin d'après-midi, loin du bruit et de la foule du Passeig de Gràcia, dans une ambiance chic et intime. A la carte, une sélection de cafés El Magnífico et de thés Sans&Sans – le *must* à Barcelone – mais aussi des cocktails sophistiqués, de la sangría et des vermouths. Evidemment, les prix sont plus élevés qu'ailleurs, mais cela reste très correct pour un lieu si exceptionnel.

BAR VIRREINA

1, Plaça de la Virreina
✆ +34 932 379 880
www.virreinabar.com
Ouvert tous les jours de 10h à 1h, jusqu'à 2h les week-ends.

La Plaça de la Virreina offre l'ambiance d'un village avec son église et ses bars en terrasse, lieu de rendez-vous des familles bobos du quartier. Parmi tous ces cafés, le bar Virreina est sans aucun doute le plus agréable, avec sa terrasse ensoleillée et son intérieur tranquille l'après-midi et animé le soir. Attention, les places au soleil sont chères le week-end. En cas de petites faims, bons sandwichs à déguster sur place : au jambon ibérique, à la *sobrassada* (charcuterie) des îles Baléares, au *fuet* (saucisson) catalan… Un classique de Gràcia

BODEGA QUIMET

23, Vic
✆ +34 932 184 189
Du lundi au vendredi de 10h à 23h30, samedi et dimanche de 12h à 23h30.

Probablement la bodega de Gràcia la plus convoitée à l'heure de l'apéro. Après 40 ans d'une discrète existence, elle a été reprise en 2010 par des membres de la famille de l'ancien patron. En l'occurrence, deux jeunes gens qui ont su insuffler un esprit cool sur ce lieu à l'ancienne. Aujourd'hui, la bodega Quimet est « the place to be » pour boire le *vermut* sur les coups de 20h. En accompagnement, quelques bonnes tapas classiques comme l'*ensaladilla rusa* (macédoine de légumes) et les *patatas arrugadas* (pommes de terre sautées à la sauce piquante).

BODEGA MARIN

72, Mila i Fontanals
✆ +34 932 133 079
Du lundi au vendredi de 7h à 15h et de 17h à 22h. Samedi de 8h à 15h.

A l'angle de la Plaça John Lennon, une minuscule *bodega* aux murs tapissés de tonneaux et de vieilles bouteilles de vin. L'endroit semble complètement hors du temps, et c'est bien pour ça qu'on l'aime ! Quelques tabourets pour s'asseoir, une planche pour s'accouder, et un défilé constant de *quintos* (petite bière de 20 cl) et de vermouths à l'heure de l'apéritif. L'endroit est bondé, à tel point qu'on finit généralement sur le trottoir, debout, à bavarder un verre à la main. Testez les délicieuses *croquetas* de Tere en accompagnement !

EL CAFE DEL SOL

16, Plaça del Sol
✆ +34 932 37 14 48
Tous les jours de 11h à 2h30, vendredi et samedi jusqu'à 3h.

L'un des lieux de rencontres incontournables de cette place très animée, littéralement submergée de groupes de jeunes à l'arrivée des beaux jours. En plus de sa terrasse très convoitée, le Café del Sol a un charme changeant selon le moment de la journée. Plutôt calme l'après-midi, il s'anime à mesure que la nuit tombe, attirant une clientèle bigarrée. Régulièrement, on y organise des expositions de photographie, de sculpture ou de peinture. Votre soirée peut se prolonger selon le cycle solaire au Sol de Nit, sur cette même place.

BODEGA NEUS

Carrer de Benet Mercadé, 24
✆ +34 695 92 50 12
Lundi de 8h à 17h, du mardi au jeudi de 12h30 à 16h30 et de 18h30 à 0h, vendredi et samedi de 12h30 à 0h.

En sortant du Mercat de la LLibertat, faites un tour dans ce traditionnel bar à vermouth, lieu de rendez-vous des locaux à l'heure de l'apéritif. Depuis 1917, la famille Fonollosa y servait du vin en vrac, essentiellement aux marchands et à la clientèle du marché. Depuis quelques années, le lieu a été repris par les propriétaires de La Vermu (C/ Sant Domènec, 15), qui lui ont insufflé ce qu'il faut de modernité pour attirer la nouvelle génération. Pour accompagner le vermouth, excellentes tapas à partager (*ensaladilla*, anchois, morue à la *samfaïna*).

CANIGÓ

2, Carrer de Verdi
✆ +34 932 133 049
www.barcanigo.com
Du lundi au jeudi de 10h à 2h, vendredi de 10h à 3h, samedi de 20h à 3h.

Situé face à la jolie Plaça de la Revolució, juste au début du Carrer de Verdi, le Bar Canigó est un établissement géré depuis 1922 par la même famille. A l'intérieur, la décoration respire l'authenticité, avec son grand bar en bois brun, ses tables en marbre et ses affiches publicitaires vintage. Calme en journée, le Canigó est pris d'assaut par les jeunes trentenaires du quartier dès l'heure de l'apéritif. Un conseil : demandez une ration d'olives, elles sont délicieuses. Un lieu recommandé pour boire le vermouth ou grignoter un sandwich.

EL VILLA VERMUTERIA

C/ Martínez de la Rosa, 27
✆ +34 646 06 53 99
www.elvillavermuteria.com
Du mercredi au vendredi de 19h à 0h, samedi de 12h à 16h et de 19h à 0h, dimanche de 12h à 16h.

Un air iodé souffle sur cette « vermutería del mar », montée par un fils de pêcheurs originaire d'Almería ! De la rencontre entre ses racines andalouses et la tradition catalane du vermouth est né El Villa, bar moderne à l'esthétique marine et minimaliste. Sous le plafond en liège, on vous sert d'excellents produits de la mer en conserve (moules, couteaux, coques, pétoncles noirs...), des anchois de Santoña (les plus réputés d'Espagne), et surtout de divins *molletes*, petits pains andalous garnis de poissons fumés ou de sardines piquantes.

SWITCH POCKET CLUB

24, Carrer de Francisco Giner
Du mardi au samedi de 21h à 2h30 (vendredi et samedi jusqu'à 3h).

Ambiance véritablement animée dans ce petit bar musical de Grácia, situé à deux pas de la Plaça de la Vila. On y est à l'étroit, certes, mais l'ambiance jeune et *underground* vous séduira si vous êtes à la recherche d'authenticité. En effet, loin du concept des méga clubs importé d'Ibiza, ici on se déhanche comme on peut dans un mouchoir de poche, sur fond de sets musicaux à tendance électro, assurés par des DJ résidents et invités. Pas de touristes à l'horizon, mais quelques étudiants Erasmus en vadrouille. Claustrophobes, abstenez-vous !

NABUCCO TIRAMISU

Plaça de la Vila de Gràcia, 8
✆ +34 932 176 101
www.nabuccotiramisu.com
Du lundi au vendredi de 8h30 à 21h, samedi et dimanche de 9h à 21h.

Sur la Plaça de la Vila, le cœur du quartier de Gràcia, un café cosy réputé pour ses bons gâteaux et ses focaccias. Montée par des Italiens, cette charmante cafétéria élabore de manière artisanale ses délicieuses pâtisseries, quiches et focaccias à base de produits écologiques ou de proximité. Pour les gourmands, la carte offre un vaste choix de carrot cake, *crostata* à la confiture de fruits, gâteau vegan, tarte aux pommes, etc. Les week-ends, la terrasse du Nabucco est littéralement prise d'assaut dès l'heure du petit déjeuner !

TOMO II

2, Carrer de Vic
✆ +34 932 173 192
www.tomodos.com
Tous les jours de 12h30 à 21h.

Installé face à une jolie place de Gràcia, Tomo II est un petit glacier à la décoration contemporaine. C'est ici que les bobos des environs viennent acheter leur glace au litre ou s'offrir un petit cornet en fin d'après-midi. Conçues sur le modèle argentin, les glaces de Tomo II sont plus légères que les glaces italiennes. Celle au mascarpone et fruits de bois est tout simplement divine ! Pour de nombreux clients, ce sont les meilleures de Barcelone… à vous de comparer ! Plusieurs autres adresses à Barcelone, notamment dans le Born et à Sarrià.

LA NENA

Ramon y Cajal, 36
✆ +34 932 85 14 76
Tous les jours de 8h30 à 22h30.

A l'heure du goûter, voici l'une des adresses fétiches des familles de Gràcia ! Dans un décor aussi chaleureux que nostalgique, avec ses jouets anciens et ses photos en noir et blanc, on s'y régale d'un chocolat chaud onctueux accompagné de churros, de *melindros* (boudoirs) ou d'une part de gâteau maison. Pep, le propriétaire, est une institution du quartier, tant pour sa gentillesse que pour ses convictions écolos. Autour des tables, vos chérubins pourront s'amuser avec les nombreux jouets à leur disposition. Un lieu plein de charme !

VERMUTERIA EL TANO

17, Carrer de Joan Blanques
✆ +34 932 131 058
Du mardi au vendredi de 9h à 21h, samedi et dimanche de 12h à 16h.

Comme son nom l'indique, la Vermuteria El Tano est un point de rencontre incontournable à l'heure du vermouth. Cette petite *bodega* située à côté de la Plaça Joanic conserve le charme des établissements de quartier. Fréquenté par des habitués en semaine et par les trentenaires « bobos » le dimanche, El Tano est l'endroit tout indiqué pour les amateurs d'ambiances authentiques. Pour accompagner le *vermut* ou votre *quinto* bien frais (petite bière de 20 cl), commandez des cœurs d'artichauts aux anchois, des coques en sauce ou des dés de thon en salaison (*mojama*).

BALIUS

Carrer de Pujades, 196
✆ +34 933 15 86 50
www.baliusbar.com
Ouvert tous les jours de 18h à minuit.

Située dans le centre de Poblenou et à proximité de la plage, cette ancienne pharmacie de quartier reconvertie en bar à cocktails détonne par sa façade extérieure à l'esthétique vintage. Les propriétaires ont su conserver de nombreux éléments mais en réadaptant la distribution intérieure. Le lieu en lui-même est un refuge pour les locaux et les plus nostalgiques venus écouter de la bonne musique jazz ou électro en live et à un volume suffisamment agréable pour pouvoir discuter tout en savourant un bon cocktail. De quoi se réveiller d'un dimanche paresseux !

BAR ABSENTA

36, Carrer de Sant Carles
✆ +34 932 213 638
Tous les jours de 18h à 2h, les week-ends de 15h à 3h. Fermé le mardi.

A deux pas de la plage et du Mercat de La Barceloneta, un bar-café à la décoration franchement improbable : poupée Barbie bleue à taille humaine accrochée au plafond, vieilles télévisions customisées et des tableaux dans chaque recoin… Un bric-à-brac d'objets et de curiosités qui donne à ce bar une ambiance vraiment particulière. Comme son nom l'indique, c'est le lieu tout indiqué pour tester l'absinthe, dont il propose plusieurs types de variétés. Si vous avez une petite faim, n'hésitez pas à goûter aux *empanadas* maison : un délice !

ESPIT CHUPITOS

Passeig de Colom, 8
✆ +34 697 814 461
colon.espitchupitos.com
Du lundi au samedi de 22h30 à 2h30.

Avec une carte de plus de 600 sortes de *chupitos*, Espit Chupitos est l'un des endroits les plus dangereux de Barcelone ! En effet, les *chupitos* sont tellement appétissants qu'on a tendance à vouloir tout goûter… ce qui n'est pas forcément une bonne idée ! Entre les *chupitos* à la crème, aux bonbons, les flambés, etc., il est souvent difficile de faire son choix. Les deux spécialités de la maison sont le *Monica Lewinsky* et le *Harry Potter* : à vous de découvrir pourquoi ! Un spot apprécié des Erasmus et des jeunes en vacances à Barcelone.

FORN BALUARD

38-40, carrer del Baluart
✆ +34 932 211 208
www.baluardbarceloneta.com
Du lundi au samedi de 8h à 21h.

Tout simplement la meilleure boulangerie de la ville ! Tout y est délicieux : le pain, les viennoiseries, les tartelettes aux fruits... Situé sur la place du marché de La Barceloneta, ce *forn* est mené depuis 2007 par Anna Bellsolà, quatrième génération d'une famille de boulangers originaires de Gérone. Son succès est tel que la maison possède deux autres adresses dans la ville : l'une dans le quartier de Poblenou, l'autre dans l'Eixample, tout près de la Pedrera. Excellente option pour un déjeuner sur le pouce avec ses sandwichs, pizzas, etc.

HORCHATERÍA EL TIO CHÉ

44-46, Rambla del Poblenou
✆ +34 933 091 872
www.eltioche.es
En été, tous les jours de 10h à 1h. En hiver, tous les jours sauf le mercredi, de 10h à 22h.

Fondé en 1912, El Tio Che est une institution de Poble Nou. La famille qui l'a ouvert venait d'Alicante, avec l'intention de s'embarquer pour l'Argentine. Pour se payer le voyage, ses membres commencent à vendre de l'*horchata* dans la rue et, finalement, ils décident de rester. Aujourd'hui, la quatrième génération perpétue la tradition, en proposant des *horchatas*, des glaces, des granités et des *turróns* fabriqués de manière artisanale. Très agréable terrasse où, en été, vous savourerez les différentes *horchatas* au citron, au café, au chocolat ou sans sucre !

LA PUBILLA DEL TAULAT

131, C/ Marià Aguiló
✆ +34 932 253 085
www.lapubilladeltaulat.com
Du mardi au vendredi de 12h à 15h et de 18h à 23h, samedi et dimanche de 12h à 16h.

La Pubilla del Taulat est un bar vétéran du quartier du Poblenou. Si vous avez eu votre dose de bars hipsters, prenez un bain d'authenticité dans cette vieille bodega de 1886. On peut y acheter du vin en vrac et des bouteilles dans la partie boutique, mais surtout s'offrir un verre de vermouth artisanal accompagné d'excellentes tapas dans l'espace dédié au bar. À la carte : cœurs d'artichauts au jambon ibérique, tortilla aux poivrons et chistorra, gambas à l'ail, *pescaíto* frito (poisson frit), chorizo au cidre... Un délice, dans un décor resté dans son jus !

BOCÍ

112, Vía Augusta
✆ +34 932 371 313
www.boci.cat
Ouvert tous les jours de 7h30 à 21h.

Une noble maison fréquentée par la clientèle chic de Sant Gervasi. Depuis les années 1960, c'est une même famille qui tient les commandes de cette pâtisserie élégante, faisant également office de traiteur. Durant les fêtes, en particulier à Pâques et à Noël, sa vitrine est somptueuse ! Les créations en chocolat sont leur spécialité, certaines sont presque des œuvres d'art ! Les *monas de pascua* (gâteau traditionnel de Pâques) méritent vraiment un coup d'œil. Testez également leurs délicieux *bunyols de vent* (sorte de petits beignets).

FOIX DE SARRIÀ

57, Carrer Major de Sarrià
✆ +34 932 030 714
www.foixdesarria.com
Ouvert tous les jours de 8h à 21h.

Installée sur la rue principale du quartier de Sarrià, Major de Sarrià, cette célèbre pâtisserie est un établissement historique de Barcelone, ouvert depuis 1886. Fondée par les parents du poète catalan J.V. Foix, la pâtisserie est aujourd'hui gérée par un cousin du poète. Ici, vous pourrez déguster toutes sortes de pâtisseries, viennoiseries, chocolats, glaces et douceurs catalanes. Testez par exemple les *carquinyolis* (biscuit sec aux amandes) et les fameuses *conchas*, biscuit emblématique de la maison en forme de coquillage et nappé de chocolat.

CAFÉ BERLIN

240, Carrer de Muntaner
✆ +34 932 006 542
www.cafeberlinbarcelona.com
Du lundi au samedi de 10h à 1h30, et jusqu'à 3h les week-ends.

Le Berlín est un bar-café de la Zona Alta dont la terrasse se déploie sur l'Avinguda Diagonal. Idéal en fin d'après-midi pour jouer les badauds et observer le passage de ces dames en pleine séance shopping, et encore mieux le soir pour vous mélanger à la jeunesse dorée du coin. Le décor de la salle principale est plutôt minimaliste, tandis que la salle du sous-sol offre un cadre assez design avec un éclairage propice aux confidences. Outre sa carte de cocktails, le Berlin propose des sandwichs, des burgers et quelques tapas à grignoter.

GRAN BODEGA SALTO

36, Carrer de Blesa
✆ +34 934 413 709
www.bodegasalto.net
Du lundi au jeudi de 18h à 1h, vendredi et samedi de 12h à 3h, dimanche de 12h à 0h.

La *bodega* Saltó est un lieu centenaire qui respire l'authenticité, avec ses tonneaux à vin et ses étagères couvertes de bouteilles. Rénovée en 2002 par le designer Steve Forster, elle affiche depuis un look pour le moins surprenant... L'endroit est particulièrement prisé le dimanche midi pour son « Vermut musical » : apéritif au vermouth et concerts en live de rumba, blues ou chansons d'auteur... selon la programmation ! À la carte, nombreuses tapas à grignoter, mais aussi des sandwichs et des assiettes de charcuteries ou de fromages.

CAFETERIA CAN DEU

13, Plaça de la Concòrdia
✆ +34 934 190 117
www.cccandeu.com
Ouvert du lundi au samedi de 9h à 21h. Dimanche de 10h à 14h.

Situé plaça de la Concòrdia, la plus jolie place du quartier des Corts, Can Deu appartient au Centre Civic du même nom. Dans cette belle maison moderniste, avec ses grandes baies vitrées colorées, la terrasse offre un cadre insolite et plein de charme. Que vous y veniez pour prendre un café le matin ou boire un verre en fin de journée, l'ambiance reflète à merveille l'esprit « village » de ce petit coin de Les Corts. A la carte, seulement quelques sandwichs (au jambon, au chorizo, à la botifarra...) pour combler les petits creux.

ORIOL BALAGUER

2, Plaça de Sant Gregori Taumaturg
✆ +34 932 011 846
www.oriolbalaguer.com
Du lundi au samedi de 9h à 14h30 et de 16h à 21h, dimanche de 8h30 à 14h30.

A deux pas du Turó Park, agréables jardins où il fait bon flâner, ce pâtissier est célèbre pour ses créations gourmandes avant-gardistes. Acclamé par les plus fins gastronomes et nommé meilleur chef pâtissier d'Espagne en 2008, sa boutique est un véritable spectacle pour les sens... et surtout pour les yeux ! Glaces, chocolats, pâtisseries ultra sophistiquées, et un panettone sacré « meilleur panettone d'Espagne » en 2017 sont exposés dans un décor moderne et minimaliste, telles des œuvres d'art. Packaging très soigné, parfait pour un souvenir gourmand !

[SE] FAIRE PLAISIR

Bienvenue dans le paradis du shopping à l'espagnole ! Zara, Mango, Massimo Dutti, Desigual et autres enseignes du prêt-à-porter local affichent des prix de 20 à 30 % moins chers qu'en France. Vous les trouverez sur les grands axes commerçants de la ville : le Passeig de Gràcia, la Rambla de Catalunya et le Portal de l'Àngel. Mais Barcelone est aussi une ville de petits créateurs, dont la plupart se concentrent dans les quartiers du Born et de Gràcia. Les concept stores, également très nombreux, attestent de la vitalité de la création locale ! Si les ateliers d'artisans souffrent de la concurrence des grandes enseignes, le design, lui, continue de rayonner en Catalogne. Enfin, vous ne manquerez pas de faire quelques achats gourmands dans les nombreux marchés et épiceries de la ville : charcuteries, vins catalans, conserves et tourons trouveront sans aucun doute leur place dans vos bagages !

PRATIQUE

(SE) FAIRE PLAISIR

HORAIRES

Les petits commerces ouvrent généralement du lundi au vendredi de 10h à 14h et de 17h à 20h30, le samedi de 10h à 14h. Les grandes enseignes ouvrent quant à elles du lundi au samedi de 10h à 20h30. En été, les centres commerciaux ouvrent pour la plupart jusqu'à 22h. Les boutiques sont généralement fermées le dimanche, sauf le centre commercial Maremagnum et quelques enseignes du centre historique et le long du littoral.

BUDGET / BONS PLANS

Zara, Massimo Dutti, Mango, Pull and Bear, Zara Home, Bershka, Oysho, Desigual : toutes ces marques espagnoles affichent entre 20 et 30 % de moins qu'en France.
En Espagne, les magasins de fin de stocks ou de marques dégriffées s'appellent des *outlets*. On trouvera plusieurs enseignes dans le Carrer de Girona (Eixample). Si vous avez le temps, ne manquez une excursion à La Roca Village (larocavillage.com), véritable village dédié au shopping à prix dégriffés situé à une trentaine de kilomètres de Barcelone et accessible en bus.

SOLDES

Ventes privées, promotions, *Black Friday*, soldes... Comme en France, on peut faire de bonnes affaires presque toute l'année en Espagne. Les soldes saisonnières durent environ six semaines : elles commencent début janvier pour les soldes d'hiver, et fin juin pour celles d'été.

C'EST TRÈS LOCAL

Pour les gourmands, il faudra évidemment faire le plein de spécialités locales. Outre le jambon ibérique, pensez à rapporter de la charcuterie catalane : *botifarra* (grosse saucisse), *fuet* (saucisse sèche), *llonganissa* (saucisson)... Dans les marchés de la ville, la plupart des commerçants pourront mettre vos achats sous vide.
Dans les *bodegas*, vous pourrez faire vos achats en huile d'olive, vins catalans (D.O. Penedès, Priorat, Montsant...) et *cava*.
Dans l'Eixample, vous trouverez de nombreux *queviures*. Il s'agit de petites épiceries modernistes où l'on trouve les produits en conserves dont raffolent les Espagnols : calamars dans leur encre, *boquerones* (anchois marinés), *almejas* (palourdes), etc. C'est bon marché, pratique à transporter, ça se conserve pendant des années et c'est surtout une bonne idée de cadeaux à offrir à votre entourage !

LES ATTRAPE-TOURISTES

Attention aux vendeurs ambulants et illégaux (les *manteros*) qui vendent leurs marchandises dans les lieux touristiques de la ville. Ces vendeurs migrants vendent des sacs, des chaussures de sport et autres accessoires bon marché aux touristes. Cette pratique est illégale et tous leurs produits sont des contrefaçons !

LES PHRASES CLÉS

Bonjour, c'est superbe, mais combien ça coûte ?
Hola, és genial, ¿però què val?

Vous auriez ma taille ? Où se trouvent les cabines d'essayage ?
En té un de la meva talla? On són els emprovadors?

Est ce que je pourrai vous le rapporter et l'échanger si ça ne va pas ?
Puc retornar-ho i canviar-ho si no va bé?

J'ai trop dépensé aujourd'hui, pouvez-vous me faire une réduction sympa ?
Avui he gastat massa, ¿pot fer-me un bon descompte?

Je prendrai celui-ci. Pouvez-vous me faire un paquet cadeau ?
Jo em quedo amb aquest. Me'l pot embolicar amb paper de regal?

Vous prenez la carte de crédit ? Où puis-je trouver un distributeur de billets ?
Accepten targeta de crèdit? On puc trobar un caixer automàtic?

CENTRE COMMERCIAL DIAGONAL MAR

3, Avinguda Diagonal
✆ +34 902 530 300
www.diagonalmarcentre.es
Entre octobre et mai, du lundi au samedi de 9h à 21h. Entre juin et septembre, ouvert jusqu'à 22h.

Boutiques de mode, supermarchés, cafés, bars, fast-food, jeux pour les enfants : le Diagonal Mar est un grand centre commercial digne des Mall à l'américaine. Vous y trouverez les principales marques espagnoles et internationales (Zara, H&M, Massimo Dutti, Primark...), mais aussi un cinéma et des boutiques de déco. Inauguré en 2001 dans la zone du Fòrum, ce vaste centre commercial de 90 000 mètres carrés s'avère très commode dans ce quartier relativement vide de commerces.

CENTRE COMMERCIAL GLÒRIES

Plaça de les Glòries Catalanes
✆ +34 934 860 404
www.lesglories.com
Du lundi au samedi de 9h à 21h.

A deux pas de l'immense Plaça de les Glòries, un vaste centre commercial inauguré en 1995, puis rénové en 2017 par le célèbre designer catalan Javier Mariscal. Le lieu est doté de 67 000 mètres carrés dédiés au commerce et aux loisirs, avec de nombreuses boutiques, des restaurants et des salles de cinéma. Vous y trouverez toutes les grandes marques de la mode nationale et international (H&M, Zara, Mango, Uniqlo, etc.), mais aussi un grand carrefour où faire des provisions !

EL CORTE INGLÉS

Plaça de Catalunya, 14
✆ +34 933 063 800
www.elcorteingles.es
Du lundi au samedi de 9h30 à 21h.

Trois magasins à Barcelone pour la chaîne la plus importante d'Espagne. Cette chaîne, qui peut être comparée au Printemps ou aux Galeries Lafayette, vend de tout ou presque. A noter, le Portal de l'Angel, le magasin spécialisé en musique, sports et loisirs, avec sa très belle façade extérieure. Ceux qui souhaiteraient acheter quelques produits alimentaires catalans et espagnols ne manqueront pas de faire un tour à la Tienda del Gourmet, au Corte Inglés de la Plaça de Catalunya. Au dernier étage, dans l'espace restaurant, vue panoramique sur la ville.

L'ILLA DIAGONAL

557, Avinguda Diagonal
✆ +34 934 440 000
www.lilla.com
Ouvert de 9h30 à 21h, et jusqu'à 22h entre juin et septembre. Fermé le dimanche.

C'est le grand centre commercial de la Zona alta, situé sur les hauteurs de l'Avinguda Diagonal. Inauguré en 1993, il offre une immense superficie commerciale de 35 000 mètres carrés ! Vous y trouverez les principales marques nationales et internationales (Fnac, Zara, Décathlon, Mango, etc.). Au sous-sol, l'alimentaire : primeurs, jambons, restaurants de sushis, spécialités italiennes, etc. Et si vous êtes avec les enfants, dans le parc, manèges, glaces et trampoline, pendant que vous buvez un café sur l'une des terrasses ensoleillées.

LAS ARENAS

373-385, Gran Via de les Corts Catalanes
✆ +34 932 890 244
www.arenasdebarcelona.com
Entre octobre et mai, du lundi au samedi de 9h à 21h. Entre juin et septembre, de 10h à 22h.

Un centre commercial surprenant, puisqu'il est installé dans les anciennes arènes de la Plaça Espanya ! Sa splendide façade de 1900, d'inspiration mudéjare, a été entièrement conservée par l'architecte britannique Richard Rogers lors de la rénovation du site. Le centre commercial abrite désormais un cinéma, des boutiques et plusieurs restaurants. Au sommet de l'édifice, une terrasse-mirador offre des vues à 360 degrés sur la ville. On peut y accéder par un ascenseur panoramique (1 €) depuis l'extérieur du bâtiment, ou gratuitement depuis l'intérieur.

MAREMAGNUM

Moll d'Espanya, 5
✆ +34 932 258 100
www.maremagnum.klepierre.es
Ouvert tous les jours de 10h à 21h, jusqu'à 22h en été.

Dans le vieux port de Barcelone, un centre commercial inauguré en 1995 dans le cadre de l'aménagement du Moll d'Espanya en zone de loisirs lors des Jeux olympiques. Vous y accéderez par une élégante passerelle en bois – la Rambla del Mar – qui pivote régulièrement pour permettre le passage des bateaux. On y trouve les principales enseignes de la mode (H&M, Bershka, Mango, Oysho, Women's Secret, etc.), ouvertes même le dimanche ! Avec des enfants, ne manquez pas le Bubble Parc, un petit parc qui propose des attractions insolites.

ARTISANS DU POBLE ESPANYOL

13, Avda. Francesc Ferrer i Guàrdia
✆ +34 935 086 300
www.poble-espanyol.com
Les boutiques sont ouvertes tous les jours de 10h à 19h (jusqu'à 20h en été et 18h en hiver).

Au sein du Poble Espanyol sont réunies de nombreuses boutiques dédiées à l'artisanat espagnol. Plus d'une vingtaine d'artisans y travaillent chaque jour depuis leur atelier. Un vrai bonheur pour les curieux, qui peuvent observer en direct la fabrication des objets. Découvrez notamment les curieux personnages de Babalà, les céramiques de Cal Terrissaire, les broderies délicates de la Casa Otero, les paniers en osier de La Pescallunes... Fascinant !

BARÇA STORE CAMP NOU

C/ Arístides Maillol s/n
✆ +34 934 090 271
www.fcbarcelona.es
Tous les jours de 10h à 20h30.

A côté du Camp Nou, une immense boutique de 2 000 mètres carrés dédiée à l'univers du FC Barcelona. Les fans seront comblés : maillots officiels, écharpes, bonnets, ballons et produits dérivés en tous genres s'étendent sur trois étages pour vivre à fond sa passion *blaugrana*. Il s'agit du point de vente officiel le plus vaste et le plus complet dédié au Barça, mais d'autres boutiques sont réparties dans la ville notamment sur le Passeig de Gràcia (au numéro 15), près de la Sagrada Familia (Carrer de Mallorca, 406) et même à l'aéroport.

BE STORE BONAVISTA

7, Carrer de Bonavista
✆ +34 932 188 949
www.bethestore.com
Du lundi au samedi de 10h à 21h.

Une super adresse *lifestyle* qui propose une sélection d'objets cool et design (ustensiles de cuisine rigolos, objets insolites, bougies), ainsi qu'une sélection mode pour homme et femme. Situé dans l'une des rues les plus *hype* de Gràcia, ce petit concept store propose aussi toutes sortes de gadgets, des livres de cuisine, des sacs à dos pour les hipsters... Une adresse en or pour trouver des idées de cadeaux ! Deux autres boutiques à Barcelone : l'une dans le Barri Gòtic (Carrer Comtal, 9), l'autre dans la zona alta (Av. Diagonal, 606).

LA CAPELL

Plaça Nova, 5
✆ +34 93 224 39 32
www.lacapell.com
Du lundi au vendredi de 9h à 19h, samedi de 10h à 14h.

En face de la cathédrale gothique, dans le bâtiment moderne du Col·legi d'Arquitectes, cette boutique offre une belle sélection de gadgets et objets design. Il s'agit en réalité d'une coopérative d'architectes, dont les créations dans le domaine du design industriel sont sélectionnées et mises en valeur avec grand soin. Le lieu, parfait pour dénicher des idées cadeaux, présente quelques trésors du design catalan comme le *setrill* Marquina, récipient pour l'huile d'olive indispensable des tables catalanes. Egalement une autre boutique dans la Casa Vicens !

CERERIA SUBIRA

7, Baixada Llibreteria
✆ +34 933 152 606
www.cereriasubira.cat
Du lundi au jeudi de 9h30 à 13h30 et de 16h à 20h, vendredi de 9h30 à 20h, samedi de 10h à 20h.

Une maison fondée en 1761, spécialisée dans la fabrication de bougies. Située à proximité de la cathédrale, elle est la plus ancienne boutique de Barcelone ! Pourtant son emplacement actuel ne date que de 1847, en lieu et place d'une ancienne boutique de tissus. Sa belle façade et la décoration intérieure ont été conservées : observez notamment le superbe double escalier présidé par deux figures féminines. Sur les étagères sont exposées toutes sortes de bougies, des plus traditionnelles aux plus design, en passant par les cierges liturgiques. Un lieu à voir !

CHANDAL STORE

16 C/ Tantarantana
✆ +34 933 183 819
www.chandal.tv
Du lundi au samedi de 11h à 14h30 et de 16h30 à 20h30.

Au cœur du Born, à deux pas du parc de la Ciutadella, un formidable concept store où dénicher toutes sortes de gadgets pour la maison et d'idées cadeaux pour toute la famille ! Dans la section dédiée à la photographie, vous trouverez une sélection très pointue de Polaroids *vintage*, différents types de pellicules, ainsi que des publications internationales sur le thème de la photo. Dans la section déco, une foule d'objets design pour la maison, de la papeterie, de la vaisselle... Enfin, de jolis jouets en bois pour les enfants et quelques livres illustrés.

EMPREMTES DE CATALUNYA

C/ Banys Nous, 11
✆ +34 936 537 214
www.bcncrafts.com
Du lundi au samedi de 10h à 20h, dimanche de 10h à 14h.

Dans ce lieu dédié à l'artisanat catalan, nul doute sur l'authenticité et la qualité des produits : tous sont sélectionnés avec grand soin pour refléter l'identité et le savoir-faire local. Bijoux, mobilier, décoration et mode : vous y trouvez un vaste choix ! Située à deux pas de la Plaça Sant Jaume, c'est la boutique du collectif Artesania Catalunya. Parmi ses classiques : une vierge de Montserrat polychrome, un foulard à l'imprimé *trencadís*, un mortier en bois d'olivier, des éventails... Un lieu formidable pour trouver des idées cadeaux !

HERBORISTERIA DEL REI

1, Carrer del Vidre
✆ +34 933 180 512
www.herboristeriadelrei.com
Du mardi au jeudi de 15h à 20h30, vendredi et samedi de 11h à 20h30. Visite guidée 7 €.

A l'angle de la Plaça Reial, une superbe boutique datant de 1823, qui compte parmi les plus vieilles de la ville ! Vous y trouverez des plantes médicinales et des cosmétiques naturels, mais vous viendrez surtout ici pour la valeur historique du lieu. En 1857, Josep Vila, le premier propriétaire du lieu, fut nommé « fournisseur de la maison royale » par la reine Isabelle II. La décoration de la boutique est l'œuvre de Francesc Soler i Rovirosa, probablement le décorateur de théâtre le plus célèbre de Catalogne. Tous les samedis, possibilité de visite guidée à midi.

MAJORAL

308 Consell de Cent
✆ +34 93 467 72 09
www.majoral.com
Du lundi au samedi de 10h à 20h30.

Enric Majoral, joaillier autodidacte, rapporte directement ses créations audacieuses depuis l'île sauvage de Formentera au cœur de Barcelone. Mélange de modernité et d'intemporalité, ses pièces contiennent une essence éminemment méditerranéenne qui prend ses origines dans le Formentera des années 1970. Considéré comme l'un des joailliers catalans les plus réputés au monde, il compte à son actif plusieurs reconnaissances au niveau national mais aussi international. Une bonne adresse pour trouver des objets représentatifs de l'artisanat catalan contemporain.

NUOVUM

Pintor Fortuny, 30
✆ +34 934 126 411
www.nuovum.com
Du lundi au samedi de 11h à 20h30, dimanche de 11h à 17h30.

A proximité du Mercat de la Boqueria, ce petit concept-store expose les créations de jeunes designers locaux. Mode, sacs, bijoux et accessoires : on y présente un intéressant florilège de la création barcelonaise. Vous y trouverez notamment les beaux éventails d'Agustina, les bijoux Art déco d'Après Ski, les jolis pendentifs de Cristina Junquero, les vide-poches *arty* d'Octaevo, les lampes rhinocéros d'Ornamante... L'endroit idéal pour trouver des idées cadeaux design ! Deux autres boutiques dans le Born (C/ Bòria, 23) et le Raval (C/ Elisabets, 20).

RS BARCELONA

C/ Còrsega, 365
✆ +34 936 589 503
https://shop.rs-barcelona.com
Du lundi au vendredi de 11h à 20h30, samedi de 11h à 14h et de 15h à 20h30.

À la recherche d'une idée cadeau ou d'un souvenir design de Barcelone ? Faites un tour dans ce concept-store situé à deux pas de la Pedrera, connu pour ses tables de baby-foot, ping-pong et billard ultra design. Vous y trouverez un grand choix de petits objets et gadgets *made in Barcelona*, dont les t-shirts *hipster* de la marque Thinking MU, les vases en papier Octaevo, ou encore les lampes à poser de Marset. D'autres marques internationales, mais pointues viennent compléter la sélection. De quoi dénicher plein de bonnes idées cadeaux !

VERDEJADE

Carrer de Ramón y Cajal, 11
✆ +34 932 10 61 64
http://verdejade.es
Du mardi au samedi de 12h à 14h et de 17h à 20h30.

Au cœur de Gràcia, un petit concept store dédié à l'illustration, aux jolis objets déco et au *hand-made* en général. Vous y trouverez une belle sélection de *prints* et sérigraphies en éditions limitées, idéal pour un cadeau ou un souvenir ! Des œuvres signées par les illustrateurs les plus talentueux du panorama espagnol : Flavita Banana, Paula Bonet, Ana de Lima... Sur place, également des objets déco bien choisis : dînette féministe, gants de cuisine à l'effigie de Andy Warhol ou Frida Kahlo, et bien d'autres trouvailles originales !

LA BOTIFARRERIA DE SANTA MARIA

4, Carrer de Santa María
✆ +34 933 199 123
www.labotifarreria.com
Du lundi au samedi de 8h30 à 14h30 et de 17h à 20h30.

Juste en face de la basilique Santa Maria del Mar, cette épicerie est connue pour ses fameuses *botifarras* (grosses saucisses catalanes) et un splendide choix de produits artisanaux élaborés selon de vieilles recettes. Depuis 1955, la famille Travé tient les rênes de ce lieu très authentique, où la file est souvent longue pour faire ses emplettes ! Parmi ses créations : des *botifarras* crues aux trompettes de la mort ou au roquefort, et des cuites aux œufs ou à la truffe.

CAFÉS EL MAGNIFICO

64, Carrer de l'Argenteria
✆ +34 933 193 975
www.cafeselmagnifico.com
Du lundi au samedi de 10h à 20h.

Dans la rue principale qui mène à la basilique de Santa Maria del Mar, une boutique de café réputée dans toute la ville pour la qualité de sa sélection depuis 1919. Derrière une vitrine moderniste, la 3e génération continue de rechercher les plus grands crus du monde pour réaliser ses propres mélanges. Des cafés originaires du Nicaragua, de Panamá, de Papouasie, de Jamaïque... et des cafés d'exception que les experts pourront apprécier à leur juste valeur. Informations, bons conseils, accessoires et belle présentation pour des cadeaux.

CASA GISPERT

23, Carrer dels Sombrerers
✆ +34 933 197 535
www.casagispert.com
Du lundi au samedi de 10h à 20h30.

Littéralement blottie contre la basilique de Santa Maria del Mar, cette charmante boutique de 1851 est une visite obligatoire. Elle est spécialisée dans la torréfaction du café et surtout des fruits secs, mais c'est aussi pour le cadre que cet endroit vaut le détour. Le mobilier est d'origine, ne manquez pas d'admirer son vieux four, une pièce très rare en Europe nous a-t-on dit. A tester absolument : les délicieuses amandes grillées ! Mais vous y trouverez aussi des huiles d'olive, des *turrones*, des chocolats, des confitures... une tentation pour les gourmands !

COLMADO MÚRRIA

85, Carrer Roger de Llúria
✆ +34 932 155 789
www.murria.cat
Du mardi au samedi de 10h à 14h et de 17h à 20h.

Tout près de la Pedrera, une magnifique boutique de *queviures* (épicerie fine) datant de 1898. Sa façade moderniste compte parmi les plus belles de l'Eixample, tandis qu'à l'intérieur, le mobilier est resté intact avec ses grandes étagères en bois chargées de victuailles. Outre son magnifique décor, c'est une excellente adresse pour faire des achats de produits régionaux. Fromages artisanaux, jambons ibériques, charcuteries catalanes, huiles d'olive, vins et cavas y sont sélectionnés avec grand soin par le patron Joan Múrria et son équipe.

COLMADO QUILEZ

65, Rambla de Catalunya
✆ +34 932 152 356
www.lafuente.es
Du lundi au samedi de 9h à 14h et de 16h30 à 20h30.

Depuis 1940, cette épicerie fine au charme d'antan propose une grande variété de produits catalans et espagnols. Même s'il a perdu son local moderniste (au numéro 63) en raison de la flambée des loyers, le Colmado Quilez reste une référence pour acheter vins, liqueurs, conserves et autres produits régionaux. Dans votre panier gourmand, pensez à mettre des conserves (coques, poulpe, couteaux...), de l'huile d'olive, du jambon ibérique, des confitures, des biscuits... Un classique de la Rambla de Catalunya pour faire des achats gourmets.

MERCAT DE LA CONCEPCIO

313-317 Carrer d'Aragó
✆ +34 934 764 870
www.laconcepcio.cat
Lundi de 8h à 14h, du mardi au vendredi de 8h à 20h, samedi jusqu'à 15h.

Logé dans un édifice centenaire, ce marché au cœur de l'Eixample offre d'innombrables étals de fruits et légumes, des bars, des fromagers, des fleuristes, etc. Ambiance de quartier très agréable pour ceux qui veulent éviter la foule de la Boqueria. Bâti en 1887 par l'architecte Antoni Rovira i Trias (auteur également du Mercat de Sant Antoni), le bâtiment est conçu comme une grande halle métallique, avec un toit en tuiles roses et vertes. Son marché est aussi connu sous le nom de « marché aux fleurs » en raison du vaste espace occupé par Flores Navarro.

MERCAT DE SANT ANTONI

Carrer del Comte Urgell, 1
✆ +34 934 234 287
www.mercatdesantantoni.com
Marché alimentaire ouvert du lundi au samedi de 8h à 20h. Marché aux livres le dimanche de 8h30 à 14h.

Dix ans de travaux ont été nécessaires pour rendre sa splendeur à cette grande halle moderniste bâtie entre 1879 et 1882 par l'architecte Antoni Rovira i Trias. Sous son imposante structure en acier, plus de 5 000 m² d'espaces commerçants constituent le plus grand marché de la ville, accueillants étals de produits frais, bars populaires et boutiques en tous genres (*encants*). Le dimanche matin, les vendeurs de vieux livres, BD et chromos se donnent rendez-vous à l'extérieur du marché lors du « Dominical de Sant Antoni ». Immanquable !

MERCAT DEL NINOT

C/ Mallorca, 133
✆ +34 933 23 49 09
www.mercatdelninot.com
Du lundi au samedi de 8h à 21h.

Après plusieurs années de rénovation, ce grand marché couvert au cœur de l'Eixample a rouvert ses portes en 2015. Combinant étals de produits frais et restauration sur le pouce, c'est l'un des endroits à la mode pour déjeuner à un comptoir et faire quelques emplettes dans une ambiance locale. Parmi nos escales favorites : les comptoirs de Perelló 1898 pour se régaler de morue, et La Medusa 73 pour ses spécialités à base de poissons et fruits de mer. Une excellente option pour ceux qui souhaitent éviter la foule touristique du Mercat de la Boqueria !

PASTISSERIA LA COLMENA

12, Plaça de l'Angel
✆ +34 933 151 356
www.pastisserialacolmena.com
Tous les jours de 9h à 21h.

Depuis 1849, La Colmena est une adresse incontournable pour les gourmands. Située sur la Plaça de l'Àngel, à la frontière entre le Born et le Barri Gòtic, cette pâtisserie centenaire est l'une des plus anciennes de la ville. Leur spécialité sont les confiseries artisanales, mais aussi les chocolats, le *túrron* à la crème catalane et les viennoiseries diverses (dont le typique *xuxo* à la crème). Testez aussi les *panellets* et les *bunyols* (beignets) à la Toussaint, le *tortell de Reis* durant les fêtes de Noël ou la *coca de Sant Joan* lors des fêtes de la Saint-Jean.

LA PINEDA

16, Carrer del Pi
✆ +34 933 024 393
www.xarcuterialapineda.com
Du lundi au samedi de 9h à 22h, dimanche de 11h à 15h.

Tout près de la basilique de Santa Maria del Pi, une petite épicerie fondée en 1930 qui fleure bon les produits de qualité. Sur ses étagères en bois : de merveilleuses *botifarras*, de bonnes bouteilles et conserves en tous genres, le tout sélectionné parmi les meilleurs produits d'Espagne. Vous pouvez aussi grignoter un sandwich ou partager des tapas au bar ou à l'une des petites tables en marbre. Les assiettes de Jabugo, de *bull negre* (saucisse noire), la *llonganissa de Vic* (saucisson) sont servies avec l'excellent *pa de vidre* (pain fin croustillant à la tomate).

PLANELLES DONAT

Avinguda Portal de l'Àngel, 27
✆ +34 933 173 439
www.planellesdonat.com
Du lundi au samedi de 10h à 20h30.

Voici une adresse incontournable pour tout amateur de *turrón*, le nougat espagnol ! Cette noble enseigne est née de l'union de deux familles : les Planelles, qui vendaient du turrón depuis 1850 sur la Plaça Reial, et les Donats, établis depuis 1929 sur le Portal de l'Àngel. Avec trois boutiques aux numéros 7, 25 et 27, c'est aujourd'hui un lieu incontournable pour l'achat de turrón. Ils sont venus au poids ou en tablettes, aux amandes, à la *crema catalana*, au miel... il y en a pour tous les goûts ! A l'approche de Noël, la boutique ne désemplit pas.

VILA VINITECA

7-9, Carrer dels Agullers
✆ +34 902 327 777
www.vilaviniteca.es
Du lundi au samedi de 8h30 à 20h30.

Pour rapporter quelques bouteilles catalanes ou espagnoles, cette bodega toute proche de la basilique Santa Maria del Mar est une étape indispensable. Fondée en 1932, elle est aujourd'hui gérée par la troisième génération d'une même famille. Aujourd'hui, Vila Viniteca représente en exclusivité certaines des meilleures bodegas d'Espagne. Dans la boutique, vous trouverez des milliers de références parmi les vins et les liqueurs : laissez-vous conseiller par l'un des vendeurs de l'établissement, le service y est toujours parfait !

APRÈS SKI

C/ Vigatans, 11
✆ +34 670 34 56 12
www.apresski.es
Du lundi au vendredi de 11h à 20h, samedi de 12h à 20h.

Des bijoux graphiques et colorés, dessinés par la créatrice Lucía Vergara. Dans son atelier-boutique au cœur du Born, à deux pas du musée Picasso, elle expose également quelques pièces déco intéressantes, mais aussi des vêtements, des lunettes de soleil, des plaids... Ses collections inspirées de ses voyages et des cultures du monde ont conquis le cœur des hipsters barcelonais. Elles collaborent aussi avec différents artistes barcelonais pour concevoir des bijoux, vêtements et objets, dans une approche toujours très artistique.

L'ARCA

20, Carrer dels Banys Nous
✆ +34 933 021 598
https://larcabarcelona.com
Du lundi au samedi de 11h à 14h et de 16h30 à 20h30.

Une boutique de mode et accessoires vintage absolument incontournable. Installée au cœur du Barri Gòtic depuis les années 1970, l'Arca sélectionne des broderies, du linge de maison, des vêtements et des accessoires vintage datant des années 1920/1950. La boutique a notamment collaboré avec les accessoiristes des films *Titanic*, *Parle avec elle* et *Le Parfum* pour l'élaboration des costumes. Châles de Manille, éventails et mantilles comptent parmi leurs belles trouvailles. Les propriétaires sont également créatrices de robes de mariée.

BEATRIZ FUREST

1, Carrer de l'Esparteria
✆ +34 932 68 37 96
www.beatrizfurest.com
Du lundi au samedi de 10h30 à 20h30.

Du cuir et des couleurs pastel, c'est la signature de cette créatrice de sacs. Née en 1996, la marque a été créée par Beatriz Furest et sa sœur Carlota, issues d'une importante famille catalane du secteur de la mode. L'authenticité, la tradition et l'artisanat sont les piliers de cette marque 100 % *made in spain*, qui décline ses créations sous forme de sacs en cuir, de chaussures, d'accessoires divers (ceintures, portefeuilles, etc.) et quelques vêtements. Elle possède aussi un corner dans L'Illa Diagonal et une boutique dans la zona alta (Tenor Viñas, 9).

BOARDRIDERS QUIKSILVER

Carrer de la Drassana, 10
✆ +34 932 21 44 91
www.quiksilver.com
Du lundi au samedi de 10h à 21h, dimanche de 11h à 21h.

Inaugurée durant l'été 2013, cette boutique de la marque Quiksilver occupe un bâtiment entier face à la mer. A travers sa façade en verre, on observe le passage des planches de surf, un procédé ingénieux qui mérite un coup d'œil. A l'intérieur, des collections pour hommes, femmes et enfants des marques Quiksilver, Roxy, DCshoes ou encore Element. Environ tous les mois, des concerts folk et rock y sont organisés. Egalement des cours de skate, des sessions de nettoyage de la plage et diverses fêtes de lancement : consultez l'agenda sur leurs réseaux sociaux !

BOO

2, Carrer Bonavista
✆ +34 933 681 458
www.boobcn.com
Du lundi au vendredi de 11h à 20h30, samedi de 11h à 15h et de 16h30 à 20h30.

Dans l'une des rues les plus *hype* de Gràcia, cette petite boutique propose une intéressante collection pour hommes et femmes. Née en 2006, elle prend son nom de Boo Radley, personnage du roman *Ne tirez pas sur l'oiseau moqueur*. Chaque saison, on y sélectionne des vêtements locaux et éthiques fabriqués en Europe par des marques très pointues : La Paz, Saint James, Maison Labiche, Le Mont Saint-Michel, Elosegui, Fox Haus. Les pulls marins, les bonnets et les vestes de pêcheurs y abondent : pas de doute, vous êtes en territoire branché.

COLMILLO DE MORSA

C/ Vic, 15
✆ +34 645 206 365
www.colmillodemorsa.com
Du lundi au vendredi de 11h à 14h30 et de 16h30 à 19h, samedi de 11h à 15h.

Au cœur de Gràcia, voici l'atelier *showroom* d'un tandem de jeunes créateurs qui imagine des collections pour femmes d'inspiration nordique. Le duo, vainqueur du prestigieux concours de mode Who's Next, séduit une clientèle résolument *hipster* avec ses lignes structurées et ses tissus naturels provenant uniquement de fabricants espagnols ou du reste de l'Europe. Dans un esprit très « slow fashion », la marque revendique la fabrication artisanale et le goût du détail. Arrêt recommandé pour un aperçu de la jeune création barcelonaise !

CORTANA

C/ Provença, 290
✆ +34 93 487 20 70
www.cortana.es
Du lundi au samedi de 11h à 20h30.

Rosa Esteva, originaire de l'île de Majorque, propose depuis 2001 ses créations féminines, délicates, qui se distinguent par la qualité des tissus et la singularité des palettes de couleurs. Les collections, toujours très élégantes, sont élaborées à partir des aquarelles de la créatrice. Les tissus, sélectionnés parmi les meilleurs fabricants de France et d'Italie, sont d'une qualité incontestable. Des matériaux naturels, confectionnés dans de petits ateliers de fabrication artisanale. Une très belle marque locale à découvrir !

CUSTO BARCELONA

Plaça de les Olles, 7
✆ +34 932 687 893
www.custo.com
Du lundi au samedi de 11h à 20h30.

Célèbre dans le monde entier, Custo est une marque *made in Barcelona* qui propose des vêtements colorés, voire bariolés ! Leurs fameux T-shirts sont l'emblème de la marque, mais on y trouve aussi des jeans, des robes, des chaussures, etc. Créée dans les années 1980 par Custo Dalmau et son frère David, la marque a rapidement séduit avec ses couleurs joyeuses et ses imprimés psychédéliques. L'enseigne compte plusieurs corners et boutiques dans Barcelone, dont une en plein Barri Gòtic (Plaça del Pi, 2) et l'autre dans l'aéroport del Prat.

DESIGUAL

Passeig Mare Nostrum, 15
✆ +34 932 95 07 17
www.desigual.com
Tous les jours de 10h à 21h.

Cette marque 100 % barcelonaise cartonne un peu partout dans le monde avec ses vêtements colorés pour hommes, femmes et enfants. Son siège, face à la mer, abrite cette immense boutique inaugurée en 2013. Profitez-en, les prix sont moins chers qu'en France ! Vous trouverez là de quoi ne pas passer inaperçu, pour hommes, femmes et enfants. Les modèles de jeans et de T-shirts sont très élaborés et les motifs et couleurs loin d'être sages : certains rigolos, d'autres provocants, mais jamais monotones ! Plusieurs boutiques dans toute la ville.

HOLALA ! PLAZA

C/ Valldonzella, 6
✆ +34 933 020 593
www.holala-ibiza.com
Du lundi au samedi de 11h à 21h.

Entre la fièvre new wave et la nostalgie rétro, la boutique Holala ! Plaza est une référence de la mode vintage. Avec ses sections « sailor chic », « English dandy » ou sportswear des années 1980, cette boutique attire une clientèle au look pointu. Même si le vintage n'est pas votre tasse de thé, venez quand même jeter un œil à la vitrine, toujours surprenante ! Également une belle sélection de meubles des années 1950 et 1960. Située à côté du Macba, la boutique possède une annexe à quelques pas, dans le carrer Tallers (n° 73).

IVORI

C/ Mirallers, 7
✆ +34 657 50 00 41
www.ivoribarcelona.com
Du lundi au samedi de 11h à 20h.

Un espace dédié aux talents « made in Barcelona », puisque cette boutique sélectionne uniquement des pièces de jeunes créateurs catalans. Située derrière la basilique de Santa Maria del Mar, dans une des ruelles médiévales où se concentrent bon nombre de petits créateurs, Ivori propose des vêtements signés Rita Row ou Verdugo, des chaussures sublimes de Naguisa et About Arianne, des maillots de bain Jää by lula et Valnud, de beaux sacs en cuir de Blame Lilac... Vous voici au bon endroit pour faire un tour d'horizon de la mode catalane !

LITO & LOLA

Carrer de Laforja, 95
✆ +34 931 13 21 02
www.litoylola.com
Du lundi au vendredi de 10h30 à 14h30 et de 16h30 à 20h30, samedi de 10h30 à 14h30.

Canotiers et couronnes de fleurs sont les best-sellers de cette jolie marque bohème et *made in Barcelona*. Située dans le carrer Laforja, une rue de Sant Gervasi où se concentrent plusieurs boutiques de mode, Lito & Lola fabrique chaque produit de manière artisanale. Parmi ses collections pour femmes et enfants : des diadèmes à pompons multicolores, les traditionnelles *peinetas* (peignes plantés de fleurs), des turbans, barrettes et autres bijoux de cheveux... De jolies créations, parfaites pour une tenue de mariage d'inspiration bobo-chic !

LOEWE

Passeig de Gràcia, 35
© +34 932 16 04 00
www.loewe.com
Du lundi au samedi de 10h à 20h30.

Célèbre maison espagnole de prêt-à-porter de luxe et d'accessoires pour hommes et femmes. Fondée en 1846, la marque se spécialise dès ses débuts dans le travail du cuir, avant de se diversifier dans les années 1970 en se lançant dans la mode prêt-à-porter pour femme et les parfums. Sa somptueuse boutique sur le Passeig de Gràcia occupe le rez-de-chaussée de la Casa Lleó i Morera, bijou moderniste imaginé par Lluís Domènech i Montaner en 1902 au sein du fameux Quadrat d'Or. Vous y trouverez notamment de superbes pièces de maroquinerie.

LYDIA DELGADO

C/ Sèneca, 28
© +34 932 18 16 30
www.lydiadelgado.es
Du lundi au samedi de 11h à 20h30.

Importante figure de la mode espagnole, cette créatrice s'inspire de l'art et de ses voyages au bout du monde pour créer des vêtements chic, bohèmes et colorés ! Depuis 1992, elle décline son univers à travers des collections de vêtements, bijoux et peintures. Avec sa fille Miranda Makaroff, artiste et *influencer*, elle a lancé en 2011 la ligne de vêtements « Miranda for Lydia », très colorée et pleine de fantaisie. La boutique, superbe, abrite son atelier à l'étage. Elle se trouve dans le carrer Sèneca, où se concentrent plusieurs galeries et créateurs.

LOST AND FOUND

Moll de la Fusta
© +34 674 696 177
www.lostfoundmarket.com
Organisé ponctuellement les week-ends (voir calendrier).

Grand marché à l'air libre organisé sur le Moll de la Fusta en été ou dans la gare Estació de França en hiver. Sur place, boutiques et particuliers propose une foule d'objets de seconde main : vêtements, meubles vintage, disques, livres, etc. Il y a même un coiffeur qui pourra rafraîchir votre coupe sur place ! Tout au long de la journée, les DJs se succèdent aux platines pour mettre l'ambiance. Egalement quelques stands de nourriture pour se restaurer sur place. Ambiance festive et public branché. Consultez les prochaines dates sur le site web !

LA MANUAL ALPARGATERA

7, Carrer d'Avinyó
© +34 933 010 172
www.lamanualalpargatera.es
Du lundi au vendredi de 9h30 à 20h, samedi de 10h à 20h.

Fashion victim ou adepte du confort, poussez la porte de cette boutique à l'ancienne et vous voici dans le palais des *espardenyes* catalanes et espagnoles (espadrilles faites à la main). Déclinaisons de toiles, soies, cuirs ; variantes dans les lacets, les hauteurs de talons, les broderies ; modèles femme, homme, enfant… La traditionnelle chaussure de toile n'a pas fini de vous étonner. La foule se presse dans l'étroite boutique, et le service est plutôt lent, orchestré par des patrons quasiment aussi âgés que la tradition qu'ils perpétuent !

LULLABY VINTAGE

22, Carrer de la Riera Baixa
© +34 934 430 802
Du lundi au samedi de 11h à 20h30.

Situé dans le Carrer de la Riera Baixa, La Mecque des boutiques de seconde main à Barcelone, Lullaby Vintage propose des vêtements et accessoires classés par époque, des années 1950 aux années 1980. On y trouve surtout des fripes, mais aussi quelques pièces de créateurs (Dior, Gucci, Chanel, Céline) et une intéressante sélection d'accessoires, en particulier de lunettes. Les propriétaires sont des inconditionnels de la musique yéyé : préparez-vous donc à écouter une excellente programmation musicale ! Un must pour les amateurs de vintage !

MARIA ROCH STORE

C/ Laforja, 120
© +34 932 68 96 55
https://mariaroch.com
Du lundi au samedi de 10h30 à 14h30 et de 16h30 à 20h30.

Après avoir travaillé durant plusieurs années pour le célèbre créateur Antonio Miró, cette jeune catalane a créé sa propre marque éponyme avec l'ouverture d'une première boutique dans le carrer Laforja, puis d'une deuxième dans le quartier de Gràcia (Carrer de Santa Teresa, 3). Ses créations élégantes et minimalistes ont déjà été récompensées par de nombreux prix, notamment le prestigieux ModaFAD. Vous apprécierez ses très belles robes de soirée aux lignes vaporeuses. Arrêt conseillé pour se faire un aperçu de la création barcelonaise !

MENCHEN TOMAS

37, Riera de Sant Miquel
✆ +34 934 160 571
www.menchentomas.com
Du lundi au vendredi de 10h à 13h30 et de 17h à 20h30, samedi de 10h à 13h30.

Après des études à l'école des arts et techniques de mode de Barcelone, Olga Menchén fonde sa marque en 1995. Elle y propose du prêt-à-porter et des pièces sur mesure, avec beaucoup de robes longues ou de cocktail d'inspiration folk et vintage, ainsi que des accessoires très féminins. Chaque année, ses créations défilent sur les passerelles de la 080 Barcelona Fashion et la Fashion Week Madrid. D'ailleurs, les célébrités et les *influencers* espagnoles raffolent de ses créations élégantes et colorées. Un lieu à voir pour les passionnés de mode...

MIRIAM PONSA

14, Carrer de la Princesa
✆ +34 932 955 562
www.miriamponsa.com
Du lundi au samedi de 11h à 20h30.

Née au sein d'une famille d'industriels textiles, Miriam Ponsa crée sa propre marque en 2000, à travers laquelle elle expérimente avec les tissus et les volumes déstructurés. Dans sa boutique du carrer Princesa, en plein cœur du Born, la créatrice catalane présente une mode originale et élégante, qui fait la part belle aux lignes épurées et aux textures raffinées. Entièrement fabriquée en Catalogne, sa production est durable et artisanale. Elle s'appuie sur des tissus de grande qualité et une recherche constante dans la création. À voir !

OUTLET NICE THINGS PALOMA S.

38, Carrer de Girona
✆ +34 932 47 26 78
www.nicethings.es
Du lundi au samedi de 10h à 20h30.

Cette marque, fondée en 1995 par Paloma Santaolalla, se distingue par ses couleurs et ses jolis imprimés, qui se déclinent en collections pour femmes et petites filles. Sa boutique « outlet » fera le bonheur des amateurs de cette enseigne espagnole, avec des réductions allant jusqu'à moins 50 % sur les collections passées. L'outlet est situé sur le Carrer de Girona, longue avenue qui regroupe plusieurs stocks de grandes marques, notamment celui de Mango (au numéro 37).

ROCK 01 BABY

16, Carrer de Bonavista
www.rock01baby.com
Du lundi au vendredi de 10h à 20h30, samedi de 11h à 20h30.

Une petite boutique pour bébés et jeunes enfants rock'n'roll : bodys The Ramones, casques fluo pour trimbaler bébé dans les festivals, mini-guitares... De quoi encanailler vos chérubins ! Située dans le carrer Bonavista, où se concentrent de nombreuses boutiques stylées, cette enseigne née en 2006 sélectionne des vêtements pour les *niños* de 0 à 8 ans parmi diverses marques. De nombreux gadgets sont aussi proposés, notamment des patchs et des pin's rigolos, ainsi que des jouets, des instruments de musique, quelques livres et peluches...

SANTA EULALIA

93, Passeig de Gràcia
✆ +34 932 150 674
www.santaeulalia.com
Du lundi au samedi de 10h à 20h30.

Fondée en 1843, cette boutique de luxe a traversé les époques. Installée à l'angle des Ramblas pendant plus d'un siècle, Santa Eulalia inaugure sa boutique sur le Passeig de Gràcia en 1944. Sur plus de 2 000 mètres carrés sont réunies de grandes marques de couture pour hommes et femmes (Lanvin, Balmain, Marc Jacobs, Miu Miu, etc.) et un service de costumes sur mesure très exclusif. L'établissement abrite aussi un café-restaurant, The Bistrot, dont la terrasse arborée est une véritable oasis au cœur de l'ébullition de l'Eixample.

[SE] FAIRE PLAISIR

BD BARCELONA DESIGN

Carrer de Ramon Turró, 126
✆ +34 93 458 69 09
www.bdbarcelona.com
Du lundi au jeudi de 9h à 18h, vendredi de 9h à 14h.

Ce *showroom* dédié au design occupe une ancienne fabrique industrielle entièrement remodelée. Derrière une belle façade gris anthracite s'ouvre un vaste espace de 600 mètres carrés où sont brillamment exposés les meubles et objets sélectionnés. Parmi les designers réédités par la maison : Dalí et son vis-à-vis de Gala, les chaises et bancs de Gaudí, l'étagère Hypóstila d'Oscar Tusquets, des tabourets de Ramón Úbeda, un chandelier de Curro Claret... Un arrêt incontournable pour les amateurs de design, dans un lieu atypique du Poblenou.

DOMÉSTICOSHOP

Av. Diagonal 419 - 421
www.domesticoshop.com
Du lundi au samedi de 10h30 à 20h30.

Royaume du design, cette vaste boutique et son annexe (C/ Roselló, 256) présente une sélection ultra-pointue de mobilier et objets contemporains, mais aussi une section *lifestyle* où trouver quelques idées cadeaux. Parmi sa sélection impeccable : des étagères String aux multiples couleurs, les chaises iconiques de Carl Hansen & Søn, les soins de la marque Aesop... Les designers catalans y tiennent une place de choix, notamment les lampes de Marset et Santa & Cole, ou les tapis contemporains de Nani Marquina. Immanquable pour les amateurs de design !

EL RECIBIDOR

C/ Calàbria, 85
✆ +34 935 30 42 21
www.elrecibidor.com
Du lundi au vendredi de 11h à 14h et de 16h à 19h30, samedi de 10h à 14h.

Jorge, Antonio et Gerard, trois copains passionnés de mobilier vintage, ont ouvert cette boutique de meubles et objets déco des années 1950, 1960 et 1970. Située dans le quartier de Sant Antoni, nouvel eldorado des hipsters barcelonais, leur boutique est rapidement devenue une adresse incontournable pour les amateurs de vintage. Vous y découvrirez une sélection très pointue de mobilier, principalement des meubles scandinaves restaurés à la perfection, mais aussi de très beaux luminaires et des œuvres de jeunes illustrateurs de talent.

FANTASTIK

62, Carrer de Joaquín Costa
✆ +34 933 013 068
www.fantastik.es
Ouvert du lundi au vendredi de 11h à 14h et de 16h à 20h30. Samedi de 11h à 15h et de 16h à 21h.

Dans une rue animée du Raval, une boutique colorée où vous trouverez une foule d'objets atypiques ou design, chinés un peu partout dans le monde, notamment au Mexique, en Inde, au Maroc, en Russie et au Japon. Né en 2005, ce bazar branché accumule les tissus, jeux, bibelots et accessoires insolites pour la maison. Sa sélection d'objets folkloriques pour la fête des Morts mexicaine mérite vraiment le coup d'œil, tout comme ses figurines religieuses ultra kitch et ses porte-bonheur du monde entier. Une bonne adresse pour dénicher des cadeaux originaux !

FUSTA'M

62, Carrer Joaquim Costa
✆ 93 165 10 22
www.fustam.cat
Du lundi au vendredi de 12h à 14h et de 16h à 20h, samedi de 11h à 14h.

Oriol, menuisier, et Lidia, restauratrice de meubles, forment le duo de choc à l'origine de cette petite boutique de meubles vintage située dans le Carrer Joaquim Costa, une rue emblématique du Raval où cohabitent barbiers hipster, charcuteries halal et bars à cocktails branchés dans une ambiance toujours animée ! La boutique propose du mobilier et de multiples objets des années 1950, 1960 et 1970 à des prix abordables, mais aussi les « classiques » de Fusta'm, une collection permanente d'objets nostalgiques ou traditionnels.

GALERIA H2O

152, C/ Verdi
✆ +34 934 151 801
www.h2o.es
Du lundi au vendredi de 16h à 20h.

Galerie d'art emblématique du quartier de Gràcia, elle occupe une belle maison moderniste du carrer Verdi. Créée en 1989 par Joaquim Ruiz Millet et Ana Planella, cette galerie s'est d'abord fait connaître par la réédition de pièces iconiques du design, notamment le mobilier créé par l'architecte F.J. Barba Corsini en 1955 pour les combles de La Pedrera. Aujourd'hui, ses inaugurations dédiées à l'architecture, au design, à la photographie et à l'art contemporain réunissent tout le petit monde *arty* de Barcelone. Consultez son agenda d'expositions et d'ateliers.

GALERIA MIQUEL ALZUETA

Carrer de Sèneca, 9-11

✆ +34 932 38 97 50

galeriamiquelalzueta.net

Du lundi au vendredi de 10h à 14h et de 16h à 20h.

Dans une ancienne fabrique de la rue Sèneca, une prestigieuse galerie spécialisée dans l'art contemporain, l'architecture et le design du XXe siècle. Sur 500 mètres carrés, ses espaces sont un reflet des tendances de l'art contemporain et des grands designers. Les jeunes talents de l'art espagnol y sont également représentés. Miquel Alzueta, ancien éditeur, poète et galeriste, est également expert dans le mobilier de campagne du XVIIIe siècle et les pièces d'architectes des années 1950. Il possède une seconde galerie dans l'Empordà.

LA PLATAFORMA

C/ Pujades, 99

✆ +34 934 856 519

www.laplataformabcn.com

Lundi de 10h à 14h, du mardi au vendredi de 10h à 14h et de 16h à 20h.

La Plataforma occupe une ancienne imprimerie entièrement réhabilitée du quartier de Poblenou. Plus qu'une galerie, c'est un espace interdisciplinaire où sont organisés des expositions d'artistes contemporains et de nombreux événements gastronomiques. Sa propriétaire, Claudia Costa, est aussi promotrice de l'initiative « Poblenou Urban District », qui vise à dynamiser la communauté des créateurs de Poblenou. Un lieu dans l'air du temps, où se passe toujours quelque chose : afterworks, inaugurations, interventions murales, DJ sets...

MISCELANEA

C/ Doctor Dou, 16

✆ +34 93 317 93 98

https://miscelanea.info

Du mardi au vendredi de 15h à 21h, samedi de 11h à 21h.

Depuis 2005, cette boutique-galerie d'art du Raval déniche les pépites de la création graphique contemporaine. Au cours de ces nombreuses années, Miscelanea est devenu un référent de la créativité à Barcelone, grâce à une riche programmation culturelle et un soutien inconditionnel aux illustrateurs barcelonais. Son catalogue d'artistes, très pointu, réunit un florilège de la création locale. Sur place, vous trouverez des centaines de *prints* en édition limitée, numérotés et signés par les artistes, à des prix grand public. Parfait pour un souvenir *arty* !

SALA PARÉS

Carrer de Petritxol, 5

✆ +34 933 18 70 20

https://salapares.com

Du mardi au jeudi de 11h à 14h et de 16h à 20h, vendredi de 11h à 20h.

Cette galerie d'art historique a vu le jour en 1877 au cœur du Barri Gòtic, dans l'incontournable Carrer de Petritxol réputé pour ses *granjas* (salons de thé où manger des *churros con chocolate*). La Sala Parés fut longtemps une référence pour ses liens avec les grands peintres modernistes catalans, comme Santiago Rusiñol et Ramón Casas, même si elle a toujours souhaité conserver une ligne éclectique. Ses expositions, toujours passionnantes, mettent en lumière des artistes catalans et espagnols. N'hésitez pas à entrer, juste pour le plaisir des yeux !

NANI MARQUINA

Carrer del Rosselló, 256

✆ +34 934 87 16 06

https://nanimarquina.com

Du mardi au samedi de 10h à 14h et de 16h à 20h.

Figure incontournable du design catalan, Nani Marquina est célèbre pour ses superbes tapis de style contemporain. La designer accorde une attention toute particulière au choix des matières premières et aux processus de fabrication : ainsi, tous les tapis sont faits à la main en Inde, dans le cadre de projets sociaux. Dans son showroom de l'Eixample, vous pourrez admirer ses collections, qui incluent des collaborations avec divers artistes et designers du monde entier. De véritables œuvres d'art... et un bonheur pour les yeux !

ULTIMA PARADA

271 C/ Rosselló

✆ +34 93 217 78 90

www.ultima-parada.com

Du lundi au vendredi de 11h à 14h et de 16h à 20h.

A deux pas de La Pedrera, une boutique de déco qui mêle habillement les meubles d'époque et la création actuelle. Dans cet espace créé par le photographe Salvador Fresneda, vous trouverez une belle sélection de meubles sur mesure, vintage et industriels, ainsi que des accessoires déco pour embellir les intérieurs (textile, vaisselle, etc.). Sa maison mère, située dans l'Empordà, est un eldorado pour les amateurs de l'esthétique industrielle et vintage. A Barcelone, une autre boutique a vu le jour dans le quartier de Poblenou (Carrer del Taulat, 93).

CASA BEETHOVEN

97, La Rambla
✆ +34 933 014 826
www.casabeethoven.com
Lundi, mardi, jeudi et vendredi de 9h à 20h, mercredi de 9h à 14h et de 16h à 20h, samedi de 9h à 14h et de 17h à 20h.

Juste pour le plaisir des yeux, on fera un petit tour dans ce magasin de musique ouvert depuis 1880, situé juste à côté du Mercat de la Boqueria. Ses étagères en bois sont remplies de papier à musique, de partitions, de disques et de livres dédiés au monde de la musique. Simplement décorée de quelques tableaux, d'un piano et d'un buste de Beethoven, cette boutique respire le charme de l'ancien. Arrêt indispensable pour les mélomanes, mais aussi pour les curieux dans cet établissement devenu une véritable institution des Ramblas.

LA CENTRAL DEL RAVAL

6, C/ Elisabets
✆ +34 900 802 109
www.lacentral.com
Du lundi au samedi de 10h à 21h.

Cette prestigieuse librairie occupe une partie de l'ancienne chapelle de la Miséricorde, merveilleux bâtiment du XVIIe siècle situé au cœur du Raval, à deux pas du musée Macba. Ses 850 mètres carrés sont dédiés à la littérature et à la poésie (dont une intéressante sélection de romans français), aux livres illustrés et à la littérature jeunesse. Ne manquez pas son Bar Central, caché dans les anciens jardins de la chapelle : vous pourrez y grignoter des tapas ou manger une glace dans un décor charmant d'orangers, de plantes fleuries et de fontaines.

DISCOS EDISON'S

10, Carrer de la Riera Baixa
✆ +34 934 419 674
https://discos-edisons.com
Du lundi au samedi de 13h à 21h.

L'eldorado des collectionneurs de disques et temple édifié à la plus grande gloire de T. Edison, père du phonographe. Spécialiste en vinyles de seconde main et introuvables de tous styles, toutes époques et tous formats. Situé dans le Carrer de la Riera Baixa, lieu de concentration de boutiques vintage, Discos Edison's réunit un vaste catalogue de plus de 200 000 disques. La jeune mélomane Elisabeth Cross a repris la direction de la boutique il y a quelques années, après le départ à la retraite de son fondateur, Matías Ibáñez. Un lieu culte du Raval !

LIBRERÍA JAIMES

C/ de València, 318
✆ +34 932 153 613
www.jaimes.cat
Du lundi au vendredi de 10h30 à 20h30, samedi de 10h30 à 14h30 et de 16h30 à 20h30.

Après plus de 60 années passées sur le Passeig de Gràcia, la librairie française de Barcelone a dû se résoudre à abandonner son emplacement très convoité pour s'installer un peu plus loin, sur le carrer València. Evidemment, cette nouvelle adresse n'a pas le charme de l'ancienne, mais vous y trouverez toujours les classiques et les nouveautés de la littérature française. La librairie organise tout au long de l'année des ateliers, des lectures et des présentations de nouveautés littéraires : consultez l'agenda des activités sur son site web !

WAH WAH DISCOS

Carrer de la Riera Baixa, 14
✆ +34 934 423 703
Du lundi au samedi de 11h à 14h et de 17h à 20h30.

Située dans le carrer Riera Baixa, lieu de concentration des meilleures échoppes vintage de la ville, cette boutique est une référence à Barcelone pour acheter des vinyles. Entre ses rayons : classiques de la musique des années 1960, 1970, jazz, blues, soul, rock, funk... un paradis pour mélomanes à la recherche de vieux trésors de la musique ! La maison possède aussi son propre label – Wah Wah Records – à travers lequel sont publiés depuis une vingtaine d'années bon nombre de disques. Laissez-vous orienter par les vendeurs, tous experts dans leur domaine !

BOUGER & BULLER

Natation, voile, surf, paddle... à Barcelone, le sport se pratique au grand air ! La proximité de la mer et la douceur du climat méditerranéen favorisent la pratique de nombreuses activités tout au long de l'année. Pour les moins sportifs, la ville propose une offre de spas de haute qualité : le *must* pour se laisser chouchouter entre deux visites ! Sinon, vous pourrez toujours rejoindre le bord de mer pour un jogging matinal : le passage maritime qui longe la Barceloneta et le port olympique est le spot favori des joggeurs, cyclistes et amateurs de rollers. Il est jalonné d'équipements sportifs où se concentrent les fans de muscu... Sur le sable, il y en a pour tous les goûts : cours de yoga, beach-volley... Pour les amateurs de football, assister à un match au Camp Nou est une expérience inoubliable. Nous vous proposons donc de nombreux conseils pratiques pour acheter vos billets. *Vamos !*

PRATIQUE

BOUGER & BULLER

BUDGET / BONS PLANS

Pour assister à un match au Camp Nou sans vous ruiner, sachez que le Barça définit ses tarifs en fonction de l'équipe adverse et de la saison. La période la moins chère correspond à l'hiver, plus ou moins entre novembre et février, face aux équipes tout juste promues en première division ou qui ont terminé dans les dernières places l'année précédente. Les tickets pour la Coupe du Roi, dont les matchs ont lieu vers janvier-février, sont généralement très abordables. Tout comme ceux du Trophée Joan Gamper, vers la mi-août.

C'EST TRÈS LOCAL

Avec la proximité de la mer et un climat globalement doux et ensoleillé, les Catalans sont de fervents adeptes des sports de plage. Le long du littoral, les écoles de sports nautiques sont légion ! On y pratique le wind surf, le paddle, le kayak, le surf, la navigation à la voile, la plongée... Et pour ceux qui veulent rester au sec, le yoga sur le sable, le footing ou le roller sur la promenade maritime ou le beach-volley comptent aussi de nombreux adaptes !

A RÉSERVER

Si vous souhaitez assister à un match au Camp Nou, consultez le calendrier de la Liga disponible vers mi-juillet, soit quatre semaines avant le début de la compétition. Notez que le Barça dispute ses matchs à domicile de mi-août à mi-mai environ. Enfin, sachez que les horaires des matchs ne sont fixés que quelques semaines à l'avance. Certains matchs pouvant être programmés le dimanche soir, prévoyez un retour le lundi ! En Ligue des Champions, la vente des places pour la phase de groupes débute une fois que le tirage au sort a été effectué. Pour le Trophée Gamper, la mise en vente des places a lieu trois ou quatre semaines avant la rencontre (vers mi-juillet).

LES ATTRAPE-TOURISTES

Les places pour le Classico ou la Ligue des Champions sont chères... et rares ! En cas de rupture de stock, il vous faudra passer par un revendeur non officiel. Soyez vigilant et n'oubliez pas que les arnaques sont fréquentes !

LES PHRASES CLÉS

Bonjour, comment puis-je me rendre à… ? Est-ce loin ?
Bon dia, com puc arribar a … ? Ës molt lluny?

J'aimerais aller courir. Il y a un coin sympa pour cela dans la ville ?
M'agradaria sortir a córrer. Hi ha cap lloc a la ciutat per fer-ho?

J'adore cuisiner. Savez-vous où je peux trouver des cours de cuisine ?
M'encanta cuinar. Sap on fan classes de cuina?

Vous pourriez m'indiquer une salle de sport pas très loin ?
Podria indicar-me un gimnàs que no sigui gaire lluny?

Quel est le sport national ?
Quin és l'esport nacional?

Pensez-vous que nous pourrions voir cela ou même participer ?
Creu que podríem veure'l o fins i tot participar-hi?

BASE NÀUTICA MUNICIPAL DE BARCELONA

s/n Avinguda Litoral
✆ +34 932 210 432
www.basenautica.org

Situé sur la plage de Mar Bella, ce centre nautique municipal propose des cours de windsurf (planche à voile), de kitesurf, de paddle surf, de kayak et de patin à voile (type de catamaran). Plusieurs modalités sont proposées : cours à l'heure, à la semaine, stages pour les enfants, location de matériel... Après l'effort, le réconfort est assuré dans son *chiringuito* La Base by Farre, où prendre une petite bière les pieds dans le sable, face à la mer !

CLUB PATÍ VELA

Moll de Marina s/n
✆ +34 670 089 879
http://pativelabarcelona.com

Logé dans le port olympique, le Club Patí Vela vous propose de découvrir le patin à voile, un catamaran sportif en bois né en Catalogne dans les années 1920. Le club propose aussi des cours d'initiations au surf. Certes, ce n'est pas l'Océan, mais, entre septembre et mai, la Méditerranée réserve de belles sessions. Si la mer est plate, partez en excursion en paddle ! L'été, des sessions à l'heure du coucher ou du lever du soleil et les soirs de pleine lune sont régulièrement organisées. Pour les plus chevronnés, location de matériel.

BOX BARCELONA

C/ Atlàntida, 78
www.nike.com/es/es_es/c/boxbarcelona

Ouvert du lundi au jeudi de 9h à 21h30, vendredi de 9h à 21h, samedi et dimanche de 9h à 17h.

Ce projet ambitieux, né de la rencontre entre la célèbre marque Nike et le surfshop Box Barcelona, offre un nouvel espace pour les créatifs et les sportifs de Barcelone. Imaginé comme un véritable « hub » pour les jeunes talents, l'endroit fonctionne à la fois comme boutique et point de rencontre de l'activité sportive de la Barceloneta. Chaque jour, on y organise des cours de yoga, de boxe, de *paddle pilates*, de surf, etc., auxquels chacun peut participer de manière ponctuelle. Consultez l'agenda des activités sur sa page web.

ESPAI DE MAR

Passeig Marítim, baixos, 5
✆ +34 932 214 989
www.espaidemar.cat

Ce club municipal est situé sur la promenade maritime, face à la plage de La Barceloneta. Tout au long de l'année, il propose diverses activités : running en groupe, tournois de beach-volley, natation, yoga sur la plage... L'avantage, c'est que la plupart de ces activités sont disponibles de manière ponctuelle, sans obligation d'abonnement. Vous pourrez donc parfaitement vous offrir un cours de yoga pendant votre séjour ! Le club offre aussi des services de plage avec accès aux vestiaires, douches et casiers : pratique et bon marché !

CAMP NOU

C/ d'Arístides Maillol, 12
✆ +34 902 18 99 00
www.fcbarcelona.cat

En Catalogne, le football est une véritable religion. Portés au rang de héros, les joueurs du Barça sont littéralement vénérés par petits et grands. Voir un match au Camp Nou est donc une expérience inoubliable. Sachez cependant qu'il vous sera très difficile d'obtenir des places pour le fameux *clásico* qui oppose le Real de Madrid au Barça. On trouve bien sûr des places sur les sites de revente, mais les prix sont souvent astronomiques. Vous aurez plus de chance pour le reste des matchs de La Liga, mais soyez prévoyant et achetez vos entrées à l'avance.

PISCINES MUNICIPALS DE MONTJUÏC

Av Miramar, 31
✆ +34 934 430 046

Ouvertes uniquement en été. Entrée 7 €.

Ces deux immenses bassins perchés sur la montagne de Montjuïc offrent des vues magnifiques sur Barcelone. Situés à l'est de l'anneau olympique, ils furent entièrement remodelés à l'occasion des Jeux olympiques de 1992 pour accueillir les compétitions de sauts et les tournois de water-polo. Les piscines sont ouvertes uniquement l'été, de début juin à début septembre. Le lieu est si spectaculaire qu'il a notamment servi de décor au clip de Kylie Minogue *Slow* (2003).

AIRE ANCIENT BATHS

22, Passeig Picasso
© +34 932 955 743
https://beaire.com
Installé dans d'anciens bains thermaux du quartier du Born, juste en face du parc de la Ciutadella, Aires de Barcelona offre un cadre magnifique avec ses plafonds arqués, ses murs en pierre et ses piscines d'eau turquoise. Les sessions durent 2 heures et donnent accès à des bains d'eau salée, bain bouillonnant, piscines d'eau chaude, froide ou tempérée, dégustation de thé et hammam. Une multitude de massages sont aussi proposés à la carte, notamment un rituel de massage dans l'eau. Une belle expérience à vous offrir entre deux visites !

SILOM SPA

304, Carrer de València
© +34 93 272 66 62
www.silomspa.com
Massage thaïlandais (60 minutes) : 65 €.
Décoration orientale, matériaux boisés et chic discret : voici le cadre exclusif de Silom Spa, une adresse détente en plein quartier de l'Eixample. A la carte, des soins pour le visage et pour le corps, des massages thaïlandais et des traitements spécialisés pour femmes enceintes. Parmi les massages « signature », vous apprécierez le massage à quatre mains et la thérapie au bambou, pour une expérience très exclusive. Située à deux pas de la Casa Batlló et la Pedrera, elle peut s'avérer une excellente option après une matinée de visites !

BARCELONA COOKING

58 Las Ramblas
© +34 931 191 986
www.barcelonacooking.net
Visite du marché de la Boqueria, cours de cuisine et dégustation : 78 €.
Barcelona Cooking possède deux jolies cuisines situées dans un local au bord des ramblas. Il y propose différents cours pratiques de cuisine, mais aussi des visites guidées du marché de la Boqueria, des tours de tapas dans le Barri Gòtic, des teambuildings et des événements privés. Parmi les activités proposées du lundi au samedi, vous pourrez opter pour un cours de cuisine espagnole, un cours dédié aux tapas et aux vins catalans, ou un autre simplement dédié aux tapas classiques. Une activité originale pour découvrir la cuisine locale autrement !

SOPARS AMB ESTRELLES - OBSERVATORI FABRA

Camí de l'Observatori
© 93 317 05 36
www.fabra.cat
Dîners avec les étoiles 73 €.
Inauguré en 1904, cet observatoire astronomique est perché sur la montagne du Tibidabo à 415 mètres au-dessus du niveau de la mer. Son bâtiment est l'œuvre de l'architecte moderniste Josep Doménech i Estapà. L'été, ses « dîners sous les étoiles » sont l'occasion de profiter d'un merveilleux repas face à la ville illuminée, puis d'observer les étoiles à travers son télescope de 1904, l'un des plus anciens d'Europe en activité. Le dîner s'accompagne d'une conférence sur l'astronomie.

RITUELS D'ORIENT

50, Carrer de Loreto
© +34 934 191 472
www.rituelsdorient.com
Ouvert du mardi au dimanche de 11h à 21h (jusqu'à 22h jeudi, vendredi et samedi).
Installé dans la Zona Alta, à deux pas de la Plaça de Francesc Macià, Rituels d'Orient est un espace zen et élégant qui propose des hammams à différents niveaux de chaleur (entre 37 et 45 °C) mais aussi des massages aux huiles aromatiques, des exfoliations au savon noir, des soins purifiants ou rajeunissants, bref, l'endroit parfait pour se faire chouchouter ! Très beau décor d'inspiration orientale pour une parenthèse détente entre deux visites. Également des soins de beauté des pieds et des mains, et un service d'épilation au caramel.

VEDACARE

5 Carrer del Mossèn Batlle
© +34 931 283 014
Vedacare est une méthode d'accompagnement et de coaching holistique créatif : musicothérapie, yoga, méditation, naturopathie, chiropraxie et coaching personnalisé sont autant de pratiques ciblées pour vous accompagner dans les périodes de transitions personnelles et professionnelles. Le centre est situé sur les hauteurs de Gràcia. Capucine Demnard, la fondatrice, organise aussi des retraites bien-être et coaching holistique aux alentours de Barcelone, et même en Corse et en Provence. Un lieu où prendre du recul et se recentrer sur soi.

SORTIR

Fidèle à sa réputation, Barcelone est une ville festive où les nuits sont longues et toujours très animées. Avec un peu d'anticipation, on peut sortir sans se ruiner et sans se compliquer la vie, les distances n'étant jamais grandes et la plupart des boîtes fonctionnant avec des *guest-lists*. Singularité de cette ville, ici on peut clubber au bord de la plage, à l'air libre dans un décor champêtre, ou dans des miradors aux vues époustouflantes ! Jamais bling-bling, la nuit barcelonaise a pourtant de quoi séduire tous les publics avec ses ambiances variées : techno, indé, gay, commerciale... Vous serez également surpris par l'insouciance, l'exubérance et l'absence de complexes des gens qui vous entourent ! Côté spectacles, Barcelone regorge de *tablaos* où assister à des démonstrations de flamenco en direct et de prestigieuses salles de concert, dont l'incontournable Palau de la Música Catalana.

HORAIRES

Les boîtes de nuit se remplissent généralement assez tard en Espagne, mais cela dépend surtout de leur clientèle. Dans les clubs du port olympique, plutôt fréquentés par les touristes, l'ambiance est déjà très animée vers les coups de minuit. Au contraire, les boîtes de la zona alta, prisée des jeunes barcelonais, ne se remplissent pas avant 2h du matin...

D'une manière générale, les boîtes ouvrent tous les jours dans les coins touristiques (port olympique, Plaça Reial). Dans le reste de la ville, elles fonctionnent généralement du jeudi au samedi.

BUDGET / BONS PLANS

La plupart des boîtes de nuit à la mode possèdent une *guest list* vous permettant l'entrée gratuite à un horaire déterminé, ou des réductions sur l'achat de tickets pour les grosses soirées. Consultez le site web du club qui vous intéresse pour vous inscrire sur sa liste. Autre option : consultez les sites youbarcelona.com et zonadeluxe.com qui répertorient les listes des principales boîtes de la ville.

Le Gran Teatre del Liceu propose 50 % de réduction aux moins de 26 ans, en vous présentant 2 heures avant le début du spectacle. Les plus de 65 ans bénéficient quant à eux d'une réduction de 30 %.

Pour trouver des billets à prix réduits dans le reste des théâtres, faites un tour environ 3 heures avant le début du spectacle dans l'espace Tiquet Ramblas du Palau de la Virreina. En fonction de la programmation et des disponibilités, vous obtiendrez des réductions de 50 % sur le prix des entrées. Renseignements sur www.barcelona.cat/tiquetrambles/es

A RÉSERVER

Si vous souhaitez assister à un concert au Palau de la Música Catalana ou à un opéra au Gran Teatre del Liceu, pensez à réserver un peu à l'avance lorsqu'il s'agit de grands noms internationaux. Pour le reste, vous ne devriez pas avoir de soucis.

TRANSPORTS NOCTURNES

Le métro de Barcelone est ouvert du lundi au jeudi et le dimanche de 5h à 0h, le vendredi et les veilles de jours fériés de 5h à 2h, et le samedi 24h/24. Les bus de nuits (Nitbus) circulent entre 23h et 5h. Ils partent pour la plupart de la Plaça Catalunya.

A PARTIR DE QUEL ÂGE

Comme en France, l'accès aux boîtes de nuit est interdit aux mineurs.

C'EST TRÈS LOCAL

Les *tablaos* occupent une place importante dans l'offre de spectacles de la ville. Ces salles dédiées au flamenco, bien que touristiques, offrent généralement des spectacles de qualité. Dans les boîtes de nuit, le *dresscode* est généralement bien plus relax qu'à Paris. D'ailleurs, peu de boîtes se payent les services d'un physionomiste. Soyez plus vigilant dans les clubs fréquentés par les touristes, où les critères d'accès peuvent être plus sévères. Enfin, profitez des boîtes situées en bord de plage : un luxe typiquement méditerranéen !

FUMEURS

Il est interdit de fumer dans les clubs en Espagne.

LES PHRASES CLÉS

Bonsoir, comment puis-je me rendre à…
Bona nit, ¿com puc arribar a…?

Est ce que cet endroit est tranquille ? Il n'y a pas de problème de sécurité ?
Que és un lloc tranquil? Hi ha problemes de seguretat?

J'aimerais voir un spectacle typique ! Qu'est-ce qu'il y a en ce moment ?
M'agradaria veure un espectacle típic del lloc. N'hi ha cap programat per avui?

Je ne comprends pas… pouvez-vous répéter s'il vous plait ? Merci.
No ho entenc… ¿pot repetir-ho, si us plau? Merci.

ALFA

36, Carrer Gran de Gràcia
✆ +34 934 151 824
www.alfabar.cat
Du jeudi au samedi de 21h à 3h.

Depuis son ouverture dans les années 1990, l'Alfa est restée fidèle à la programmation musicale qui lui a valu son succès : les grands classiques du rock, de la pop et de la soul, mais aussi des concerts organisés régulièrement sur sa scène. Rien de bien exceptionnel a priori, pourtant l'établissement est littéralement bondé tous les week-ends. La raison de ce succès ? Une musique dansable, des prix raisonnables et des groupes de trentenaires qui ont envie de faire la fête. Tous les jeudis, soirées Open Mic pour les artistes en herbe.

BAR & CLUB ECLIPSE

Plaça de la Rosa dels Vents, 1
✆ +34 932 952 800
www.eclipse-barcelona.com
Tous les jours de 18h à 2h, jusqu'à 3h les vendredis et samedis.

Installé au 26ᵉ étage de l'incontournable hôtel W, le bar Eclipse est le spot glamour du moment. Son Watermelon Martini – à base de pastèque et de vodka – est déjà un grand classique pour la clientèle cosmopolite et branchée de Barcelone. Dans un décor design avec des vues à couper le souffle sur la ville et la Méditerranée, le Bar & Club Eclipse est un repaire international où savourer d'exquis *dim sum* et autres bouchées asiatiques, s'offrir un cocktail sophistiqué et se déhancher sur des *beats* électro. Attention : tenue correcte exigée !

BIG BANG

7, Carrer de Botella
✆ +34 934 432 813
www.bigbangbarcelona.com
Ouvert du mercredi au dimanche de 20h30 à 3h.

Ce bar musical du Raval accueille une clientèle branchée dans un décor à l'esprit rétro. C'était à l'origine une vieille *bodega* née au début du XXᵉ siècle, lieu de rendez-vous des anarchistes puis des gitans du carrer de la Cera, qui en firent un des temples de la rumba catalana. Au début des années 1990, il devient un bar musical pour les amateurs de rock. Aujourd'hui, Big bang mêle le jazz, le blues et le rock lors de jam sessions et de concert tout au long de la semaine. Les jeudis et dimanches soir, c'est soirée open mic !

BLING BLING

Carrer de Tuset, 8
✆ +34 934 146 362
www.blingblingbcn.com
Du jeudi au samedi de 0h à 6h.

Un club qui porte bien son nom ! Chic, élégant, et prisé de la population huppée de la Zona Alta, le bling-bling est une valeur sûre des nuits de la Carrer Tuset, un coin très animé les week-ends. Sur place, une grande salle principale où se déhancher sur de la house commerciale, une VIP-room et une zone privée. La décoration signée Estrella Salietti joue à fond la carte du glamour, avec ses canapés en velours, ses lampes baroques, et ses jeux de LED et panneaux lumineux semblables à des bijoux. Guest list disponible sur le site web du club.

CATWALK

Carrer de Ramon Trias Fargas, 2-4
✆ +34 932 240 740
www.clubcatwalk.net
Ouvert du jeudi au dimanche de 22h30 à 6h.

Situé au pied de l'hôtel Arts, ce club accueille une clientèle très variée, des jeunes au style hip-hop aux cinquantenaires en vacances en passant par des groupes de filles… il y a vraiment de tout ! Cette variété s'explique d'abord par la situation du club – sous le poisson doré de Frank Gehry, immanquable – et à ses deux salles à l'ambiance distincte : l'une hip-hop et l'autre house/électro. Sachez que vous trouverez facilement des *flyers* avec entrée gratuite dans les bars du centre-ville ou des réductions sur le passage maritime.

CDLC – CARPE DIEM LOUNGE CLUB

32, Passeig Maritim
✆ +34 932 240 470
www.cdlcbarcelona.com
Restaurant ouvert tous les jours à partir de 12h. Club de 0h30 à 6h.

Esprit *lounge* et décoration orientale, c'est l'une des adresses préférées des vacanciers et jeunes expatriés de Barcelone. Situé sur la promenade maritime du port olympique, le CDLC fait office de restaurant en journée et de club la nuit tombée. On y vient aussi pour boire un cocktail face à la mer sur fond de musique chill out. Côté programmation, les meilleurs DJ nationaux et internationaux s'y pressent pour animer les nuits d'été. Consultez l'agenda des soirées sur le site web !

SORTIR

CITY HALL BARCELONA

2-4, Rambla de Catalunya
✆ +34 932 38 07 22
www.cityhallbarcelona.com
Ouvert tous les jours de 0h à 6h.

City Hall Club occupe l'emplacement d'un ancien théâtre de la Rambla de Catalunya. La discothèque est constituée d'une salle lounge pour prendre un verre et d'une grande salle au sous-sol pour se déchaîner sur la piste, où une clientèle cosmopolite se mélange aux touristes sur de la musique techno ou électro. Le club possède aussi une agréable terrasse pour boire un cocktail dans une ambiance plus relax. Parmi ses soirées régulières : I hate monday, Electronik Tuesday, Back to the 90's les mercredis et Techno City les samedis.

MOJITO CLUB

217, Calle Rosellón
✆ +34 654 201 006
www.mojitobcn.com
Du jeudi au samedi à partir de 23h, dimanche à partir de 21h.

Situé au cœur de l'Eixample, à seulement quelques pas du Passeig de Gràcia, le Mojito Club est une référence à Barcelone pour danser sur des rythmes latino. Les amateurs de merengue, salsa, reggaeton et latin dance s'y retrouvent dans une ambiance *muy caliente* pour boire des cocktails ensoleillés ou se déhancher sur la piste de danse jusqu'au bout de la nuit ! En début de soirée, des cours de salsa et de bachata sont organisés pour tous les niveaux. A partir de minuit, la piste du Mojito est prise d'assaut par un public des plus variés.

JAMBOREE JAZZ & CLUB

17, Plaça Reial
www.masimas.com
Concerts tous les jours à 20h et 22h. Club à partir de minuit.

Né dans les années 1960, Jamboree était un caveau de jazz dont le nom signifie en langue zoulou « réunion de tribus ». Cette adresse mythique de la Plaça Reial accueille depuis des années les meilleurs artistes jazz nationaux et internationaux. Bill Coleman, Kenny Drew, Chet Baker et Dexter Gordon comptent parmi ses plus célèbres visiteurs. Sous les voûtes en pierre, à l'ambiance sombre et intime, il continue d'accueillir tous les soirs des concerts à 20h et 22h. Après les concerts, place aux DJ qui mixent généralement du funk et du hip-hop.

MOOG

3, Carrer de l'Arc del Teatre
✆ +34 93 319 17 89
Ouvert tous les jours de 0h à 5h.

Parmi les boîtes spécialisées en techno, le Moog est considéré par les mordus du genre comme l'une des meilleures de Barcelone. Né dans les années 1990, il affiche un intérieur obscur, industriel et minimaliste. Nombreux sont les DJ de renommée mondiale qui sont passés par cet ancien cabaret situé au cœur du Raval, à deux pas des Ramblas : Richie Hawtin, Laurent Garnier, Josh Wink, James Holden, Jeff Mills, entre autres grands noms de l'électro. Un petit club où tout, jusqu'au plus petit détail, a été choisi avec beaucoup de soin.

MIRABLAU

Plaça del Doctor Andreu
✆ +34 931 485 879
www.mirablaubcn.com
Du lundi au mercredi de 11h à 3h30, jeudi de 11h à 4h30, vendredi et samedi de 10h à 5h, dimanche de 10h à 2h30.

Aux pieds du Tibidabo, le Mirablau est un classique des nuits barcelonaises pour ses vues panoramiques sur toute la ville et sa clientèle élégante. En journée, on s'y arrête pour boire un vermouth ou picorer des tapas en profitant du somptueux panorama. Le soir, on y danse sur différents types de musique dans ses trois espaces : la salle disco, la salle panoramique et la salle supérieure, qui passe des tubes des années 1960-90. Musique commerciale et merveilleux panorama sur la ville... une bonne occasion de sortir votre tenue la plus chic !

OCAÑA

Plaça Reial 13-15
✆ +34 93 676 4814
www.ocana.cat
Du lundi au vendredi de 17h à 2h30, week-ends de 12h à 3h.

Cet établissement rend hommage à José Perez Ocaña, figure emblématique des années de la transition démocratique, qui fit souffler à cette époque un vent de liberté et d'extravagance sur Barcelone. Peintre de profession, Ocaña a surtout marqué les esprits avec ses promenades le long de la Rambla, où il apparaissait régulièrement travesti en Sévillane ! A la fois café, restaurant et club, Ocaña a ouvert ses portes en 2012, bien décidé à devenir un point de référence des nuits barcelonaises. Esprit décalé et burlesque sont le mot d'ordre des soirées de l'Ocaña.

© BAGDAD

© BAGDAD

© BAGDAD

BAGDAD

58 Avenida Parallel
✆ +34 934 420 777
www.bagdad.com
Ouvert de 23h à 5h. Spectacle de 2 heures démarrant à 23h, 1h et 3h. Tarif à 90 € par personne (75 € en tarif groupe).

Créé il y a plus de 40 ans durant la Movida, le Bagdad ou Sala Bagdad est l'un des spectacles de divertissement pour adultes les plus fous de Barcelone. Sa réputation en a fait un point de rencontre pour les célébrités et la jet set du monde entier. Aujourd'hui, l'endroit est spécialisé notamment dans les EVG, avec la possibilité d'avoir une salle à part pour le groupe ou de privatiser le restaurant à côté. Strip-tease, lap dance, spectacles érotiques auxquels peuvent parfois participer le spectateur, spectacle spécial pour le futur marié...

© BAGDAD

© BAGDAD

OPIUM MAR

34, Passeig Marítim de la Barceloneta
✆ +34 932 259 100
www.opiumbarcelona.com
Tous les jours de minuit à 5h, jusqu'à 6h les vendredis et samedis.

Indiscutablement la boîte des étés barcelonais ! Situé dans le port olympique, quasiment les pieds dans le sable, ce restaurant-club offre une ambiance chic et exclusive avec son immense terrasse face à la mer. On y dîne d'une cuisine méditerranéenne à base de poisson, fruits de mer et paellas, avant de se déhancher sur la piste jusqu'au petit matin ! Depuis son ouverture en 2007, tous les plus grands DJ de la planète viennent enflammer son *dance floor* : David Guetta, Bob Sinclar, etc. Consultez le site web pour vous inscrire sur la guest list !

OTTO ZUTZ CLUB

15, Carrer de Lincoln
✆ +34 932 380 722
www.ottozutz.com
Jeudi, vendredi et samedi de 0h à 6h.

Le club, inauguré en 1985, occupe une ancienne fabrique textile du quartier de Sant Gervasi. Dans le plus pur style new-yorkais, il s'étend sur trois étages avec plusieurs bars et une petite salle VIP qui a vu défiler bon nombre de célébrités, de Leonardo Di Caprio à Naomi Campbell en passant par Freddie Mercury. Etudiants Erasmus et jeunesse dorée de la Zona Alta : la clientèle a généralement moins de 30 ans, mais tout ce petit monde brille comme un sou neuf. Hip-hop, R&B et Reggaeton prédominent dans la programmation musicale de ses trois salles.

PACHA BARCELONA

Passeig Marítim, 38
✆ +34 648 81 59 85
www.pachabarcelona.es
Tous les jours de 0h à 5h, jusqu'à 6h les vendredis et samedis.

On ne présente plus le Pacha, temple des nuits les plus folles d'Ibiza ! Dans son antenne de Barcelone, vous vivrez l'expérience Pacha en bord de plage, dans la zone très animée située au pied du poisson de Frank Gehry. Dans un décor très *lounge*, avec canapés en cuir blanc et jeux de lumières, l'endroit accueille les plus grands DJ du moment. Prédominance de la musique électronique, avec une parenthèse *tech* et *deep house* les dimanches soirs. Dans la partie restaurant, la carte propose des saveurs orientales et méditerranéennes.

RAZZMATAZZ

122, Carrer dels Almogàvers
✆ +34 933 208 200
www.salarazzmatazz.com
Consulter l'agenda sur leur site web.

Scène de référence de la culture alternative, le Razzmatazz occupe une ancienne usine du Poblenou aménagée en boîte de nuit au milieu des années 1980. À la fois club et salle de concert, le Razz – qui doit son nom à une chanson du goupe Pulp – s'organise autour de 5 clubs thématiques. Les principaux, Razzclub, où domine la musique indé et les sons électro-rock, et The Loft, plutôt orienté vers la house et l'électro, accueillent aussi des concerts de qualité. Les week-ends, à partir de 3h, l'endroit est pris d'assaut par les jeunes Barcelonais.

SALA APOLO

113, Carrer Nou de la Rambla
✆ +34 934 414 001
www.sala-apolo.com
Club ouvert tous les soirs de 0h à 6h. Consultez la programmation de concerts.

La Sala Apolo est une salle de concerts mythique du quartier de Paral.lel, dans laquelle défilent les meilleurs groupes internationaux de musique pop rock. Sa petite sœur, La [2], située juste à côté, propose des concerts de groupes moins connus mais prometteurs. Apolo, c'est surtout une boîte de nuit incontournable de Barcelone, un endroit cool et sans prétention où on aime terminer la nuit. Ne ratez pas les soirées Nasty Mondays, tous les lundis, les sessions électro house de Nitsa les week-ends, et les sessions *Churros con chocolate*, une fois par mois.

SORTIR

SALA BIKINI

547, Av. Diagonal
✆ +34 933 220 800
www.bikinibcn.com
Club ouvert du jeudi au samedi de 0h à 5h.
Consulter la programmation des concerts.

Toute la jeunesse barcelonaise a dansé un jour ou l'autre dans l'une des salles du Bikini. Située sur l'avenue Diagonal, cette salle mythique fonctionne comme salle de concert et club depuis les années 1950. Sa programmation musicale, très éclectique, varie du R&B à la house, en passant par la musique pop et le hip-hop ! La clientèle est très variée, avec tout de même une prédominance de jeunes étudiants. Sur le site web du club, vous pourrez vous inscrire sur les listes VIP des soirées, vous permettant d'avoir l'entrée gratuite à des horaires déterminés.

SALA MAGIC

40, Passeig de Picasso
✆ +34 933 107 267
www.magic-club.net
Ouvert du jeudi au samedi de 23h à 6h.

Un temple du rock à travers les âges né en 1976 dans un local face au parc de la Ciutadella. Du rock rien que du rock, traditionnel, progressif, alternatif, en direct avec d'excellents concerts et des classiques des années 1960 et 1970. Bien qu'en perte de vitesse depuis plusieurs années en raison du boom de l'électro, le Magic continue de résister et d'offrir un lieu de rencontre aux amateurs de rock et ses variantes (hard rock, heavy, rockabilly). Bonne ambiance avec un public fait d'amateurs, d'admirateurs et de professionnels du monde musical.

SHOKO

36, Passeig Marítim de la Barceloneta
✆ +34 932 259 200
www.shoko.biz
Club ouvert tous les jours de 0h à 6h.

Quasiment les pieds dans l'eau, le Shoko est l'un des spots branchés de l'été. La clientèle est donc très internationale, avec une bonne flopée d'étudiants Erasmus pour mettre l'ambiance. Contrairement aux boîtes à la clientèle locale, la fête commence assez tôt au Shoko. Côté musique, surtout du hip-hop, du RnB et des tubes en vogue. Son restaurant propose quant à lui des spécialités asiatiques. N'oubliez pas votre maillot de bain, la nuit se termine souvent par une baignade !

SIDECAR

7, Plaça Reial
www.sidecarfactoryclub.com
Du mardi au samedi de 19h à 5h (jusqu'à 6h les week-ends).

Cet ancien bar de marins, lieu de danse et de joyeuse débauche durant de nombreuses années, est devenu en 1982 une salle de référence de la scène musicale et des nuits de Barcelone. Aujourd'hui, le Sidecar est un classique alternatif de la Plaça Reial, réputé pour son excellente programmation de concerts, expositions, présentations de disques et DJ sets. Le local, bien qu'étroit, est pris d'assaut les week-ends par des touristes bien tombés et une clientèle locale avide de sons indé. Un haut lieu de la scène *underground* barcelonaise !

SUTTON CLUB

Carrer de Tuset, 13
✆ +34 667 432 759
www.thesuttonclub.com
Du mercredi au samedi de 0h à 6h.

Depuis son ouverture en 2001, ce club de la zona alta est une référence des nuits barcelonaises. Musique house et commerciale, « *gente guapa* » et une bonne dose de glamour : voilà la recette du succès de cette boîte du carrer Tuset, toujours bondée le week-end ! Dans la salle principale prédominent la musique électro, le RnB et les hits commerciaux, tandis que la seconde salle est dédiée à la musique latino. Le club est situé juste en face du Bling-Bling, qui accueille le même type de clientèle. Consultez son site web pour vous inscrire sur la guest list !

LA TERRRAZZA

s/n Avinguda del Marquès de Comillas
✆ +34 687 969 825
www.laterrrazza.com
Jeudi, vendredi et samedi de 0h à 6h, uniquement de mai à octobre.

Au sein du Poble Espanyol, cette boîte n'est ouverte qu'aux beaux jours puisque la quasi-totalité du lieu est située en plein air. La clientèle, plutôt jeune et internationale, se déhanche sur de la musique électro et de la house dans un cadre de végétation méditerranéenne. Certains des plus grands DJs de la scène électro sont passés derrière ses platines depuis sa création il y a plus de vingt ans. Tous les jeudis à partir du mois de juillet, les soirées Summer Heroes sont un must pour clubbeur l'après-midi. Cadre très agréable où l'on respire !

ALMAZEN

9, Carrer de Guifré
✆ +34 934 426 215
www.almazen.net

Installé dans une ancienne usine du Raval, l'Almazen est une association culturelle qui propose des spectacles de théâtre, des cycles de cinéma, des concerts, des ateliers, etc. Un espace culturel très actif, incontournable pour ceux qui veulent se frotter à la culture alternative du Raval. Doté de seulement une centaine de places, ce lieu est spécialisé dans les arts peu conventionnels, en particulier l'humour au féminin et les spectacles de clown. Il accueille aussi des combats poétiques, des soirées open mic... entre autres !

ANTIC TEATRE

12, Carrer de Verdaguer i Callis
✆ +34 933 152 354
www.anticteatre.com

Bar ouvert tous les jours de 10h à 23h30 en semaine, à partir de 17h les samedis et dimanches.

Situé dans une ruelle proche du Palau de la Música Catalana, l'Antic Teatre est un lieu singulier et alternatif, qui propose de nombreuses pièces de théâtre et des performances de petites compagnies locales et internationales. Sur sa grande terrasse un peu anarchique, une foule d'étudiants refait le monde autour de quelques bières. Un endroit très original qui mérite vraiment un coup d'œil, aussi bien pour sa programmation théâtrale que pour sa terrasse plantée d'arbres, telle une oasis underground au cœur du quartier de La Ribera.

CINE VERDI

32, C/ Verdi
✆ +34 932 387 990
www.cines-verdi.com

Un véritable petit cinéma de quartier, comme il en reste peu à Barcelone. Films européens et cinéma d'auteur tiennent le haut de l'affiche dans ce cinéma du carrer Verdi. Tous les films sont projetés en version originale sous-titrée, et il n'est pas rare d'y voir des longs-métrages français. Une deuxième salle, le Verdi Park, est située à deux pas de là dans une rue parallèle (carrer Torrijos), avec le même type de programmation. Une bonne option pour une soirée ciné dans une ambiance très locale, au cœur du quartier de Gràcia.

EL CANGREJO RAVAL

9, Carrer de Montserrat
✆ +34 933 012 978

Ouvert du jeudi au samedi de 21h30 à 3h.

Un bar mythique du Raval pour les amateurs de kitsch, situé dans la partie basse des Ramblas. Une clientèle de jeunes trentenaires et de gays s'y réunit les week-ends pour danser aux rythmes de Los Chichos et Lola Flores, dans un décor aux murs sombres, ornés de photos d'artistes et de divas du spectacle. Tous les vendredis et samedis soir, le Cangrejo (littéralement « crabe ») accueille un spectacle de *drag queens* réputé dans toute la ville. Ses reines – Gilda ou la *cachonda de Cádiz* – mènent le show dans une ambiance joyeuse et décalée.

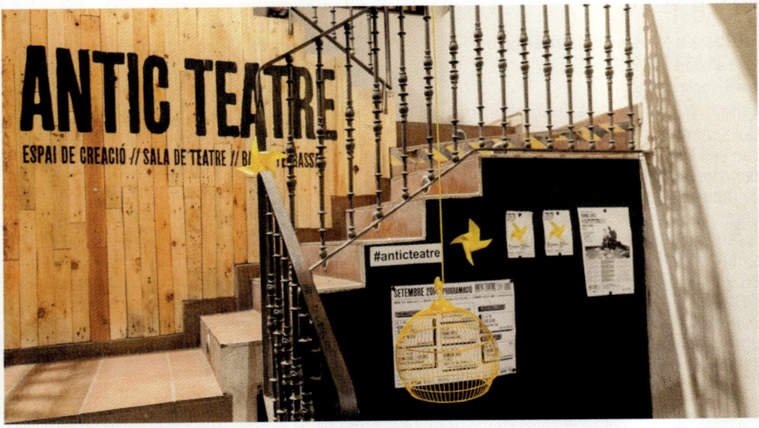

Entrée de l'Antic Teatre.

EL MOLINO

99, Vila i Vilà
www.elmolinobcn.com
Fermé provisoirement.

Icône de l'avenue Paral·lel depuis plus de 100 ans, El Molino (dont le nom est un clin d'œil au fameux Moulin Rouge parisien) a rouvert ses portes fin 2010, après une quinzaine d'années passées à l'état d'abandon. Aujourd'hui, il renoue avec sa splendeur passée en proposant des *shows* burlesques dans un très beau décor, mais aussi des concerts plus généralistes. Tous les ans, son festival international du burlesque attire durant un mois des artistes nationaux et internationaux de grand prestige. Consultez la programmation sur le site !

HELIOGÀBAL

80, Carrer de Ramón y Cajal
www.heliogabal.com
Du jeudi au samedi de 22h à 3h.

Véritable institution à Barcelone, l'Heliogàbal est la scène de prédilection des amateurs de musique indépendante. Situé au cœur de Gràcia, ce bar musical affiche une décoration plutôt improbable, en particulier avec ses cuvettes de w.c. accrochées au plafond ! Jazz sessions, récitals de poésie, expositions, concerts : sa programmation vous plongera dans la scène underground locale. Le meilleur endroit pour découvrir les promesses de la musique catalane, dans une ambiance authentique. En été, il organise le Festigàbal lors des fêtes de Gràcia.

GRAN TEATRE DEL LICEU

51-59, La Rambla
✆ +34 93 485 99 00
www.liceubarcelona.cat

L'une des plus belles salles au monde, dans laquelle vous pourrez voir des opéras, des spectacles de danse et des concerts de musique de grande qualité. Inauguré en 1847 sur La Rambla de Barcelone, le Liceu a été durant des décennies le lieu de rencontre de l'aristocratie et de la bourgeoisie catalane. Depuis plus de 150 ans, les plus grandes œuvres y sont interprétées par des artistes de prestige, dont la célèbre cantatrice Montserrat Caballé, dont le Liceu fut la deuxième maison tout au long de sa carrière. Des visites guidées du site sont aussi organisées.

JAZZMAN

238 Carrer de Roger de Flor
✆ +34 667 618 593
www.jazzmanbcn.com
Ouvert du lundi au jeudi de 21h à 2h30 ; vendredi de 20h à 3h, samedi de 22h à 3h. Fermé le dimanche.

Petit club de jazz ouvert depuis 1979 au cœur de l'Eixample, à proximité de la Sagrada Familia. Mélomanes, artistes vétérans et jeunes talents du jazz s'y donnent rendez-vous pour profiter d'une excellente programmation musicale, dans une ambiance authentique. L'espace est vraiment très réduit, mais propice aux conversations au creux de l'oreille, autour du bar ou dans la salle en mezzanine. Des concerts sont régulièrement organisés : consultez le site web du club pour votre sa programmation. Un lieu plein de charisme pour les mordus de jazz !

HARLEM JAZZ CLUB

8, Carrer de Comtessa de Sobradiel
✆ +34 933 100 755
www.harlemjazzclub.es

Depuis 1987, ce club mythique du Barri Gòtic a accueilli des milliers de concerts d'artistes locaux et internationaux. Situé à deux minutes à pied de la plaça Sant Jaume, le Harlem programme des concerts tous les soirs aux alentours de 22h30 ou 23h, attirant une clientèle plutôt hétéroclite, mélange de mélomanes et de touristes bien tombés. Blues, jazz, funk, salsa, musique afro, cubaine, brésilienne, tango, flamenco, soul, rock… tous les genres musicaux y sont représentés ! Rendez-vous sur le site du club pour consulter la programmation.

JAZZSÍ CLUB

2, Requesens
✆ +34 933 290 020
www.tallerdemusics.com/jazzsi-club
Spectacle de flamenco les vendredis et samedis à 20h45. Prix : 10 € avec consommation.

On a beau être un habitué, trouver cet établissement se transforme toujours en odyssée ! Situé dans une petite rue du Raval particulièrement bien cachée, le JazzSí Club appartient à l'école de musique voisine. Au programme : flamenco, jazz et rock, dans une ambiance intimiste et de connaisseurs. Si vous avez l'intention de voir un spectacle de flamenco à Barcelone, n'hésitez pas un quart de seconde : le JazzSí est l'un des endroits les plus authentiques de Barcelone pour retrouver la magie de cet art andalou. Consultez la programmation sur le site Internet.

L'AUDITORI

150, Carrer de Lepant
✆ +34 932 479 300
www.auditori.cat

Concerts de jazz, de musique classique, contemporaine, musiques du monde, dans un bâtiment moderne inauguré en 1999 près de la plaça de les Glories et signé Rafael Moneo. La sobriété est de mise dans la salle symphonique pouvant accueillir quelque 2 200 spectateurs. L'Auditori est le siège de l'Orchestre symphonique de Barcelone et accueille également l'École supérieure de musique de Catalogne. Son Museu de la Música (musée de la musique) présente une vaste collection d'instruments et de partitions venues du monde entier, qui ravira les mélomanes.

MERCAT DE LES FLORS

59, Carrer de Lleida
✆ +34 934 261 875
www.mercatflors.cat

Inauguré en 1983, le Mercat de les Flors est un espace de danse contemporaine situé à Montjuïc, juste à côté du Teatre Lliure. Tout au long de l'année, il propose une programmation internationale de danse contemporaine. Il occupe les locaux de l'ancien palais de l'agriculture, construit pour l'Exposition internationale de 1929. Ce site fut durant un temps le siège du marché central aux fleurs, à l'origine de son nom actuel. À l'intérieur, remarquez la coupole du bâtiment, décorée de peintures du célèbre artiste Miquel Barceló.

L'Auditori.

LUZ DE GAS

246, Carrer de Muntaner
www.luzdegas.com

À deux pas de l'avenue Diagonal, dans le quartier de Sant Gervasi, cet ancien music-hall reste incontournable parmi les salles de spectacles en direct. Les groupes et les styles, toujours de très bonne qualité, changent chaque soir. Depuis sa création en 1995, plus de mille concerts ont eu lieu sur cette scène emblématique, avec ses rideaux en velours rouge et ses chandeliers au plafond. Après les spectacles, le lieu se transforme en boîte de nuit. Un endroit magnifique, ne serait-ce que pour prendre un verre. Attention, les prix des boissons sont assez élevés.

PALACIO DEL FLAMENCO

139, Carrer de Balmes
✆ +34 932 187 237
www.palaciodelflamenco.com
Entrée spectacle avec boisson à partir de 35 €.

A deux pas du Passeig de Gràcia, ce « palais du flamenco » occupe un vaste théâtre rénové de 1920. Dans sa grande salle confortable et moderne, on propose chaque jour des spectacles de flamenco d'environ une heure, menés par une troupe de quinze chanteurs, danseurs, guitaristes et autres musiciens. Plusieurs formules sont proposées pour profiter du spectacle : boisson, tapas, menu végétarien, expérience VIP, etc. Bon à savoir : des cours de flamenco y sont organisés du lundi au samedi pour des petits groupes de 1 à 4 personnes !

PALAU DALMASES - ESPAI BARROC

20, Carrer de Montcada
✆ +34 933 100 673
www.palaudalmases.com
Spectacles de flamenco tous les jours à 18h, 19h30 et 21h30. Soirées Opéra les jeudis à 23h.

Dans le joli carrer de Montcada, une salle de spectacle de style baroque, cachée dans le patio du Palau Dalmases, somptueux palais médiéval dont l'origine remonte probablement au XIVe siècle. La porte qui donne accès au patio est parfois fermée, n'hésitez pas à la pousser. À l'intérieur, de hauts plafonds, des murs en pierre et une décoration chargée de chandeliers et de velours. On y organise tous les soirs des spectacles de flamenco, et des soirées Opéra les jeudis.

PALAU DE LA MÚSICA CATALANA

C/ Palau de la Música, 4-6
✆ +34 932 957 200
www.palaumusica.org

Assister à un concert au Palau de la Música Catalana offre une excellente occasion de découvrir ce chef-d'œuvre moderniste de Domènech i Montaner. Bâti entre 1905 et 1908 sur une commande de l'Orféo Català, ce palais de la musique avait pour vocation première de recevoir des concerts de chorale, de la musique symphonique et des récitals. Aujourd'hui, on y découvre une programmation riche et variée, allant du jazz à la musique classique en passant par la chanson d'auteur ou le lyrique.

PALAU SANT JORDI

Passeig Olímpic, 5-7
www.palausantjordi.cat

Les grands concerts pop-rock internationaux et nationaux ont lieu dans cet immense pavillon construit à l'occasion des Jeux olympiques de 1992, pouvant accueillir jusqu'à 18 000 spectateurs. Conçu par l'architecte japonais Arata Isozaki pour accueillir les compétitions de gymnastique, il est l'un des joyaux de l'anneau olympique de Montjuïc. Son épouse, Aiko Miyawaki, réalisa les colonnes en pierre et acier qui ornent l'esplanade. En plus des concerts, le Palau accueille régulièrement des évènements sportifs de toutes sortes (basket, motocross, etc.).

SALA BECKETT

Carrer Pere IV, 228-232
✆ +34 932 845 312
www.salabeckett.cat

Créée en 1989 dans le quartier de Gràcia, cette salle de théâtre contemporain représente régulièrement les œuvres de Samuel Beckett, Harold Pinter, Tom Stoppard ou Sergi Belbel. En général, les représentations sont proposées en catalan. La Sala Beckett déménage en 2011 dans le quartier de Poblenou pour occuper le siège l'ancienne coopérative *Pau i Justicia*. Ce bel édifice industriel, très bien rénové, lui offre deux salles de représentation. Son bar-restaurant – El Menjador de la Beckett – est une très bonne adresse pour boire un verre ou partager des tapas !

SALA MONTJUÏC

Fossat de Santa Eulàlia – Castell de Montjuïc
✆ +34 933 023 553
www.salamontjuic.org
En juillet.

Tous les ans à l'arrivée de l'été, Sala Montjuïc organise des projections en plein air de films en version originale dans les jardins du château. Les films programmés, d'excellente qualité, mettent en lumière le cinéma d'auteur actuel et quelques classiques du 7e art. Matériel indispensable à ces soirées cinéma : une serviette ou un drap, de quoi grignoter et une petite bouteille de rouge ! Si vous ne comprenez rien à l'espagnol, rassurez-vous, de nombreux films en français sont programmés tous les ans. Service de bar et vente de sandwichs sur place.

TABLAO CORDOBÉS

35, La Rambla
✆ +34 933 175 711
www.tablaocordobes.com
Spectacle avec consommation : 45 €.

Voici le *tablao* le plus célèbre de Barcelone. Depuis sa création dans les années 1970, d'immenses artistes du flamenco sont passés sur sa scène, de Camarón à Manuela Carrasco, en passant par le duo formé par Lole y Manuel. Même la célèbre Rosalía y a improvisé des *bulerías* en 2018 ! Situé sur La Rambla, le tablao a été décoré dans un style nasride sous la direction des artisans et restaurateurs du patronat de l'Alhambra. L'endroit, bien que très touristique, est une référence du genre. Plusieurs formules sont proposées tous les soirs.

THEATRE FLAMENCO CITY HALL

Rambla Catalunya, 2 ✆ +34 660 76 98 65
www.flamencobarcelonacity.com
Spectacles tous les jours à 18h, 19h30 et 21h30. Prix : Zone C – 18 €, Zone B – 25 €, Zone A - 35 € et Vip – 50 €.
A quelques pas de la Plaça Catalunya et des Ramblas, cet ancien théâtre du XIXe siècle accueille tous les soirs différents artistes mettant en vedette danseurs, guitaristes, chanteurs et percussionnistes de renommée mondiale. Une prestation endiablée d'environ 1 heure qui véhicule toute la passion et la magie du flamenco dans un cadre ayant conservé le charme du bâtiment original avec son espace scénique généreux encadré d'ampoules, ses rideaux en velours et son acoustique impeccable.

TEATRE GREC

36, Passeig Santa Madrona
www.barcelona.cat/grec
Le Teatre Grec est un vaste théâtre à l'air libre construit en 1929 sur le modèle d'Epidaure, pour l'Exposition Internationale de Barcelone. Un lieu singulier, sur l'ancienne carrière de Montjuïc, dont les parois rocheuses constituent l'arrière-plan de la scène principale. Il ouvre ses portes uniquement au mois de juillet pour accueillir les représentations du Festival Grec, organisé tous les ans par la mairie de Barcelone. Danse, musique, théâtre et cirque constituent l'essentiel de sa programmation, toujours de grande qualité.

TABLAO DE CARMEN

Avda. Francesc Ferrer i Guàrdia, 13
✆ +34 933 256 895
www.tablaodecarmen.com
Deux spectacles tous les soirs à 18h45 et 21h15. Plusieurs formules à partir de 45 €.
Situé au sein du Poble Espanyol, ce *tablao* présente un beau cadre typiquement espagnol pour assister à un spectacle de flamenco qui ravira aussi bien les aficionados que les non-initiés. Dans ce temple dédié à la figure mythique de Carmen Amaya, les plateaux de tapas sont servis au rythme endiablé des musiciens, danseurs et chanteurs qui présentent à tour de rôle des performances ahurissantes pour faire découvrir au public les différents styles et expressions de cet art. Nombreuses formules proposées (spectacle avec boisson, tapas, repas...).

TEATRE NATIONAL DE CATALUNYA (TNC)

1, Pl. de les Arts
✆ +34 933 065 700
www.tnc.cat
Ce théâtre, conçu par l'architecte catalan Ricardo Bofill, fait partie des constructions commandées par la ville de Barcelone à l'occasion des Jeux olympiques de 1992. Considéré comme une synthèse entre classicisme et modernisme, il comporte deux salles et un vestibule de verre comparable à une serre, tout près de la Plaça de les Glòries. La grande salle en forme d'amphithéâtre classique accueille les grandes représentations ; la petite, des spectacles plus modestes.

TARANTOS

17, Plaça Reial
✆ +34 933 191 789
https://tarantosbarcelona.com
Plusieurs sessions tous les soirs. Entrée 17 €.
Le *taranto* est un *palo* (variété traditionnelle du chant flamenco) originaire d'Almería. Situé sur la Plaça Reial, ce tablao est le plus ancien de la ville, puisqu'il accueille le meilleur du flamenco depuis 1963. Maruja Garrido, Antonio Gades ou La Tolea comptent parmi les grands noms du flamenco qui se sont produits sur sa scène. Aujourd'hui l'endroit est très touristique et propose trois spectacles chaque soir à 19h30, 20h30 et 21h30. Ils durent en général une trentaine de minutes, c'est donc une bonne option pour avoir un aperçu rapide de cet art andalou.

TEATRENEU

26, Carrer de Terol
✆ +34 932 853 712
www.teatreneu.com
Installé depuis 1985 dans l'ancienne coopérative des tisseurs de Gràcia, ce théâtre de quartier peut accueillir 340 spectateurs dans sa salle principale, et une centaine dans une salle plus petite. Tout au long de l'année, il propose des one-man-shows, des monologues, des improvisations, du théâtre comique, mais aussi des spectacles de magie et des pièces pour enfants. Derrière une curieuse façade ornée de lampes en forme de chapeaux, son bar est le point de rencontre des bobos du quartier. Consultez l'agenda des spectacles sur son site web !

PROVINCE DE BARCELONE

La Province de Barcelone est une véritable terre de contrastes. Des contrastes naturels d'abord, qui ont permis à la mer et à la montagne de cohabiter harmonieusement : des plages tranquilles du Maresme aux sommets insolites de Montserrat, des vignobles du Penedès aux forêts denses du parc naturel du Montseny. Des contrastes culturels et artistiques ensuite, où tous les styles architecturaux ont pu naître au long des deux millénaires de l'histoire catalane : des vestiges romains aux villages médiévaux, des monastères bénédictins aux monuments modernistes. Cette province, c'est également une langue et une culture très enracinées ; les *castells*, ces tours humaines classées au Patrimoine culturel de l'Unesco, sont ici les plus célèbres représentants de la fête catalane. Une terre d'accueil et de générosité qui saura vous faire partager ses trésors culturels, artistiques ou naturels.

La Catalogne
FRANCE
ANDORRE
Tarbes
St-Gaudens
Pamiers
Foix
St-Girons
Perpignan
La têt
Tech
Canigou 2784 m
Port-Bou
Llança
Cap Creus
Cadaquès
Roses
Figueras
Golf de Roses
Villadamat
Torroella de Montgri
Ter
Cap de Begur
Palafrugell
La Bisbal D'emporda
Girona
Palamos
Anglès
Besalu
Banyoles
Olot
Camprodon
Sant Joan de les Abadesses
Ripoll
Torello
Manlleu
VIC
RUPIT I PRUIT
Jardins Artigas
LA POBLA DE LILLET
Tren Del Ciment
BERGA
BAGÀ
Massif de Pedraforca
Monastère de Sant Llorenç
Parc naturel de Cadí-moixeró
Puigcerda
CERDANYA
Segre
la Seu d'Urgell
2561 m
Serra del Cadi
2383 m
Serra de Port del Comte
El Serrat
Soldeu
Ordino
Andorra La Vella
2946 m
Ilavorsi
VAL D'ARAN
Arros
Parc National d'aigues tortes
Peguera 2982 m
2973 m
Salinas de Sin
Parc National de Ordesa
Cinca
Cotiella 2912 m
Ainsa
El Pont De Suert
Ribagorça
La Pobla De Ségur
2076 m
Serra del Boumor
Tremp
El Grado
Benabarre

Tossa de Mar
Lloret de mar
Blanes
Malgrat de Mar
Tordera
Calella
Arenys de Mar
Sant Celoni
Museu de Granollers
MOIÀ
Sallent
Ponts
Artesa de Segre
Barbastro
Monzon
Alfarras
Balaguer
Calaf
MANRESA
CALDES DE MONTBUI
GRANOLLERS
MONTMELÓ
LA ROCA DEL VALLÈS
MATARÓ
Mollet D.V.
MONTSERRAT
TERRASSA
SABADELL
Vilassar de Mar
Premia de Mar
El Masnou
Cervera
Pla d'Urgell
Cinca
Tarrega
IGUALADA
Olesa de Montserrat
SANT CUGAT DEL VALLES
BADALONA
Lleida
Santa Coloma de Queralt
SANT SADURNÍ D'ANOIA
Sant Vincent dels Horts
BARCELONA
Colònia Güell
Cornella de Llobregat
Fraga
Les Borges Blanques
Segre
Caves Codorniu
VILAFRANCA DEL PENEDÈS
EL PRAT DE LLOBREGAT
Viladecans
Gava
Espais Naturals Del Delta Del Llobregat
CASTELLDEFELS
Montblanc
Valls
SITGES
Mequinenza
Port de Albarca
El Vendrell
VILANOVA I LA GELTRU
Serra del Montsant
Arc de Triomphe Romain
Ebre
Caspe
Reus
Tarragona
Costa Daurada
Costa Brava
Llobregat
Mora la Nova
Gandesa
Cap de Salau
Alcañiz
Mer Mediterranee
Catalogne
Golf de Sant Jordi
Tortosa
Parc Naturel Delta de l'Ebre
Monroyo
Cap de Tottosa
Amposta
Altitude (en mètres)
2000
1000
500
200
Route principale
Autoroute
40 KM

PAGES

233 ●● COSTA BARCELONA

La Costa Barcelona couvre 100 kilomètres de littoral, autour de Barcelone. Ici les paysages sont aussi variés que les activités à faire sur place : c'est un merveilleux florilège de villages côtiers, de parcs naturels protégés, de paysages de vigne ou de montagne et de longues plages de sable blanc.

La comarque de Maresme s'étend sur une quarantaine de kilomètres au nord de Barcelone. Elle est ponctuée de plusieurs villes et plages qui attirent principalement un tourisme familial. Depuis Barcelone, c'est une bonne idée d'escapade pour une journée de plage et pour une visite n'importe quel jour de l'année. Les amateurs de sports nautiques auront ici tout le loisir de pratiquer des activités, les autres apprécieront surtout la tranquillité des plages, en particulier en haute saison, lorsqu'il devient impossible de poser sa serviette à Barcelone.

Les trains partant de la Plaça de Catalunya desservent toutes les communes de la côte, notamment El Masnou, Mataró, Santa Susanna, Calella, Pineda de Mar ou Malgrat de Mar. Le trajet dure entre 30 minutes et 1 heure selon votre destination.

Ceux qui disposent d'une voiture pourront s'aventurer à l'intérieur des terres jusqu'au **Parc naturel de Montseny,** classé réserve de biosphère par l'Unesco, pour découvrir des paysages spectaculaires de forêts, de ruisseaux et de montagne.

Les villes de l'arrière-pays abritent elles aussi bien des trésors. Les villes conservent des traditions enracinées mais aussi une gastronomie qui leur est propre, à découvrir dans les marchés ou auprès des petits producteurs locaux.

Les comarques du Garraf et du Baix Llobregat au sud de Barcelone. La zone du Garraf est surtout connue pour être le berceau de Sitges, élégante cité balnéaire où les luxueuses villas voisinent avec des demeures modernistes. Les « indianos », ces habitants qui avaient fait fortune aux Amériques vers la fin du XIXe siècle, ont laissé un patrimoine splendide dans toute la région. Mais l'attrait principal réside bien sûr dans ses plages, des criques solitaires (Cala Morisca) aux plages familiales (plage de la Ribera), en passant par les plages naturistes (Platja del Home Mort) ou celles de Castelldefels, Gavà et du Prat de Llobregat, propices à la pratique du kitesurf et de la planche à voile.

Dans les terres du Penedès, haut lieu de production viticole, on découvre des paysages de vignobles ponctués de prestigieuses caves. C'est le cas de Sant Sadurní d'Anoia, capitale du cava, où les visites œnologiques s'enrichissent de découvertes architecturales.

La Costa Barcelona offre donc une multitude de possibilités d'escapades, aussi bien pour une journée d'excursion au départ de Barcelone que pour un séjour prolongé.

233 BADALONA

234 MATARÓ ★

Le chef-lieu de la région du Maresme, avec ses plages, son port de plaisance, ses vestiges archéologiques et son patrimoine moderniste, mérite une visite. Vous y verrez de nombreuses œuvres de l'architecte Josep Puig i Cadafalch, dont la fameuse Casa Coll i Regàs.

235 CALDES D'ESTRAC

236 PARC NATURAL DEL MONTSENY ★★

Classé réserve de biosphère par l'Unesco, le Parc naturel de Montseny permet de découvrir des paysages spectaculaires de forêts, de ruisseaux et de montagne. Une riche biodiversité préservée sur plus de 30 000 hectares, dont le Turó de l'Home (1 706 m) est le point culminant.

PAGES

TERRASSA ★

 L'ancienne cité d'Ègara, rebaptisée Terrassa, mérite une visite pour son ensemble monumental roman des églises de Sant Pere. La capitale du Vallès Occidental possède aussi un important patrimoine industriel et de très beaux bâtiments modernistes.

SANT CUGAT DEL VALLÈS

 Proche de Barcelone, la ville de Sant Cugat del Vallès mérite une visite pour son monastère bénédictin, qui fut l'un des principaux centres monastiques de la Catalogne médiévale. Les week-ends, son marché aux puces du Mercantic attire les foules.

SANTA COLOMA DE CERVELLÓ

 Une petite ville sans grand charme dans la banlieue de Barcelone, qui mérite cependant un arrêt pour visiter la Colònia Güell, un des joyaux du modernisme catalan dont la crypte imaginée par Gaudí est classée au patrimoine de l'Unesco.

EL PRAT DE LLOBREGAT

 Cette grande ville à côté de Barcelone est réputée pour sa gastronomie, ses plages protégées des pinèdes et son merveilleux delta. Une zone de grande valeur écologique où se retrouvent les promeneurs, les cyclistes et les observateurs d'oiseaux.

SITGES ★★★

 Un ancien village de pêcheurs devenu l'un des lieux de villégiature préférés des familles catalanes et de la communauté gay. Outre ses merveilleuses plages, ne manquez pas de visiter le Museu del Cau Ferrat, le Palau Maricel et de suivre la route des « indianos ».

VILAFRANCA DEL PENEDÈS ★

 Les amateurs de vin feront escale dans la capitale de l'Alt Penedès, dont les crus réputés ont favorisé le développement de l'œnotourisme. La tradition des *castells* y est profondément ancrée, en particulier avec la célébration de la Diada de Sant Fèlix, événement majeur du calendrier *casteller*.

●● PAISATGES BARCELONA

Formée par les comarques d'Osona, El Moianès, L'Anoia et El Bages, la région des Paisatges Barcelona (Paysages Barcelone) possède des paysages naturels de grande beauté ainsi qu'un patrimoine très intéressant. Flâner sur les marchés de Vic et découvrir les trésors romans et gothiques de son Museu Episcopal, visiter l'ancienne cité médiévale de Cardona et son château, explorer la célèbre montagne de Montserrat et son monastère, suivre les traces du fondateur des jésuites Ignace de Loyola à Manresa, percer les secrets de la gastronomie catalane dans la Fundació Alícia du Món Sant Benet… : voilà autant d'expériences qui vous attendent dans cette belle région.

PAGES

256 **IGUALADA**

257 **COLLBATÓ ★★**

258 **MONTSERRAT ★★★**

Un site exceptionnel, autant d'un point de vue géologique que culturel. Son monastère, fondé au IXe siècle par des moines bénédictins, préserve la fameuse Vierge noire, ou *Moreneta*, vénérée par les catalans. Grimpez dans le funiculaire de Sant Joan pour rejoindre le sommet de la montagne et explorer ses nombreux chemins de randonnée.

260 **MANRESA ★★**

La capitale du Bages a gardé de nombreux édifices modernistes et des monuments religieux de l'époque baroque. La ville est surtout célèbre comme lieu de retraite spirituelle pour Ignace de Loyola, fondateur des jésuites. À proximité, ne manquez pas la visite du Món Sant Benet et son ancienne abbaye bénédictine.

264 **CARDONA ★★**

On s'y arrête pour visiter son château médiéval et la collégiale Sant Vicenç, joyau de l'art roman catalan, avant d'explorer son étonnante « montagne de sel ». En septembre, sa Festa Major est très populaire pour ses courses de taureaux (correbou).

266 **MOIÀ ★★**

268 **VIC ★★**

Chef-lieu de la comarque de l'Osona, Vic est réputée pour son Museu Episcopal, qui abrite une riche collection d'œuvres romanes et gothiques. Sur sa Plaça Major, l'une des plus belles de Catalogne, se tient tous les samedis un immense marché où s'approvisionner en charcuteries locales.

269 **RUPIT I PRUIT**

270 ●● PIRINEUS BARCELONA

Cette région montagneuse, organisée autour de la comarque du Berguedà, est le paradis des amoureux de la nature. Loin du tourisme de masse, on découvre ici des paysages merveilleusement préservés, dominés par le Parc naturel du Cadí-Moixeró et l'emblématique massif du Pedraforca. Le riche patrimoine industriel de la région, les célèbres festivités de La Patum et l'empreinte moderniste de Gaudí à La Pobla de Lillet sont autant de bonnes raisons pour visiter la belle région des Pirineus Barcelona.

270 **BERGA ★**

La capitale du Berguedà est réputée pour ses fêtes de la Patum, classées sur la liste du patrimoine culturel immatériel de l'Unesco. Les amateurs de randonnée ne manqueront pas de suivre la balade jusqu'au sanctuaire de Queralt, connu comme le « balcon de Catalogne ».

270 **BAGÀ**

Cette ancienne cité médiévale est la porte d'entrée vers le Parc naturel de Cadí-Moixeró, ensemble montagneux de plus de 40 000 hectares. Le massif de Pedraforca, qui attire alpinistes et randonneurs expérimentés, est l'une des montagnes les plus emblématiques de Catalogne.

272 **LA POBLA DE LILLET**

BADALONA

Badalona est une ville côtière très dynamique située juste à côté de Barcelone. Fondée par les Romains, la ville conserve de nombreux vestiges de cette époque, que l'on peut découvrir dans le Museu de Badalona. Les passionnés d'histoire pourront également visiter le monastère de Sant Jeroni de la Murtra, un des joyaux du gothique catalan construit au début du XVe siècle. De l'époque moderne, Badalona a hérité de l'un de ses symboles : le Pont du Pétrole. Il s'agissait à l'origine d'une jetée qui servait à transporter le pétrole depuis les navires-citernes. Aujourd'hui, le pont sert de promenade et offre de très belles vues sur le littoral.

MUSEU DE BADALONA

Pl. Assemblea de Catalunya, 1
✆ +34 933 841 750
www.museudebadalona.cat
Du mardi au samedi de 10h à 14h et de 17h à 20h, dimanche de 10h à 14h. Entrée : 6,50 €.

C'est au Ier siècle av. J.-C. que la cité de Baetulo, ancienne Badalona, fut construite par les Romains. Le musée a été édifié sur une partie de ses vestiges, en l'occurrence les anciens thermes et des restes du tissu urbain. Le musée conserve également des pierres tombales, des sculptures et objets provenant de fouilles archéologiques. Il gère aussi plusieurs sites archéologiques dont le Turó d'en Boscà, ainsi que les visites guidées de la fabrique moderniste Anís del Mono, qui permet de découvrir le processus d'élaboration de la fameuse liqueur d'anis catalane.

HOSTAL BADALONI €

Carrer Baldomer Solà, 57
✆ +34 933 888 899
www.hostalbadaloni.com
Comptez environ 70 € la chambre double.

Petit hôtel situé au centre de Badalona, à deux pas d'une station de métro et à 10 minutes à pied de la plage. Il propose une dizaine de chambres aménagées dans un style contemporain, dans des tonalités de beige et de chocolat. Vous apprécierez le confort des chambres (certaines dotées de balcons) très bien équipées et la gentillesse du personnel, qui se fera un plaisir de vous donner conseils et infos sur la région. Parking privé à disposition, très pratique quand on sait la difficulté de se garer ici. Une adresse au bon rapport qualité-prix.

FORN BERTRAN MAR €

Carrer del Mar, 5
✆ +34 933 846 052
www.fornbertran.com
Du lundi au samedi de 7h30 à 21h30, dimanche de 8h à 15h. Menu du jour à partir de 12,50 €.

Située dans une rue commerçante et très animée, à proximité de l'hôtel de ville (*ajuntament*), cette boulangerie-pâtisserie est une bonne adresse pour acheter une viennoiserie (*ensaïmadas*, croissants, brioches...), un sandwich, ou s'offrir un petit déjeuner. A l'étage, elle propose aussi un bon menu du jour très complet. Au choix : rouleau de saumon et fromage à la crème, aubergines farcies, ragoût ibérique aux artichauts... Le personnel est attentionné et très serviable. C'est une valeur sûre en cas de petit creux à Badalona.

Pont del Petroli en Badalona.

AUTENTIK €

Passeig Marítim, s/n
✆ +34 934 644 281
www.cnbetulo.com
Tous les jours de 9h à 18h, vendredi et samedi jusqu'à 2h. Comptez 20 €.

Voici le bar-resto du club nautique Bétulo, situé littéralement les pieds dans le sable. On aime surtout cette adresse à l'heure de l'apéro, les week-ends, pour s'offrir un vermouth accompagné de *patatas bravas*, de moules à la marinière ou d'une bonne *tortilla*. En été, les places sont chères en terrasse, d'autant qu'une partie est réservée aux membres du club. Côté restaurant, l'ambiance est détendue et la qualité plutôt bonne, avec des plats à base de poisson du jour et des paellas, et une très bonne sélection de tapas. Adresse conseillée.

MATARÓ ★

Fondée par les Romains sous le nom d'Iluro, Mataró conserve d'importants vestiges archéologiques. C'est à partir de 1848 que la ville connaît un grand essor, avec l'inauguration de la première ligne ferroviaire de la péninsule Ibérique. Elle devient un important centre industriel. C'est de cette époque que datent les grandes constructions modernistes de Mataró. Beaucoup sont l'œuvre de l'architecte Josep Puig i Cadafalch, notamment la Casa Coll i Regàs, devenue l'un des symboles de la ville. Aujourd'hui, Mataró est une ville très dynamique qui séduit les visiteurs avec son port de plaisance, sa promenade maritime, et bien sûr ses plages.

BASILIQUE DE SANTA MARIA

Sant Francesc d'Assís, 25
✆ +34 659 132 649
www.santamariamataro.org
Visites guidées (sur réservation) 8 €.

Construite à partir de 1675, cette basilique conserve l'un des joyaux du baroque catalan, la Capella dels Dolors. Cette magnifique chapelle est décorée d'un ensemble de peintures d'Antoni Viladomat, un des plus grands peintres catalans de la première moitié du XVIIIe siècle, réalisées entre 1722 et 1737, et dont la restauration s'est achevée en 2016. Une saisissante pietà, présentant une Vierge au cœur transpercé par sept épées, trône au-dessus de l'autel. Des visites guidées d'un peu plus d'une heure, auxquelles il faut préalablement s'inscrire, sont proposées.

NAU GAUDÍ - COL·LECCIÓ BASSAT ★

Carrer Cooperativa, 47
✆ +34 93 758 23 61
www.naugaudi.cat
Du mardi au vendredi de 17h à 20h, samedi de 11h à 14h et de 17h à 20h, dimanche de 11h à 14h. Entrée libre.

Tout juste diplômé en architecture, le jeune Antoni Gaudí reçoit sa première commande en 1878. Il s'agissait de construire une usine de blanchiment de coton pour la coopérative textile La Obrera Mataronense. Aujourd'hui aménagée en centre artistique, l'ancienne usine apporte un témoignage important sur l'œuvre de Gaudí. La Nau Gaudí expose les collections de la famille Bassat sur l'art contemporain catalan depuis la deuxième moitié du XXe siècle.

OFFICE DE TOURISME COSTA DE BARCELONA MARESME

Plaça Miquel Biada, 1
✆ +34 937 411 161
www.costadebarcelonamaresme.cat
Ouvert du lundi au vendredi de 9h à 14h30. En hiver ouvert aussi les mardis et jeudis de 16h30 à 18h.

Organisme public en charge de la promotion de toute la comarque du Maresme, il regroupe une trentaine de municipalités, situées le long de la façade littorale nord de Barcelone. Son portail web est très complet et diffuse toute l'offre touristique de la région avec un calendrier des activités. Très bien connecté avec la ville de Barcelone, on peut se rendre à l'office de tourisme ou bien se renseigner directement sur le site web pour dégotter les bons plans de la région.

HOTEL ATENEA PORT BARCELONA MATARÓ €€

Passeig Marítim, 324
✆ +34 932 226 006
www.hotelateneaport.com
Comptez entre 70 et 120 € la chambre double.

Situé dans le port de Mataró, cet hôtel moderne propose une centaine de chambres et appartements avec vue sur la mer. Spacieuses (près de 30 m^{2}) et tout confort, décorées dans des tons bleu marine, elles disposent toutes d'un petit balcon. L'hôtel est en outre doté d'une grande piscine extérieure et d'une piscine intérieure dans l'espace spa, c'est l'endroit parfait pour profiter d'un séjour relaxant. En prime, son restaurant Nuus sert une bonne cuisine méditerranéenne.

NEW HOTEL COLON €€

Carrer Colón, 6

✆ +34 931 785 839

www.newhotelcolon.com

Comptez entre 50 et 140 € la chambre double selon la saison.

Un hôtel très bien situé au centre de Mataró, qui propose une cinquantaine de chambres à deux pas de la plage. Conçu dans l'esprit des hôtels-boutiques, il mise sur une décoration soignée aux airs de vintage industriel, où prédominent le bois et l'acier. Les chambres, chics et urbaines, disposent pour certaines d'un balcon. Le petit déjeuner est très bon ! L'hôtel dispose d'un restaurant à la décoration bien pensée. Au bar, vous pourrez savourer les cocktails de la maison, dans une atmosphère détendue. Possibilité de se garer dans le parking de l'hôtel.

EL FARCELL €

Carrer Montserrat, 43

✆ +34 616 492 178

www.elfarcell.cat

Fermé le lundi. Menu de midi à partir de 13 €. A la carte, environ 20 €.

Cuisine de proximité, fromages et charcuterie artisanale, viandes et poissons cuits au four à charbon : ce petit restaurant a tout bon ! On aime ses préparations simples et locales – à l'image de la décoration des lieux – notamment sa grande variété de *coques* (la pizza catalane) et son menu du jour, à accompagner d'une bière artisanale ou d'un vin catalan. Les portions sont généreuses, le service attentionné, avec le souci permanent de faire découvrir les spécialités de la région. En définitive, une très bonne adresse à Mataró.

PINS MAR €€

Passeig Marítimo, 86-100

✆ +34 937 92 59 02

www.restaurantpinsmar.com

Du mardi au dimanche de 13h à 16h. Le soir, uniquement le vendredi et samedi de 21h à 23h. Comptez 25 € en moyenne.

Posé juste en bord de mer, dans un coin très tranquille à l'entrée de Sant Andeu de Llavaneres, ce restaurant familial propose depuis 1955 des spécialités à base de poissons (daurade, bar, turbot...), et fruits de mer. Pour un repas plus informel, n'hésitez pas à opter pour des *raciones* à partager, comme les délicieuses *croquetas* aux champignons et langoustines, les anchois grillés ou les coques en conserve. Service attentif pour un rapport qualité-prix très correct. Egalement une bonne sélection de vins. Il est conseillé de réserver.

CALDES D'ESTRAC

Connue sous le nom de « Caldetes », cette commune de 2 700 habitants est considérée comme le berceau du tourisme en Catalogne. En effet, dès la fin du XIXe siècle, de nombreux visiteurs venaient profiter de ses plages et des bienfaits de ses sources thermales. Parmi ses illustres visiteurs, on compte notamment le poète catalan Jacint Verdaguer parmi ses habitués. Les nombreuses constructions modernistes de la promenade maritime, en particulier sur le Passeig dels Anglesos (Promenade des Anglais), témoignent de ce passé rayonnant. Depuis cette époque, Caldes d'Estrac est un lieu de villégiature très couru du littoral de Barcelone.

© ELOPHOTOS

Eglise de Caldes d'Estrac.

FUNDACIÓ PALAU ★

Carrer la Riera, 54

✆ +34 937 913 593

www.fundaciopalau.cat

Fermé le lundi. Entrée 5 €.

La Fundació Palau a pour vocation de mettre en lumière les collections du poète Josep Palau i Fabre (1917-2008), qui fut aussi l'un des plus grands spécialistes de l'œuvre de Picasso. C'est le deuxième musée de Catalogne qui présente le plus grand nombre d'œuvres du maître. Voir notamment l'autoportrait (*Autoretrat Faunesc*, 1966) et le petit théâtre qu'il avait créé pour sa fille. La collection permanente se divise en trois salles et permet d'admirer également plusieurs œuvres d'artistes catalans majeurs, notamment Joan Miró, Perejaume et Miquel Barceló.

CALDESCANS BED&BREAKFAST €€

Carrer Santema, 6 ✆ +34 680 578 109
www.caldescans.cat
Fermé entre novembre et mars. Chambre double standard entre 95 et 110 €.

Beaucoup de charme dans cette villa moderniste de la fin du XIXe siècle, située au cœur de Caldes d'Estrac et à deux pas de la plage et de la gare. Ses 4 chambres, toutes différentes, sont pleines de personnalité. Ici, les influences vintage, artistiques et littéraires s'entremêlent avec beaucoup de goût. Dans le patio des hortensias, vous dégusterez un bon petit déjeuner élaboré avec des produits locaux. On peut se servir à tout moment du café, du thé ou des boissons fraîches, il suffit juste de l'inscrire. Accueil adorable.

LA TASQUETA DE CALDES €

Carrer la Riera, 10
✆ +34 937 913 272
www.latasquetadecaldes.com
Du mardi au jeudi de 20h à 23h, vendredi et samedi de 13h à 16h et de 20h à 23h, dimanche de 13h à 16h. Environ 15 €.

Une bonne adresse sur la rue principale de Caldetes, pour jouer les badauds en terrasse. Beaucoup de tapas à partager (*patatas bravas*, calamars à l'andalouse, chips de poireau, etc.), mais aussi une cuisine qui aime jouer l'équilibre entre la tradition et les dernières tendances. La décoration se veut simple et sans prétention. Le logo de l'enseigne est le « Gallipeix », une chimère avec un corps de poulet et une tête de poisson. Les trois points rouges placés à ses côtés symbolisent le Japon, pays souvent présent dans les assiettes.

BALNEARI CALDES D'ESTRAC

Carrer de La Riera, 29
✆ +34 937 912 605
www.balnearicaldetes.cat
Plusieurs circuits à partir de 20 €.

Construit en 1818, ce centre thermal municipal a grandement contribué au rayonnement de la ville auprès de la bourgeoisie catalane. Aujourd'hui encore, il propose de nombreux traitements et circuits dans des piscines d'eaux thermales. Ici, l'originalité est que l'eau provient directement de la source de Caldes d'Estrac et jaillit naturellement à une température de 38,8 °C. Balnéothérapie, halothérapie, parcours santé et bien-être sont proposés pour soulager les maladies de peau, rhumatismes et arthrite, problèmes de digestion…

PARC NATURAL DEL MONTSENY ★★

Il s'étend sur plus de 30 000 hectares, avec comme points culminants le Turó de l'Home (1 706 m), les Agudes (1 703 m) et le Matagalls (1 697 m). Son relief abrupt donne lieu à des paysages très contrastés et d'une grande beauté. La forêt recouvre une grande partie du massif, en particulier les châtaigniers, dont la production reste importante dans la région. Pour ce qui est de la faune, le parc est peuplé d'espèces de types méditerranéen et centre-européen. Sa riche biodiversité lui a valu d'être classé Réserve de la biosphère par l'Unesco. Une trentaine d'itinéraires sont signalisés.

CAMPING LES ILLES €

Ctra. Sta. Mª Palautordera a Seva, km 20
✆ +34 938 473 204
www.lesillesmontseny.es
Dans le camping, comptez 20 € pour 2 adultes et une tente. Pour un gîte (5 places), comptez 140 € la nuit.

Située au cœur du Montseny, entre forêts de chênes et de hêtres, la Masia Les Illes est un établissement rural vieux de plus de 800 ans. Son camping offre une ambiance familiale et un décor bucolique dans la vallée de Sant Marçal, avec une grande piscine cernée par les montagnes. Plusieurs équipements à disposition : barbecue, table de ping-pong, aire de jeux pour les enfants… Les chiens sont acceptés (moyennant supplément). L'établissement loue également des gîtes décorés dans un esprit rustique. Une adresse indiquée pour qui veut déconnecter.

HOTEL RURAL CAN VILA €€€

Ctra. del Montseny, km 7,5 ✆ +34 931 037 013
www.hotelcanvila.com
Comptez entre 100 € et 130 € la chambre double avec petit déjeuner.

Située au pied du Parc naturel du Montseny, cette belle *masía* du début du XIXe siècle est aujourd'hui un petit hôtel rural de 7 chambres avec un restaurant de cuisine méditerranéenne. Les murs en pierre et les poutres apparentes donnent beaucoup de charme à l'intérieur. Le restaurant propose quant à lui une cuisine méditerranéenne à base de produits de saison. Dans les jardins, on profitera de la tranquillité de la piscine et de la nature environnante. C'est aussi un excellent point de départ pour faire des excursions à pied, à vélo, et même à cheval.

MASIA RESTAURANT EL BELLVER €€

Masia el Bellver, s/n
✆ +34 937 445 082
www.lacalma.net
Tous les samedis, dimanches et jours fériés de 9h à 17h. Fermé en août. Menu à 37 €.

Situé dans le parc ethnologique de Tagamanent, ce restaurant occupe une belle *masía* offrant des vues splendides. Ici, on ne cuisine que des produits de saison et de proximité. Le chef Ignasi se fournit auprès des petits producteurs du coin pour élaborer une excellente cuisine catalane du terroir, servie sous forme de buffet. Après le repas, n'hésitez pas à visiter la Casa Museo l'Agustí, un petit musée ethnologique qui reconstitue la vie rurale dans le Montseny du XIXe siècle.

RESTAURANT CAN MARC €€

Camí Can Marc, 6
✆ +34 938 482 713
www.canmarc.com
Fermé le lundi. Menu Can Marc 28 €.

Cadre bucolique dans cette grande *masía* dotée d'installations hippiques, qui fonctionne aussi comme hôtel rural. Son restaurant sert une cuisine régionale avec une touche de modernité et une présentation soignée des plats. Côtelettes d'agneau à la braise, tartare de thon, riz aux crevettes de Blanes... Le choix est large et vraiment alléchant. En saison, c'est une bonne adresse pour manger des champignons. Les traditionnels « canelons » à la béchamel sont aussi très bons. Bref, une belle étape gastronomique, dans un endroit charmant.

GRANOLLERS

Granollers est la capitale de la comarque du Vallès Oriental, une région aux portes de Barcelone qui possède des ressources naturelles reconnues tant au niveau végétal que thermal. C'est une ville très dynamique. On se plaira à visiter la ville de préférence le jeudi, jour de son grand marché hebdomadaire qui réunit près de 500 étals dans les rues. L'architecture de la ville mérite également que l'on s'y attarde : on ne manquera pas d'admirer la « Porxada », qui servait autrefois d'abri pour le marché agricole. L'ancien hôpital de Sant Domènec (actuelle salle Francesc Tarafa) offre quant à lui un bel exemple d'architecture gothique restaurée.

LA PORXADA

Plaça de la Porxada

C'est l'emblème de la ville. Cette ancienne halle aux grains édifiée en 1587 sur la plaça Major – initialement construite pour couvrir les récoltes de blé – servit jusqu'en 1872 de couvre-chef au marché municipal avant d'avoir été déplacée, en 1968, sur le site où elle se trouve actuellement. Elle fut en partie détruite par les bombardements de 1936, puis reconstruite en 1940. 15 colonnes en pierre supportent son toit rectangulaire à quatre versants. De nombreuses animations culturelles sont organisées sur cette place qui est restée l'un des centres névralgiques de la ville.

PROVINCE DE BARCELONE

Parc Natural Del Montseny.

MUSEU DE CIÈNCIES NATURALS DE GRANOLLERS

Carrer Palaudàries, 102
© +34 938 709 651
www.museugranollersciencies.org
Ouvert du mardi au samedi, de 16h à 19h, et le dimanche de 11h à 14h. Entrée gratuite.

Le Musée de Sciences naturelles occupe deux bâtiments : l'un est une construction moderne aux installations interactives, l'autre une maison moderniste de 1912, connue sous le nom de « La Tela », rénovée en 1986. Ses collections abordent principalement les domaines de la zoologie, la botanique, la paléontologie et la géologie de la région. Il abrite également un centre de documentation sur le Parc naturel du Montseny, un planétarium et un jardin où il fait bon se promener en famille.

MUSEU DE GRANOLLERS ★

Carrer Anselm Clavé, 40
© +34 938 426 840
www.museugranollers.org
Du mardi au samedi de 18h à 21h, le dimanche de 11h à 14h.

Le fonds patrimonial du musée de Granollers est très hétérogène, avec des collections dans les domaines des arts, de l'archéologie, de l'ethnographie et de la numismatique, présentées sous forme d'expositions permanentes et temporaires. C'est un musée pluridisciplinaire. Il est logé dans un bâtiment moderne construit en 1976 pour accueillir toutes ces différentes collections. Le troisième étage regroupe par ailleurs des œuvres d'art contemporain. À noter aussi les céramiques d'Antoni Cumella, artiste de Granollers. Une visite intéressante qui ravira les amateurs.

OFFICE DE TOURISME DE GRANOLLERS

Carrer Anselm Clavé, 2 © +34 938 794 980
www.visitgranollers.com
Ouvert du mercredi au samedi.

Avec comme point névralgique la plaça de la Porxada – qui servait autrefois d'abri pour le marché agricole – le centre historique de Granollers, où se concentrent les principaux attraits de la ville, se visite aisément à pied. Il est recommandé de passer par l'office de tourisme, niché au cœur du marché, pour se procurer le plan de la ville et glaner quelques informations pratiques. On y parle français. À noter que ses membres organisent régulièrement des visites guidées dans le centre historique.

HOTEL FONDA EUROPA €€

Carrer Anselm Clavé, 1
✆ +34 938 700 312
www.hotelfondaeuropa.com
Comptez 80 € la chambre double avec petit déjeuner.

Situé au centre de Granollers, cet hôtel est une véritable institution de la ville puisqu'il existe depuis 1771 ! Presque 250 ans après sa création, il est resté dans la même famille, dont la nouvelle génération assure la continuité. Derrière une belle façade, une trentaine de chambres bien rénovées offrant tout le confort moderne. Son restaurant mériterait une mention à part, puisqu'il est lui aussi un incontournable de Granollers. La liste de ses illustres visiteurs (Picasso, Dalí, Tàpies, Miró…) témoigne de son importance historique.

CAN CAPONET €€€

Masia Can Caponet
✆ +34 660 34 95 58
www.cancaponet.com
Comptez 130 € la nuit avec petit déjeuner en chambre double ou cabane.

Cet hôtel offre une parenthèse détente, bucolique et hors du temps. Les chambres sont lumineuses, elles sont toutes différentes. Poutres en bois, lit à baldaquin... Tout est parfaitement bien pensé. L'extérieur est un véritable havre de paix avec balancelles, hamacs, et grands lits extérieurs. En cas de fortes chaleurs, la grande piscine extérieure d'un bleu intense et le bassin écologique aux nénuphars féeriques offrent des rafraîchissements bienvenus. Des massages aux huiles essentielles sont dispensés pour prolonger indéfiniment cette pause détente.

LA GAMBA €€

Carrer Santa Elisabet, 6 ✆ +34 938 79 19 87
www.lagamba.com
Fermé le dimanche soir, le mardi soir et le mercredi. Menu de midi à 15 €. Comptez 30 € à la carte.

Situé au cœur de la ville, ce restaurant propose une cuisine élaborée avec des produits de proximité. Dans un joli décor aux airs un peu vintage, on apprécie cette cuisine moderne et inventive, qui met l'accent sur la qualité des produits. Au menu : *croquetas*, *jamon iberico*, tartare de saumon « sauvage », takati de thon au sésame ou magret de canard... Egalement une bonne sélection de desserts. Ouvert depuis une dizaine d'années, le restaurant la Gamba organise aussi des événements culturels, comme des rencontres littéraires, des concerts, des soirées poésie, etc.

HOTEL AUGUSTA VALLÈS €€

Autoroute AP7 - Sortie 13 ✆ +34 938 456 050
www.hotelaugustavalles.com/fr
Entre 65 et 110 € selon la saison. Accessible aux personnes à mobilité réduite, motards, enfants. Piscine extérieure.

Idéalement situé à la sortie 13 de l'autoroute AP7 de la Méditerranée, l'hôtel Augusta Barcelona Vallès dispose de 102 chambres modernes, épurées et lumineuses, fenêtres ouvertes sur l'extérieur, le tout bien insonorisé. Fonctionnel et agréable, le personnel y est accueillant et bienveillant. Les animaux de compagnie sont acceptés. L'établissement offre une piscine, une salle de gym, des salles de réunion et un grand parking gratuit et surveillé. Un restaurant, le Transit, est situé à l'intérieur.

RESTAURANT TRÀNSIT €€

Autoroute AP7 - Sortie 13
✆ +34 938 456 050
www.hotelaugustavalles.com/fr
Comptez 20-25 €.

Situé dans l'hôtel Augusta Vallès, Trànsit fait la part belle aux produits de la Méditerranée pour élaborer de bonnes recettes régionales. Ambiance posée, avec une vue panoramique et privilégiée sur le Circuit de Barcelona-Catalunya. Avec sa salle climatisée, l'adresse est recommandée pour le menu du midi ou pour dîner à la carte. Pour des événements exclusifs et sur mesure, le belvédère extérieur « Mirador del Trànsit » est idéal. Conseil futé : tester les cocktails concoctés lors des soirées et les excellents vermouths du dimanche midi.

MONTMELÓ

Située dans la périphérie de Granollers, à 8 kilomètres au sud, la petite ville de Montmeló (9 000 habitants) est connue pour son fameux circuit de Barcelona-Catalunya qui accueille chaque année le Grand Prix d'Espagne de Formule 1 et le Grand Prix moto de Catalogne. Inauguré en 1991, ce circuit avait été construit pour accueillir certaines compétitions des Jeux olympiques d'été de Barcelone de 1992. La commune conserve un patrimoine archéologique important : citons par exemple la ville romaine de Can Massot et le site de Can Tacó, sur la montagne des Tres Creus. Ce dernier est classé Bien culturel d'intérêt national.

CIRCUIT DE BARCELONA-CATALUNYA

Camí Mas Moreneta
✆ +34 935 719 700
www.circuitcat.com
Ouvert tous les jours. Visite guidée 10 € (gratuite pour les moins de 6 ans, moitié prix de 6 à 15 ans).

De renommée internationale, ce gigantesque circuit inauguré en 1991 est aujourd'hui un véritable lieu de pèlerinage pour les mordus de course moto et automobile. Il accueille des compétitions de grand prestige, à l'instar du Grand Prix d'Espagne de Formule 1 et du Grand Prix moto de Catalogne, ou encore du Championnat du Monde FIA de Rallycross et du Championnat du monde de Superbike. On y organise en outre des visites guidées permettant de pénétrer dans les coulisses du circuit.

LA ROCA DEL VALLÈS

Cette commune proche de Granollers est une destination shopping de premier ordre depuis l'ouverture de La Roca Village, un lieu entièrement dédié au shopping, avec des prix affichant jusqu'à 60 % de réduction. Il s'agit d'un village véritable reconstitué dont l'architecture s'inspire du modernisme catalan. Voilà une excursion à ne pas manquer pour faire une razzia dans les boutiques, et cela même le dimanche ! La ville possède un patrimoine intéressant constitué d'édifices emblématiques, notamment ceux de Can Sol et Can Torrents, et de vestiges archéologiques autour du Parc de la Serralada Litoral. Son château médiéval témoigne de son riche passé.

LA ROCA VILLAGE

La Roca Village
✆ +34 938 423 939
www.larocavillage.com
Tous les jours de 10h à 21h (22h en été).

Un village entièrement dédié au shopping, avec plus de 140 boutiques de mode espagnoles et internationales affichant jusqu'à 60 % de réduction pendant toute l'année : bienvenue dans le paradis des shoppers ! En arpentant ses ruelles, on s'arrête pour prendre un café en terrasse ou faire une pause gourmande dans l'un de ses restaurants. Sur place, vous trouverez des marques de luxe (Burberry, Gucci...), des enseignes espagnoles (El Ganso, Camper, Desigual...), mais aussi des marques pour enfants ou pour la maison (Villeroy & Boch). Le choix est immense !

CALDES DE MONTBUI

À 35 km de Barcelone. Peuplée de près de 20 000 habitants, la petite ville de Caldes de Montbui est depuis l'époque romaine réputée pour ses sources d'eau chaude (76 °C). Elle possède l'un des rares ensembles d'installations thermales et médicinales de l'époque romaine existant en Europe. La ville connaît un grand essor au XIXe siècle grâce à ses traditions balnéaires, attirant les curistes et les personnes à la recherche de repos. Caldes de Montbui est également réputée pour ses *carquinyolis* (petits biscuits secs aux amandes) et sa production de pâtes artisanales. L'Office de tourisme se trouve plaça de la Font del Lleó (+34 938 654 140).

ESGLÉSIA SANTA MARIA

Plaça Església, s/n

Observez la magnificence de son portail sculpté, chef-d'œuvre du baroque catalan. La construction de cette église de style gothique composée d'une nef unique et de 12 chapelles latérales débuta en 1589 et dura plus de 120 ans. Curiosité : les eaux thermales qui courent sous le pavement de la nef apportent de la chaleur à l'édifice ! A l'intérieur, l'église recèle une sculpture polychrome de style byzantin à l'expressivité remarquable. Un Christ en Croix du IIe siècle dont seule la tête, originale, fut sauvée lors de l'incendie qui toucha l'église en 1936.

MUSÉE THERMALIA

Plaça de la Font del Lleó, 20

✆ +34 938 654 140

www.thermalia.cat

Fermé le lundi. Entrée : 3,40 €. Réduit 2,10 €. Visite guidée 2,80 €.

Une muséographie réussie, didactique et ludique permet à ce petit musée de revenir sur les origines du thermalisme dans le village de Caldes de Montbui. Aux étages supérieurs, une collection permanente expose des peintures et des sculptures de Manolo Hugué (1872-1945), représentant du Noucentisme catalan (surnommé « Manolo »), ainsi que des céramiques, des lithographies et des dessins du célèbre Pablo Picasso (qui s'était lié d'amitié avec Manolo dans les années 30 !). Une visite intéressante pour en savoir un peu plus sur l'histoire de la station thermale.

PASTES SANMARTÍ

Carrer Barcelona, 40

✆ +34 938 650 196

www.pastes-sanmarti.com

Visite guidée sur rendez-vous uniquement, les mardis de préférence, entre février et avril.

Cette usine de pâtes existe depuis 1700 ! Son secret de fabrication ? L'eau thermale, utilisée dans l'élaboration des pâtes. L'atelier Sanmartí a préservé son apparence d'antan et son mobilier d'origine auquel se sont greffées des machines plus modernes. Dans la salle de séchage, les pâtes étendues sur des tiges de bambou sèchent dans des armoires en bois pendant près de 70h. Un savoir-faire qui s'est transmis de génération en génération. Testez les *Tallarines vegetals* (pâtes végétales) ou les *Espagueti tinta* (à l'encre de sèche)… Un régal !

HOTEL BALNEARI TERMES VICTÒRIA €€

Carrer de Barcelona, 12

✆ +34 938 650 150

www.termesvictoria.com

Comptez environ 80 € la chambre double.

Ce centre de thermalisme est caractérisé par la parfaite combinaison de la tradition et de l'avant-gardisme. Tradition de ses eaux thermales à 70 °C, riches en composantes actives, et avant-gardisme de ses installations au top des avancées technologiques. Pour accueillir ses hôtes, il dispose d'un hôtel de 84 chambres contemporaines et d'une piscine extérieure entourée de jardins. Le nouvel Espai Cel offre un parcours thermal dans l'ancienne citerne souterraine du XVIIIe siècle.

SABADELL

Sabadell est l'une des deux capitales de la comarque du Vallès Occidental, la seconde étant Terrassa. Elle fut l'une des villes pionnières de la révolution industrielle de la Catalogne au XIXe siècle grâce à son industrie textile. De cette époque, la ville a conservé un vaste patrimoine industriel et moderniste. Aujourd'hui, Sabadell reste une ville très dynamique, qui vit au rythme de ses nombreuses foires dans la Fira Sabadell, un ancien bâtiment industriel transformé en palais des congrès. Accès en voiture depuis Barcelone par la C-58. Trains Rodalies : ligne R4 (40 min de trajet) ou trains FGC : ligne S2 depuis Barcelone (45 min de trajet).

© DIABLUSES

Eglise Sant Felix, Sabadell.

MUSEU D'ART DE SABADELL

Carrer del Doctor Puig, 16
✆ +34 937 257 747
http://museus.sabadell.cat
Du mardi au samedi de 17h à 20h, dimanche de 11h à 14h. Entrée gratuite.

Le musée d'art de Sabadell est installé, depuis 1980, dans l'ancienne casa-fàbrica Turull, une maison-fabrique emblématique des débuts de l'ère industrielle. Il expose les œuvres d'artistes locaux ou ayant été liés à la ville d'une manière ou d'une autre. Ses collections vont du XIXe siècle jusqu'à nos jours. Plusieurs mouvements artistiques sont ici représentés : art académique, art nouveau, art conceptuel, postmodernisme... Sans oublier les nouvelles technologies qui favorisent une vision renouvelée de l'art, en constante évolution.

HOTEL ARRAHONA €€

Cra de Barcelona, 446
✆ +34 937 205 320
www.arrahonahotel.com
Environ 60 € la chambre double.

Cet hôtel occupe une ancienne usine, dont certains éléments originaux ont été conservés, comme les hauts plafonds du hall principal. Même si la décoration des chambres et des appartements reste assez standard, vous saurez apprécier le confort et l'amplitude des espaces. A disposition : cafétéria ouverte 24h/24, service de blanchisserie, parking couvert, centre commercial à proximité, cuisine entièrement équipée (uniquement dans les appartements)... A noter, le petit jardin avec terrasse, un lieu agréable pour boire un verre.

CAN FEU €€

Carrer Pintor Borrassà, 43-47
✆ +34 937 262 791
www.restaurantcanfeu.com
Fermé le samedi soir et le dimanche. Menus à partir de 18 €. A la carte, environ 30 €.

Fondé dans les années 1970, Can Feu était un petit bar de quartier où se retrouvaient les travailleurs du secteur textile. Avec la fermeture des usines, le bar populaire des débuts s'est transformé en restaurant, évoluant au fil du temps jusqu'à devenir une référence à Sabadell. Ici, on sert de bonnes recettes catalanes, en particulier à base de poissons et de fruits de mer : huîtres, escargots de mer, couteaux, turbot... Egalement des plats de viandes et de copieuses salades. Une cuisine honnête, goûteuse et respectueuse des produits.

TERRASSA ★

Cernée par les montagnes du Parc naturel de Sant Llorenç del Munt i Serra d'Obac, la ville de Terrassa occupe le versant ouest de la comarque du Vallès Occidental, dont elle est co-capitale avec Sabadell. Fondée par les Romains sous le nom d'Egara, la cité connut un grand essor économique à la fin du XIXe siècle grâce à l'industrie textile, comme en témoignent aujourd'hui son important patrimoine industriel et ses bâtiments modernistes. La ville mérite surtout une visite pour l'ensemble monumental roman des églises de Sant Pere. Accès en voiture depuis Barcelone par la C-58. Trains Rodalies : ligne R4 ou trains FGC : ligne S1 depuis Barcelone.

CENTRE DE DOCUMENTACIÓ I MUSEU TÈXTIL

Carrer de Salmeron, 25 ✆ +34 937 315 202
www.cdmt.es
Mardi et jeudi 10h-14h/16h-19h, vendredi et dimanche 10h-14h. Visites sur rdv le reste de la semaine. Entrée gratuite.

Logé dans un bâtiment moderne de l'architecte Camil Pallàs, le centre de documentation et musée textile (CDMT) permet de comprendre tout le travail d'élaboration et de fabrication des textiles. Il abrite une importante collection d'art du textile moderne, notamment de beaux vêtements du XIXe siècle et des tissus orientaux, ainsi qu'un atelier de restauration. Le patrimoine moderniste, qui rassemble les créations d'artistes catalans vers 1900, est particulièrement intéressant.

MASIA FREIXA ★

Plaça de Josep Freixa i Argemí, 11
✆ +34 937 397 019
www.visitaterrassa.cat
L'office de tourisme organise tous les jours à 12h des visites guidées gratuites.

Située au beau milieu du parc de Sant Jordi, cette maison moderniste était à l'origine une usine de textile qui fut transformée en résidence familiale entre 1907 et 1910 pour le compte de l'industriel Josep Freixa. L'architecte Lluís Muncunill i Parellada se chargea du projet de rénovation en s'inspirant de Gaudí pour la conception des arcs et des voûtes. Autrefois occupée par le conservatoire de musique de Terrassa, la Masia Freixa, extrêmement originale, accueille aujourd'hui les bureaux de l'office de tourisme. Vous ne pourrez pas la rater !

Masia Freixa, Terrassa.

MUSEU DE LA CIÈNCIA I LA TÈCNICA DE CATALUNYA ★★

Rambla d'Egara, 270 ✆ +34 937 368 966
www.mnactec.cat
Eté, du mardi au dimanche 10h-14h30. Sinon 9h-18h, samedi 10h-14h30/16h30-20h30, dimanche le matin. Entrée 6 €.

Logé dans un bel édifice moderniste de 1907 (l'ancienne usine Vapor Aymerich Amat i Jover), ce musée présente le développement industriel de la Catalogne au travers des chaudières, cheminées et autres machines. Parmi les expositions permanentes du musée, on note la surprenante collection de voitures anciennes, la fascinante histoire de l'ordinateur, et une promenade dans les différentes sources d'énergie comme moteur de l'activité humaine et de l'industrialisation.

PARC NATURAL DE SANT LLORENÇ DEL MUNT I L'OBAC ★

✆ +34 938 317 300
http://parcs.diba.cat
Bureau d'information dans le monastère de Sant Llorenç del Munt ouvert du lundi au vendredi 10h-16h, le week-end 9h-18h.

Au nord de Terrassa, ce parc est formé par deux massifs montagneux. Ses paysages de corniches, de grottes et de monolithes contrastent avec le vert intense de la végétation. Au sommet de La Mola se dresse le monastère de Sant Llorenç del Munt, fondé en 985 par des bénédictins. Il fut détruit par les troupes de Napoléon. L'église romane a été épargnée. Le bâtiment actuel conserve la structure originale du monastère et accueille un restaurant offrant un point de vue privilégié.

SEU D'ÈGARA - ESGLESIES DE SANT PERE ✝ ★★

Plaça del Rector Homs, s/n
✆ +34 937 833 702
www.seudegara.cat
Du mardi au samedi de 10h à 13h30 et de 16h à 19h, dimanche de 11h à 14h. Entrée 6 €.

L'ensemble monumental des églises de Sant Pere est le résultat d'une série de constructions réalisées au fil du temps, de l'époque ibérique jusqu'à nos jours. Ses trois églises, bâties sur les vestiges de l'ancien évêché d'Egara (Ve siècle), datent pour l'essentiel du VIe au IXe siècle. Elles conservent un patrimoine artistique exceptionnel, notamment des fresques murales datant du haut Moyen Age et de l'époque romane, ainsi que des retables gothiques.

HOTEL DON CANDIDO €€

Rambleta del Pare Alegre, 98
✆ +34 937 333 300
www.hoteldoncandido.com
Comptez entre 70 et 120 € la chambre double.

Il est difficile de rater cet hôtel moderne avec son architecture circulaire surprenante ! C'est un grand établissement, commode et fonctionnel, qui propose une centaine de chambres à la décoration classique, propres et lumineuses. Le patio central mérite vraiment le coup d'œil avec son jardin vertical spectaculaire. Le buffet du petit déjeuner est copieux et varié. Sur place également, vous pourrez utiliser le spa avec un bain bouillonnant. L'établissement abrite aussi un restaurant de cuisine créative, le Mun, et des salles pour séminaires ou événements.

EL CEL DE LES OQUES €€

Carrer de la Palla, 15
✆ +34 937 338 207
Fermé lundi, mardi soir et dimanche. Comptez 30 €.

Dans le centre historique de Terrassa, une cuisine dans l'air du temps qui travaille principalement les produits du terroir. Chaque jour, le chef Keco Martínez, très soucieux que ses hôtes passent un bon moment, fait preuve de beaucoup d'inventivité pour créer ses menus. La présentation soignée et l'excellence des plats, le choix vaste des vins, le personnel aux petits soins pour les clients et le très bon rapport qualité-prix sont autant d'arguments pour tester cette adresse, certainement l'une des meilleures de la région !

SARA €€

Avinguda Abat Marcet, 201
✆ +34 937 358 025
www.sararestaurant.com
Fermé le dimanche et le mercredi soir. Menus à partir de 13,50 €. A la carte, environ 25 €.

Un restaurant à la décoration traditionnelle où vous dégusterez une cuisine du marché réalisée avec des produits de saison. Les poissons (morue, sole...) et les fruits de mer (calamars, crevettes...), très frais, servent à élaborer des plats méditerranéens savoureux. Mais il y a aussi des plats de viande (entrecôte, magret de canard...) pour les amateurs à la carte, à accompagner d'un bon verre de vin, et des desserts très réussis. Bon rapport qualité-prix, présentation soignée et ambiance chaleureuse pour un déjeuner ou un dîner très goûteux.

LA TAVERNA DEL CIRI €€

C/ Antoni Torrella, 66
✆ +34 938 58 91 22
www.latavernadelciri.com
Ouvert de 13h à 15h30 et de 20h30 à 23h. Fermé le lundi et le dimanche soir. Menu 15 € en semaine, 25 € le week-end.

C'est la nouvelle table d'Artur Martínez, chef étoilé au Michelin avec son ancien restaurant Capritx, qu'il a troqué contre cette taverne à l'ambiance informelle ! Menu le midi, tapas et « platets » le soir, le tout concocté avec des produits de saison. Une carte conséquente de vins locaux, dénichés à moins de 20 kilomètres de là, pour accompagner votre repas. Dessert traditionnel préparé tous les matins, tout est ultra frais. Le service est impeccable et sympathique. Et les prix sont très attractifs pour couronner le tout !

SANT CUGAT DEL VALLÈS

Située au pied de la Serra de Collserola, la ville de Sant Cugat del Vallès (90 000 habitants) a longtemps été un lieu de résidence estival pour la bourgeoisie catalane du début du XXe siècle. Aujourd'hui encore, c'est une ville plutôt huppée, avec de magnifiques maisons et un centre très coquet. Tous les week-ends, nombreux sont les visiteurs qui viennent flâner dans son fameux marché aux puces du Mercantic. Mais le joyau de Sant Cugat del Vallès, c'est bien sûr son monastère bénédictin, qui fut l'un des principaux centres monastiques de la Catalogne médiévale. Sant Cugat del Vallès est située à 15 kilomètres de Barcelone par la C-16.

MONESTIR DE SANT CUGAT ★★

Plaça Jardins de Monestir s/n
✆ +34 936 759 951
www.museu.santcugat.cat
Du mardi au samedi 10h30-13h30/16h-19h (17h-20h entre juin et septembre), dimanches et fériés 10h30-14h30. Entrée libre.

Fondé au IXe siècle, le monastère bénédictin de Sant Cugat est l'un des meilleurs exemples de l'art médiéval en Catalogne. Classé bien culturel d'intérêt national, il se compose d'une église, d'un cloître et de la maison abbatiale. Entièrement fortifié au Moyen Age, il conserve une partie de sa muraille du XIVe siècle. L'église, construite entre les XIIe et XIVe siècles, montre la transition entre le roman et le gothique. Le cloître roman (XIIe siècle) se distingue par la décoration de ses 144 chapiteaux, œuvre du maître Arnau Cadell.

CAN GULA €

Av. de Rius i Taulet, 120
✆ +34 934 884 385
www.cangula.es
Lundi à mercr. 12h-16h, jeudi et vend. 12h-16h/20h-23h, sam. 9h-16h/20h-23h30, dim. 9h-16h30. Menu midi (semaine) 15 €.

Situé à l'intérieur du Mercantic, le marché vintage de Sant Cugat, ce restaurant offre une terrasse privilégiée au cœur de l'animation de ce lieu vivant. Très prisé les week-ends pour sa carte de tapas (délicieuses *patates braves*, anchois, pain de « cristall » à la tomate), il offre en semaine un très bon menu de cuisine catalane élaborée avec des produits frais. Les assiettes sont magnifiques et les plats servis vraiment bons. Il est prudent de réserver pour être sûr d'avoir une table, car le restaurant est victime de son succès.

L'ANTIC DE LA PLAÇA €

Plaça Sant Pere, 12
✆ +34 931 121 367
Du lundi au jeudi de 8h à 16h, vendredi de 8h à 23h, samedi de 8h à 15h. Comptez 10 €.

A deux pas du monastère, ce bar-restaurant séduit par sa petite terrasse et sa décoration intérieure moderne et ultra soignée. Ici, c'est la qualité qui prime, pas la quantité. Alors ne vous étonnez pas si à l'heure du déjeuner vous ne trouvez qu'un seul plat à la carte, c'est normal, car tout fait maison ! Les légumes sont particulièrement mis à l'honneur. Egalement quelques tapas à partager, et de très bons desserts, très esthétiques qui plus est. Le service est sympathique, on y resterait bien de longues heures à goûter tous les gâteaux...

SANTA COLOMA DE CERVELLÓ

Si cette petite ville (8 000 habitants) en périphérie de Barcelone ne présente en soi pas grand intérêt, elle abrite en revanche un des joyaux du modernisme catalan, la Colònia Güell, dont la crypte imaginée par Gaudí est classée au patrimoine de l'Unesco. Santa Coloma possède aussi de nombreux itinéraires pour les amateurs de randonnée : citons par exemple la montée du Montpedrós (350 mètres), offrant de très belles vues sur le Baix Llobregat et ses terres agricoles. Du côté des festivités, la commune célèbre la Fête de la cerise vers fin mai-début juin, et la Fête du Modernisme durant le deuxième week-end d'octobre.

EL PRAT DE LLOBREGAT

La commune du Prat de Llobregat (environ 60 000 habitants) est située juste à côté de Barcelone. C'est ici que le fleuve Llobregat rejoint la mer, créant à son embouchure des paysages de grande valeur écologique qui sont une zone protégée prisée des promeneurs, des cyclistes et observateurs d'oiseaux Protégée par les pinèdes, la plage du Prat offre des conditions de baignade excellentes. Côté gastronomie, l'artichaut est un incontournable de la cuisine locale. Cultivé depuis des temps immémoriaux, on le célèbre chaque année au mois d'avril pour la Fête de l'artichaut. La race autochtone de poulet Pota Blava est aussi à découvrir.

COLÒNIA GÜELL ★★

Carrer Claudi Güell, s/n
✆ +34 936 305 807
www.gaudicoloniaguell.org
Du lundi au vendredi de 10h à 17h (jusqu'à 19h entre mai et octobre), samedi et dimanche de 10h à 15h. Entrée 8,50 €.

La construction de la Colònia Güell fut initiée en 1890 par Eusebi Güell, riche industriel catalan et célèbre mécène de Gaudí. Il souhaitait créer une véritable cité ouvrière en dehors de Barcelone pour y installer son usine textile tout en s'éloignant des conflits sociaux de l'époque. Le projet prétendait intégrer de nombreux services pour améliorer la qualité de vie des ouvriers, notamment des logements, des commerces, un théâtre, une école et une église. Il fit appel aux plus grands architectes modernistes de l'époque pour travailler sur le projet, en particulier Antoni Gaudí auquel il confia la construction de l'église. Faute de financement, seule la crypte fut achevée. Gaudí intégra à sa construction de nombreuses techniques innovantes qu'il réutilisa par la suite dans la Sagrada Familia, notamment l'arc caténaire et le paraboloïde hyperbolique dans les voûtes. La crypte est classée au patrimoine mondial de l'Unesco. Le reste du site se visite en flânant, au fil des bâtiments modernistes signés Francesc Berenguer et Joan Rubió : les maisons en briques de Ca l'Ordal (1894) et Ca l'Espinal (1900), le centre culturel Sant Lluís (1915-1917), ainsi qu'une belle maison de maître (1916) flanquée d'un pinacle en céramique. L'ancienne coopérative (1900) abrite une exposition permanente dédiée à l'histoire des colonies industrielles, et en particulier celle de la colonie Güell et de ses habitants. Remarquez également la maquette inversée imaginée par Gaudí pour visualiser la structure de la crypte en trois dimensions.

PROVINCE DE BARCELONE

ESPAIS NATURALS DEL DELTA DEL LLOBREGAT ★★

Av. Onze de Setembre, 73-75
✆ +34 934 793 201
www.deltallobregat.cat

Le delta du Llobregat forme une plaine alluviale à l'embouchure du fleuve du même nom, couvrant une superficie de 100 km². C'est une curieuse mosaïque de paysages, où se mêlent espaces naturels, zones urbaines et grandes infrastructures (aéroport de Barcelone). Sa rive droite est aujourd'hui une zone classée Zone de protection spéciale pour les oiseaux (ZEPA). De nombreux chemins permettent d'explorer ces zones naturelles en s'arrêtant à l'un des miradors qui ponctuent le parcours.

OFFICE DE TOURISME CAN CAMINS

Carretera de la Platja, km 4,63
✆ +34 934 794 546
www.elprat.cat

Ouvert tous les jours de 11h à 14h. En août, uniquement les samedis et jours fériés.

Office de tourisme de Porta del Delta, service d'information et de promotion touristique du Prat de Llobregat. Une excellente source d'informations et de conseils pour explorer les espaces naturels, les miradors, les itinéraires et les monuments d'intérêt. Depuis l'office de tourisme, vous pourrez accéder au Mirador de l'Illa, qui s'élève à 20 mètres de hauteur. Il offre des vues privilégiées à 360 degrés, notamment sur la plage du Prat et la pinède. Superbe !

CICLISTYK

Av. 11 de Septembre, 295
✆ +34 932 640 597
www.ciclistyk.es

Location de vélo à partir de 12 € la demi-journée.

La meilleure façon de découvrir le delta du Llobregat est de le parcourir à vélo ! Cette boutique de location, située à deux pas des espaces naturels du delta, propose plusieurs modèles pour adultes et enfants. Grand choix de VTT, vélos de ville, tandems, tricycles, avec casque et cadenas inclus dans le prix de la location. Pour ceux qui explorent le parc avec de jeunes enfants, possibilité de demander un vélo avec siège bébé (avec supplément). Les employés de la boutique vous fourniront un plan et vous conseilleront dans votre itinéraire.

CÈNTRIC GASTROBAR €

Plaça de Catalunya, 39-41
✆ +34 93 379 56 00
www.centricgastrobar.com

Ouvert tous les jours, midi et soir. Menu de midi : 12 €.

Dans ce restaurant logé dans un centre culturel, la chef Susana Aragón revendique une cuisine basée sur les produits de proximité et le concept de « slow food ». C'est donc tout naturellement que l'artichaut, produit star du Baix Llobregat, est ici cuisiné à toutes les sauces ! Le poulet autochtone Pota Blava est également un incontournable de la carte. Grâce à un réseau de petits producteurs locaux bien ficelé, Susana Aragón offre une cuisine de saison inventive qui se décline sous forme de petits plats à partager. Très bon menu du jour !

CHIRINGUITO EL MARAVILLAS €

Passeig de la Platja
✆ +34 620 91 50 87
https://elmaravillaschiringuito.com

Ouvert de mai à septembre, tous les jours de 10h à 0h, et jusqu'à 3h les week-ends. Comptez 20 €.

Eminemment branché, ce chiringuito posé sur la Playa del Prat est un lieu de rendez-vous privilégié à l'arrivée des beaux jours. Les pieds dans le sable, dans une ambiance jeune et cosmopolite, on déjeune face à la mer de délicieux sandwiches aux accents exotiques, mais aussi de bonnes paellas. Le soir, place aux DJ et aux tournées de Margarita Blue, le cocktail phare de la maison, accompagné de délicieux nachos au guacamole. « Merveilleuse » adresse pour les soirs d'été !

LA LLUNA EN UN COVE €€

C/ Frederic Soler, 48
✆ +34 933 70 38 52
https://lallunaenuncove.com

Du lundi au samedi de 20h à 23h30. Comptez 25 €.

En plein centre historique d'El Prat, ce restaurant à l'atmosphère intime est dirigé par Rosa Farrés, chef amoureuse du terroir et de ses possibilités gastronomiques. Tout naturellement, sa cuisine met en lumière les produits des environs, dont les fameux artichauts du Prat et le poulet Pota Blava, mais aussi d'excellents légumes frais provenant de son potager. La carte, toujours inventive, offre un grand choix de *coques*, de carpaccios et de plats finement exécutés, comme les cannelloni de pota blava et champignons à la truffe, ou le tataki de thon.

CASTELLDEFELS

Encaissée entre le Parc naturel du Garraf et la Méditerranée, la commune de Castelldefels attire les visiteurs à l'arrivée des beaux jours en raison de ses 5 kilomètres de plages de sable fin. À 25 km de Barcelone, on y accède en voiture par la C-31. Le château de Fels (Xe siècle), qui a donné son nom à la ville, domine le littoral du haut de sa colline. Castelldefels séduit les amateurs de sports nautiques avec son canal olympique et son port de plaisance, le port Ginesta. Mais c'est surtout son immense plage qui tient la vedette auprès des visiteurs. Exposée aux vents, elle est très prisée pour la pratique de la planche à voile et du kitesurf.

THE STYLE OUTLETS VILADECANS

Carretera de la Vila, 90 ✆ +34 933 93 70 33
viladecans.thestyleoutlets.es
Ouvert du lundi au samedi de 9h à 21h. Situé à 15 minutes du centre de Barcelone, à 6 minutes de l'aéroport.

Véritable temple en plein air du shopping, c'est l'un des trois nouveaux centres de la marque The Style Outlets en Europe. Les grandes enseignes de mode homme, femme, articles de sport, bijouterie et cosmétiques y sont représentées. Un grand espace de restauration vous attend, ainsi qu'une aire de jeux pour les enfants. Vous pouvez également bénéficier de 15 % de réduction supplémentaire dans une sélection de magasins et de l'aide d'un *personal shopper* pour trouver votre propre style.

BEL AIR €€

Passeig Marítim, 169
✆ +34 936 651 900
www.hotelbelaircastelldefels.com
Comptez entre 70 et 180 € la chambre double, selon la saison.

Hôtel très confortable au bord de la plage, avec piscine extérieure. Les 44 chambres sont décorées avec goût, la plupart avec balcon et vue sur la mer, elles sont très lumineuses et décorées avec beaucoup de sobriété. Logé dans un bâtiment moderne, il offre un emplacement idéal pour profiter d'un séjour en bord de mer. Les services offerts sont nombreux pour rendre votre séjour le plus agréable possible : location de véhicules, restaurant, transferts, réception ouverte 24h/24, business corner, salles de réunion, presse gratuite...

CANAL OLÍMPIC DE CATALUNYA

Av del Canal Olímpic, 2 ✆ +34 936 362 896
www.canalolimpic.cat
Du lundi au vendredi de 7h à 23h, samedi et dimanche de 8h à 22h. Entrée 3 €, puis à partir de 4 € l'activité.

Construit à l'occasion des Jeux olympiques de Barcelone de 1992 pour accueillir les épreuves de canoë-kayak, ce canal artificiel occupe une superficie de 15 hectares, avec en plus de nombreuses zones vertes et des équipements sportifs. On peut notamment y pratiquer le canoë-kayak, la planche à voile, la voile et le ski nautique. Depuis quelque temps, on peut aussi s'essayer au téléski nautique, variante du ski nautique dont la traction est assurée par un système de câbles. Très fun !

FOSBURY CAFÉ €€

Passeig Marítim, 299
✆ +34 936 367 372
https://fosburycafe.es
Du mardi au samedi de 12h à 2h, dimanche jusqu'à 20h. L'hiver, fermé le mardi. Comptez 30-40 €.

Sur la promenade maritime de Castelldefels, un vaste restaurant de cuisine méditerranéenne, offrant des vues sublimes sur la plage. À la carte : salade de homard, mangue et avocat ; *arròs* (riz) crémeux au poulpe et oursins ; ou encore le thon Bluefin aux aubergines. Des produits de qualité, accommodés avec soin pour offrir des plats rafraîchissants et inspirés ! La partie lounge du restaurant est un spot idéal à l'heure du coucher de soleil : ambiance *chill out*, DJ sets, et de savoureux cocktails face à la mer... pour un moment 100 % méditerranéen !

ESCOLA DE VELA 13 NUDOS

Passeig Marítim, 17
✆ +34 635 66 47 95
Initiation à la planche à voile (8 heures de cours + matériel) : 150 €. Location paddle (2 heures) : 15 €.

Située dans le club maritime de Castelldefels, cette école propose des cours d'initiation à la planche à voile et des sorties en paddle surf, et même des cours de Pilates sur la plage, pour combiner tous les bienfaits du sport et du plein air. Les moniteurs sont attentifs et pédagogues quel que soit votre niveau de base, vous ne pourrez que progresser, car les conditions sont idéales pour un apprentissage à ces différentes techniques. Après quelques heures de cours, vous pourrez vous élancer à votre tour sur l'eau bleue de la Méditerranée.

SITGES ★★★

Située au pied du massif du Garraf, Sitges est un ancien village de pêcheurs devenu l'un des lieux de villégiature préférés des familles catalanes, mais aussi le point de chute favori de nombreux Barcelonais dès les premiers week-ends ensoleillés. Vers la fin du XVIIIe siècle, quelques téméraires du village se prirent à rêver de fortune et de lointains horizons dans « les Indes » de Christophe Colomb. Ces « indianos », comme on les surnommait, furent nombreux à tenter leur chance à Cuba. Ce fut le cas de Facundo Bacardí, qui construisit un empire grâce à sa technique innovante de filtrage du rhum. A leur retour, à partir du XIXe siècle, ils firent construire à Sitges de somptueuses demeures au goût de l'époque, entre modernisme et éclectisme. Quelques beaux exemples de ces fastes constructions sont encore visibles dans la Carrer de l'Illa de Cuba (rue de l'île de Cuba), dont le nom rend hommage à ces conquistadors des temps modernes.

A la fin du XIXe siècle, c'est la silhouette et surtout la lumière de Sitges qui séduisent des peintres comme Santiago Rusiñol, qui en fit un centre artistique majeur. Aujourd'hui, le charme de sa baie et de son ancien village, ses plages et la douceur de son climat attirent les visiteurs les plus divers. Début octobre, son festival international de cinéma fantastique contribue à sa notoriété internationale, tout comme son fameux carnaval.

▶ **Accès.** Sitges est située à 40 km du centre de Barcelone par la C-32. En bus, des liaisons sont proposées avec la compagnie Mon Bus.

ÉGLISE DE SANT BARTOMEU I SANTA TECLA ★

Plaça Baluard
✆ +34 938 940 374
Possibilité de visites guidées (voir avec l'office de tourisme).

L'église Sant Bartomeu i Santa Tecla, saints patron et patronne de Sitges, se dresse sur le promontoire de La Punta. Edifiée au XVIIe siècle, elle a ensuite été modifiée à plusieurs reprises. Entièrement tournée vers la mer, son promontoire offre un panorama magnifique sur la Méditerranée et sur le Passeig de la Ribera, particulièrement au moment du coucher du soleil. La fête en l'honneur de saint Bartholomé, fin août, donne lieu à des processions et à un feu d'artifice.

FUNDACIÓ PERE STÄMPFLI

Carrer d'en Bosc, 16
✆ +34 938 940 364
www.museusdesitges.cat
Week-end de 10h à 14h et de 16h à 19h. Entrée 5 €.

Située dans le bâtiment moderniste du Mercat Vell (vieux marché), en plein cœur de la ville de Stiges, cette fondation d'art contemporain créée par Pere et Anna Maria Stämpfli expose près d'une centaine d'œuvres d'une soixantaine d'artistes de diverses nationalités. Elle offre ainsi une intéressante vision de l'art contemporain depuis les années 1960 jusqu'à nos jours, dans toutes ses tendances et tous ses courants. Les œuvres, qui ont été données par les artistes eux-mêmes, occupent les deux niveaux du bâtiment qui communiquent entre eux.

MUSEU DE MARICEL ★★

Carrer Fonollar s/n
✆ +34 938 940 364
www.museusdesitges.com
Mardi à dimanche 10h-19h (17h novembre-février, et 20h juillet-septembre). Entrée avec le musée Cau Ferrat 10 €.

Ce musée d'art, très éclectique, expose des retables gothiques, des sculptures baroques, des peintures modernistes, des meubles Renaissance… Il occupe les salles du Palau Maricel et de l'ancien hôpital de Sant Joan. La salle du mirador est sans aucun doute la plus belle : elle est présidée par trois sculptures de Joan Rebull (1899-1981), un des sculpteurs catalans majeurs du XIXe siècle, exilé le temps de la guerre civile à Paris où il fréquenta Pablo Picasso, avec en toile de fond un panorama éblouissant sur la mer Méditerranée.

MUSEU DEL CAU FERRAT ★★

Carrer Fonollar
✆ +34 938 940 364
www.museusdesitges.com
Mardi à dimanche 10h-19h (17h de novembre à février, et 20h de juillet à septembre). Entrée 5 €.

Ce bâtiment a appartenu à l'artiste Santiago Rusiñol, l'un des plus remarquables représentants du modernisme, qui avait acquis cette ancienne maison de pêcheurs en 1894 pour en faire un lieu de rencontre pour les artistes et intellectuels de l'époque, en y ajoutant des éléments gothiques. Devenue musée en 1933, elle abrite de nombreuses œuvres du peintre et sa collection personnelle : ustensiles en fer forgé, céramiques, peintures (Picasso, El Greco...). Le musée expose aussi d'autres artistes du modernisme catalan comme Ramon Casas, Joan Llimona et Isidre Nonell.

La Plage de La Fragata et l'Église de Sant Bartomeu I Santa Tecla.

PALAU DE MARICEL ★★

Carrer Fonollar, s/n
✆ +34 938 940 364
www.museusdesitges.com
Ouvert du mardi au dimanche de 10h à 14h.
Prix : 5 €.

© PILAR ANDREU ROVIRA - SHUTTERSTOCK.COM

Le palais Maricel appartenait à un collectionneur américain multimillionnaire, Charles Deering. En 1910, après être tombé sous le charme de Sitges, il acheta l'ancien hôpital de San Juan Bautista et les maisons voisines pour construire ce sublime palais, devenu l'un des monuments les plus importants de la ville. A l'intérieur, on peut admirer de nombreuses œuvres d'art de toutes les époques ainsi que deux merveilleux salons, le Saló d'Or et le Saló Blau. Les terrasses offrent un point de vue privilégié sur la mer Méditerranée.

PARC NATURAL DEL GARRAF ★

Ctra. de Rat Penat a Plana Novella, km 3,5
✆ +34 935 971 819
http://parcs.diba.cat

Le parc del Garraf peut être un lieu d'excursion intéressant. La roche calcaire a créé un paysage exotique, riche en formations karstiques, sur plus de 12 000 hectares. Principalement constitué de paysages de garrigue, le parc abrite des espèces autochtones comme par exemple le palmiste. Plusieurs itinéraires permettent de découvrir les moindres recoins du parc, à pied ou à vélo. On peut également y faire de l'escalade et des balades à cheval, ou visiter le Palau Novella, qui abrite un monastère bouddhiste tibétain, le seul de Catalogne.

HOTEL SUBUR €

Passeig de la Ribera, s/n
✆ +34 93 894 1550
www.hotelsubur.com
Chambre double entre 60 et 120 €.

Situé sur la promenade maritime, cet hôtel offre un emplacement idéal pour profiter de la plage et de toute l'animation du centre historique de Sitges. Doté de 95 chambres modernes et lumineuses, la plupart avec balcon et vue sur la mer, l'hôtel dispose aussi d'un bar-restaurant dédié aux sports en tous genres. Petit déjeuner buffet copieux et varié, salle de réunion disponible, réception ouverte 24h/24, animaux domestiques autorisés, location de véhicules : les services ne manquent pas pour vous permettre de passer un excellent séjour.

HOTEL ESTELA €€

Av. Port d'Aiguadolç, 8
✆ +34 938 114 545
www.hotelestela.com
Comptez entre 90 et 170 € la chambre double.

Situé sur le port d'Aiguadolç, à 15-20 minutes à pied du centre historique de Sitges, cet hôtel a tout bon pour ceux qui souhaitent profiter de la plage. Le port, très animé en soirée, abrite de nombreux bars et restaurants fréquentés par les locaux. C'est donc d'abord pour son emplacement qu'il faut choisir cet hôtel doté de 65 chambres avec terrasse et vue sur mer. On apprécie également la décoration de certaines chambres, qui ont littéralement servi de toiles à des artistes locaux. Le hall, imaginé par Josep María Subirachs, mérite une mention spéciale.

HÔTEL MEDIUM ROMÀNTIC €€

33, Calle de San Isidro
✆ +34 938 948 375
www.mediumhoteles.com
Chambre double entre 60 € et 150 €.

Ce petit hôtel occupe deux villas de style moderniste au cœur de Sitges, à proximité de la gare et de la plage, offrant un décor très plaisant dans le style romantique du XIXe siècle, avec des œuvres d'art et de la céramique dans les espaces communs. Ses chambres, une trentaine environ, sont ornées de tableaux et de sculptures, certaines sont dotées d'un balcon. Le jardin est l'un des lieux les plus attractifs, vous pouvez y manger tranquillement ou siroter un cocktail servi par le bar. Un charmant hôtel qui porte très bien son nom !

BAR BODEGA LA GUINEU €

20, Calle de Barcelona
✆ +34 609 521 155
Du mardi au dimanche de 10h à 23h. Fermé le lundi. Comptez 15 €.

Au cœur du vieux Sitges, à deux pas de la plage de San Sebastián, une bodega populaire où partager des *patatas bravas*, sardines grillées, beignets de morue et calamars à l'andalouse à prix modique, dans une ambiance plutôt locale. Le service est très lent, mais les serveurs sont tellement sympathiques que vous repartirez tout de même avec le sourire. Au fond de la bodega, un grand patio très agréable pour déjeuner à l'air libre, tandis que vos loustics s'amusent dans le parc attenant. Une bonne adresse aussi pour un simple apéritif accompagné de quelques tapas.

EL CABLE €

Carrer de Barcelona, 1
✆ +34 938 948 761
www.elcable.cat
Ouvert de 9h (12h le week-end) à 15h30 et de 19h à 23h30. Environ 15 €.

C'est tout simplement le meilleur bar à tapas de Sitges... A l'heure de l'apéritif, tout le monde prend son verre en pleine rue, en discutant debout car on s'y presse en nombre, visiteurs comme locaux. On y déguste de manière informelle (au coin du bar, à une petite table en bois) des tapas exquises et variées, notamment à base de poisson, et une ribambelle de *pinchos*, tous plus appétissants les uns que les autres. Ambiance conviviale, personnel très sympathique, c'est vraiment un incontournable des soirées de la ville. On recommande !

EL SANTO €

C/ Sant Josep, 30
✆ +34 938 940 275
www.elsantosandwich.com
Jeudi de 13h à 16h, vendredi de 13h à 16h et de 19h à minuit, samedi et dimanche de 13h à minuit. Comptez 10-15 €.

La meilleure adresse de Sitges pour manger un burger, c'est celle-ci. Situé en centre-ville, El Santo est un lieu chaleureux et convivial doté d'une agréable terrasse, fréquenté aussi bien par les jeunes que par les familles avec des enfants. Le secret de leurs divins burgers ? Des produits frais, avant toute chose, mais surtout la cuisson de la viande dans un four à braise, qui lui donne ce goût si spécial de barbecue... Mention spéciale aux serveurs, dont la gentillesse et la bonne humeur participent beaucoup au succès du Santo.

BON ESTAR €€

Carrer Parellades, 63
✆ +34 938 943 493
www.sitgesbonestar.com
Fermé le lundi. Comptez 30 € à la carte. Menu « bon estar » à 19 €.

Depuis 1974, la famille Suñe est aux fourneaux, et c'est maintenant la troisième génération qui s'emploie à maintenir le positionnement de ce restaurant : une cuisine familiale pariant sur la qualité des produits. Leur spécialité : les paellas et les riz noirs, servis par exemple avec des gambas et des champignons. L'espace étant petit et la maison recherchée, il vaut mieux réserver à l'avance, surtout si l'on souhaite venir le week-end. En semaine, les menus rendent le lieu un peu plus accessible aux petits budgets. Carte des vins très bien fournie.

CAN LAURY €€

Av. del Port d'Aiguadolç, 49
✆ +34 938 94 66 34
www.canlaury.com
Tous les jours de 12h30 à 23h30. Comptez 30-40 €.

Une valeur sûre du Port d'Aiguadolç, pour savourer au bord de l'eau une excellente cuisine méditerranéenne. Autour de ses grandes tables à nappe blanche, beaucoup d'habitués et quelques touristes bien tombés viennent se régaler de poisson frais à la plancha, de fruits de mer, d'*arrossos* (plats à base de riz) et de *fideuá* (à base de nouilles). A la carte, évitez les salades croulant sous la mayonnaise et optez pour une ration de moules, de poulpe ou de chipirons, suivie de l'incontournable paella aux fruits de mer « Laury », la spécialité de la maison.

LA INCIDENCIA DEL FACTOR VI €€

Carrer Bonaire, 25
✆ +34 938 948 262
www.factorvi.com
Du mardi au dimanche de 13h à 15h30 et de 20h à 23h. A la carte, environ 30 €.

Le patron se plaît à définir son établissement comme un restaurant de cuisine méditerranéenne « d'auteur ». Et effectivement on voit bien une signature dans ces plats très travaillés, la plupart servis sous forme de portions à partager : tarte de sardine, tataki de thon, foie gras mi-cuit et pommes caramélisées... Une carte définitivement dans l'air du temps, qui s'accompagne d'une excellente sélection de vins. Accueil parfait en toute circonstance.

LA ZORRA €€

Passeig Marítim, 1-3
✆ +34 938 53 17 78
http://restaurantelazorra.com
Du mardi au dimanche de 13h à 16h30 et de 20h30 à 23h30. Consulter les horaires en hiver. Comptez 30 €.

Sur le Passeig Marítim (mais malheureusement, sans la vue sur mer), une excellente adresse pour découvrir la cuisine de « Gipsy chef », chef sympa et médiatique connu pour sa cuisine inventive et un brin canaille ! Revisitant la traditionnelle paella, Gipsy Chef en livre plusieurs versions surprenantes et très savoureuses, dans un décor 100 % méditerranéen. Notre préférée : celle garnie de botifarra noire, dés de pommes et burrata ! Tout aussi originale, la paella aux pétoncles noirs et calamars, ou encore le riz noir aux moules et œuf poché !

PASTISSERIA MASSÓ

Carrer Parellades, 2
✆ +34 938 940 101
Fermée le lundi. Ouverte de 9h à 13h30 et de 17h à 20h30.

A Sitges, sa silhouette est presque aussi emblématique de la place centrale que celle du clocheton de l'église qui lui fait face. Normal, la boutique a vu le jour en 1886 et c'est aujourd'hui la quatrième génération de pâtissiers qui poursuit la tâche. Située dans le centre de la ville, près de la place Cap de Vila, on y trouve toutes les viennoiseries et une de leurs spécialités, une sorte d'*empanada* fourrée de praliné aux noisettes, mais aussi de nombreuses autres douceurs comme des bonbons ou des produits typiques de la ville.

CLUB DE GOLF TERRAMAR

Carretera del Golf, s/n
✆ +34 938 940 580
www.golfterramar.com
Green-fee entre 85 et 140 €.

Très chic, ce club de golf dont l'origine remonte à 1927, et dont les premiers greens en gazon ont été créés en 1952, est situé à la sortie de Sitges, face à la mer. Le panorama est vraiment somptueux et les équipements sont tout confort : une piscine, une salle de jeux pour les enfants, un tennis, un gymnase… Restauration de qualité sur place, avec des grillades, des plats pour les enfants, mais aussi des sandwichs et des tapas, et de bonnes bières. On peut y passer la journée sans aucun problème ! C'est un endroit magnifique et apaisant.

VILANOVA I LA GELTRÚ ★

Vilanova i la Geltrú (65 000 habitants) est née de la fusion de deux bourgs : celui formé autour du château de la Geltrú et la Vila Nova de Cubelles. Au XIXe siècle, le quartier du Barri de Mar connaît un grand développement grâce au commerce des « indianos ». Elle est surnommée la « petite Havane ». Sur le Passeig Marítim, les constructions de style colonial et les maisons de pêcheurs témoignent de ce passé. Le port de pêche et de plaisance est l'un des plus importants de Catalogne. Plusieurs restaurants permettent de déguster la spécialité locale, le *xató*.

CENTRE D'INTERPRETACIÓ DEL ROMANTICISME

Masia d'en Cabanyes, s/n
✆ +34 938 115 715
www.masiadencabanyes.cat
Visites guidées à 11h, 12h et 13h les samedis et dimanches. Prix : 3,20 €.

Ancienne demeure du poète romantique Manuel de Cabanyes, mort de la tuberculose en 1833, à 25 ans, cette maison belle néoclassique du XVIIIe siècle a été transformée en musée. La visite guidée permet de comprendre l'influence du romantisme dans les arts au XIXe siècle et d'admirer les objets personnels du poète, le mobilier d'époque ainsi qu'une belle collection de peintures. Expositions temporaires, visites thématiques possibles et bibliothèque.

MUSEU DEL FERROCARRIL DE CATALUNYA ★

Plaça Eduard Maristany, s/n
✆ +34 938 158 491
www.museudelferrocarril.org
Vendredi et dimanche de 10h à 14h30, samedi de 10h à 14h30 et de 16h à 19h30. Entrée 6,50 €.

Le musée du chemin de fer de la Catalogne est situé dans un ancien dépôt de locomotives à vapeur du XIXe siècle, où plus de 900 ouvriers s'occupaient autrefois des travaux d'entretien et de réparation des locomotives. A présent, le site abrite la collection de locomotives la plus complète d'Espagne. Ne manquez pas la locomotive Mataró, réplique construite en 1948 à l'occasion du centenaire de la mise en service de la première ligne de train d'Espagne, qui reliait Barcelone et Mataró.

MUSEU ROMÀNTIC CAN PAPIOL

Carrer Major, 2
✆ +34 938 930 382
www.museucanpapiol.cat
Vendredi à dimanche 11h-14h et 17h-19h, le dimanche uniquement le matin d'octobre à mai. Entrée 4 €.

Le Museu Romàntic Can Papiol est situé dans une demeure seigneuriale construite entre 1790 et 1801, au centre de la ville. La visite permet de découvrir l'intérieur d'une famille aisée du XIXe siècle en plein apogée du romantisme. La décoration intérieure et le mobilier, très bien conservés, reflètent bien l'esprit de la bourgeoisie industrielle du XIXe siècle et les goûts en vogue à cette époque. La famille Papiol a vécu dans cette maison jusqu'en 1959.

HOTEL CEFERINO €€

Passeig Marítim de Ribes Roges, 2
✆ +34 938 151 719
www.hotelceferino.com
Chambre double entre 100 et 150 €.

Situé en bord de mer, cet hôtel familial offre un emplacement idéal pour profiter de la plage et des diverses activités nautiques de Vilanova i la Geltrú. Il est doté d'une vingtaine de chambres douillettes et décorées avec grand soin, ainsi que d'une piscine extérieure et d'un très bon restaurant de cuisine méditerranéenne. Piano-bar le vendredi et le samedi, petit déjeuner buffet copieux avec des produits frais et des gâteaux faits maison, le wifi gratuit et la presse à disposition. Une adresse de charme, avec tout le confort.

HOTEL CÈSAR €€

Carrer Isaac Peral, 4-8
✆ +34 938 151 125
www.hotelcesar.net
Comptez entre 70 et 120 € la chambre double, selon la saison.

Tenu aujourd'hui par les quatrième et cinquième générations de la même famille, cet hôtel a été fondé en 1889 dans une maison de style colonial. La maison a été modernisée bien sûr, mais elle conserve quelques éléments d'époque, comme la cheminée et la bibliothèque. Vous apprécierez sa piscine à moitié couverte, et sa proximité avec la plage, ainsi que le sauna et le restaurant de bonnes spécialités méditerranéennes. Vous pourrez également louer des vélos et bénéficier d'un service de baby-sitting si besoin. Très bon accueil.

CELLER DE CAL PUPUT €

Carrer de Santa Madrona, 35
✆ +34 938 936 758
Du lundi au samedi de 18h à 1h. Fermé le dimanche. Comptez 15 €.

Ici, on vient pour partager à plusieurs une assiette de jambon ibérique, des *pintxos* (tapas sur du pain), une salade à la sauce Xató (typique des environs), le tout accompagné de *pa amb tomàquet* (pain à la tomate) et de bons vins catalans. Très grande variété de tapas à grignoter. La charcuterie est de très grande qualité et les prix sont tout doux. Authentique, bruyant et chaleureux, ce petit restaurant est une adresse en or pour se fondre dans l'ambiance locale. Attention à bien réserver la veille, car l'adresse est victime de son succès.

PROVINCE DE BARCELONE

Le port et le phare Sant Cristòfol de Vilanova I La Geltrú.

VILAFRANCA DEL PENEDÈS ★

Chef-lieu de la comarque de l'Alt Penedès, Vilafranca (40 000 habitants) est la capitale du vin. Ses crus réputés ont favorisé le développement de l'œnotourisme et la prospérité de toute la région. La ville préserve un intéressant patrimoine gothique, où l'on remarquera la basilique de Santa Maria (XIIIe siècle) et l'ancien palais royal (XIIIe siècle), qui est le siège du musée des cultures du vin de Catalogne. Le monument dédié aux Castellers de Vilafranca, sur la plaça Jaume I, témoigne de l'importance de cette tradition. A la fin du mois d'août, la Festa Major de Vilafranca est l'occasion d'admirer de grandes démonstrations lors de la Sant Fèlix.

VINSEUM MUSEU DE LES CULTURES DEL VI DE CATALUNYA ★

Plaça Jaume I, 5
✆ +34 938 900 582
www.vinseum.cat
Mai-sept., ma-sam. 10h-19h, dim. 10h-14h. Sinon pause entre 14h et 16h. 7 € avec dégust. + audioguide. Gratuit 1er dim.

Situé dans l'ancien palais des rois de la Couronne d'Aragon, édifié entre les XIIe et XIIIe siècles, le musée des cultures du vin de Catalogne est conçu comme un centre culturel dédié au monde du vin. A travers ses collections, le musée explore de quelle manière le vin a influencé l'histoire, la culture et les traditions de la région du Penedès. On y découvre tout ce qui a trait à la vinification, mais aussi la culture qui s'est développée autour du vin. Au total plus de 17 000 pièces.

REVOLTS

Carrer Martorell, 2
✆ +34 931 185 034
www.revolts.cat
Excursion dans les vignobles à partir de 32,50 € par personne.

Agence spécialisée dans les excursions à vélo électrique. Elle propose de nombreuses activités et expériences pour découvrir les vignobles du Penedès à vélo et visiter les grandes bodegas de la région en compagnie de guides expérimentés. Formules avec dégustations possibles. La plupart des balades couvrent une vingtaine de kilomètres. Une agréable manière de découvrir cette région viticole au plus près de ceux qui œuvrent pour la préservation de leur culture et de leur gastronomie. N'oubliez pas de vous inscrire en avance via le site Internet.

EL CELLER MAS ORPÍ €€

Carrer Conilleres, s/n
✆ +34 638 038 445
www.masorpi.com
Appartement pour 4 personnes à partir de 80 € la nuit (min. 2 nuits).

Mas Orpí est une vieille *masia* du XVe siècle entièrement rénovée et aménagée en logements ruraux et en salles de réunion. Posée sur une colline offrant de belles vues sur les vignobles du Penedès, cette maison de charme présente un intérieur rustique, mêlant la pierre, le bois et la céramique. Son emplacement stratégique permet de rayonner facilement autour de Vilafranca, Sitges et Vilanova i la Geltrú. L'établissement est à taille humaine, avec seulement 6 chambres et un appartement, ce qui garantit une tranquillité bienfaisante. Piscine et barbecue.

CAVA & HOTEL MASTINELL €€€

Ctra. Vilafranca a Sant Martí Sarroca, km 0,5
✆ +34 931 156 132
www.hotelmastinell.com
Environ 250 € la chambre double, petit déjeuner inclus.

A la sortie de Vilafranca, cet hôtel occupe un bâtiment avant-gardiste dont la structure évoque un empilement de bouteilles de cava sous un toit en mosaïque inspiré de Gaudí. Les chambres disposent de fenêtres circulaires et couvertes d'un treillis, donnant l'impression d'être à l'intérieur d'une bouteille ! Ce décor surprenant a été conçu pour plonger le visiteur au cœur d'une expérience œnotouristique. L'hôtel, entouré de vignes, est également doté d'un espace gastronomique, En Rima, où le vin et les cavas tiennent évidemment une place à part entière.

EL BOSQUE LACTEO €€€

6 Rincón De Sant Pere
✆ +34 606 29 53 53
www.elbosquelacteo.com
Comptez 25 € par nuit et par personne.

El Bosque Lacteo se situe au cœur du centre médiéval du village perché de Castellet, qui offre un panorama splendide sur le parc naturel d'El Foix, les forêts et les vignobles des environs. Cette adresse atypique mêle harmonieusement architecture médiévale et avant-gardiste. Lumineuses et chaleureuses, les pièces bénéficient de la lumière extérieure convoyée par les deux patios. La terrasse laisse découvrir les sublimes paysages environnants et le petit bassin offre un rafraîchissement plutôt bienvenu en cas de fortes chaleurs.

EL CIGRÓ D'OR €€

Plaça Vall del Castell, 17
✆ +34 937 895 609
www.elcigrodor.com
Du mardi au dimanche 13h-16h. En soirée, uniquement vendredi et samedi 21h-22h30. Menu du jour 16 €.

Au cœur de Vilafranca, Oriol Llavina tient les rênes de ce restaurant prestigieux situé dans le vieux marché de la ville. Sa cuisine est enracinée, sans artifices et très savoureuse. Elle s'accompagne d'une carte de vins de plus de 200 références, dont presque la totalité provient du Penedès. Dans une salle vaste et lumineuse, vous goûterez des mets raffinés, avec des cuissons parfaites, pour un prix tout à fait dérisoire pour la qualité proposée. Une belle adresse pour faire le tour des produits du terroir et des vins de la région.

SANT SADURNÍ D'ANOIA

Si Vilafranca est la capitale du vin, Sant Sadurní d'Anoia (12 700 habitants) est la capitale du cava. Ici sont implantées plus de quatre-vingts bodegues qui gèrent à elles seules 90 % de la production. Héritières d'une tradition remontant à 1872, avec la fabrication des premières bouteilles de cava chez Codorniu, ces entreprises ont forgé ce qui est devenu le pilier de l'économie locale. Au centre de la ville, on pourra observer plusieurs exemples d'architecture moderniste, comme les maisons conçues par l'architecte Lluís M. Güell ou le bâtiment industriel de Santacana Roig, mais c'est surtout la visite des caves Codorniu qui mérite le détour.

CAVES CODORNÍU ★

Avingda Jaume de Codorníu, s/n
✆ +34 938 913 342
www.visitascodorniu.com
Visites en français du lundi au vendredi à 14h. Le week-end, uniquement en espagnol, catalan ou anglais. Prix : 16 €.

En 1872, Josep Raventós, des caves Codorníu, élabore les 3 000 premières bouteilles de cava en suivant la méthode champenoise d'élaboration des vins mousseux. C'est le début d'une saga familiale qui se poursuit avec les nouvelles générations. La *masía* a été modernisée par l'architecte Josep Puig i Cadafalch entre 1896 et 1905 avec la construction du Pavillon des Expéditions (actuelle salle de réception), surmonté de voûtes catalanes en brique, avec des ouvertures en arcs paraboliques. Différentes visites guidées, dégustation de cava et restauration sur place.

CIC FASSINA (CENTRE D'INTERPRÉTATION DU CAVA)

Carrer de l'Hospital, 23
✆ +34 938 913 188
www.turismesantsadurni.cat
Mardi-vendredi visites toutes les heures entre 10h30 et 16h30. Samedi 11h, 12h30 et 17h, dimanche 11h et 12h30. 6 €.

Ce centre d'interprétation du cava occupe une ancienne distillerie pour les spiritueux construite en 1814. Elle offre aujourd'hui un beau parcours sur 1 200 m² pour découvrir les origines du cava, son histoire, et comprendre les techniques de production à l'aide d'outils modernes (images 3D, tablettes tactiles, films…). Il n'y a pas de visites commentées organisées en français, il faut en faire la demande à l'avance pour un minimum de 7 personnes.

BIKEMOTIONS

Avda. Jaume de Codorníu, s/n
✆ +34 932 682 105
www.bikemotions.es
Excursion à vélo dans les vignobles et visite d'une bodega : 49 € par personne.

Cette agence, qui organise des visites guidées à vélo dans le Penedès, propose notamment une excursion d'une demi-journée pour partir à la découverte des vignobles et d'une bodega, mais l'excursion peut aussi s'étendre à une journée entière, et peut se faire en vélo à assistance électrique. Diverses formules existent comme des visites privées. Bien se renseigner sur les disponibilités et réserver l'excursion désirée à l'avance. Une merveilleuse manière d'allier activité physique et découverte des vins, des vignobles, et de ceux qui les entretiennent…

TICUS €€

Carrer Raval 19
✆ +34 938 184 160
www.ticusrestaurant.cat
Tous les jours de 13h à 16h. Le soir, uniquement du jeudi au samedi de 20h à minuit. Menu 18 €.

Un petit restaurant au cadre moderne, dans lequel on sert une cuisine enracinée avec des plats traditionnels de la région, mais aussi des plats à base de riz. Evidemment, les vins et les cavas tiennent une place à part entière dans la dégustation, avec un choix très complet. Tout est délicieux, car les cuissons sont maîtrisées à la perfection, et le service est très attentionné. Rapport qualité-prix imbattable. La salle est assez petite, aussi il sera prudent de réserver une table afin de profiter de cette cuisine délicieuse et accessible.

IGUALADA

Située sur la rive droite du fleuve Anoia, Igualada est réputée pour son industrie du cuir et du textile. Le centre-ville regroupe d'ailleurs de nombreux commerces dédiés au cuir. On pourra également visiter son Museu de la Pell, qui retrace l'importance de l'industrie du cuir dans l'histoire de la cité. Igualada abrite quelques belles constructions modernistes, notamment l'Asil del Sant Crist (foyer du Sant Crist), œuvre de Joan Rubió i Bellver, ancien disciple d'Antoni Gaudí, construit autour d'un cloître et d'une église au plan en croix grecque. On pourra également visiter le Museu del Traginer (musée du muletier), qui expose une intéressante collection de calèches, et le Rail Home BCN, un musée dédié aux trains miniatures.

ÉGLISE DE SANTA MARIA

Carrer Santa Maria, 8
✆ +34 933 800 040
www.santamariaigualada.com
Du lundi au vendredi 8h30-12h30 et 17h30-19h30, samedi 8h30-12h et 19h-21h, dimanche 10h30-13h30 et 19h-21h.

Cette église à nef unique du XVIIe siècle présente une structure typique de la Renaissance catalane, qui se caractérise par des formes simples et austères. Transformée en marché durant la guerre civile espagnole, Santa María conserve un superbe retable baroque du XVIIIe siècle, œuvre de Josep Sunyer et Jacint Morató. Il est consacré à la Vierge, avec trois niveaux différenciés, et il est soutenu par quatre Atlas symbolisant les quatre saisons. L'église est le monument le plus important de la ville et a acquis le statut de basilique en 1949.

MUSEU DE LA PELL D'IGUALADA I COMARCAL DE L'ANOIA

Dr Joan Mercader, s/n
✆ +34 938 046 752
www.museupelligualada.cat
Mardi et mercredi 10h-14h, jeudi et vendredi 10h-14h et 16h-18h30, samedi et dimanche 11h-14h. Entrée 4 €.

Le musée occupe l'ancienne usine textile Cal Boyer du XIXe siècle. Il propose un parcours à travers l'histoire et la fabrication du cuir organisé en trois sections : l'histoire et l'usage du cuir dans les pays méditerranéens, l'univers du cuir à travers diverses thématiques (le sport, la guerre, les voyages, etc.), et enfin l'évolution de la production du cuir. Le parcours peut être complété par la visite de « Cal Granotes », une ancienne tannerie du XVIIIe siècle.

MUSEU DEL TRAGINER

Traginers, 5
✆ +34 938 048 852
www.museudeltraginer.com
Du mardi au samedi de 9h à 17h, dimanche de 10h à 17h. Entrée 4,50 €.

Ce musée, ouvert au public depuis une quinzaine d'années, est consacré au métier de muletier et à la vie rurale. Il présente une collection intéressante de calèches datant de diverses époques, permettant de mesurer l'évolution du transport, mais aussi des selles, des harnais et des outils variés autour de la mule et du cheval. En tout plus de 2 000 objets sont exposés sur trois étages et une surface de 1 000 m². C'est un véritable musée des arts et des métiers du transport avant l'ère du moteur, dont la visite est très instructive.

CAVES FERMÍ BOHIGAS

Finca can Macià
✆ +34 93 804 81 00
www.bohigas.es
Visite des caves 12 € (1h30), dégustation de 2 vins (dernier dimanche du mois). Visite historique (2h30) 28 € (3 vins).

Cette ancienne résidence seigneuriale, appartenant à la famille Bohigas-Casanovas depuis le XIIe siècle, a su traverser les âges en maintenant sa superbe. A Can Macià, on pourra déguster et acheter vins et champagnes de qualité, mais aussi effectuer un voyage dans le temps en faisant une petite balade historique dans la propriété. Toutes les pièces de la demeure sont accessibles et le mobilier d'époque est excellemment bien conservé. Les jardins et les caves valent également la visite. Une belle expérience d'œnotourisme ! Paysage exceptionnel.

EXQUISIT €€

Carrer Sant Josep, 18-20
✆ +34 938 066 859
www.restaurantexquisit.com
Ouvert le midi du mardi au dimanche. En soirée, uniquement du mercredi au samedi. Menu de midi de 13 à 23,50 €.

Dans ce restaurant moderne et soigné, tenu par Carles Rodríguez, on sert une cuisine raffinée, créative et dans l'air du temps, et ce à des prix vraiment abordables. Les menus du jour sont une très bonne option au repas de midi, mais on peut aussi se laisser tenter par les tapas et les demi-portions pour faire un tour exhaustif de la carte : poulpe grillé, cœurs d'artichaut aux gambas, sardines marinées accompagnées d'*escalivada*, etc. Le service est rapide et agréable, et petit plus : certains serveurs parlent un peu le français.

COLLBATÓ ★★

Située aux pieds de Montserrat, cette commune de 4 500 habitants est l'un des principaux points d'accès à la célèbre montagne et son parc naturel peuplé de chênes, d'oiseaux et de grottes. Son cœur historique, imprégné de contes et légendes, a gardé les traces du passé entre ses ruelles étroites, où les maisons en pierre côtoient quelques belles constructions modernistes. Le village est réputé pour la fabrication d'orgues : un savoir-faire transmis de génération en génération depuis 1925, date de création de son premier atelier. Collbató offre une escale agréable pour ceux qui souhaitent explorer Montserrat. Outre la visite de ses grottes, on apprécie son charme médiéval et les nombreuses possibilités d'excursions.

COVES DE MONTSERRAT

✆ +34 647 96 40 76

www.covesdemontserrat.cat

Visites du mardi au dimanche sur réservation. Entrée adultes 7,50 €, enfants 5,50 €.

Connues aussi sous le nom de « coves de Salnitre », ces grottes situées à Collbató offrent un parcours sous-terrain de 400 mètres environ à travers l'une des centaines de grottes qui se cachent dans les tréfonds de Montserrat. On y accède depuis Collbató après avoir grimpé quelques 244 marches ! Un montage audiovisuel avec des projections 3D retrace la formation de la montagne et de ses grottes de manière très ludique et enrichissante. Attention, il est indispensable de réserver un créneau horaire pour la visite, car les places sont limitées !

HOSTAL CAN MISSÈ €€

Carrer d'Amadeu Vives, 9

✆ +34 937 77 90 61

www.canmisse.com

Environ 100 € la chambre double avec petit déjeuner.

Aux pieds des montagnes de Montserrat, un petit hostal apprécié des randonneurs. Il est logé dans une ancienne maison de maître rénovée avec soin par Gaspar et Montse, propriétaires des lieux. Typique voûte catalane au rez-de-chaussée, murs en pierre et boiseries donnent beaucoup de cachet à l'ensemble. Les chambres, toutes différentes, sont accueillantes et bien équipées. A l'arrivée des beaux jours, vous apprécierez la petite piscine de l'hôtel et ses chaises longues pour prendre le soleil. Un hôtel de charme, avec de belles vues sur Montserrat !

EL CUP €

Carrer Cup, 2

✆ +34 618 19 59 37

www.elcuprestaurant.cat

Du mercredi au samedi de 20h à 23h, samedi et dimanche de 12h à 16h. Comptez 20 €.

Un charmant restaurant situé au cœur de Collbató, où savourer une cuisine du marché élaborée avec des produits locaux. Aux pieds des montagnes, sa terrasse ensoleillée est très agréable pour un déjeuner printanier, ou l'été, un dîner sous les étoiles avec vue sur Montserrat. La cuisine, simple et honnête, s'efforce dans l'inventivité. Ainsi, filets de dinde aux prunes, salade de tomates et anchois marinés, ou encore les tapas originales dont la composition varie au gré des saisons. A défaut d'y manger, on apprécie aussi un bon *vermut* sur sa terrasse !

Coves de Montserrat.

MONTSERRAT ★★★

La Serra de Montserrat est un site exceptionnel tout d'abord d'un point de vue géologique. On se sent tout petit en approchant les roches abruptes qui constituent la Serra de Montserrat, à 1 236 mètres d'altitude… Le monastère a été construit d'après la légende de la Sainte Vierge et Montserrat est depuis reconnu comme un grand lieu du catholicisme catalan et espagnol. Quatre-vingts moines y vivent dans le but de conserver cet endroit comme un lieu de prière et de recueillement. Montserrat est également un site incontournable pour les amateurs de randonnée. De nombreux sentiers parcourent la montagne, révélant de somptueux paysages.

MUSEU DE MONTSERRAT ★★

Abadia de Montserrat
✆ +34 938 777 745
www.museudemontserrat.com
Tous les jours de 10h à 17h45. Jusqu'à 18h45 en été et tous les week-ends entre avril et octobre. Entrée 8 €.

Le bâtiment du musée est l'œuvre de l'illustre architecte moderniste Josep Puig i Cadafalch qui, entre 1928 et 1933, participa au projet de rénovation des places du monastère. Ce musée dont on ne soupçonne guère la richesse lorsque l'on vient à Montserrat pour visiter son sanctuaire, se compose de six sections. La section « Peinture des XIXe et XXe siècles » est probablement la plus significative puisqu'elle réunit l'une des meilleures collections de peinture catalane de cette époque. Une merveille à ne manquer sous aucun prétexte.

OFICINA DE TURISME DE MONTSERRAT

Abadia de Montserrat
✆ +34 938 77 77 77
Ouvert tous les jours 9h-20h (en été) et 9h-18h (en hiver).

L'office de tourisme de Montserrat se situe près de la basilique. On peut y aller pour acheter ses billets, réserver sa visite guidée (à l'avance), louer un audioguide dans la langue que l'on souhaite pour visiter le complexe, récupérer la carte du site qui permettra de repérer les différents bâtiments ou même l'emplacement des différentes toilettes, et surtout celle des différents sentiers de randonnée à faire à Montserrat et dans la montagne environnante.

BASÍLICA DE SANTA MARIA ★★★

Plaça del Monestir
✆ +34 93 877 77 01
www.montserratvisita.com
Ouvert tous les jours de 7h30 à 20h. Audioguides disponibles à l'office de tourisme.

L'origine de Montserrat remonte au IXe siècle, mais c'est à partir du XVe siècle que sa réputation s'établit, devenant par la suite un important centre culturel grâce à son école de musique. En partie détruite par les troupes napoléoniennes, elle a fait l'objet d'importants travaux de restauration à la fin du XIXe siècle. La Moreneta ou Vierge noire de Montserrat, statue de bois polychrome du XIIe siècle, est un bel exemple du style romano-catalan. Elle fait l'objet d'une dévotion importante dans toute la Catalogne, et même au-delà…

© KAROL KOZLOWSKI - SHUTTERSTOCK.COM

© STEVE ALLEN - SHUTTERSTOCK.COM

PROVINCE DE BARCELONE

AERI DE MONTSERRAT

www.aeridemontserrat.com

Nov.-fév., lun.-ven. 9h40-17h15, sam. et dim. 9h40-18h15. Le reste de l'année tous les jours 9h40-19h. Prix : 7,50 €.

Inauguré en 1930, ce téléphérique parcourt 1 350 mètres en seulement 5 minutes (environ 5 mètres par seconde, sur une pente pouvant atteindre jusqu'à 45 %), offrant un panorama absolument splendide sur Montserrat et ses environs, et sur la montagne. C'est le moyen le plus aisé et le plus rapide pour se rendre au monastère. Départ depuis la gare Montserrat-Aeri, où se trouve un parking gratuit. A noter : le téléphérique n'est pas adapté aux personnes à mobilité réduite et il est à déconseiller à ceux qui sont sujets au vertige.

CREMALLERA DE MONTSERRAT

www.cremallerademontserrat.com

A partir de 7 € le trajet.

A partir de la gare de Monistrol Vila ou de celle de Monistrol de Montserrat, ce train à crémaillère vous permet de vous rendre jusqu'au monastère de Montserrat. Le trajet dure 13 ou 20 minutes, selon la gare choisie. Le train est accessible aux personnes à mobilité réduite, avec suffisamment de place pour les fauteuils, et il y a des ascenseurs dans les deux gares. La vue que l'on a sur la région pendant le trajet est spectaculaire. L'ancienne gare de Monistrol Vila accueille un espace d'exposition dédié à l'histoire du train.

FUNICULAR DE LA SANTA COVA ★★

www.cremallerademontserrat.cat

Nov.-mars, tous les jours 11h10-16h10. Mi-juin à mi-septembre 10h10-17h30. Reste de l'année 10h10-17h10. Trajet 3,50 €.

Depuis 1929, ce funiculaire descend du monastère jusqu'à la Sainte Grotte, à l'endroit présumé où la Vierge est apparue aux bergers. Là, une chapelle construite au XVIIe siècle abrite la Santa Cova. Ce site religieux est visité par des milliers de pèlerins chaque année. Dans la station inférieure du funiculaire, il y a une petite exposition sur la légende de Santa Cova et une autre sur le funiculaire lui-même. Le funiculaire n'est pas accessible aux personnes à mobilité réduite.

FUNICULAR DE SANT JOAN ★★

www.cremallerademontserrat.cat

Nov.-mars, tous les jours 10h-16h30, juil.-mi-sept. jusqu'à 18h30, et le reste de l'année jusqu'à 17h30. Trajet 9 €.

Inauguré en 1918, ce funiculaire vous emmènera du monastère (725 m) jusqu'à la chapelle de Sant Joan (990 m), où se trouve un mirador. On peut y visiter l'Aula de Natura, un espace d'exposition qui présente l'histoire de la montagne, ses caractéristiques géologiques, sa faune et sa flore. Le Pla de les Taràntules est aussi le point de départ de nombreuses et belles excursions, bien indiquées, dans le parc naturel. Le funiculaire n'est pas adapté pour accueillir les personnes à mobilité réduite. Le trajet dure environ 7 minutes.

HOTEL ABAT CISNEROS €€

Plaça del Monestir ✆ +34 93 877 77 01

www.montserratvisita.com

Double 86-115 €, simple à partir de 50 €. Studios à l'Abat Marcet entre 86 et 106 € pour 4 personnes.

Ses 82 chambres sans fioritures (avec ou sans vue) présentent un décor simple habillé de meubles datés. Les chambres des étages supérieurs ont une vue à couper le souffle sur les montagnes ! Le restaurant de cuisine traditionnelle propose demi-pension et pension complète.

▸ **Appartements Abat Marcet.** Ces studios installés dans un édifice du sanctuaire étaient jadis réservés aux travailleurs, avant d'accueillir depuis peu les touristes. Confort très simple et cadre fonctionnel (cuisine, salle de bains chauffage, TV...). Capacité : de 2 à 4 personnes.

RESTAURANT ABAT CISNEROS €€

Plaça del Monestir ✆ +34 93 877 77 01

www.montserratvisita.com

Ouvert tous les jours de 12h30 à 15h30 et de 20h à 21h45. Carte : 35 € environ. Plusieurs formules proposées.

La grande salle voûtée du restaurant de l'Abat Cisneros accueille les pèlerins depuis le XVIe siècle ! Botifarra, soupe de poireaux, mató : on y mange une cuisine régionale catalane typique et très correcte. Il faut dire que les options sont assez peu nombreuses autour du monastère, surtout le soir ou l'hiver... L'ancienneté et la beauté des lieux sont indéniables, à midi on y fera une pause bienvenue pour se sustenter entre deux visites. Les prix sont un peu élevés, mais il y a des plats végétariens et des options sans gluten.

MANRESA ★★

Manresa (75 000 habitants), capitale du Bages, est souvent considérée comme le cœur de la Catalogne en raison de sa situation géographique, à mi-chemin entre les montagnes et les côtes. Située sur la rive gauche du Cardener, Manresa, dont l'origine remonte au XIIe siècle, est aujourd'hui une ville industrielle qui a gardé de nombreux édifices modernistes et des monuments religieux de l'époque baroque. La ville est également célèbre pour avoir été un important lieu de retraite spirituelle pour Ignace de Loyola, fondateur des jésuites. Il y vécut pendant une année entière, priant dans une grotte et pratiquant le plus rigoureux ascétisme.

CELLER ABADAL

Masia Roqueta
✆ +34 938 743 511
www.abadal.net
Visites guidées les week-ends à 10h et à 12h, en semaine à 11h. Tarif 15 €. Réservation indispensable.

La visite de ce beau domaine permet de découvrir l'histoire de la région et des vins D.O. Pla de Bages. En plus de la visite guidée d'une ancienne bodega souterraine datant du XIIe siècle, il est possible d'effectuer un itinéraire au fil des *capitelles*, ces anciennes cabanes en pierres sèches qui servaient d'abri pour les outils des paysans. Les visites s'accompagnent bien entendu d'une dégustation des vins du cellier Abadal, fondé par Valentí Roqueta en 1983, que ce soit des blancs, des rosés ou des rouges. On peut même y organiser son mariage !

CENTRE D'INTERPRETACIÓ DEL CARRER DEL BALÇ

Baixada del Pòpul, s/n
✆ +34 93 872 14 66
Du mardi au vendredi de 10h à 14h et de 17h à 19h, samedi jusqu'à 20h. Dimanche et lundi de 10h à 14h. Entrée : 5 €.

La Carrer del Balç est une ruelle étroite et sinueuse. On y accède par l'immanquable centre d'interprétation de la Carrer del Balç qui, par le biais d'une visite interactive, nous plonge aux origines de la ville nourrie par les eaux du Cardener, des ibères à l'âge d'or du XIVe siècle. On y découvre une Manresa mystérieuse, souterraine, une ville royale laborieuse et animée d'artisans et de commerçants placée sous l'égide du roi Pierre III, qui visita la cité en 1375.

COLLEGIATA BASILICA DE SANTA MARIA - SEU ✝ ★

Baixada de la Seu, s/n
✆ +34 93 872 15 12
www.seudemanresa.cat
Lundi-vendredi 10h30-13h30, 16h-19h ; samedi 10h30-14h, 16h-19h ; dimanche 12h-14h, 17h-19h. Entrée 4 €.

Sur la colline de Puigcardener, la collégiale basilique domine la ville comme une véritable cathédrale. La quasi-totalité de l'édifice, réalisé à partir de 1325, est de style gothique catalan. Sa façade néogothique fut, elle, construite en 1915. Une fois à l'intérieur, on est surpris par les dimensions de la nef centrale (19 m de long). Elle abrite aussi l'un des plus grands retables gothiques de Catalogne, le polyptyque du Saint-Esprit (XIVe siècle), chef-d'œuvre de Pere Serra.

Vue sur Manresa.

COVA DE SANT IGNASI ★★

Camí de la Cova, 17
✆ +34 93 872 04 22
www.covamanresa.cat
Mars-oct., ma.-sam. 10h-13h/16h-19h, dim. 10h-12h. Nov.-fév., ma.-sam. 10h-13h/15h-18h, dim. 10h-12h. Visite guidée 5 €.

© COVA DE SANT IGNASI

Les nombreuses cavités rocheuses naturellement creusées par l'érosion du Cardener sont l'un des phénomènes géologiques les plus répandus du Géoparc UNESCO de la Catalogne Centrale. C'est dans l'une de ces « grottes » que saint Ignace se retira pendant plusieurs mois pour méditer et rédiger ses célèbres *Exercices Spirituels*. La visite du site permet d'admirer l'avant-grotte et son fastueux décor ode aux courants de l'histoire de l'art, la petite église jésuite du XVIIIe siècle au cœur rococo, située à côté, et la galerie qui conduit de la grotte à l'église.

MUSEU DE LA TÈCNICA ★

Carretera Santpedor, 55
✆ +34 93 877 22 31
www.parcdelasequia.cat
Ouvert du mardi au dimanche de 10h à 14h. Entrée : 3 €. Visite guidée : 5 € (en français sur réservation).

Construction hydraulique datant du XIVe siècle, le canal de la Séquia permit d'apporter l'eau du fleuve Llobregat jusqu'à la ville de Manresa, alors frappée par la sécheresse. Le musée de la Technique propose en deux espaces d'explorer les fonctions du canal de la Séquia et de comprendre l'importance de l'eau à Manresa à travers l'exposition des machineries qui permirent l'essor de la ville industrielle. Une visite tout à fait passionnante, agrémentée par le bruit des machines à tisser historiques qui s'animent sous nos yeux.

PARC DE LA SÈQUIA ★

Parc de l'Agulla
✆ +34 93 877 22 31
www.parcdelasequia.cat
Sur réservation sauf week-end et jours fériés de 10h à 14h. Ouvert également l'été entre 18h et 21h.

Selon la croyance populaire, le 21 février 1345, une lumière mystérieuse provenant de Montserrat aurait convaincu l'évêque de Vic de terminer la construction du canal de la Sèquia. Ce canal de 26 km est l'une des œuvres hydrauliques médiévales les plus remarquables de Catalogne. Avec un environnement enchanteur et peu de dénivelé, le Camí de la Sèquia offre un cadre propice à la balade, desservant quelques sites géologiques d'intérêt. Au nord de la ville, le parc de l'Agulla est un excellent point de départ pour organiser son itinéraire de visite.

PONT VELL ★

Le vieux pont de Manresa est devenu, malgré ses nombreuses restaurations, l'un des grands symboles de la ville. Traversant le fleuve Cardener, il se présente sous la forme classique en dos d'âne des ponts médiévaux, avec huit arcs en plein cintre dont le plus haut, central, atteint les 25 mètres de hauteur. Les sept autres descendent progressivement sur chacune des rives de manière symétrique. Si son origine remonte à l'époque romaine, il a subi plusieurs destructions au cours de son histoire (la base de l'arc central date du XIIe siècle).

OFICINA DE TURISME DE MANRESA

Plaça Major, 10
✆ +34 93 878 40 90
www.manresaturisme.cat
1er avril-15 sept., en semaine 10h-14h/17h-19h, le w-e le matin. L'hiver le matin, vendredi et samedi aussi 17h-19h.

L'office de tourisme de Manresa propose plusieurs visites guidées à la découverte du patrimoine de la ville et de la région du Bages. L'accueil se fait en plusieurs langues, dont le français. L'office comprend aussi une partie boutique avec des objets à l'effigie de la ville. A l'occasion de foires ou d'événements ponctuels, le kiosque de l'Arpa (petite construction moderniste située sur la place Fius i Palà) est également ouvert pour informer les visiteurs.

CELLER OLLER DEL MAS

Carretera d'Igualada C-37z km 91
✆ +34 93 876 83 15
www.ollerdelmas.com
Visite 15 € par personne (avec dégustation de 2 vins et d'huile d'olive).

Un vignoble à l'histoire millénaire proposant un large panel de visites guidées avec dégustations et organisation d'événements dans le cadre d'un château médiéval du Xe siècle entouré de centaines d'hectares de vignes et de forêts. Les vins de l'Oller del Mas sont classés sous l'appellation d'origine protégée Pla de Bages et sont bio certifiés. On y cultive des variétés autochtones, telles que le Picapoll, et on y produit de l'huile d'olive. Superbe domaine. Possibilité de réserver une visite comprenant le repas dans le restaurant.

OBAGA DE L'AGNETA

Finca de l'Obaga de l'Agneta
✆ +34 67 596 53 00
www.obagadelagneta.cat

© ÓSCAR RODBAG / BAGES TURISME

Ce domaine de 45 hectares, qui existe depuis plus de 500 ans, récupère des variétés d'olives autochtones, telles que la Corbella, la verdal Manresa et la Vera, pour produire de l'huile d'olive extra vierge et écologique. Sergi y propose une visite guidée captivante en français, l'Agneta experience, comprenant la visite du domaine et une séance de dégustation dans un cadre bucolique. Sur le domaine, barraca, tina et murs en pierre sèche témoignent de l'importance de la culture viticole dans la région avant l'arrivée du Phylloxéra et la reconversion des cultures.

CENTRE D'ESPIRITUALITAT « COVA SANT IGNASI » €

Carrer Camí de la Cova, 17
✆ +34 93 872 04 22
www.covamanresa.cat
Environ 50 € la nuit par personne, avec pension complète.

Le centre de spiritualité de la grotte de saint Ignace propose 75 chambres avec salle de bains privée destinées aux pèlerins du Camí Ignasià et aux croyants venus suivre l'enseignement jésuite divulgué dans le centre. De nombreuses activités et des retraites spirituelles en plusieurs langues (notamment en français) permettent en effet de mettre en pratique les fameux *Exercices spirituels* du fondateur des jésuites. Il est indispensable de réserver à l'avance.

HOTEL 1948 MANRESA €€

Carretera de Santpedor 54-58
✆ +34 93 874 82 16
www.1948hotel.com
De 80 à 100 € la double, petit déjeuner en option. Parking privé et payant à proximité.

Situé au nord de la ville, à 20 minutes à pied du centre historique et à 5 minutes de la station de train, cet hôtel rénové est logé dans une ancienne maison de famille datée de 1948, d'où son nom. Il propose 8 chambres doubles tout confort, aménagées dans un esprit moderne et fonctionnel. Elles sont adaptées aux personnes à mobilité réduite et certaines peuvent accueillir un couchage supplémentaire. L'hôtel loue également un appartement entièrement remis à neuf à quelques minutes de là, d'une capacité de quatre personnes, pour plus d'indépendance.

L'HOTELET CASA PADRÓ €€

Passeig Pere III, 38
✆ +34 93 872 37 51
www.hoteletmanresa.com
A partir de 115 € la double, avec petit déjeuner.

Boutique-hôtel de charme, la Casa Padró accueille les visiteurs en plein cœur de Manresa dans un très bel édifice Art nouveau du début du XXe siècle, classé au Patrimoine Architectural de Catalogne. La structure, les carrelages dans les chambres et les plafonds à décorations florales ont été conservés. Associés à une décoration sobre et contemporaine, le résultat donne un cadre accueillant, intime et charmant. L'hôtel est également pourvu d'un petit salon décoré avec goût et d'un *rooftop* offrant une jolie vue sur le théâtre. Beaucoup de cachet.

CANONGE €

Passatge Canonge Montanyà, 2
✆ +34 93 872 56 58
www.canonge.cat
Du lundi au vendredi 9h-17h, jeudi-vendredi 21h-1h, samedi 12h-17h/21h-1h. Formule à 13 € en semaine, 21 € le week-end.

Créé par la Fundació Ampans, dédiée à l'insertion professionnelle de personnes handicapées mentales, ce restaurant est avant tout un espace moderne à la décoration agréable. On y sert un menu du jour qui change en permanence, de qualité, élaboré avec des produits locaux et frais, à accompagner d'un verre de vin de la D.O. du Bages. La cuisine proposée est de type traditionnel, et les plats sont présentés avec soin. Le service est rapide et aimable et l'on pourra clore son repas avec quelques-unes des très bonnes pâtisseries faites maison.

OLLER DEL MAS €

Carretera d'Igualada C-37, km 91
✆ +34 93 835 28 82
www.ollerdelmas.com
Tous les midis. 10 juin-10 sept. ouvert aussi vendredi et samedi soir. Formule midi 13,90 € en semaine et 22 € le w-e

Niché dans un cadre verdoyant à l'extérieur de la ville, ce vignoble à la réputation bien établie possède son propre restaurant installé près du golf éponyme. Sa cuisine catalane réussie, à base de produits de haute qualité, et saupoudrée d'inventivité, se déguste sur une agréable terrasse ombragée. A la carte : un merlu et son risotto noir, un *canelό* croustillant au confit de canard, une épaule d'agneau cuite à basse température...Le chef Victor Corchado est arrivé récemment pour diriger le nouveau restaurant gastronomique.

ALIGUÉ €€

Carretera Vic-El Guix, 8-10
✆ +34 93 873 79 33
www.restaurantaligue.es
Ouvert le midi, et le soir les vendredis et samedis. Carte : 40 € environ.

A la sortie de la ville en direction de Vic, cet ancien restaurant de bord de route populaire a fait décoller sa gastronomie au fil des années. Tenu d'une main de fer par les frères Aligué depuis 1982 (et par leurs parents et leur grand-mère avant eux, le restaurant existe depuis 1957), il s'est imposé comme une référence à Manresa avec sa cuisine catalane goûteuse, plongée dans ses racines, tout en y intégrant des influences internationales (France, Italie, Pays basque...). Il est possible de privatiser une petite salle pour des événements. Belle carte des vins.

LA CUINA €€

Carrer Alfons XII, 18
✆ +34 93 872 89 69
www.restaurantlacuina.com
Carte : 35 € environ. Formule du midi : 14 €.

Une table classique à Manresa où déguster des poissons et des fruits de mer, mais aussi dévorer quelques belles pièces de viande. Au menu : une délicieuse soupe de poisson, du poulpe, un suprême de merlu, de la morue, du thon à la *plancha*, du filet de porc ibérique, du confit de canard... Accueil et service agréable, la présentation des plats est soignée. Plusieurs salles lumineuses permettent d'accueillir un grand nombre de convives, parfait pour des repas de groupes. Addition très raisonnable. Un rapport qualité-prix imbattable !

KURSAAL ESPAI GASTRONÒMIC €€

Passeig Pere III, 35
✆ +34 93 872 21 88
www.kursaal.cat
Fermé le lundi soir. Formule midi 22 €.

Moderne et accueillant, le restaurant du théâtre Kursaal est un lieu dans l'air du temps où la cuisine, alliant terroir et inventivité, se renouvelle au gré des saisons. Ne manquez pas de goûter la timbale de brandade de morue, les spaghettis noirs ou le délicieux poulpe à la braise ou encore la surprenante terrine de pied de porc croustillant aux crevettes et au foie, entre autres délices gastronomiques. Le lieu est élégant et la présentation des plats fait toute la différence.

EL PETIT CELLER

Passeig de Pere III, 18
✆ +34 93 872 19 07
www.petitceller.com
Du lundi au vendredi de 9h30 à 14h et de 16h30 à 21h, samedi de 10h à 14h30 et de 17h à 21h.

Sur l'emblématique Passeig de Pere III à Manresa, cette cave dispose d'une belle collection de vins, catalans et internationaux, qui sommeille au sous-sol, avec bien sûr une sélection de vins du Pla de Bages. Ce distributeur possède une autre adresse à Barcelone. Son credo : proposer des vins de qualité supérieure à des prix défiant toute concurrence, afin de permettre à tout un chacun de goûter à l'excellence. Ainsi, de nombreuses bouteilles à moins de dix euros attendent les amateurs de vins, mais aussi de liqueurs, de vins cuits...

TEATRE KURSAAL

Passeig de Pere III, 35
✆ +34 93 872 36 36
www.kursaal.cat
Billetterie ouverte du mardi au dimanche de 18h à 21h et le samedi matin de 11h à 13h.

Construit en 1927, ce théâtre classique précédé d'une cour intérieure offre une riche programmation de concerts, spectacles de danse, pièces de théâtre, ainsi que des activités spécifiques pour les jeunes publics, notamment pour les scolaires, mais aussi du cirque, de l'opéra... Et des cours de théâtre pour que les apprentis comédiens puissent se former dans les meilleures conditions. Une multitude de formules pour obtenir des réductions et des abonnements sont disponibles pour rendre le théâtre et les arts vivants accessibles au plus grand nombre.

CARDONA ★★

Il y a quarante millions d'années, la nature créa une montagne de sel dans la région de la commune actuelle de Cardona. Dès le Néolithique, son exploitation favorisa le développement économique du territoire, si bien qu'au Moyen Âge, Cardona était le berceau de la famille la plus riche de Catalogne : les Cardona. Ce furent précisément les seigneurs de Cardona qui, au XIe siècle, firent construire l'imposant château et la Collégiale Sant Vicenç au sommet d'une colline qui permet d'apprécier les Pyrénées et le massif de Montserrat. Aujourd'hui, la montagne de sel est devenue une attraction touristique de premier ordre. De fait, l'ancienne cité fortifiée ainsi que l'enceinte gothique ont été déclarées biens d'intérêt culturel.

CASTELL DE CARDONA ★★

Lloc Parador Nacional Turisme, 506
✆ +34 93 868 41 69
www.cardonaturisme.cat
Visite guidée 8 €.

Construit au XIe siècle pour renforcer la frontière avec les terres d'Al-Andalus, l'impressionnant château de Cardona, sur une butte de 589 m, offre un panorama magnifique sur le bassin du Cardener et la Montagne de Sel. L'exploitation du sel permit aux seigneurs de Cardona de faire du château l'un des épicentres politiques de la Couronne d'Aragon. Quelques constructions d'origine ont été préservées : la collégiale de Sant Vicenç, joyau de l'art roman catalan, et la Torre de la Minyona. Depuis 1976, le château est en partie un parador de tourisme.

PARC CULTURAL DE LA MUNTANYA DE SAL ★★

Carretera de la Mina s/n ✆ +34 93 869 24 75
www.cardonaturisme.cat
En été 10h-15h, le week-end 18h. Visite guidée en français à 12h15. Sinon horaires sur le site Internet. Adulte 12 €.

Exploitée depuis les Romains, la montagne de sel de Cardona a été pendant longtemps l'une des plus importantes mines de sel de potasse au monde. Il est possible de descendre à plus de 80 m de profondeur dans une ancienne galerie pour admirer sa géologie spectaculaire faite de stalactites et stalagmites formées par le sel cristallisé et de plissements multi-chromatiques ondulant sur les parois. Phénomène naturel prodigieux, elle continue d'évoluer au gré des pluies qui l'érodent.

PREMSA HOTEL RURAL €€

Carrer de l'Esglesia, 53
✆ +34 93 869 17 83
www.lapremsahotelrural.com
Chambre double à partir de 85 €, petit déjeuner compris.

Installé dans une magnifique *masia* de 1637, dont l'origine remonterait au début du XIVe siècle, cet hôtel rural est un vrai bijou d'histoire au charme rustique et cosy. L'édifice conserve en effet des voûtes et des arcs de l'époque médiévale, des tines, un ancien moulin à huile et des caves que l'on peut visiter. Ses neuf chambres pleines de cachet ne lésinent pas sur le confort. Son restaurant sous les voûtes est une table réputée de Cardona, il sert des plats gastronomiques à la présentation impeccable dans un cadre grandiose.

HOTEL BREMON €€€

Plaça del Portalet
✆ +34 93 868 49 02
www.hotelbremon.com
Chambre double à partir de 100 €, petit déjeuner compris. Parking en face de l'hôtel. Ferme trois semaines en janvier.

Cet hôtel historique à taille humaine et au charme indéniable s'est stratégiquement installé dans le centre de Cardona. Décoré avec beaucoup de goût, il offre un service impeccable. Ses 19 chambres au grand confort sont réparties sur les quatre étages de la bâtisse (qui est un ancien collège de religieuses). Le buffet du petit-déjeuner est très fourni. Il possède une belle salle de réception avec un restaurant ouvert aux clients les soirs et les week-ends, ainsi qu'une agréable terrasse offrant une vue saisissante sur les montagnes. Une vraie perle !

Vue depuis le château de Cardona.
© JACKF

PARADOR DE CARDONA €€€

Castell de Cardona, s/n
✆ +34 938 691 275
www.parador.es
Fermé en janvier et février. Chambre double entre 90 et 140 €.

Aménagé dans l'ensemble monumental et exceptionnel du château de Cardona, ce parador possède un environnement historique passionnant, ainsi qu'un panorama sensationnel sur toute la vallée et la Montagne de Sel. Il est doté d'une cinquantaine de chambres de divers standings (dont deux duplex) décorées dans un style médiéval soigné. Elles sont équipées de tout le confort moderne. Le cadre ancien n'empêche pas la présence d'une salle de sport et d'un sauna pour se détendre, sans oublier le restaurant associé, de grande qualité.

CAL BORRASCA €

Carrer Escassany, 15
✆ +34 93 868 42 11
www.calborrasca.com
Lundi, jeudi et dimanche de 13h à 16h. Vendredi et samedi de 13h à 16h et de 21h à 23h. Formules à 13 € et à 25 €.

Echafaudant une cuisine catalane revisitée, inventive et de proximité, cette table tenue par une jeune équipe présente un décor aux airs de taverne portugaise avec ses carreaux de céramique aux murs. Au menu : caneló de confit de canard, raviolis farcis aux pommes et à la *botifarra*, dos de cabillaud à l'aïoli, *timbal de xai* (agneau) cuit à basse température... Service attentif, produits frais et de qualité, des prix tout à fait corrects. C'est très beau et c'est très bon, en bref c'est une adresse qui vaut vraiment le détour !

RESTAURANTE PARADOR DE CARDONA €€

Castell de Cardona
✆ +34 93 869 12 75
www.parador.es
Ouvert tous les jours à partir de 11h30. Menu à partir de 30 €.

Outre son cadre enchanteur et son décor médiéval, le restaurant du Parador concocte une bonne cuisine traditionnelle. A la carte, entre autres : une terrine d'aubergine aux pieds de porc, de nombreux plats à base de champignons, des poissons et des fruits de mer, ainsi que de bonnes pièces de viandes cuites à la braise (telles que la fameuse épaule de chevreau). Les typiques *borregos de Sant Pere* (sortes de petites brioches) sont à savourer au moment du dessert.

LA VOLTA DEL RECTOR €€

Carrer de les Flors, 4
✆ +34 93 869 16 37
www.lavoltadelrector.cat
8h-17h du mardi au jeudi et le dimanche. Vendredi et samedi jusqu'à minuit. Fermé lundi. Menu La Volta del Rector 25 €.

Au cœur de la vieille ville de Cardona, il est agréable de faire une pause dans ce restaurant. Dans un décor travaillé où dominent l'or et le pourpre, absolument superbe, on pourra choisir le menu de La Volta del Rector qui regorge d'appétissantes spécialités telles que les côtelettes de porc à la bière, la langue de bœuf à l'étouffée ou l'assortiment de poissons. Tous les plats sont magnifiquement présentés, à accompagner bien sûr de vins minutieusement choisis. Service impeccable et attentionné. Un excellent rapport qualité-prix !

MOIÀ ★★

Située à mi-chemin entre Manresa et Vic, la petite ville de Moià est la capitale de la nouvelle comarque du Moianès, créée en 2015. Elle se trouve dans un environnement naturel privilégié, peuplé de forêts de hêtres et de chênes, de robustes masies, de dolmens et de grottes. Les coves del Toll (grottes) sont précisément le principal attrait touristique de cette ville qui séduira les amoureux de la nature. Depuis le site, on peut se rendre jusqu'à la Cova de les Toixoneres, où l'on a retrouvé des restes de l'Homme de Néandertal, La Surgència et la « grotte morte », tout en passant par la reconstitution d'un petit village préhistorique.

© JUAN CI - SHUTTERSTOCK.COM

Les ruelles de Moià.

CASA MUSEU RAFAEL CASANOVA ★

Carrer Rafael Casanova, 8
✆ +34 938 20 91 34
www.covesdeltoll.com
Ouvert du jeudi au dimanche. Entrée 4 €.

Rafael Casanova, ultime Conseiller en chef de Barcelone, naquit dans cet élégant manoir du XVIe siècle, aujourd'hui transformé en musée. L'exposition permanente revient sur la vie de ce partisan de Charles de Habsbourg dans le contexte politique de la guerre de Succession d'Espagne. Cette noble demeure héberge aussi le Museu Arqueològic i Paleontològic qui met en vitrine les restes archéologiques et paléontologiques excavés dans les Coves del Toll, la Bauma del Gai et Toixoneres.

PARC PREHISTÒRIC DE LES COVES DEL TOLL ★★

Suivre la N-141C en direction de Collsuspina
✆ +34 938 209 134
www.covesdeltoll.com
Ouvert le week-end de 10h30 à 19h (jours fériés jusqu'à 15h). En été la semaine jusqu'à 14h. Entrée 7 €.

Ces quatre grottes préhistoriques ont été creusées par l'action d'un torrent dans la roche calcaire d'un récif corallien vieux de plus de 38 millions d'années. Outre l'intérêt géologique de ces galeries qui s'enfoncent à près de 1 150 m sous terre, la grotte du Toll, la plus belle et la plus riche de l'ensemble, est l'un des sites préhistoriques européens les plus abondants en faune du Quaternaire. De nombreux restes témoignent aussi d'une occupation de l'homme jusqu'à l'âge de bronze.

GAIA SERVEIS AMBIENTALS

Carrer sant Josep, 4
www.gaiamoia.com

Une association de guides qui travaillent dans le secteur de l'environnement. Avec eux vous avez l'assurance d'effectuer une visite guidée très professionnelle, principalement axée sur la nature et sa conservation. Outre les randonnées organisées dans le Parc naturel de Montserrat, mais aussi dans le parc naturel de Sant Llorenç del Munt i Serra de l'Obac, des sorties alliant nature et culture sont également organisées dans les alentours de Moià, afin de découvrir cette région si riche. Vivement recommandée pour les amateurs de balades instructives !

LES CLOSANES €€

Carretera Nacional 141c, Km 32
✆ +34 63 873 26 73
www.lesclosanes.com
A partir de 1 200 € la semaine. Service traiteur sur demande. Capacité : 20 personnes.

A deux pas du Parc Préhistorique des Coves del Toll, ce mas catalan plein de cachet, dont l'histoire remonte au XIVe siècle, offre une prestation de grande qualité avec ses espaces parfaitement tenus, sa décoration charmante et son environnement privilégié. L'établissement dispose de 8 chambres, de 5 salles de bains, d'une salle à manger avec grande table pour les groupes, d'un salon avec cheminée et d'une cuisine équipée. *Chill out*, barbecue et piscine. A noter : le propriétaire loue également un studio en ville (un bon plan !).

TAULA Nº1 €

Carretera Manresa, 16
✆ +34 64 011 09 66
Fermé les mardis et les mercredis. Carte : 20 € environ.

Sélection de charcuterie et fromages, viandes cuites à la braise, cassolettes, escargots, mató au miel… Une adresse où s'initier à la gastronomie catalane dans le joli décor rustique d'une ancienne bodega de 1866 parsemée de grandes tables en bois, où tous les convives peuvent échanger en partageant de grandes assiettes et des verres de vin. Les plats sont vraiment copieux et traditionnels. Ambiance très conviviale. Une grande terrasse permet de profiter des rayons du soleil si vous le souhaitez, mais la grande halle est très lumineuse.

MAGADINS VELL €€

C-59, Km 43.5
✆ +34 93 820 83 28
www.magadinsvell.com
Ouvert du mercredi au dimanche de 13h à 17h et les vendredis et samedis de 20h à minuit. Carte : 30 € environ.

Ancienne ferme (*masia*) qui date de l'an 1080 ! Vous pourrez y déguster une cuisine traditionnelle et méditerranéenne préparée à partir de produits frais et de qualité achetés directement aux producteurs du Moianès. Belles et authentiques salles de service sous les voûtes de pierre, mais il y a aussi une agréable terrasse pour les beaux jours. Viandes braisées ou mijotées, plats archi copieux, bons vins... Egalement des options végétariennes, véganes et sans gluten. Et les desserts sont tout aussi succulents que les plats salés.

LES VOLTES DE SANT SEBASTIÀ €€

C/ Sant Sebastià, 9
+34 93 830 1440
www.lesvoltes.com
Ouvert le midi du mercredi au dimanche. En soirée, uniquement les vendredis et samedis. Carte : 40 € environ.

L'une des tables les plus réputées de Moià. On y concocte une bonne cuisine régionale et innovante à savourer sous les voûtes en pierre d'une demeure centenaire ou sur l'agréable terrasse arborée. On pourra par exemple y déguster des pieds de porc farcis au foie gras et aux ceps ou encore un tataki de thon sauvage rehaussé d'une touche de mangue. Le service est attentionné, les produits frais et de qualité, les plats généreux. Une très belle adresse.

VIC ★★

A mi-chemin entre la mer et les Pyrénées, l'ancienne capitale de la tribu ibère des Ausetans est aujourd'hui une ville très dynamique de plus de 40 000 habitants. Sur la Plaça Major, l'une des plus belles de Catalogne, se tient tous les mardis et samedis le fameux marché de Vic, où l'on peut s'approvisionner en spécialités locales. La commune est également réputée pour son intéressant Museu Episcopal. La visite de son charmant centre historique, au tracé médiéval, permet de découvrir de belles maisons seigneuriales. Tout au long de l'année, Vic accueille de nombreux festivals et de grandes foires gastronomiques réputées dans toute la région, en particulier le Mercat del Ram, une tradition qui remonte au Moyen Age.

CATHÉDRALE DE SANT PERE ★

Plaça de la Catedral +34 938 864 449
www.cataloniasacra.cat
Tous les jours de 10h à 13h et de 16h à 19h. Entrée libre. Accès payant au cloître et à la crypte (3 €).

C'était à l'origine une église construite au XIe siècle, dont seules la crypte et la tour-clocher ont été conservées. Le bâtiment actuel, de style néo-classique, date de la fin du XVIIIe siècle. A l'intérieur, on peut admirer une série de peintures réalisées par Josep Maria Sert entre 1926 et 1930, et qui représentent le mystère de la Rédemption. Le retable gothique, splendide, est à admirer également, tout comme le cloître (entrée payante). A proximité, un musée présente une très importante collection d'arts roman et gothique.

MUSEU EPISCOPAL DE VIC ★★

Plaça Bisbe Oliba, 3 +34 938 869 360
www.museuepiscopalvic.com
Du mardi au samedi de 10h à 19h (18h l'hiver), dimanche de 10h à 14h. Entrée : 8 €.

Fondé en 1891, le musée épiscopal de Vic est l'un des plus importants du genre en Europe de par la richesse de ses collections, en particulier celles consacrées à l'art roman et à l'art gothique. Il est aujourd'hui logé dans un bâtiment très moderne situé à côté de la cathédrale, qui regroupe un fonds immense de près de 30 000 œuvres. Outres ses riches collections romanes et gothiques, le musée propose des sections consacrées notamment à l'orfèvrerie, l'archéologie, la forge, le cuir, le verre ou encore la céramique. Une visite instructive.

PARADOR DE VIC-SAU €€€

Paraje el Bac de Sau
+34 938 122 323
www.parador.es
Fermé entre janvier et mi-février. Chambre double entre 95 € et 150 €.

Dominant le barrage de Sau, lieu prisé pour la pratique du kayak, de la voile et du ski nautique, ce parador offre un cadre idyllique pour un séjour en pleine nature. Le site est splendide et l'établissement occupe un mas catalan typique. Les chambres, décorées dans un esprit contemporain, ainsi que la belle piscine extérieure et un jardin, assurent un grand confort aux visiteurs qui bénéficieront ici d'une vue grandiose et d'un cadre reposant. Barcelone est à moins d'une heure de route. Très bon restaurant également sur place.

MAGDA SUBIRANA €€

Carrer Sant Sadurní, 4
+34 938 890 212
www.magdasubirana.cat
Du lundi au samedi de 13h à 16h. En soirée, uniquement vendredi et samedi de 20h30 à 23h. Environ 30 €.

Situé dans un bâtiment du XVIIe siècle avec une jolie terrasse arborée, ce restaurant propose une cuisine traditionnelle réinterprétée avec une bonne dose de modernité. A l'intérieur, vieilles pierres et poutres apparentes se mêlent au mobilier contemporain. C'est un décor très agréable pour prendre le temps de déguster un menu complet qui change à chaque saison ou choisir des plats à la carte avec entre autres des calamars, de la morue, le poisson frais du jour, des pieds de porc, des filets de bœuf ou un magret de canard au porto...

PROVINCE DE BARCELONE

RUPIT I PRUIT

Accès à Rupit i Pruit en voiture depuis Barcelone par la C-17. Ce petit village tout à fait pittoresque est situé dans la zone du haut plateau de Collsacabra, offrant des paysages spectaculaires avec ses dépressions abruptes et ses forêts de chênes. Peuplé d'environ 300 habitants, Rupit i Pruit forme un ensemble médiéval très bien conservé, avec ses jolies maisons en pierre des XVIe et XVIIe siècles, ornées de balcons fleuris. De par son architecture singulière, l'ancienne forge du village (*ferreria*) a été reproduite dans le Poble Espanyol de Barcelone. Il ne faut pas manquer la balade qui part du village et mène jusqu'à la cascade du Salt de Sallent (environ 1h15 de marche aller-retour), un site naturel absolument superbe.

HOSTAL ESTRELLA €€

Plaça Bisbe Font, 1
✆ +34 938 522 005
www.hostalestrella.com
Chambre double 125 € avec petit déjeuner. Menu à partir de 19 € au restaurant.

Cet hôtel de charme est quasiment une institution dans le village puisqu'il est tout à la fois hôtel, restaurant et... épicerie ! Inaugurée en 1946, l'ancienne *fonca* a laissé la place à un hôtel de grand confort, qui propose 16 chambres rustiques et douillettes, avec des murs en pierre et des poutres apparentes. Dans le restaurant, on vous servira une bonne cuisine traditionnelle élaborée avec des produits frais et du terroir, comme par exemple les *canelons*, le lapin à l'ail et aux champignons ou l'agneau rôti de Collsacabra...

FORN DE PA L'ERA

Plaça Era nova, 1
✆ +34 938 522 046
www.fornderupit.com
Du lundi au vendredi de 9h à 19h, samedi et dimanche de 8h à 19h (jusqu'à 20h en été).

A la fois boulangerie, salon de thé et épicerie, l'endroit est connu pour son *pa de pagès* (pain de campagne) et sa *coca de forner* aux pignons et à l'anis. Ici tous les produits sont élaborés de manière artisanale et cuits au feu de bois depuis 1969. Les étals regorgent de véritables merveilles : pains, pâtisseries, pains fourrés sucrés-salés, charcuteries, fromages, que l'on peut déguster sur place, ou que l'on peut prendre à emporter pour les savourer chez soi. On ne sait où donner de la tête tellement tout est extrêmement appétissant.

EMBOTITS MARIA CARME

Plaça Bisbe Font, 2
✆ +34 938 522 078
www.embotitsderupit.cat
Tous les jours sauf le mardi de 10h à 14h et de 16h à 20h.

Dans cette petite échoppe typique, on élabore de la charcuterie artisanale vraiment succulente depuis plus d'un demi-siècle. C'est une maison familiale, spécialisée dans toutes les sortes de saucisses. A ne pas manquer, donc, pour faire des achats de *fuet* (saucisse sèche), de *llonganissa* (saucisson) ou encore de *botifarra* (saucisse fraîche). La boutique vend également de la viande, du vin et des fromages, ainsi que des fruits et des légumes. Vous pouvez aisément y composer votre panier pique-nique avant de partir vous balader dans les environs !

BERGA ★

Située au pied de la chaîne montagneuse du Queralt, Berga est la capitale de la comarque du Berguedà. Elle est réputée pour ses fêtes de la Patum, classées sur la liste du patrimoine culturel immatériel de l'humanité de l'Unesco. Cette grande fête populaire, qui se déroule entre mai et juin selon les années, trouve son origine dans les processions qui accompagnaient le Corpus Christi (Fête-Dieu) au Moyen Age. Des représentations théâtrales et des défilés d'effigies animent les rues de la ville. Berga est aussi une destination prisée des familles pour ses paysages naturels propices à la pratique de nombreuses activités. La balade jusqu'au sanctuaire de Queralt, connu comme le « balcon de Catalogne », est un incontournable.

SANCTUAIRE DE LA MARE DE DÉU DE QUERALT ★

Camí de Queralt

Situé à 1 200 mètres d'altitude, ce sanctuaire est niché entre des sommets escarpés et offre un point de vue époustouflant sur les vallées du Bages et du Baix Berguedà. Le site est formé de trois bâtiments : l'ancienne auberge, l'église romane de Sant Pere de Madrona (XIIe siècle), et le sanctuaire, où l'on continue de vénérer la Vierge. C'est aussi le point de départ du Chemin des Bonshommes (GR 107), un itinéraire transfrontalier qui parcourt 190 kilomètres jusqu'à Foix, en Ariège.

EL PORXO DE LA BARRACA €€

31 Carrer Major

✆ +34 608 737 714

www.calbernadas.com

Environ 200 € la suite.

La Barraca se trouve à 2 km de Casserres et à 90 km de Barcelone, dans un cadre privilégié. Le domaine reçoit chaque matin les premiers rayons du soleil. Au milieu d'une forêt de pins et de chênes et de champs, vue magnifique sur les Pyrénées. Les propriétaires proposent un large panel de services sur mesure (cuisinier à domicile, activités enfants, massages, transports, activités découverte...) et mettront tout en œuvre pour que vous passiez un séjour relaxant et ressourçant. Intérieur cosy et chaleureux. Piscine avec vue plongeante sur les montagnes.

ESTANY CLAR €€€

Ctra C-16, km100

✆ +34 938 220 879

www.estanyclar.com

Fermé le lundi. Menu dégustation : 78 €.

Dans une jolie *masia* à la sortie de Berga, le chef Josep Xandrí élabore une cuisine catalane de haute volée, gastronomique, qui met en valeur les produits de la région. Incontournable *caneló*, filet de bœuf à la crème d'aubergine, chevreau à basse température, agneau rôti… à déguster dans une belle salle rustique, et à accompagner de vins choisis avec soin. Les desserts sont tout aussi savoureux et beaux. Accueil et service de très grande qualité, et grand raffinement du début à la fin du repas. Incontournable pour ceux qui en ont les moyens.

BAGÀ

A 130 kilomètres de Barcelone, l'ancienne cité médiévale de Bagà s'organise autour de la Plaça Galceran de Pinós, entourée de portiques aux arcades de pierre d'où partent les ruelles qui montent vers l'ancien palais des Pinós. Celui-ci abrite aujourd'hui le Centre médiéval et des Cathares. Le village accueille également le Centre d'interprétation du Parc naturel de Cadí-Moixeró, ce qui en fait la porte d'entrée sur cet ensemble montagneux de plus de 40 000 hectares. Le massif de Pedraforca attire alpinistes et randonneurs expérimentés, bien qu'il existe une piste goudronnée moins exigeante, entre Saldes et le belvédère de Gresolet.

MASSIF DU PEDRAFORCA ★

✆ +34 938 258 046

http://parcsnaturals.gencat.cat

Situé dans les pré-Pyrénées catalanes, à l'intérieur de la zone du Parc naturel Cadí-Moixeró, le Pedraforca est l'une des montagnes les plus emblématiques de Catalogne en raison de sa curieuse silhouette en forme de U. Le massif culmine au niveau du Pollegó Superior à 2 507 mètres d'altitude. Son versant nord plonge verticalement sur la forêt et la vallée de Gresolet, environ 1 000 mètres plus bas. Les forêts et les prairies du massif abritent une riche faune. Depuis longtemps, le massif attire les alpinistes et les randonneurs les plus expérimentés.

MONASTÈRE DE SANT LLORENÇ ★

Guardiola de Berguedà

Cet ensemble monumental est l'un des plus importants de la contrée. Les premières références au monastère bénédictin remontent au IXe siècle. Après une période d'expansion jusqu'au XIIe siècle, le monastère est partiellement détruit lors d'un tremblement de terre en 1428. Récemment restaurée, l'église reflète ces différentes phases de construction et reconstruction. On pourra admirer la voûte d'arêtes de la crypte et des vestiges du cloître et des dépendances monacales.

PARC NATUREL DE CADÍ-MOIXERÓ ★★

C/ La Vinya, 1 ✆ +34 938 244 151

http://parcsnaturals.gencat.cat

Centre d'info : l'été en semaine 9h-13h/16h-19h et dimanche matin. Sinon 8h-15h, vendredi et samedi aussi 15h-18h30.

Courant sur les provinces de Lleida, Gérone et Barcelone, le Parc naturel de Cadí-Moixeró, de plus de 40 000 ha, est le plus vaste espace naturel de la Catalogne. Sa végétation est dominée par les pins sylvestres et les pins noirs, c'est un refuge idéal pour une faune de haute montagne variée : marmotte, hibou des Pyrénées, aigle royal, marte et isard, cette chèvre endémique des Pyrénées. C'est un terrain propice aux activités de plein air : randonnée, sports d'hiver, alpinisme...

MASIA RURAL MOLÍ DEL CASÓ €€

Barri Terradellas Vell, 10

✆ +34 639 311 104

https://molidelcaso.cat

Comptez 85 € la chambre double.

Situé dans un ancien moulin du XIXe siècle, ce gîte rural propose des chambres simples et rustiques, dans un environnement bien adapté aux familles avec salle de jeux et bibliothèque. Conçu sur un modèle écologique et de développement durable, le gîte utilise de l'énergie solaire et dispose d'un jardin de plantes aromatiques, médicinales et de fleurs comestibles. L'objectif est clairement affiché : zéro déchet ! Pour les repas, cuisine avec des produits bio et du terroir.

SANTUARI DEL PALLER €

Carretera Paller, km 2

✆ +34 697 53 52 66

www.santuaridepaller.com

Consultez les horaires. Menu 17,50 €.

A 3 kilomètres à la sortie de Bagà, une authentique cuisine « casera » (faite maison), simple et sans prétention, élaborée avec des produits frais de la région. En général, le menu s'organise autour d'une viande grillée et de pommes de terre. La particularité de ce restaurant, c'est qu'il se trouve à l'intérieur d'une église néoclassique, dont une partie des dépendances ont été aménagées en grandes salles à manger rustiques et en chambres d'hôtes. Ambiance familiale et conviviale, menus pour les enfants et prix très raisonnables.

PROVINCE DE BARCELONE

Parc naturel de Cadí-Moixeró.

LA POBLA DE LILLET

Située au nord de la région du Berguedà, La Pobla de Lillet (1 200 habitants) est une petite ville liée à son passé industriel. En plus de son industrie textile florissante, c'était aussi un lieu d'exploitation de mines de lignite et de production de ciment. La grande usine de l'époque, l'usine Asland, appartenait au célèbre industriel Eusebi Güell, connu pour avoir été le mécène de Gaudí. La ville conserve un patrimoine passionnant du modernisme catalan, avec le refuge de Catllaràs et les Jardins Artigas signés Gaudí. Ceux-ci furent abandonnés après la guerre civile, et ce n'est qu'à partir des années 1990 que la ville se chargea de les restaurer;

TREN DEL CIMENT [TRAIN DU CIMENT] ★

✆ +34 972 732 020
www.trendelciment.cat
Tous les jours en été. Week-ends, ponts et vacances scolaires. 5 € le trajet.

Autrefois, cette ligne ferroviaire permettait de transporter le ciment depuis l'usine Asland jusqu'à Guardiola de Berguedà d'où partaient les trains en direction de Berga et Manresa. L'ancien train du ciment effectue un parcours de 3,5 km avec des arrêts à La Pobla de Lillet, La Pobla Centre, les Jardins Artigas et le Museu del Ciment de Castellar de n'Hug. Ce musée, installé dans l'ancienne usine de ciment d'Eusebi Güell, retrace l'histoire et les processus de fabrication du ciment.

JARDINS ARTIGAS ★

✆ +34 687 998 541
Tous les jours en été. Week-ends, ponts et vacances scolaires. Entrée : 4,20 €.

Eusebi Güell possédait à La Pobla de Lillet une importante usine de ciment ainsi que les mines de Catllaràs. Il chargea Gaudí d'imaginer un chalet à côté des mines pour héberger les ingénieurs. C'est ainsi qu'en 1905, Gaudí séjourna à La Pobla de Lillet pour suivre les travaux. Il fut hébergé par l'industriel Joan Artigas, qui le chargea d'aménager son jardin. Les travaux se terminèrent en 1906. Le pont flanqué d'arcades qui enjambe la rivière, la tonnelle en pierre et les fontaines aux formes animales sont les éléments les plus remarquables.

BODEGA MURCAROLS €

Carrer de l'Església, 4
✆ +34 938 236 001
Plusieurs formules à partir de 7 €.

Connue pour son vermouth artisanal, cette bodega est le lieu incontournable de La Pobla à l'heure de l'apéritif. Dans un décor traditionnel avec ses tonneaux en bois, le vermouth s'accompagne d'assiettes de charcuterie catalane, de *pa amb tomàquet* (pain à la tomate), d'olives et de conserves. Les portions sont extrêmement généreuses et la qualité de la charcuterie et des fromages est très élevée. Rapport qualité-prix vraiment excellent. Ambiance conviviale parfaite pour des apéros entre amis ou en famille ! On recommande vivement !

La Pobla de Lillet.

PROVINCE DE BARCELONE

ORGANISER SON SÉJOUR

Alors que l'idée d'un séjour à Barcelone commence à faire son chemin dans votre esprit, l'excitation de découvrir la capitale catalane se mêle peut-être à l'appréhension de devoir organiser des vacances dans une ville étrangère. Vous êtes peut-être dépassé par le nombre de compagnies aériennes et de tour-opérateurs desservant la destination, ou par le vaste choix d'hôtels et leur emplacement dans la ville. Pas de panique ! Vous trouverez dans ce chapitre toutes les informations indispensables au bon déroulement de votre séjour. Des conseils pratiques pour le transport, les agences de voyages et un grand choix d'hébergements dans les meilleurs quartiers de Barcelone. B&B, studio, appartement, pension de charme, hôtel chic ou design : nous avons sélectionné pour vous un florilège de logements aux atouts variés. Voici nos conseils pour organiser au mieux votre séjour à Barcelone sans vous ruiner !

ORGANISER SON SÉJOUR

ARGENT

L'euro. Les faces des pièces espagnoles de 1, 2 et 5 centimes représentent la cathédrale Saint-Jacques-de-Compostelle, et celles de 10, 20 et 50 centimes l'écrivain Miguel de Cervantès. Enfin, le roi Felipe figure sur les pièces de 1 et 2 euros (les billets sont communs à toute la zone euro).

BUDGET / BONS PLANS

D'un point de vue global, en Espagne, la vie est moins chère qu'en France. Cependant, ne vous enthousiasmez pas trop, car à Barcelone certains lieux touristiques pratiquent le prix fort. Avec un petit budget, il faudrait compter au minimum 60 € par jour : 30 € pour un lit en dortoir dans une auberge, 20 € pour la nourriture (tapas, sandwich), 10 € pour le transport (abonnement de transports en commun Hola Barcelona). Avec un budget moyen, prévoyez 120 € par jour : 50 € par personne pour une chambre double dans un hôtel de charme, 40 € pour les repas (un menu de midi à 15 € et des tapas gastro à 25 €), 10 € de transport et 20 € pour les visites. Avec un budget élevé de plus de 200 € par jour, vous pourrez opter pour un hôtel avec piscine, réserver un spectacle de flamenco, tester les tables gastronomiques, etc.

PASSEPORT ET VISAS

Vous aurez simplement besoin d'une carte d'identité ou d'un passeport en vigueur.

PERMIS DE CONDUIRE

Un permis de conduire délivré par un pays de l'Union européenne est reconnu dans toute l'Union européenne. Aucun souci, donc, pour louer un véhicule en Espagne avec votre permis français.

SANTÉ

Vous ne risquez aucun problème de santé en allant en Espagne.

VACCINS OBLIGATOIRES

Il n'est pas nécessaire de prévoir de vaccination complémentaire à celles déjà obligatoires en France.

SÉCURITÉ

Les vols sont nombreux dans les grandes villes d'Espagne, parfois même accompagnés de violence.
Une hausse significative de la délinquance a été enregistrée à Barcelone au cours des derniers mois. Il convient d'être vigilant, notamment dans les quartiers touristiques et les transports publics.

DÉCALAGE HORAIRE

Il n'y a pas de décalage horaire entre l'Espagne péninsulaire et la France.

© GAFFERA - ISTOCKPHOTO.COM

L'ASSURANCE VOYAGE, LE BON RÉFLEXE POUR PARTIR L'ESPRIT TRANQUILLE

avec CATHERINE DIBOUES, responsable du marché voyage, loisir et mobilités chez Allianz Travel

En cas d'annulation de voyage, peut-on bénéficier d'un remboursement des frais engagés ?

L'assurance voyage propose une indemnisation lorsque l'on doit abandonner son projet de séjour pour une raison indépendante de sa volonté. Contrairement aux idées reçues, les assurances liées aux cartes bancaires ne proposent pas toutes une assurance annulation.

Que se passe-t-il en cas de retard de vol ?

Avec l'assurance voyage Allianz Travel, les frais supplémentaires liés à l'attente sont pris en charge, à partir de 2h de retard. Il peut s'agir des frais de restauration, de transport lors d'un changement d'aéroport ou d'une éventuelle nuit d'hôtel.

L'assurance voyage couvre-t-elle la perte ou le dommage des bagages ?

Allianz Travel indemnise les voyageurs en cas de bagages endommagés ou perdus par la compagnie aérienne. Cela comprend l'indemnisation du bagage et son contenu.

Quelles sont les destinations couvertes par votre zoning Europe svp ? Est-ce uniquement l'UE ou l'ensemble du continent européen ?

Les pays européens ont des accords avec l'administration française. Avant de partir, il faut demander la carte européenne d'assurance maladie. La sécurité sociale et la mutuelle prennent alors en charge les frais médicaux, selon leurs barèmes. Les frais médicaux étant majoritairement plus élevés qu'en France, l'assurance voyage permet de se voir remboursé du reste à charge.

En cas de souci de santé sur place, que faut-il faire ?

En cas de doute ou pour des symptômes légers, nous proposons un service de téléconsultation médicale, par téléphone et en visio, qui permet d'être conseillé et orienté par un professionnel ainsi que d'obtenir une ordonnance si besoin. Pour une situation plus grave, il est nécessaire d'appeler les urgences locales, dont les numéros sont disponibles sur notre application mobile. Une fois à l'hôpital et dans un état stable, on appelle Allianz Travel pour déclencher les procédures de prises en charge. Notre centre d'assistance fonctionne 24h/24, 7j/7.

LANGUES PARLÉES

L'espagnol (ou castillan) est la langue officielle du pays, mais trois autres langues régionales bénéficient également de cette reconnaissance juridique. Contrairement au basque (ou euskera) et au galicien, respectivement cantonnés au Pays basque (et une partie de la Navarre) et à la Galice, la langue catalane dépasse les frontières de la Catalogne, jusqu'en Pays valencien et aux Baléares. On estime à plus de 10 millions le nombre de personnes qui parlent le catalan.

COMMUNIQUER

L'Espagne possède un réseau de télécommunications moderne et bien développé. Depuis Barcelone, vous pourrez passer des appels téléphoniques de qualité et accéder à Internet sans aucun problème.

ELECTRICITÉ ET MESURES

Barcelone est branché sur 220 V comme le reste de l'Europe continentale. Comme les Français, les Espagnols utilisent le système international d'unités.

BAGAGES

De mai à début octobre, n'oubliez pas votre maillot de bain ! En mai et début septembre, pensez également à prendre un parapluie, les averses sont fréquentes. En janvier et février, des gants seront probablement nécessaires.

LES PHRASES CLÉS

Bonjour, je voudrais réserver un billet aller/retour pour…
Bon dia, m'agradaria reservar un bitllet d'anada i tornada a…

J'ai raté mon avion. Je voudrais échanger mon billet s'il vous plaît.
Vaig perdre l'avió. M'agradaria canviar el bitllet, si us plau.

Mon vol est très en retard. Ma correspondance sera bien assurée ?
El meu vol ve tard. Arribaré a temps pel proper vol?

Mes bagages ont été égarés, à qui dois-je m'adresser ?
M'han perdut l'equipatge, ¿a qui he de dirigir-me?

Louez-vous des voitures avec chauffeur ?
Lloguen cotxes amb xofer?

Je n'ai presque plus d'essence. Où se trouve la station-service la plus proche ?
Gairebé no tinc benzina, ¿on és la benzinera més propera?

S'Y RENDRE

Quelle que soit votre expérience du voyage, vous n'aurez aucun problème à organiser votre séjour à Barcelone. En suivant nos recommandations, vous aurez toutes les clés en main avant votre départ et éviterez les pièges les plus courants. Nous avons fait le gros du travail en répertoriant pour vous les compagnies aériennes qui proposent les vols les plus intéressants et au meilleur rapport qualité-prix. Et elles sont nombreuses à destination de Barcelone ! Le train constitue également une excellente option pour vous rendre dans la capitale catalane, en particulier depuis la mise en service en 2013 d'une ligne à grande vitesse entre Paris et Barcelone. Ainsi, en seulement 6h40 de trajet, vous pourrez rejoindre la capitale catalane au départ de Paris Gare de Lyon ! Le bus, enfin, reste l'option la moins chère pour les petits budgets. Voici notre sélection de transports pour vous rendre à Barcelone !

AIR INDEMNITE

25 bis, avenue Pierre Grenier
BOULOGNE-BILLANCOURT
✆ 01 85 32 16 28
www.air-indemnite.com

Des problèmes d'avion (retard de vol, annulation ou surbooking) gâchent le séjour de millions de voyageurs chaque année. Selon la réglementation, ceux-ci ont droit jusqu'à 600 € d'indemnité par passager ! Mais devant la complexité juridique et les lourdeurs administratives, très peu parviennent en réalité à faire valoir leurs droits. Pionnier français depuis 2007, ce service en ligne simplifie les démarches en prenant en charge l'intégralité de la procédure : analyse et construction du dossier, échanges avec la compagnie, suivi jusqu'au versement des sommes dues.

AIR FRANCE

✆ 09 69 39 36 54
www.airfrance.fr
Réservations en ligne ou par téléphone, tous les jours de 6h30 à 22h.

Toute l'année, la compagnie nationale française propose de nombreux vols tous les jours au départ des aéroports de Paris : plusieurs destinations en France, en Europe et à l'international. La compagnie, qui existe depuis 1933, est synonyme de qualité, de service et de confort. Sa flotte est majoritairement constituée d'Airbus âgés environ d'une dizaine d'années. Nous vous conseillons de réserver très à l'avance pour obtenir des tarifs compétitifs. Air France vole entre autres vers Barcelone, le temps de trajet est alors de 1h45.

AIR EUROPA

✆ 01 42 65 08 00
www.aireuropa.com

Cette compagnie aérienne espagnole, fondée en 1986, propose des trajets directs entre l'aéroport de Paris-Charles de Gaulle et celui de Barcelone-El Prat. Membre de l'alliance SkyTeam, elle opère des liaisons en partenariat avec Air France. Les vols sont réguliers et partent relativement à l'heure. Un service de « Priority Boarding » est disponible au moment de la réservation pour les personnes qui souhaitent éviter les files d'attente à l'enregistrement des bagages ou bien à l'embarquement (moyennant un supplément de 8 euros).

EASYJET

✆ 08 20 42 03 15

Cette compagnie aérienne low cost à l'image jeune, tendance et dynamique propose, en s'y prenant bien à l'avance, des tarifs intéressants pour Barcelone. Départs possibles depuis Paris-Charles de Gaulle mais aussi depuis plusieurs villes de province : Bordeaux, Lyon et Nice. Si vous prévoyez d'enregistrer un bagage en soute, le plus simple est de faire l'enregistrement en ligne et de faire l'impression papier de votre billet ou sur l'application mobile. Plus on s'approche de la date de départ, plus la différence de prix s'amoindrit.

IBERIA

✆ 0 825 800 965

www.iberia.com

À destination de Barcelone, la compagnie espagnole propose plusieurs vols directs, opérés par la compagnie Vueling, depuis/vers Paris, Bordeaux, Bruxelles, Nantes, Rennes, Lyon, Marseille, Nice et Genève. Compter en moyenne 1h40 pour relier Paris à Barcelone. Certains tarifs, à certaines dates, sont très intéressants. Plusieurs options disponibles au moment de la réservation : possibilité de choisir son siège, d'ajouter des bagages, de réserver un hôtel, de louer une voiture, ou d'accéder à un billet de classe supérieure (voir les conditions sur le site).

VUELING

✆ 08 99 23 24 00

www.vueling.com

Vueling, la compagnie low-cost espagnole qui a fêté ses 15 ans d'existence en 2019, relie à prix doux Paris (Orly) à Barcelone. Vols directs également depuis/vers Brest, Bordeaux, Bruxelles, Toulouse, Lille, Nantes, Lyon, Marseille, Nice et Genève. Le prix sans option permet de voyager avec un bagage à main et un petit sac mais pour ne pas avoir à se limiter sur place, il est possible de retenir l'option « optima » (plus 40 euros par personne) qui inclut un bagage de 25 kg et le choix des places et l'enregistrement instantané.

RYANAIR

✆ 08 92 56 21 50

www.ryanair.com

Selon la saison, Ryanair relie Barcelone à Paris/Beauvais et Bruxelles (Zaventem ou Charleroi). Bien qu'elle affiche des prix défiant toute concurrence, les options font vite monter l'addition. Pour vous rendre à Barcelone sans supplément, par exemple, il vous faudra voyager avec un sac qui se place sous le siège passager. Mais ces conditions de transports mises à part, il faut reconnaître à Ryanair des rotations intéressantes à prix très doux. Sur le site, on peut avoir une vue des tarifs sur l'ensemble du mois. Les prix les plus bas sont affichés.

RENFE SNCF

www.renfe-sncf.com

Liaison Paris-Barcelone à partir de 39 €.

Depuis 2013, le réseau de coopération Renfe SNCF assure les liaisons à grande vitesse entre la France et l'Espagne. Ces trains relient Paris et Barcelone en seulement 6h40 au départ de Gare de Lyon jusqu'à Sants Estació, avec une fréquence de 2-4 trains par jour selon les saisons. D'autres liaisons sont proposées notamment au départ de Lyon (5h), Marseille (4h30), Toulouse (3h) ou encore Narbonne (2h). Les trains, très confortables, sont équipés du wifi gratuit. Mais vous apprécierez aussi les merveilleux paysages traversés, notamment entre Figueres et Nîmes !

TRANSAVIA

✆ 08 92 05 88 88

www.transavia.com

Filiale low-cost de la compagnie Air France/KLM, Transavia assure, au départ de Paris Orly-Sud, des liaisons à bas prix pour Barcelone. En basse saison, vous pouvez prendre vos billets d'avion jusqu'à 10 jours avant le départ sans réelle augmentation de prix. Plutôt bon à savoir pour un séjour de dernière minute. En général, les vols ont peu de retard (sauf en haute saison) et le service est correct. En vol, aucune boisson offerte mais possibilité de petit déjeuner ou de collation payants. Une compagnie au bon rapport qualité-prix.

BLABLABUS

✆ 01 71 53 01 80

www.blablacar.fr/bus

Tous les billets de bus sont échangeables et remboursables jusqu'à 30 minutes avant le départ.

Blablatus se veut être une alternative de choix à la voiture. Au rythme d'au moins un aller-retour quotidien, la liaison avec Barcelone est assurée au départ de Paris, Montpellier, Aix-en-Provence, Marseille, Nantes et Toulouse. Et comme toujours chez Blablabus, tout est pensé pour vous : un confort de niveau supérieur, des Capitaines à votre écoute, un temps de trajet optimisé grâce au wifi et aux prises électriques, des prix annoncés à l'avance qui ne changent pas à la dernière minute et des bus adaptés aux personnes à mobilité réduite.

SÉJOURS ET CIRCUITS

On ne compte plus le nombre de voyagistes qui offrent des séjours à Barcelone : voyages culturels, séjours gastronomiques ou sportifs... il y en a pour tous les goûts ! Pour vous aider à faire un choix éclairé, nous avons sélectionné les spécialistes qui proposent selon nous les meilleurs voyages organisés. C'est l'option que vous privilégierez si vous n'avez pas envie de vous tracasser avec l'organisation. Les séjours sont organisés par de fins connaisseurs de la Catalogne, qui vous proposeront des thématiques variées et des expériences hors des sentiers battus pour explorer Barcelone et sa province. Hôtels, activités et restaurants sont triés sur le volet, avec des guides qui parlent le français. Certains offrent même des circuits sur mesure pour s'adapter à toutes les envies et à tous les goûts, tandis que d'autres proposent des combinés avec d'autres destinations. Vous n'avez qu'à vous laisser guider !

ALMA VOYAGES

573, route de Toulouse
VILLENAVE-D'ORNON
✆ 05 56 87 58 46
www.alma-voyages.com
Ouvert du lundi au vendredi de 8h à 19h et le samedi de 9h à 18h.

Chez *Alma Voyages*, les conseillers connaissent parfaitement les destinations proposées et chaque client est d'ailleurs suivi par un agent attitré ! Une large offre de voyages, avec l'émission de devis pour les voyages sur mesure, vous sera alors proposée. *Alma Voyages* pratique les meilleurs prix du marché et travaille avec *Kuoni, Beachcombers, Jet Tour, Marmara, Look Voyages*... Si vous trouvez moins cher ailleurs, l'agence s'alignera sur ce tarif et vous bénéficierez en plus, d'un bon d'achat de 30 euros sur le prochain voyage. Catalogue sur le site Internet.

ARTS ET VIE

251, rue de Vaugirard - **PARIS** ✆ 01 40 43 20 21
www.artsetvie.com
Autres agences : Grenoble, Lyon, Marseille et Nice. Du lundi au vendredi 9h-12h et 13h-17h, non-stop à Paris et à Lyon.

Depuis plus de 60 ans, Arts et Vie, association culturelle de voyages et de loisirs, développe un tourisme ouvert au savoir et au bonheur de la découverte. L'esprit des voyages s'inscrit dans une tradition associative caractérisée par une ambiance conviviale, riche en rencontres. Tous les voyages sont animés et conduits par des accompagnateurs passionnés, formés par l'association, et toujours soucieux de faire partager leur enthousiasme aux adhérents voyageurs. Arts et Vie propose plusieurs séjours en Catalogne, dont un sur le thème « Barcelone l'artistique ».

LA BALAGUÈRE

48, route d'Azun - **ARRENS-MARSOUS**
✆ 05 62 97 46 46
www.labalaguere.com
Ouvert du lundi au vendredi de 9h à 17h et le samedi de 10h à 12h et de 14h à 17h30.

La Balaguère, spécialisée dans la randonnée et le trek, propose des séjours avec ou sans guide, pour les familles et petits groupes, pour tous les niveaux, du débutant au marcheur expérimenté. Le parcours « Montserrat-Barcelone », d'une durée de 7 jours, propose notamment une immersion dans le massif de Montserrat. Au programme : ascension du Matagalls dans le massif de Montseny, découverte d'ermitages nichés dans les falaises, visite et dégustation d'un vignoble de Penedes et du monastère de Montserrat. Le circuit se termine par une journée à Barcelone.

CERCLE DES VOYAGES

31, avenue de l'Opéra
PARIS
✆ 01 40 15 15 11
www.cercledesvoyages.com
Ouvert du lundi au vendredi de 9h à 20h et le samedi de 10h à 18h30.

Les conseillers du Cercle des Vacances sont de véritables connaisseurs. Ils partageront avec vous leurs conseils et leurs petits secrets pour faire de votre voyage une expérience inédite et personnalisée. Il vous suffit pour cela de discuter avec eux de vos habitudes de voyages, puis vous élaborerez ensemble un voyage sur mesure. Leur agence en plein cœur de Paris vous accueille du lundi au samedi pour vous proposer des séjours ou vols à prix économiques. À Barcelone, un week-end de 4 jours sur les traces de Gaudí est programmé.

CLIO

34, rue du Hameau
PARIS
✆ 01 53 68 82 82
www.clio.fr

Agence ouverte du lundi au vendredi de 10h à 18h, le samedi de 10h à 13h et de 14h à 16h.

En choisissant Clio, dont le nom est inspiré par la muse de l'histoire, partez à la découverte d'une conception du voyage originale et enrichissante. Les destinations et les formules, cousues main, peuvent varier à l'infini. Clio propose un séjour culturel « Barcelone. Art et Musique » de 3 jours. Visite des Ramblas, des trésors d'art roman, de la colline de Montjuïc, des chefs-d'œuvre de Gaudi. . Un conférencier passionné, qui sait transmettre son savoir et son enthousiasme, demeurera, tout au long du voyage, votre interlocuteur permanent.

CLUB FAUNE VOYAGES

50, rue de Passy - **PARIS** ✆ 01 42 88 31 32
www.club-faune.com

Ouvert de 9h à 19h en semaine. Le vendredi ouvert de 9h30 à 18h et les samedsi de 9h à 13h et de 14h à 18h30.

Les conseillers de Club Faune vous aideront à organiser votre voyage sur mesure à Barcelone. Sillonnez les ruelles du Barrio Gotico avec ses anciennes bâtisses, faites une pause dans le marché de la Boqueria pour manger de la Pata Negra et des fruits de mer fraîchement péchés. Émerveillez-vous face aux chefs-d'œuvre modernistes de Gaudí telles que la Pedrera et la Casa Battló. Profitez de la douceur de vivre de cette ville méditerranéenne pleine de charme. L'expertise de cette agence lui permet de vous conseiller au mieux afin de répondre à toutes vos attentes.

FILOVENT

14, avenue André Morizet
BOULOGNE-BILLANCOURT
✆ 01 70 80 97 52
www.filovent.com

Accueil téléphonique du lundi au samedi de 9h à 19h.

Tout a commencé en 1992 avec la location de voiliers, puis fut fondee la société Riverand-Boat, spécialisée dans la croisière fluviale en bateaux sans permis, sur les canaux et rivières de France et d'Europe. Aujourd'hui, Filovent est spécialiste de la location de bateaux partout dans le monde. Plus de 900 bateaux sont ainsi proposés à Barcelone : voiliers, catamarans, yacht, bateaux à moteur. Ces embarcations peuvent être louées avec ou sans skipper.Une bonne façon de découvrir, entre autres, les criques aux abords de Sitges et de Castelldefels.

GRAND ANGLE

52, rue du Tortolon
AUTRANS-MÉAUDRE EN VERCORS
✆ 04 76 95 23 00
www.grandangle.fr

Du lundi au vendredi 8h30-12h30 et 13h30-18h30, samedi 9h-12h et 14h-17h.

Spécialiste de la randonnée, du trek et du raid, Grand Angle propose toutes sortes de randonnées : à pied, à cheval, à VTT, avec des mulets, des ânes ou des chameaux, accompagnées ou en liberté. Le tour-opérateur réalise aussi des voyages sur mesure selon les envies et les goûts des voyageurs. En Catalogne, ils proposent une randonnée liberté sur les chemins de Montserrat. Au programme : visite de la vieille ville de Vic, excursion à vélo dans les environs de Collsuspina, randonnée sur un sentier du Chemin de Saint-Jacques...

INTERMÈDES

10, rue de Mézières - **PARIS**
✆ 01 45 61 90 90
www.intermedes.com

Du lundi au jeudi 9h-19h, vendredi 18h. Samedi 9h30-16h de janvier à mars et septembre, octobre.

Un spécialiste des voyages culturels avec conférencier en Europe et dans le monde. Conçus dans un esprit « grand voyageur », les voyages sont proposés en petits groupes, accompagnés par des conférenciers, historiens ou historiens d'art. Et si vous préférez un voyage cousu main, les spécialistes vous proposent un itinéraire selon vos goûts, vos envies et votre budget. À Barcelone, Intermèdes propose un « séjour culturel en famille » ainsi qu'une escapade de 4 jours « Carpe Diem » qui permet de plonger dans l'art de vivre catalan.

LOGITRAVEL

✆ 01 76 54 12 39
www.logitravel.fr

Née à Majorque en 2004, fondée par un groupe d'experts en tourisme et spécialistes de la Toile, cette agence en ligne indépendante offre une myriade de packs et de voyages vers plusieurs destinations à de très bons prix. Un catalogue très complet et dynamique avec des offres et des promotions en constante évolution. Le site permet de naviguer dans les différentes propositions, pour organiser en direct des vacances « low cost », flexibles, 100 % à la carte (hôtel, vol, transfert... Les séjours en famille, entre amis ou en couple sont leur cœur de métier.

OPODO

✆ 01 70 91 75 75

www.opodo.fr

Centre d'appel ouvert du lundi au vendredi de 9h à 18h et le samedi et dimanche de 9h à 14h.

Pour préparer votre voyage, cette agence vous permet de réserver au meilleur prix des vols de plus de 600 compagnies aériennes, des chambres d'hôtels parmi plus de 1,7 millions d'établissements et des locations de voitures partout dans le monde. Vous pouvez également y trouver des locations saisonnières ou des milliers de séjours tout prêts ou sur mesure. De nombreuses offres de dernière minute sont proposées sur le site, de l'Amérique latine à l'Asie, en passant par l'Afrique et l'Océan Indien. Opodo dispose également de différentes options d'assistance.

EXPEDIA FRANCE

✆ 01 57 32 49 77

www.expedia.fr

Expedia est le site français n° 1 mondial du voyage en ligne. Un large choix de 300 compagnies aériennes, 240 000 hôtels, plus de 5 000 stations de prise en charge pour la location de voitures et la possibilité de réserver parmi 5 000 activités sur votre lieu de vacances. Cette approche sur mesure du voyage est enrichie par une offre très complète comprenant prix réduits, séjours tout compris, départs à la dernière minute… Son algorithme et sa base de données permettent en effet de proposer des formules vol et hôtel à peu près n'importe quand.

PROMOVACANCES

✆ 08 99 65 48 50

www.promovacances.com

Ouvert du lundi au vendredi de 8h à minuit. Le samedi de 9h à 23h. Dimanche de 10h à 23h.

Promovacances est une agence de voyage en ligne qui propose de nombreux séjours touristiques, des week-ends, ainsi qu'un très large choix de billets d'avion à tarifs négociés sur vols charters et réguliers, des locations, des hôtels à prix réduits. En plus de cette importante offre, n'hésitez pas à guetter en ligne des promotions de dernière minute et les bons plans du jour. Enfin, des informations pratiques sont à consulter en ligne pour préparer votre voyage : santé, formalités, aéroports, voyagistes, compagnies aériennes.

JETCOST

www.jetcost.com

Jetcost compare les prix des billets d'avion et trouve le vol le moins cher parmi les offres et les promotions des compagnies aériennes régulières et *low cost*. Le site est également un comparateur d'hébergements, de loueurs d'automobiles et de séjours, circuits et croisières. L'interface du site Internet est très simple d'utilisation. Après avoir lancé la recherche, on peut affiner les résultats en fonction de ses choix afin de trouver le vol le plus intéressant, la durée du trajet, les éventuelles escales ou encore l'aéroport d'arrivée.

EASYVOYAGE

✆ 08 99 19 98 79

www.easyvoyage.com

Le concept peut se résumer en trois mots : s'informer, comparer et réserver. Des infos pratiques sur plusieurs destinations en ligne (saisonnalité, visa, agenda...) vous permettent de penser plus efficacement votre voyage. Après avoir choisi votre destination selon votre profil (famille, budget...), le site vous offre la possibilité d'interroger plusieurs sites à la fois concernant les vols, les séjours ou les circuits. Grâce à ce moteur performant, vous pouvez réserver directement sur plusieurs bases de réservation (Lastminute, Go Voyages et bien d'autres).

QUOTATRIP

www.quotatrip.com

QuotaTrip est une nouvelle plateforme de réservation de voyage en ligne qui met en relation des voyageurs à la recherche d'expériences authentiques et uniques et des agences de voyages locales sélectionnées pour leurs compétences et leur sérieux. Le réseau de QuotaTrip couvre près de 200 destinations du monde entier. Le but de ce rapprochement est simple : proposer un séjour entièrement personnalisé aux utilisateurs. QuotaTrip promet ainsi l'assurance d'un voyage serein, sur mesure, sans intermédiaires et sans frais supplémentaires.

INTERVIEW

©D.R

LE VOYAGE-SUR-MESURE

AVEC STEVEN LE CHEVALIER ET MATHIEU VALLY DE QUOTATRIP

Quel est le concept de l'agence QuotaTrip ?

Quotatrip est la première plateforme de mise en relation entre voyageurs et agences locales. Grâce à elle, les voyageurs peuvent enfin échanger en direct avec des agences qui sont sur place et concevoir un voyage unique, au meilleur prix et 100% personnalisé.

Pourquoi voyager avec des agences locales ?

À l'inverse des agences traditionnelles, les agences locales sont des expertes de la destination choisie. Ce sont aussi les mieux placées pour concevoir des séjours qui sortent des sentiers battus. Elles sont ainsi en mesure de répondre à l'ensemble des envies, le voyageur rentre dans l'univers de l'equi-tourisme = le tourisme sans intermédiaire.

Quels sont les autres avantages pour les voyageurs ?

Il y a une multitude d'avantages. Cela permet notamment de ne pas voyager comme tout le monde, d'organiser de manière simple et rapide un séjour sur mesure et au meilleur prix. Fini les mauvaises surprises, les voyageurs posent toutes les questions qu'ils souhaitent et bénéficient d'un accompagnement sur mesure, de la conception du projet jusqu'à sa réalisation en toute sécurité car les agences référencées sont sélectionnées et recommandées par les journalistes des guides du Petitfute en toute impartialité.

Les démarches sont-elle simples à effectuer ?

Les sites de voyage en ligne font perdre beaucoup de temps aux internautes sans pour autant répondre entièrement à leurs désirs. QuotaTrip propose un formulaire simple et rapide qui permet de décrire les souhaits, les envies et les besoins. L'internaute reçoit aussitôt gratuitement et sans engagement les offres de trois ou quatre agences locales avec qui il peut ensuite échanger afin de personnaliser son projet grâce à la messagerie mise en place.

Quelles sont les destinations proposées ?

Notre plateforme propose plus de 21 000 projets de voyage sur plus de 100 destinations à travers le monde. De l'Amérique latine en passant par l'Asie et l'Afrique, nos mille agences partenaires sont là pour répondre à vos projets de voyage.

Décrivez votre projet de voyage. Échangez en direct avec les agences locales et partez au meilleur prix.

***Plus d'informations** : quotatrip.com*

©D.R

©D.R

PRATIQUE

SE LOGER

BUDGET / BONS PLANS

Les prix sont très variables en fonction du type de logement et de la saison choisie pour votre séjour. Un hôtel de bon standing à 80 € la chambre double hors saison grimpera facilement jusqu'à 200 € en plein été ! Pour les petits budgets, le prix d'un lit en dortoir varie en moyenne de 15 à 40 € par personne. Dans les hôtels de luxe, la chambre standard oscille entre 150 et 350 € la nuit. Pour bénéficier des meilleurs prix, pensez à réserver à l'avance et directement sur le site des hôtels : beaucoup proposent des réductions pour les *early booking*.

A RÉSERVER

Barcelone est une ville de congrès : son cadre et son climat attirent de nombreux secteurs à l'occasion de salons professionnels. Pendant ces périodes, il vous sera presque impossible de trouver un hôtel (déjà pris d'assaut par les voyageurs d'affaires) et les prix peuvent facilement tripler dans certains établissements. Si votre séjour coïncide avec le Mobile World Congress (salon mondial du téléphone mobile) au mois de février, pensez à réserver votre logement au moins six mois à l'avance. Evidemment, les ponts de mai et les mois de juillet-août sont aussi des périodes de grande affluence.

C'EST TRÈS LOCAL

Beaucoup d'hôtels et d'appartements ont l'avantage de posséder une terrasse : c'est l'une des particularités de l'architecture barcelonaise ! De même, les piscines sur le toit des hôtels sont nombreuses : profitez-en pour vous faire plaisir, car ce n'est pas forcément un luxe à Barcelone ! L'association des hôtels de Barcelone programme tout au long de l'année des activités dans les établissements emblématiques de la ville. Ne manquez pas la Semaine des Terrasses, en juin, qui propose une multitude de concerts, ateliers et spectacles sur les terrasses des grands hôtels de la ville. Ne ratez pas non plus la semaine « Hotels amb DO », vers mi-septembre, au cours de laquelle sont programmées des dégustations de vins catalans dans les hôtels les plus luxueux de la ville. Consultez l'agenda des hôtels sur mesqhotels.cat

POUR LES GOURMANDS

Peu connu, *l'esmorzar de forquilla* (littéralement « petit déjeuner de fourchette ») est un peu l'équivalent du brunch : un petit déjeuner très copieux servi sur les coups de 11h-12h, à base de *pa amb tomàquet* (pain à la tomate) garni de fromage, de charcuterie, de tortilla... Une coutume catalane à tester !

FUMEURS

Il est interdit de fumer dans les hôtels de Barcelone.

LES ATTRAPE-TOURISTES

Attention à la location illégale d'appartements ou de chambres à Barcelone ! Tous les logements doivent posséder une licence touristique pour être mis en location. Si vous avez le moindre doute, n'hésitez pas à solliciter le numéro de licence au loueur.

LES PHRASES CLÉS

Bonjour, avez-vous de la disponibilité pour une chambre double pour ce soir ou demain soir ?
Bon dia, ¿disposa d'una habitació doble per aquesta nit o per demà a la nit?

Avez-vous un code wifi… les enfants ne tiendront pas sans !
Té Wi-Fi? Els nens no se'n poden estar sense!

C'est bruyant, est ce que je peux changer de chambre ?
Hi ha molt soroll, ¿puc canviar d'habitació?

Jusqu'à quelle heure est-ce que nous pouvons aller à la salle de sport et à la piscine ?
Fins quina hora podem anar al gimnàs i a la piscina?

Est-ce que je peux laisser mon bagage et revenir plus tard le récupérer ?
Puc deixar l'equipatge aquí i tornar més tard a recollir-lo?

Est-ce que vous pouvez nous appeler un taxi ? Merci beaucoup.
Podria demanar-nos un taxi? Moltíssimes gràcies.

SE LOGER

Des dortoirs aux *hostels* en passant par les suites les plus démesurées avec vue sur mer ou les pensions de charme et les boutiques-hôtels, l'offre de logements est très variée à Barcelone ! En vous y prenant à l'avance, vous trouverez certainement un logement de qualité à des prix tout à fait corrects. Mais attention, les tarifs grimpent vite dès l'arrivée des beaux jours, à mesure que les touristes arrivent en masse pour profiter des plages et du climat barcelonais. L'été, profitez des hôtels avec terrasse ou piscine sur le toit : ils sont nombreux à Barcelone, et pas forcement hors de prix ! Pour un premier séjour, nous vous conseillons de loger dans la vieille ville ou l'Eixample, pour explorer la ville facilement. Si vous connaissez déjà Barcelone, n'hésitez pas à vous éloigner un peu vers Poblenou, Gràcia ou Sants. Nous avons écumé les quatre coins de la ville pour y trouver les meilleurs rapports qualité-prix !

BEWELCOME €€

www.bewelcome.org

Le système est simple : être hébergé chez l'habitant, partout dans le monde. C'est le site Internet qui se charge de contacter les accueillants et les postulants puis de les mettre en contact, que ce soit en ligne ou dans la vraie vie. Avec leur carte interactive, les profils *des « welcomers »* s'affichent, avec leurs disponibilités. Certains font part de leurs projets de voyage afin de pouvoir trouver des affinités, des opportunités d'action avec les membres du site. Idéal pour un voyage solidaire et plein de belles rencontres !

VRBO €

www.vrbo.com

Autrefois appelé Top Rural, Vrbo met directement en relation, *via* Internet, des particuliers souhaitant louer leurs gîtes, maisons ou appartements avec ceux qui désirent passer des vacances en zone rurale. Sur le site, des réservations en ligne ainsi que beaucoup d'interactivité avec une multitude d'avis de consommateurs, un classement et un forum. Dans la Province de Barcelone, l'offre est très variée, avec plus de 400 logements proposés. Les fiches des logements sont précises et agrémentées de nombreuses photos : pratique !

ESCAPADA RURAL €

www.escapadarural.com

Ce site recense plus de 600 logements ruraux dans la Province de Barcelone, offrant une gamme de prix assez variée entre modestes maisons de campagne et luxueux agrotourismes. Chaque description est bien détaillée, avec de nombreuses photos, ce qui vous permettra de vous faire une idée assez précise du logement. Les commentaires des utilisateurs s'avèrent aussi très utiles pour faire votre choix. Le site, bien que disponible uniquement en espagnol, est l'un des plus complets pour trouver un logement rural de charme dans la province de Barcelone.

APARTAMENTS CIUTAT VELLA €€

8, Carrer d'En Roca

✆ +34 933 017 884

www.aptmsciutatvella.com

À partir de 100 € la nuit.

Dans une petite rue piétonne du Barri Gòtic, une dizaine d'appartements modernes avec climatisation et wifi pour 2, 4 ou 6 personnes, appartenant au groupe hôtelier local Ciutat Hotels. Murs en pierre, poutres apparentes, ces jolis appartements ont conservé les matériaux traditionnels de l'édifice, en y ajoutant une décoration moderne et contemporaine. Le quartier gothique est un point de chute idéal pour découvrir Barcelone. Vous serez à seulement deux pas des Ramblas et de la jolie Plaça del Pi, où se dresse l'église du même nom.

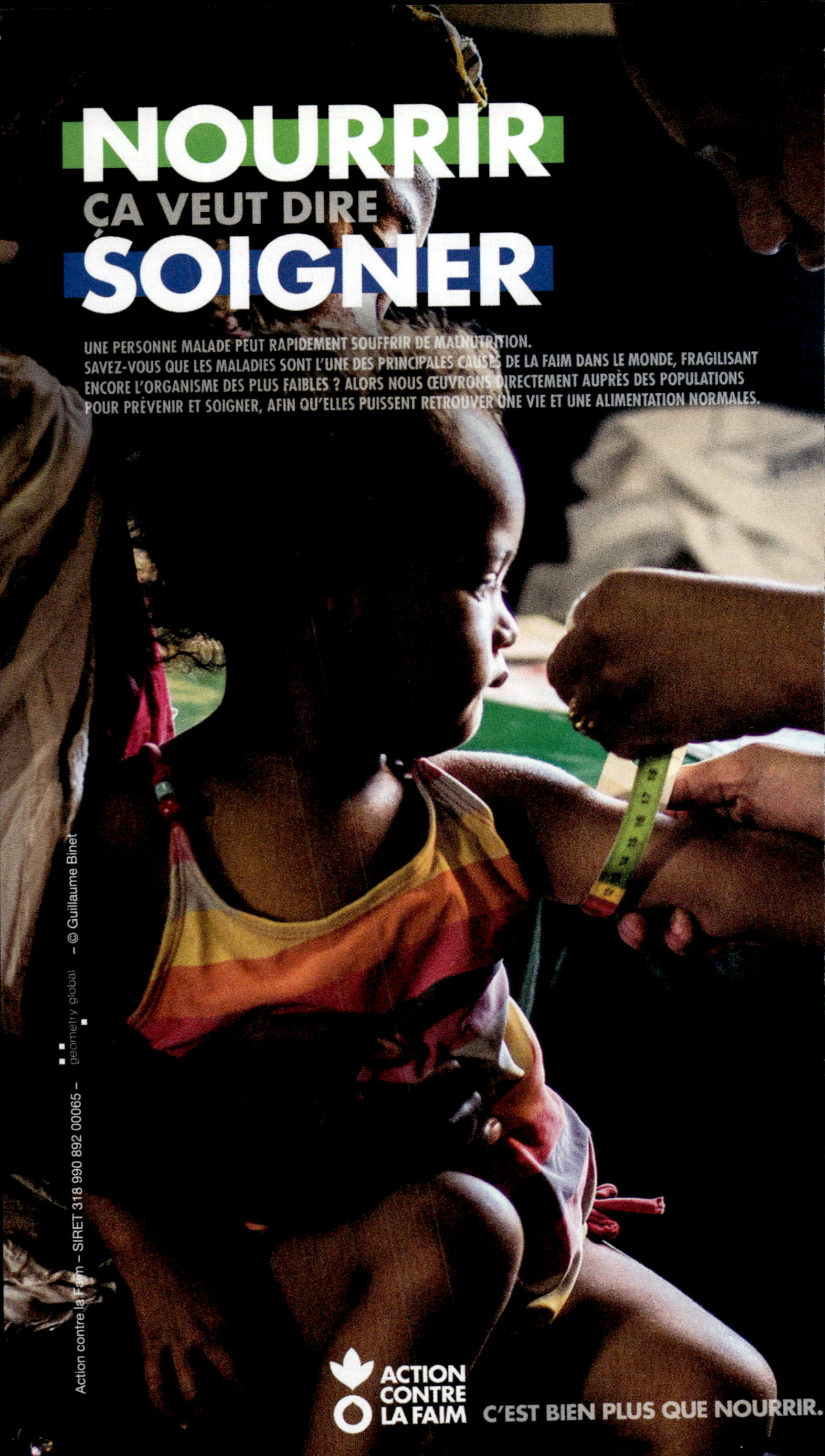
NOURRIR
ÇA VEUT DIRE
SOIGNER
UNE PERSONNE MALADE PEUT RAPIDEMENT SOUFFRIR DE MALNUTRITION.
SAVEZ-VOUS QUE LES MALADIES SONT L'UNE DES PRINCIPALES CAUSES DE LA FAIM DANS LE MONDE, FRAGILISANT ENCORE L'ORGANISME DES PLUS FAIBLES ? ALORS NOUS ŒUVRONS DIRECTEMENT AUPRÈS DES POPULATIONS POUR PRÉVENIR ET SOIGNER, AFIN QU'ELLES PUISSENT RETROUVER UNE VIE ET UNE ALIMENTATION NORMALES.
Action contre la Faim – SIRET 318 990 892 00065 – geometry global – © Guillaume Binet
ACTION CONTRE LA FAIM
C'EST BIEN PLUS QUE NOURRIR.

APARTMENTS BCN €€

350, Carrer de la Independencia
✆ +34 934 561 619
www.apartmentsbcn.com
Studio et appartements à partir de 70 €.

Ce site disponible en français vous propose une très bonne sélection d'appartements design bien situés à Barcelone et à des prix très compétitifs. La décoration minimaliste, sobre et assez classe, confère à chaque appartement une atmosphère agréable et un espace optimisé. Vous avez le choix parmi de charmants studios avec terrasses, des appartements proches de la plage, et même des appartements très spacieux de 110 m² parfaits pour des familles. Bon choix également d'appartements avec terrasses – un privilège à Barcelone dans des quartiers recherchés.

BARCELONA WAY TO STAY €

✆ +34 931 846 865
www.waytostay.com
A partir de 20 € par nuit et par personne.

Si vous recherchez un appartement de qualité où séjourner à Barcelone, nous vous recommandons de consulter WayToStay.com. Ils vous proposent une gamme de plus de 400 appartements meublés et minutieusement sélectionnés dans les plus beaux endroits de la ville. Vous pouvez séjourner dans les quartiers historiques, à la plage ou encore dans le centre de Barcelone. WayToStay.com vous propose un système de paiement en ligne sécurisé, et un excellent Service Client français qui répondra à l'ensemble de vos questions par e-mail et par téléphone.

COCOON BARCELONA €

Passatge Madoz, 6
✆ +34 935 005 058
www.cocoonbarcelona.com
À partir de 30 € par personne et par nuit.

Cocoon Barcelona se démarque de la plupart des sites Internet de location de vacances à Barcelone, grâce à une très large sélection d'appartements de qualité, et ses bureaux situés en plein centre de Barcelone, tout près de la Plaça Reial. L'agence ne propose que des appartements de caractère, souvent loin des standards. Un site Internet pour s'évader, des logements sélectionnés et photographiés par l'agence, une réservation en ligne et l'assistance *in situ* d'une équipe multilingue sont les avantages de cette agence de confiance.

AINB APARTMENTS €€

13 C/ Jaume I
✆ +34 934 395 664
www.ainb.net
www.bebarceloner.com
Environ 80 € par jour. 4 catégories d'appartements proposés, du simple studio au grand appartement familial.

Spécialiste de la location pour les séjours touristiques, mais aussi des séjours à partir d'un mois (étudiants, travail), AinB offre une très large sélection d'appartements idéalement situés dans toute la ville (quartier Gothique, Eixample, Sants, Sagrada Familia). Tous les appartements disposent d'une cuisine équipée pour 2 à 6 personnes, ainsi que de places de stationnement dans le bâtiment ou à 5 minutes de l'appartement. Flexible sur les heures d'arrivée, le *check-in* peut se faire directement à la réception ou via un système automatique.

© AINB APARTMENTS

© AINB APARTMENTS

ERIC VÖKEL BOUTIQUE APARTMENTS €€

✆ +34 934 334 631

www.ericvokel.com

A partir de 80 € la nuit pour 2 personnes.

Cette enseigne propose trois immeubles d'appartements à Barcelone : l'un sur Gran Vía (M° Rocafort), et les deux autres près de la Sagrada Familia. Vous serez enthousiasmé par la qualité du mobilier qui donne une touche très contemporaine aux appartements. Le confort est optimal, l'équipement complet (lave-linge, lave-vaisselle, four...), certains disposent aussi d'une terrasse. De plus, de nombreux services sont à votre disposition : conciergerie, ménage, restauration.

OH BARCELONA €€

✆ +34 93 467 37 77

www.oh-barcelona.com

A partir de 25 € par nuit et par personne.

Ce site facile à utiliser dispose d'un grand choix d'hôtels et d'appartements à Barcelone. Il fournit de nombreuses informations pour vous aider à faire le meilleur choix de logement. Pensez à vérifier les offres sur la page de dernière minute où vous pourrez trouver des réductions jusqu'à 60 %. Leurs bons de réduction gratuits sont un des gros avantages de la réservation avec Oh-Barcelona. En outre, leur blog offre des informations actualisées sur la ville pour vous aider à planifier votre voyage et profiter au maximum de votre séjour à Barcelone.

FRIENDLY RENTALS €

Passatge sert, 1-3

✆ +34 932 688 051

www.friendlyrentals.com

Locations à partir de 50 € la nuit.

Les appartements sélectionnés sont de très bonne qualité et bien équipés, idéal pour une famille, un couple, un voyage d'affaires ou des groupes. L'agence principale qui se trouve à Barcelone garantit le maximum de satisfaction à ses clients. Vous apprécierez l'emplacement central de ses bureaux, à 500 mètres de la Plaça Catalunya. Friendly Rentals compte plus de 1 200 appartements dans 20 destinations différentes en Europe et dans le reste du monde. A Barcelone, outre la location de vacances, l'agence propose aussi des locations au mois.

SIXTYFOUR APARTMENTS €€

Passeig de Gràcia, 64

✆ +34 648 18 25 97

www.sixtyfourapartments.com

A partir de 180 € la nuit.

Une vingtaine d'appartements avec 1, 2 ou 3 chambres réunis dans un beau bâtiment du Passeig de Gràcia, situé presque en face de la fameuse *Illa de la Discòrdia* et ses immeubles modernistes. Belle superficie, décoration très soignée et équipements haut de gamme. Certains appartements ont aussi une terrasse donnant sur le Passeig de Gràcia ou sur un pâté de maisons. Vous apprécierez aussi les nombreux services proposés : parking, transfert vers l'aéroport, baby-sitting. Excellent rapport qualité-prix, au vu des prestations et de l'emplacement.

GHAT APARTMENTS €

Calle Roselló, 255, 5° 2ª

✆ +34 930 046 935

www.ghatapartments.com

A partir de 70 € la nuit.

Cette agence basée dans le quartier de l'Eixample propose une sélection d'appartements touristiques à louer à Barcelone ainsi qu'à Sitges et dans le parc naturel du Montseny. Elle dispose également d'un système de navettes depuis et vers les différents aéroports de Barcelone, Gérone et Réus. Dotée d'une vingtaine d'appartements dans différents quartiers de Barcelone, l'agence se distingue par son service client très professionnel. Profitez d'offres intéressantes *last minute* sur leur site Internet. Egalement des locations au mois !

SUITES AVENUE €€€

83, Passeig de Gràcia

✆ +34 934 874 159

www.suitesavenue.com

A partir de 150 € la nuit.

Appartements de luxe situés en plein Passeig de Gràcia, juste en face de la Pedrera. On reconnaît tout de suite cet édifice moderne, dont la façade a été dessinée par l'architecte japonais Toyo Ito. Le résultat est assez spectaculaire et mérite un coup d'œil. A l'intérieur de l'édifice, on vous proposera un total de 41 appartements très modernes et entièrement équipés. Sur le toit de l'immeuble, la piscine extérieure et le solarium offrent un point de vue incroyable sur le Passeig de Gràcia. Un vrai luxe pour découvrir Barcelone.

BARCELÓ RAVAL €€€

17-21, Rambla del Raval
✆ +34 933 201 490
www.barcelo.com
Entre 100 € et 250 € la chambre double, selon la saison.

Véritable icône de la transformation du Raval, l'hôtel est avant tout un bel exercice de style en termes de design : couleurs flashy, objets déconcertants (notamment le cheval chapeauté d'un abat-jour à l'entrée de l'hôtel !) et matériaux inattendus… on va de surprise en surprise ! Construit en pleine Rambla del Raval, traditionnellement fréquentée par une population immigrée et populaire, le Barceló Raval est déjà tout un symbole de cette Barcelone cosmopolite et avant-gardiste du XXIe siècle. Vue panoramique à 360° et petite piscine sur le toit.

BE RAMBLAS HOTEL €

50, Carrer Nou de la Rambla
✆ +34 934 423 669
www.behostels.com
Chambre double entre 40 et 100 € selon le confort et la saison.

Un hôtel situé à 200 mètres des célèbres Ramblas, entièrement rénové, qui permet un séjour au cœur de la vie catalane. Ses chambres sont fonctionnelles et disposent du chauffage, climatisation, wifi gratuit et salle de bains privée pour la majorité d'entre elles. Vous y serez bien accueilli et conseillé pendant votre séjour. Pratique : la cuisine avec micro-ondes, pour économiser quelques euros sur les repas ! Notez cependant que Nou de la Rambla n'est pas une rue très sécurisante : faites attention à vos affaires dans la rue, notamment aux téléphones portables.

BE SOUND HOSTEL €

91, Carrer Nou de la Rambla
✆ +34 931 850 800
www.behostels.com
Lit en dortoir de 15 à 35 € selon la saison et le type de dortoir.

Une auberge fréquentée par de jeunes fêtards, dans l'une des rues les moins sympathiques du Raval (attention si vous voyagez entre filles !), mais proche de l'animation des Ramblas et des boîtes de Paral.lel. L'établissement est bien équipé avec des dortoirs de 4, 6 ou 8 personnes, une terrasse, une cuisine commune et la connexion gratuite au wifi. De plus, le Be Sound organise des activités en tous genres pour ses visiteurs (se renseigner sur place), notamment des visites guidées gratuites. Une auberge modeste, pas chère et très centrale !

CASA CAMPER €€€

11, Carrer d'Elisabets
✆ +34 933 426 280
www.casacamper.com
Chambre double standard entre 150 € et 300 €.

Le design avant-gardiste de cet hôtel est le résultat du travail de Fernando Amat, grand promoteur du design barcelonais. On retrouve la marque de fabrique du designer dans chaque recoin de la Casa Camper : goût prononcé pour le détail et éléments *op-art* dans le hall et dans les chambres. Le résultat est un hôtel de luxe unique en son genre à l'esprit très Raval. Le petit déjeuner est servi en bas avec la presse étrangère à disposition. Au sommet de l'hôtel se trouve une terrasse assez minimaliste, mais qui offre une belle vue sur les toits du Raval.

CHIC & BASIC RAMBLES €€

7, Passatge Gutenberg
✆ +34 933 027 111
www.chicandbasicramblashotel.com
Chambre double standard de 70 à 200 € selon la saison.

Installé dans un bâtiment des années soixante, à seulement 200 mètres des Ramblas, le Chic & Basic joue la carte du rétro avec un design imaginé par le studio barcelonais Lagranja, qui a récupéré les icônes de l'époque pour doter l'hôtel d'une identité singulière. Pour preuve, le bureau de réception constitué de vieilles valises vintage, ou la jolie Fiat verte qui trône dans la salle de réception ! Toutes les chambres sont décorées dans un esprit rétro, avec de joyeux coloris acidulés. Les chambres au dernier étage ont en prime une agréable terrasse aménagée.

DENIT HOTEL €€

24-26, Carrer d'Estruc
✆ +34 935 454 000
https://majestichotelgroup.com
Chambre double standard entre 80 et 200 € selon la saison.

Situé en plein Barri Gòtic, juste à côté de la rue commerçante Portal de l'Angel, un charmant boutique-hôtel au décor contemporain, inauguré en 2009. Côté décoration : des lignes épurées, du bois clair, du mobilier blanc… de quoi passer un séjour très zen dans l'une de ses 36 chambres, rénovées il y a peu. L'hôtel propose un service de location de bicyclettes : profitez de l'occasion pour explorer le quartier à deux-roues ! Notez aussi que le petit déjeuner est gratuit si vous réservez directement sur la page web de l'hôtel !

DO PLAÇA REIAL €€€

Plaça Reial, 1
✆ +34 934 813 666
www.hoteldoreial.com
Comptez entre 250 € et 370 € la chambre double, petit déjeuner inclus.

Boutique-hôtel de 18 chambres, situé sur l'emblématique Plaça Reial, qui s'autoproclame « hôtel gastronomique ». Inauguré en 2012, cet établissement 5 étoiles réserve effectivement une place de choix aux plaisirs de la table avec ses trois espaces gastronomiques : La Cuina, La Terrassa et El Terrat. Décorées dans un esprit contemporain, élégant et chaleureux, les chambres sont un mirador privilégié sur l'animation de la Plaça Reial. Comble du luxe, l'établissement abrite une terrasse dotée d'une petite piscine avec vue sur la place.

GUESTHOUSE BARCELONA GOTIC €

42, Carrer Avinyo
✆ +34 933 017 570
www.guesthouse-barcelona-gotic.com
Chambre double entre 40 et 120 €.

Idéalement sise dans le centre historique de Barcelone, dans le Barri Gòtic, à la fois proche des Ramblas et de la Plaça Reial, cette pension est située au premier étage d'un beau bâtiment du XIXe siècle. Très propre et rénovée, elle offre des installations de qualité et un bon rapport qualité-prix. Différents types de chambres sont proposées : individuelles, doubles standard et « basic », triples. Accueil 24h/24 et wifi dans tout l'établissement.

HOSTEL ITACA €

Carrer de Ripoll, 21
✆ +34 933 019 751
www.itacahostel.com
Environ 25 € pour une place en dortoir, chambre double à partir de 60 €.

Monté en 2001 par Cris et Nuria, cet hostal se trouve à deux pas de la cathédrale, dans une ruelle tranquille du Barri Gòtic. L'auberge propose des logements simples et bon marché, dans des dortoirs de 6, 8 ou 10 personnes, et des chambres privées doubles ou triples. En plus de ses équipements pratiques (cuisine, service de bar, salle d'ordinateurs avec wifi...), vous apprécierez les nombreuses activités proposées sur place : visite gratuite de la ville tous les jours à 10h30, tournée des bars, soirée sangria ou soirée ciné à l'auberge...

ECO BOUTIQUE HOSTAL GRAU €€

27, Carrer de les Ramelleres
✆ +34 933 018 135
www.hostalgrau.com
Chambres double, standard et deluxe.
Comptez entre 80 € et 190 € la chambre selon la saison.

A deux pas des Ramblas, cet hôtel chic et écolo a misé sur une déco dans l'air du temps et des installations pensées pour la protection de l'environnement. L'hôtel a notamment reçu la certification de tourisme durable de la part de LEED GOLD et de BIOSPHERE. On apprécie la gestion familiale du lieu et les services malins proposés, comme la location de poussettes pour les bébés. Dans la grande salle au rez-de-chaussée où est servi le petit déjeuner, vous pourrez profiter d'un service de thé et café gratuit, mais aussi prendre un encas à emporter pour vos visites !

© HOSTAL GRAU

© HOSTAL GRAU

ORGANISER SON SÉJOUR

HOTEL 1898 €€€

109, La Rambla
✆ +34 935 529 552
www.hotel1898.es
Chambre double standard de 170 € à 350 €.

Construit dans les anciens bureaux de la compagnie Tabacos de Filipinas, au cœur des Ramblas, cet hôtel respire le grandiose dans un style luxueux à l'ancienne. Le bois sombre et une décoration sobre font les joies d'une clientèle à la recherche d'un peu de classicisme au milieu de l'avalanche design ! En prime, vous pourrez faire un tour au Spa de l'hôtel ou barboter dans l'une de ses deux piscines. Spot incontournable des nuits d'été, la Terraza Isabela offre une vue superbe sur la vieille ville et une ambiance glamour pour prendre un verre.

HOTEL CONTINENTAL BARCELONA €€

138, Ramblas de Canaletes
✆ +34 933 012 570
www.hotelcontinental.com
Chambre double entre 100 et 200 €.

Un hôtel très central, au décor néoclassique. Situé au cœur de la ville, dans la partie haute des Ramblas, cet hôtel mise avant tout sur la commodité, avec un emplacement stratégique et un service de buffet libre disponible 24h/24. Certaines chambres possèdent un balcon qui donne directement sur les Ramblas, un bon moyen pour apprécier la vue de l'allée la plus connue de Barcelone, mais attention au bruit, ce coin est constamment animé ! Une adresse pratique et centrale !

HOTEL BARCELONA CATEDRAL €€€

4, Carrer dels Capellans ✆ +34 933 042 255
www.barcelonacatedral.com
Comptez entre 130 € et 250 € la chambre double.

Un hôtel sobre, beau et design, remarquablement placé, à deux pas de la cathédrale. Il propose 80 chambres et suites décorées avec beaucoup d'élégance et dotées de nombreux équipements (station iPod, couettes en plume d'oie, service de thé et café, etc.). Le mercredi soir et le dimanche matin, une visite du quartier est organisée pour les clients de l'hôtel sur le thème *Légendes et secrets du Barri Gòtic*. A noter que la piscine à débordement sur le toit promet de belles plages de repos. Une bulle de calme dans l'effervescence du quartier gothique !

HOTEL EL JARDÍ €

1, Plaça Sant Josep Oriol
✆ +34 933 015 900
https://eljardi.com
Chambre double standard entre 50 € et 120 €.

Cet hôtel de 1860, l'un des plus vieux de la ville, occupe un très beau bâtiment au cœur de la ville. Il a l'avantage d'être situé sur l'une des plus jolies places du Barri Gòtic : la Plaça Sant Josep Oriol, avec ses peintres de rue. La décoration est assez standard, mais les chambres sont toutes équipées d'une salle de bains privée et de la climatisation. Certaines ont même un petit balcon qui donne sur la place, de quoi réjouir les curieux... Notez que le bâtiment dispose d'un ascenseur, mais qu'il faut monter une vingtaine de marches pour y accéder.

HOTEL CIUTAT VELLA €€

66, Carrer dels Tallers
✆ +34 934 813 799
www.ciutathotels.com
Chambre double entre 70 et 180 € selon la saison.

Un hôtel agréable doté d'une quarantaine de chambres, situé au cœur du Raval dans le Carrer dels Tallers, une rue branchée où se concentrent de nombreux magasins de disques, des friperies et autres boutiques alternatives. Climatisation et wifi sont disponibles dans toutes les chambres, certaines avec terrasse privée, toutes décorées dans des tons de rouge et noir, pour une ambiance assez pop. Le plus : une terrasse avec bain bouillonnant et du faux gazon pour faire bronzette ! Avec son ambiance jeune et branchée, c'est une bonne adresse !

HOTEL ESPAÑA €€€

9-11, Carrer de Sant Pau
✆ +34 933 181 758
www.hotelespanya.com
Chambre double standard entre 100 € et 250 €.

A deux pas du Gran Teatre del Liceu, un merveilleux hôtel construit en 1859, puis remodelé en 1903 par l'architecte Domènech i Montaner (auteur du Palau de la Música Catalana, entre autres). Son restaurant, l'ancienne Fonda Espanya, est un joyau du modernisme avec sa cheminée en marbre d'Eusebi Arnau et sa fresque murale signée Ramon Casas, représentant des fonds marins peuplés de sirènes. La décoration intérieure de l'hôtel a été entièrement refaite en 2010 dans un esprit design. Superbe piscine sur le toit et salle de gymnastique.

HOTEL GAUDÍ €€

12, Carrer Nou de la Rambla
✆ +34 933 179 032
www.hotelgaudibarcelona.com
Chambre double entre 70 et 180 € en fonction de la saison.

Ce bel hôtel de 73 chambres associe parfaitement la fonctionnalité et le charme. Idéalement situé à côté des Ramblas, il offre une décoration assez originale inspirée de Gaudí. Depuis la terrasse, très reposante, vous ne vous lasserez pas d'admirer les cheminées du palais Güell, œuvre de Gaudí, et des belles vues sur Barcelone. En prime, vous pourrez vous rafraîchir dans la petite piscine ou prendre le soleil allongé sur un transat à l'arrivée des beaux jours ! L'hôtel propose également une possibilité de parking, plutôt pratique vu l'emplacement.

HOTEL MIDMOST BARCELONA €€€

14, Carrrer de Pelai
✆ +34 935 051 100
https://majestichotelgroup.com
Chambre double à partir de 120 €.

Cet hôtel-boutique 4 étoiles appartient au prestigieux groupe Majestic. En plein cœur de Barcelone, il offre un concept d'avant-garde classique à deux pas de la Plaça de Catalunya et des incontournables Ramblas. Au total, 56 chambres et suites à la décoration ultra soignée, et une multitude de services pour agrémenter votre séjour : coupe de cava de bienvenue, minibar gratuit, espace bien-être... Le must, son rooftop La Fresca, une oasis de fraîcheur avec sa petite piscine et ses vues panoramiques sur la ville. Idéal pour un cocktail en fin de journée !

HOSTAL FERNANDO €

31, Carrer de Ferran
✆ +34 933 017 993
www.hfernando.com
Chambres individuelles, doubles, triples et familiales avec salle de bains privée de 70 à 130 €, petit déjeuner inclus.

© HOSTAL FERNANDO

Entre pension et auberge, l'Hostal Fernando offre un excellent emplacement dans le quartier gothique à deux pas de la Plaça Reial et un accueil des plus sympathique. Côté auberge, des chambres familiales de 4 lits, avec espace wi-fi et cuisine commune. Les draps et casiers sont inclus dans le prix. Côté pension, des chambres rénovées, confortables et insonorisées, avec télévision, climatisation et salle de bains privée. L'établissement offre régulièrement des promotions et des avantages sur son site web ainsi que des réductions sur des activités du centre-ville.

HOTEL NERI €€€

5, Carrer de Sant Sever
✆ +34 933 040 655
www.hotelneri.com
Chambre double standard entre 250 € et 400 €.

Ce magnifique hôtel de 22 chambres se trouve sur l'une des plus jolies places du quartier gothique : la Plaça de Sant Felip Neri. Il occupe deux bâtiments historiques, un palais médiéval du XII siècle et un édifice du XVIIe siècle, et offre une jolie terrasse qui donne sur la place, idéale pour prendre un verre. La décoration est un savant mélange d'éléments anciens et d'objets d'avant-garde, supervisée par la talentueuse décoratrice Cristina Gabás. Le mélange de matériaux et la variété de coloris confèrent à cet endroit une forte personnalité.

HOTEL PULITZER BARCELONA €€€

8, Carrer de Bergara ✆ +34 934 816 767
www.hotelpulitzer.es
Entre 120 € et 250 € la chambre double standard en fonction de la saison.

Situé juste à l'arrière de la Plaça Catalunya, l'hôtel Pulitzer offre une situation exceptionnelle en plein centre de Barcelone. A l'entrée, une décoration noire et blanche aux accents baroques, avec un bar très apprécié des Barcelonais. Les chambres sont décorées dans des tons chocolat, avec canapé en cuir et parquet. Sur le toit, on découvre une belle terrasse, très agréable pour prendre le soleil. Des concerts et DJ sets y sont régulièrement organisés, attirant une foule branchée et locale. Testez le restaurant The Greenhouse et son excellent menu du jour !

HOTEL SANT AGUSTI €€

3, Plaça Sant Augusti
✆ +34 933 181 658
www.hotelsa.com
Chambre double entre 80 € et 170 €.

A deux pas des Ramblas, dans le quartier du Raval, cet hôtel historique compte parmi les plus anciens de la ville. Il est installé dans l'ancien couvent de Sant Agustí, construit en 1720 sur une place parfois mal fréquentée. Complètement rénovées, ses 77 chambres sont modernes et agréablement décorées dans des tons clairs et reposants. Les chambres mansardées, qui se situent juste au-dessous des toits, ont un aspect beaucoup moins conventionnel et très chaleureux. Vous apprécierez le service de petit déjeuner et l'emplacement très central de l'hôtel.

KABUL PARTY HOSTEL €

17, Plaça Reial
✆ +34 933 185 190
www.kabul.es
Lit de 12 à 50 € en fonction de la saison et du type de dortoir.

Cette auberge est extrêmement bien située, en plein sur la Plaça Reial. Elle offre 200 lits superposés, dans des chambres de 4, 8, 10, 22 ou 24 lits sur plusieurs étages avec ascenseur. L'établissement assume pleinement sa vocation de « party hostel », alors évidemment il accueillera surtout les jeunes voyageurs venus faire la fête. Des tournées des bars sont même organisées depuis l'auberge ! En prime, une grande terrasse sur le toit, aménagée avec des tables et des chaises. Notez que le prix inclut le petit déjeuner, les draps et le casier !

PENSION CANADIENSE €€

Baixada de Sant Miguel, 1
✆ +34 933 017 461
www.pensioncanadiense.es
Chambre double entre 50 et 130 €.

Huit chambres propres et bien entretenues dans cette petite pension assez calme, située à mi-chemin entre la Plaça Reial et la Plaça Sant Jaume, en plein cœur du Barri Gòtic. L'endroit a beaucoup de cachet et dispose de tout le confort (climatisation, wifi). Les chambres, décorées simplement, sont dotées d'une salle de bain privée. Mais attention si vous avez le sommeil léger, car les murs sont fins ! Outre son emplacement très central, cette pension se distingue par la gentillesse de son personnel d'accueil : vous apprécierez vraiment leurs recommandations !

PENSION MARILUZ €

4, Carrer del Palau
✆ +34 933 173 464
www.pensionmariluz.com
Chambre double entre 40 et 100 €.

Situé derrière la Plaça Sant Jaume, à 3 minutes des Ramblas, cet établissement familial est logé dans un joli bâtiment du XVIIIe siècle. Les amateurs du Barri Gòtic se réjouiront de loger dans cette pension très centrale, mais qui sait conserver un certain calme grâce à des chambres en étage, donnant sur une cour intérieure, et décorées dans des tons neutres et accueillants. Plusieurs types de chambres sont proposées : doubles avec salle de bains privée ou commune, triples, quadruples... Notez que la pension est située au troisième étage sans ascenseur.

PETIT PALACE BOQUERÍA GARDEN €€€

10, Carrer de la La Boquería
✆ +34 933 020 753
www.petitpalaceboqueriagarden.com
Chambre double de 120 à 300 €.

En face du marché de la Boqueria, un hôtel doté d'une soixantaine de chambres, qui renferme un ravissant jardin planté d'arbres centenaires ! Les chambres sont pourvues d'équipements high-tech : douche à hydromassage, lit *king size*, iPad. Elles sont décorées avec des touches de rose, vert, orange... qui contrastent avec l'architecture classique de l'édifice. Pratique : le service de location de vélos et trottinettes électriques. Une oasis de tranquillité à deux pas de la Rambla.

ANT HOSTEL BARCELONA €

Passeig Pujades, 17
✆ +34 932 694 243
www.anthostelbarcelona.com
Entre 15 et 30 € le lit en dortoir de 4 personnes. Chambre double entre 40 et 120 €.

Cet hostel est situé juste en face du parc de la Ciutadella, un emplacement parfait pour profiter du Born, du port olympique et des plages, d'autant que l'établissement dispose d'un service de location de vélos. Vous apprécierez la décoration moderne et dans l'air du temps, ainsi que la qualité des équipements. L'hostal propose des chambres pour quatre personnes maximum avec salle de bains privée. Les chambres doubles sont équipées de lits superposés, les quadruples de deux paires de lits superposés. Pratique : la chambre familiale pour les tribus !

CHIC & BASIC BORN €€

50, Carrer de la Princesa
✆ +34 932 954 652
www.chicandbasic.com
Comptez entre 70 € et 150 € pour la chambre double standard.

Le mot d'ordre de cet hôtel : les chambres sont des pages blanches à personnaliser. En effet, dans toutes les chambres, vous pourrez moduler l'éclairage selon l'humeur du jour – rouge pour un séjour en amoureux, vert pour un réveil relax, bleu à l'heure du bain, etc. Situé dans un édifice centenaire du Born, cet établissement caméléon est surtout un haut lieu de la branchitude avec son design avant-gardiste. Cela étant, mieux vaut avoir une relation très intime avec votre compagnon de chambre : les salles de bains, entièrement vitrées, laissent tout entrevoir…

CIUTAT DE BARCELONA €€

35, Carrer de la Princesa
✆ +34 932 697 475
www.ciutatbarcelona.com
Chambre double de 50 € à 150 €.

Un hôtel situé sur l'une des artères principales du Born, à deux pas du musée Picasso et des boutiques de petits créateurs. Ouvert en 2006, il surprend avec son entrée très moderne, à la décoration épurée et contemporaine. Au contraire, les chambres sont décorées dans des coloris pastel très doux et accueillants. Pratique : le mini bar avec bouteilles d'eau gratuites ! Sur le toit, une petite piscine assez paradisiaque les jours de grande chaleur. Si vous êtes du genre branché et cosmopolite, vous serez comme un poisson dans l'eau dans cet établissement.

GRAND HOTEL CENTRAL €€€

30, Via Laietana
✆ +34 932 957 900
www.grandhotelcentral.com
Chambre double standard entre 200 € et 450 € selon la saison.

Superbe hôtel dans un édifice d'architecture classique, avec une décoration moderne et apaisante. Dans les chambres, des tons chocolat et gris, du mobilier design et un éclairage chaleureux. Cet hôtel est très convoité pour sa belle piscine à débordement sur le toit, avec une vue à couper le souffle sur Barcelone. Autre point fort : il est situé à l'entrée du Born, juste à côté du marché de Santa Caterina. A défaut de pouvoir vous offrir un séjour dans cet hôtel, allez boire un cocktail le soir, au bord de la piscine : l'ambiance est magique !

HOSTAL NUEVO COLÓN €

19, Avinguda del Marqués de l'Argentera
✆ +34 933 195 077
www.hostalnuevocolon.es
Entre 40 € et 90 € la chambre double en fonction du confort et de la saison.

Un *hostal* simple mais bien situé, juste à côté du parc de la Ciutadella. Il propose une vingtaine de chambres avec salle de bain privée ou commune, la plupart avec un balcon qui donne sur la rue. En été, l'absence de climatisation est un point négatif ! Notez aussi qu'il n'y a pas de télévision dans les chambres. L'ensemble n'est pas de toute première jeunesse, mais on apprécie l'emplacement stratégique de cet établissement, à mi-chemin entre les plages et le centre historique. L'accueil agréable et les prix serrés en font une bonne adresse.

HOSTAL ORLEANS €

13, Avinguda del Marqués de l'Argentera
✆ +34 933 197 382
www.hostalorleans.com
Chambre double de 50 à 150 €.

Ce petit hôtel situé juste en face de la gare de França se trouve à deux pas des plages de Barcelone. Il est situé au troisième étage d'un immeuble élégant, mais sans ascenseur. Un grand salon sert de salle commune avec télévision et canapés. Les chambres donnant sur la rue ont l'avantage de posséder un balcon, tandis que les chambres dites « intérieures » sont beaucoup plus calmes. Toutes sont propres et confortables, avec salle de bains privée ou commune. L'accueil sympathique et l'ambiance décontractée garantissent un séjour réussi.

K+ K HOTEL PICASSO EL BORN €€

Passeig de Picasso, 26
✆ +34 935 47 86 00
www.kkhotels.com
A partir de 120 € la chambre double.

Ce que l'on aime avant tout dans cet hôtel, c'est son emplacement superbe face au parc de la Ciutadella, le poumon vert de Barcelone avec son lac et ses jardins ! En lisière du Born et à deux pas des plages, le K+K Hotel Picasso permet de profiter pleinement des charmes de la ville. Dans un beau bâtiment néoclassique, il offre des chambres confortables, à la déco plutôt standard. L'été, la piscine sur le toit de l'hôtel est une oasis au cœur de Barcelone !

PENSIÓN CIUDADELA €

Carrer del Comerç, 33
✆ +34 933 19 62 03
www.pensionciudadela.com
Comptez entre 40 et 100 € la chambre double.

Si on aime cette pension simple et bon marché du Born, c'est déjà pour son emplacement très pratique à deux pas du parc de la Ciutadella, et à 15-20 minutes à pied des plages de la Barceloneta. La plupart des chambres sont extérieures (mais pas toutes !) et dotées d'un balcon, avec salle de bain privée ou commune. Elles sont équipées très simplement, mais avec tout le nécessaire pour un séjour commode. Pratique pour les budgets serrés : vous pourrez utiliser librement la cuisine (frigo, four à micro-ondes) pour préparer vos repas. Agréable terrasse !

OHLA BARCELONA €€€

Via Laietana, 49
✆ +34 933 41 50 50
www.ohlabarcelona.com
Chambre double standard entre 220 € et 400 €.

Situé dans un splendide bâtiment néoclassique, ancienne résidence du premier comte de Barcelone, l'hôtel Ohla se distingue d'abord par sa façade où le sculpteur catalan Frederic Amat a installé des centaines de petits yeux, formant une « acupuncture urbanistique », selon les mots de l'artiste. A l'intérieur, place au grand luxe avec 74 chambres ultra contemporaines, une terrasse sur le toit avec piscine en verre (on se croirait dans un grand aquarium !), un restaurant étoilé et un « gastrobar » branché pour déguster tapas et rations.

SAFESTAY BARCELONA GOTHIC €

5, Carrer dels Vigatans
✆ +34 93 268 78 08
www.safestay.com
Entre 15 € et 40 € pour un lit en dortoir, petit déjeuner inclus. Accès gratuit à Internet.

Une auberge de jeunesse moderne et sympa, située en plein centre-ville. Dortoirs avec lumière individuelle, table de nuit et casier. Bonne ambiance dans la grande salle commune où vous pourrez faire connaissance avec des jeunes venus de tous les horizons. L'auberge organise d'ailleurs toutes sortes d'événements pour faciliter les rencontres : réunion de bienvenue, tournée des bars... Et à l'arrivée des beaux jours, des soirées paella sur sa grande terrasse !

PENSIÓ 2000 €

6, Carrer de Sant Pere Més Alt
✆ +34 933 107 466
www.pensio2000.com
Chambre double entre 65 et 150 €, petit déjeuner inclus.

Un petit hôtel familial de 7 chambres, dans un vieil immeuble situé juste en face du Palau de la Música Catalana, chef-d'œuvre moderniste classé au patrimoine mondial de l'Unesco. Certaines chambres ont le privilège d'avoir vue sur ce grand monument. Toutes les chambres sont bien équipées et disposent d'une salle de bains privée. Il y a aussi un patio intérieur où il est possible de prendre le petit déjeuner. Déco un peu kitch dans certaines parties de la pension, mais l'ensemble reste très agréable. Notez cependant qu'il n'y a pas d'ascenseur !

SOM NIT BORN €€

Reina Cristina, 13 (1°)
✆ +34 932 502 997
www.hostalsomnitborn.com
Entre 60 € et 180 € la chambre double standard.

Situé à 10 minutes à pied de la plage de la Barceloneta, cet *hostal* occupe un beau bâtiment néoclassique du XIXe siècle, Els Porxos d'en Xifré, dans le quartier du Born. Attention, l'immeuble est ancien et ne possède pas d'ascenseur ! A l'intérieur, les chambres affichent une décoration moderne avec un *total look* blanc et des équipements modernes. La plupart possèdent un balcon, d'autres (moins agréables) sont intérieures. Il s'agit de chambres doubles ou familiales (4 personnes) entièrement insonorisées. Bref, un *hostal* dans l'air du temps !

BCN FASHION HOUSE €€

13, Carrer del Bruc
✆ +34 637 904 044
Compter entre 50 € et 140 € la chambre double selon le confort et la saison.

Cette petite pension a l'avantage d'être située dans un coin particulièrement calme du centre-ville, dans un bâtiment classique de l'Eixample. L'accueil y est très sympathique, et les chambres sont spacieuses et confortables. Certaines disposent même d'une petite galerie. Les salles de bains sont communes et se trouvent sur le palier. Le point fort de cet établissement : sa jolie terrasse intérieure, avec une végétation luxuriante et des tables où vous pourrez prendre votre petit déjeuner. Une très bonne adresse, à seulement 5 minutes à pied de Plaça Catalunya.

THE FIVE ROOMS €€€

72, Pau Claris
✆ +34 933 427 880
www.thefiverooms.com
Comptez entre 100 et 240 € la chambre double avec le petit déjeuner.

Jessica, la propriétaire des lieux, a su transformer le deuxième et troisième étages d'un bâtiment traditionnel en un endroit magnifique, calme et design. Les grandes chambres sont décorées avec beaucoup de goût, bien équipées et confortables, la salle de bains possède une douche italienne. Les pièces communes sont aussi agréables et plusieurs beaux livres sont mis à disposition des clients. Des appartements sont également disponibles à la location. Une adresse très originale idéalement située à quelques mètres de la Plaça de Catalunya.

CASA BONAY €€

Gran Via de les Corts Catalanes, 700
✆ +34 935 458 050
www.casabonay.com
Chambre double entre 90 et 250 € selon la saison.

A mi-chemin entre les quartiers de l'Eixample et du Born, c'est le nouvel hôtel fétiche des hipsters de passage. Installé dans un bâtiment classique de la fin du XIXe siècle, il affiche une décoration dans l'air du temps, mélange de mosaïque et de mobilier en bois signé AOO. C'est aussi le point de rencontre des jeunes talents locaux, avec son corner des éditions Blackie Books et son bar géré par l'équipe cool du Satan's Coffee Corner. Autre point fort : sa jolie terrasse où se régaler de tapas et de viandes grillées au barbecue à la belle saison !

GALLERY HOTEL €€€

Roselló 249
✆ +34 934 159 911
www.galleryhotel.com
Comptez entre 120 € et 250 € la chambre double standard.

A deux pas de la Pedrera, l'hôtel Gallery est un havre de paix en plein centre-ville. Outre ses chambres cosy et très calmes, il se distingue par son joli café en terrasse qui communique avec les jardins du Palau Robert : un cadre charmant pour prendre le petit déjeuner. Sur le toit de l'hôtel, une élégante terrasse avec piscine pour buller en journée ou boire un cocktail à la tombée du jour. On apprécie la gentillesse du personnel et les multiples services et activités sur place : location de vélos électriques, restaurant, sessions DJ sur la terrasse, etc.

CONDES DE BARCELONA €€€

73-75, Passeig de Gràcia
✆ +34 934 450 000
www.condesdebarcelona.com
Comptez 300 € la chambre double.

Superbe hôtel 4 étoiles, très bien situé dans le haut du Passeig de Gràcia. Il occupe un ancien palais du XIXe siècle – la Casa Daurella – agrandi et rénové dans le plus grand respect architectural. Ses chambres modernes offrent pour certaines des vues renversantes sur la Pedrera de Gaudí ! Autre point fort de l'établissement : sa terrasse Alaire, au 8e étage, lieu magique pour un apéritif sur fond de musique et de vues panoramiques. Côté restauration, le chef basque Martín Berasategui apporte son prestige international à la carte du restaurant.

GENERATOR HOSTEL BARCELONA €

373 Carrer de Corsega
✆ +34 932 200 377
www.generatorhostels.com
Comptez entre 15 et 40 € par personne la nuit en dortoir et entre 50 € et 120 € en chambre privée.

À deux pas du passeig de Gràcia, cet hôtel est loin de passer inaperçu avec son design arty, imaginé par la prestigieuse agence canadienne The Design Agency. Dès le lobby, on est impressionné par l'immense sculpture en forme de bateau qui fait office d'escalier. Vient ensuite le bar et ses lampes artisanales qui rendent hommage aux fêtes de Gràcia. Partout dans l'hôtel, on trouve un heureux mélange de pièces design et de trouvailles vintage qui lui donnent cet air cool et trendy.

H10 CASA MIMOSA €€€

Pau Claris, 179

✆ +34 932 142 330

www.h10hotels.com

Comptez entre 140 € et 300 € pour une chambre standard.

Coup de cœur pour cet hôtel inauguré en 2016 au cœur de l'Eixample. Logé dans un bâtiment moderniste du XIXe siècle, il offre des chambres élégantes, au design atemporel. Il faut traverser le hall et le restaurant de l'hôtel pour découvrir son secret le mieux gardé : un magnifique patio en brique rouge doté d'une piscine et d'une riche végétation, offrant l'accès à une terrasse supérieure avec vue sur le toit de la Pedrera. A défaut de séjourner dans l'hôtel, on peut venir y boire un verre dans un décor éminemment moderniste.

HOSTAL GOYA €€

74, Carrer de Pau Claris

✆ +34 933 022 565

www.hostalgoya.com

Chambre double standard avec salle de bains entre 70 et 150 €.

Idéalement situé à 100 m de la Plaça Catalunya, l'Hostal Goya est une bonne option centrale dans un bâtiment classique de l'Eixample. Les chambres ont été complètement rénovées, avec des équipements modernes et du mobilier contemporain. Certaines chambres disposent d'un accès à une grande terrasse. Prestations très convenables et un bon rapport qualité/prix. Dans le même immeuble, l'hostal Goya propose également un bel appartement indépendant avec deux chambres doubles et un canapé-lit. Notez qu'il n'y a pas de service de petit déjeuner sur place.

HOSTAL COLKIDA €

47, Carrer Roger de Llúria

✆ +34 934 878 032

www.colkida.com

Chambre double entre 40 et 130 €.

Une pension bon marché située dans un édifice centenaire, qui possède une agréable terrasse côté cour, aménagée avec des tables et des chaises. Un vrai luxe pour prendre un verre en fin de journée, le café du matin ou un petit déjeuner. Les chambres sont simples, mais très correctes, peu spacieuses, mais avec tout le confort nécessaire. Demandez une chambre côté cour pour vous assurer une bonne nuit de sommeil, les chambres sur rue sont plus bruyantes ! Excellent emplacement à deux pas du Passeig de Gràcia et de la Plaça Catalunya.

HOSTAL OLIVA €€

32, Passeig de Gràcia

✆ +34 934 880 162

www.hostaloliva.com

Comptez entre 50 € et 120 € la chambre double.

Une petite pension de charme dotée de 16 chambres, située dans un superbe bâtiment réhabilité de l'Eixample. Son entrée peut passer inaperçue, car elle se trouve au milieu des vitrines des magasins de mode du Passeig de Gràcia. L'hôtel se trouve au quatrième étage et, pour y monter, vous utiliserez l'ascenseur d'époque, une pièce de musée admirable. Rien de luxueux dans ses chambres coquettes, décorées de blanc et de mobilier en bois, et dotées de salles de bains privées. C'est surtout pour sa tranquillité et son côté familial que vous choisirez ce lieu.

HOSTAL GIRONA €

24, Carrer de Girona

✆ +34 932 650 259

www.hostalgirona.com

Chambre double entre 40 et 150 €, avec salle de bains ou douche.

Proche de la Plaça Urquinaona, un hostal central situé dans un beau bâtiment du XIXe siècle avec deux escaliers qui grimpent de part et d'autre de l'entrée principale. La pension se trouve au 1er étage de l'édifice et conserve la magie des vieilles demeures espagnoles. Meubles en bois, couvre-lit en lin blanc, azulejos au sol, etc., ce lieu respire l'authenticité. Ses hauts plafonds, ses grandes portes en bois et ses meubles tapissés vous plongeront dans une atmosphère de plus en plus rare à Barcelone, où le design a remplacé la déco traditionnelle.

HOTEL ACTA ANTIBES €€

394, Carrer Diputació ✆ +34 932 326 211

www.hotelantibes.net

Entre 60 et 150 € la chambre double. Chambre équipée pour les personnes handicapées. Wifi et parking disponibles.

Cet hôtel, ouvert en 1962 par une famille de Français, associe le confort et le calme à un accueil soigné et chaleureux. A 5 minutes à pied de la Sagrada Família et à 15 minutes de marche de la Plaça Catalunya, vous bénéficiez de nuits réparatrices sans pour autant être éloigné de l'animation du centre et des monuments de la ville. L'hôtel possède des chambres triples et quadruples très pratiques pour un séjour en groupe ou en famille. L'établissement sert également au premier étage un petit déjeuner (buffet) complet et varié moyennant un supplément.

HOTEL CLARIS €€€

150, Carrer de Pau Claris
✆ +34 934 876 262
www.derbyhotels.com
Entre 150 € et 350 € pour une chambre double standard, en fonction de la saison.

Situé dans un ancien palais du XIXe siècle, le *Palacio Vedruna*, cet hôtel luxueux propose 124 chambres tout confort, ornées d'œuvres d'art et de pièces de collection. Des meubles anglais et français ainsi que des beaux kilims décorent les parties communes. Le service est, bien entendu, impeccable et sympathique. L'hôtel possède en plus un restaurant et une terrasse avec une belle vue sur le quartier de l Eixample, une piscine et un sauna. Au premier étage de l'hôtel, un petit musée expose une superbe collection d'art précolombien.

HOTEL MARKET BARCELONA €€

Carrer del Comte Borrell, 68
✆ +34 933 251 205
www.hotelmarketbarcelona.com
Chambre double de 50 € à 200 €.

Au cœur du quartier de Sant Antoni, ce superbe boutique-hôtel de 58 chambres est décoré avec un goût exquis mêlant le style néoclassique aux influences coloniales. L'hôtel se trouve à deux pas du Mercat de Sant Antoni, cœur battant du quartier dont le bâtiment est une merveille du modernisme catalan. Les chambres, pour la plupart décorées dans des tons noirs et blancs affichent une allure chic et contemporaine ! On adore aussi le bar Rosso et sa terrasse ouverte sur la rue, où les touristes se mélangent aux locaux autour d'un café ou d'un cocktail.

HOTEL NEXTTO €€

242, Carrer Rosselló
✆ +34 935 510 516
www.nextto.biz
Entre 80 et 180 € la chambre double.

Un hôtel qui a tout bon : décoration, situation, rapport qualité/prix, etc. C'est l'une des bonnes adresses de l'Eixample, à deux pas du Passeig de Gracia. Les chambres sont modernes et sobres, dans des tons blancs, gris et noirs, et certaines donnent sur la Pedrera, le célèbre édifice de Gaudí. A l'arrivée des beaux jours, vous pourrez bronzer sur la terrasse du toit ou prendre un verre sur la terrasse du premier étage. Pas de service de restaurant sur place, mais le restaurant Gambito Bcn, au rez-de-chaussée, sert des petits déjeuners et des repas.

HOTEL PRAKTIK BAKERY €€

Carrer de Provença, 279 ✆ +34 934 880 061
www.hotelpraktikbakery
.com
Comptez entre 70 et 180 € la chambre double standard.

Petit paradis des *foodies*, voici le premier hôtel-boulangerie ! Un concept original, qui mixe chambres cool et petits pains chauds à deux pas du Passeig de Gràcia. C'est que le rez-de-chaussée est occupé par la fameuse boulangerie Baluard, où se pressent tous les Barcelonais pour acheter le meilleur pain de la ville. Côté chambres, de beaux espaces ornés de carrelage font de cet hôtel un lieu plein de caractère. Bien qu'un peu étroites, les chambres sont confortables et décorées avec beaucoup de goût. Le petit déjeuner est évidemment le point fort de cet hôtel !

MAJESTIC HOTEL & SPA €€€

68, Passeig de Gràcia
✆ +34 934 881 717
www.hotelmajestic.es
Chambre double standard entre 220 € et 450 €.

Doyen des hôtels du Passeig de Gràcia, cet établissement centenaire propose 275 chambres d'une rare élégance, derrière une façade néoclassique de 1918. On est ici dans l'univers des grands hôtels, avec un service irréprochable. Dans le restaurant Solc, le chef accommode chaque jour les légumes frais provenant du potager des propriétaires de l'hôtel ! Le dimanche, son brunch attire la bonne société barcelonaise sur fond de DJ set. Au dixième étage, une belle terrasse avec piscine et des vues splendides. En somme, un luxe classique… et indémodable.

MANDARIN ORIENTAL €€€

38-40, Passeig de Gràcia
✆ +34 931 518 888
www.mandarinoriental.es/barcelona
Chambre double à partir de 600 €.

Installé dans un bâtiment Art déco du Passeig de Gràcia, le Mandarin Oriental conjugue luxe, design et élégance. La décoratrice espagnole Patricia Urquiola a imaginé des intérieurs très purs et lumineux, à partir de matériaux fabriqués par les meilleurs artisans d'Italie et d'Espagne. Les chambres et suites, d'une élégance très contemporaine, offrent d'agréables vues sur le Passeig de Gràcia ou la cour intérieure arborée. Du grand luxe, donc, et un restaurant dirigé par l'une des chefs les plus prestigieuses d'Espagne : Carme Ruscalleda.

PRAKTIK RAMBLA €€

27, Rambla de Catalunya
✆ +34 933 436 690
www.hotelpraktikrambla.com
Chambre double standard entre 70 € et 200 €.

Situé sur la charmante Rambla de Catalunya, lieu de promenade bordé de boutiques et de terrasses de cafés, le Praktik Rambla a vu le jour en 2009 dans un bel édifice typique de l'Eixample. A l'intérieur, tous les matériaux originaux ont été conservés, notamment de très beaux sols en céramique. Surprise : la terrasse intérieure est une véritable oasis de calme et de fraîcheur où se détendre entre les visites. La décoration chic et design mêlée au charme historique de l'édifice font de cet hôtel une excellente adresse, offrant en prime un bon rapport qualité-prix.

ST CHRISTOPHER'S INN BARCELONA €

Carrer de Bergara, 3 ✆ + 34 931 751 401
www.st-christophers.co.uk
Comptez entre 15 et 40 € la nuit pour une place en dortoir, et entre 60 et 120 € pour une chambre double.

Un design jeune et urbain, un emplacement parfait à côté de la Plaça de Catalunya et une super ambiance pour faire des rencontres : voici la bonne adresse du centre-ville pour les moins de 30 ans ! Les chambres et dortoirs sont propres et les installations relativement neuves (l'hostal a ouvert ses portes en 2012), mais surtout vous apprécierez les espaces communs, chaleureux et stylés, où il fait bon passer du temps. Une adresse jeune et centrale !

ROOM MATE ANNA €€

C/ d'Aragó, 271
✆ +34 900 818 320
www.room-matehotels.com
Chambres doubles dès 99 € en basse saison ; et à partir de 249 € en haute saison. Compter 12 € le Petit déjeuner.

Ce boutique-hôtel se trouve au centre du Quadrat d'or du modernisme catalan avec la Casa Batlló et La Pedrera de Gaudí sans oublier la sublime Casa Ametller et, bien sûr la Sagrada Familia. Le design, d'inspiration méditerranéenne, de l'hôtel et de ses chambres est signé Lorenzo Castillo, célèbre antiquaire et décorateur d'intérieur. Après une journée exceptionnelle entre visites et plages, vous aurez l'occasion de vous abandonner sur la terrasse où vous pourrez siroter un délicieux cocktail, faire bronzette ou piquer une tête dans la piscine.

THE CONICA DELUXE BED&BREAKFAST €€

Carrer de Còrsega, 271
✆ +34 935 32 38 70
www.theconica.com
Comptez 60-150 € la chambre double.

A deux pas du Passeig de Gràcia et des folles créations de Gaudí, The Conica se présente comme un Bed & Breakfast « de luxe », offrant un accueil personnalisé et une expérience très locale au cœur de l'Eixample barcelonais. Il s'agit en fait d'un grand appartement bourgeois, doté de seulement 3 chambres et d'une agréable terrasse où prendre le petit-déjeuner aux beaux jours. Le bon goût est de mise, tout comme le sens du détail, dans chaque recoin de l'appartement !

ROOM MATE CARLA €€

288, Carrer de Mallorca
✆ +34 934 763 396
www.room-matehotels.com
Comptez entre 80 et 220 € la chambre double.

Derrière une façade bourgeoise se cache un beau spécimen de design contemporain. Un véritable manifeste avant-gardiste, à coup de jeux de lumière et de dissonance entre la structure classique de l'édifice et la complexité du design intérieur. Mais contemporain ne rime pas forcément avec minimalisme, et vous serez surpris par le caractère chaleureux et accueillant de ses chambres colorées ! Situé à deux pas du Passeig de Gràcia, ses boutiques et ses chefs-d'œuvre modernistes, cet hôtel offre aussi un excellent emplacement pour explorer la ville !

THE HIPSTEL PASEO DE GRACIA €

266 Carrer de València
✆ +34 931 745 417
www.thehipstel.com
Comptez entre 15 et 30 € la nuit en dortoir. Chambre double entre 60 et 120 €.

The Hipstel, ou l'alliance réussie entre un *hostel* et le style hipster ! Situé près du Passeig de Gràcia, il propose des chambres privées pour 1-6 personnes et des lits en dortoir pour jusqu'à 12 personnes dans un cadre soigné, mêlant boiseries et mobilier chiné. Toutes les chambres et les dortoirs sont équipés de lits métalliques assez basiques. Un bon rapport qualité-prix et un emplacement idéal pour découvrir Barcelone. Possibilité de petit-déjeuner et de repas à prix modique.

CASA GRACIA €

Passeig de Gràcia, 116
✆ +34 931 874 497
www.casagraciabcn.com
Entre 15 et 40 € pour un lit en dortoir. Chambre double de 60 à 150 €.

Aux portes du quartier de Gràcia, cet hôtel est le point de chute favori des hipsters de passage à Barcelone. Sa déco pile dans l'air du temps, sa terrasse et ses différents types d'hébergements (dortoirs, chambres doubles, appartements, etc.) en sont les principales raisons. Son restaurant La Paisana, prisé des Barcelonais pour son menu savoureux et ses tapas exotiques, mérite une mention spéciale. Consultez l'agenda des activités de l'hôtel : des cours de yoga sur la terrasse et des visites guidées de la ville sont régulièrement organisés !

GRACIA GARDEN BOUTIQUE HOTEL €€

14, Carrer Gran de Gràcia
✆ + 34 932 186 043
www.graciagarden.es
Chambre double entre 70 € et 150 €.

Cet hôtel, inauguré en 2008, occupe un bâtiment étroit sur Gran de Gràcia, l'artère principale du quartier. L'établissement possède une douzaine de chambres récemment rénovées dans des tons clairs, offrant un agréable décor contemporain. Le plus de l'hôtel : un patio intérieur avec son mur végétal, très agréable pour prendre un verre ! Bon emplacement à proximité des commerces et du Passeig de Gràcia, pour un confort standard à prix relativement serrés.

HOTEL CASA FUSTER €€€

132, Passeig de Gràcia
✆ +34 932 553 000
www.hotelcasafuster.com
Chambre standard entre 200 € et 450 € selon la saison.

Construit par l'architecte catalan Lluís Domènech i Montaner en 1908, l'hôtel Casa Fuster est un superbe édifice moderniste qui offre du grand luxe dans un décor classique. Situé à l'entrée du quartier de Gràcia, ce magnifique hôtel est le point de chute de nombreuses célébrités de passage à Barcelone. A défaut de pouvoir y passer la nuit, ne manquez pas les soirées jazz de son Café Vienés, tous les jeudis à partir de 21h. Woody Allen y a même donné un concert de clarinette ! Magnifique mirador depuis la terrasse, permettant de voir tout l'Eixample jusqu'à la mer.

HOTEL LA CASA DEL SOL €€

Plaça del Sol, 23
✆ +34 932 75 39 41
https://hotellacasadelsol.com
Comptez entre 80 et 150 € la chambre double.

Sur l'emblématique Plaça del Sol, en plein cœur de Gràcia, cet hôtel récent propose une vingtaine de chambres modernes et insonorisées ! Un détail important, puisqu'à l'arrivée des beaux jours, des centaines de jeunes se concentrent chaque soir sur cette « place du soleil » pour boire des bières et papoter en petits groupes. La terrasse sur le toit de l'hôtel, équipée d'une petite piscine, est un lieu prisé à l'heure de l'apéritif. Un établissement à l'esprit jeune et cosmopolite, où profiter d'un emplacement central et ancré dans la vie locale.

SANT JORDI HOSTELS GRÀCIA €

Carrer de Terol, 35
✆ +34 933 424 161
www.santjordihostels.com
Comptez de 15 à 60 € la nuit en dortoir de 4, 6 ou 8 lits.

Situé en plein cœur de Gràcia, à deux pas de l'incontournable Carrer Verdi, cet *hostal* a été inauguré en 2012. Il propose une cinquantaine de places dans des dortoirs de 4, 6 ou 8 lits avec climatisation, casiers, draps et wifi inclus dans le prix. La décoration pop et acidulée mérite une mention spéciale. Vous apprécierez également la cuisine moderne et la petite terrasse aménagée, où sont organisés des cours de yoga. Super adresse et bonne ambiance !

SILVER APARTHOTEL €€

26, C/ Bretón de los Herreros
✆ +34 932 189 100
www.hotelsilver.com
Chambre double standard entre 70 € et 140 €.

Un appart-hôtel situé à deux pas de Gran de Gràcia, artère principale du quartier, qui propose une cinquantaine de chambres avec kitchenette. La façade de l'édifice et le hall principal ne rendent pas justice à la qualité de cet établissement : à l'intérieur, la plupart des chambres ont été rénovées dans des colories beige et chocolat, bien équipées et tout confort. Les chambres sont spacieuses et fonctionnelles, certaines disposent même d'une grande terrasse. Aux beaux jours, le petit déjeuner est servi en terrasse. Un hôtel pratique pour les familles !

AC HOTEL BARCELONA FORUM €€

278, Passeig Taulat
✆ +34 934 898 200
www.espanol.marriott.com
Chambre double entre 90 et 200 €.

Un grand hôtel très moderne situé tout près des plages dans la zone du Forum (où a lieu chaque année le célèbre Primavera Sound) et à vingt minutes en tram du centre historique. On aime son style ultra contemporain, l'immense hauteur sous plafond et la déco qui joue sur le noir et blanc avec la mer en toile de fond. Certes, l'hôtel est un peu impersonnel avec ses 370 chambres modernes et toutes équipées… Mais la piscine au 13e étage avec vue panoramique sur Barcelone est un argument de taille pour ceux qui veulent allier visites et détente !

HOSTAL POBLENOU €€

Carrer del Taulat, 30
✆ +34 932 212 601
www.hostalpoblenou.com
Comptez entre 60 et 150 € la chambre double.

Un *hostal* de caractère à deux minutes à pied de l'incontournable Rambla del Poblenou et à 500 mètres de la plage. Logé dans une charmante maison de 1930, l'établissement a conservé tous les éléments d'origine : sols en mosaïque, hauts plafonds, portes et fenêtres en bois, escalier en marbre… Le tout a un charme fou, et certaines chambres possèdent même un petit balcon. Vous aimerez la déco simple des chambres, et surtout la jolie terrasse pour le petit déjeuner ! Sur l'ardoise : œufs brouillés, tartines grillées au fromage frais et saumon fumé, crêpes…

HOTEL 54 BARCELONETA €€

54, Passeig Joan de Borbó
✆ +34 932 250 054
www.hotel54barceloneta.es
Chambre double de 70 € à 180 € en fonction de la saison.

L'Hôtel 54 est un établissement moderne avec une touche de design situé dans le quartier populaire de la Barceloneta. Installé dans l'ancien édifice de la confrérie de pêcheurs, l'hôtel offre une situation stratégique face au vieux port de Barcelone. Les chambres ne sont guère spacieuses, mais l'ensemble est moderne et confortable. Certaines disposent même d'un balcon avec de belles vues sur le port. Vous apprécierez également la salle du petit déjeuner et la terrasse sur le toit de l'hôtel, idéale pour prendre un verre en fin de journée.

HOTEL ARTS BARCELONA €€€

19-21, Carrer de la Marina
✆ +34 932 211 000
www.hotelartsbarcelona.com
Chambre double standard entre 250 € et 450 €.

Cet hôtel 5 étoiles grand luxe, l'un des plus élégants de la ville, se trouve dans l'une des deux tours du port olympique et propose 482 chambres. Chouchou des célébrités, c'est l'endroit incontournable pour voir et être vu. Outre son immense piscine et ses équipements de remise en forme, il offre de sublimes chambres au design minimaliste, avec des vues imprenables sur la Méditerranée. Comble du luxe, les suites et penthouses aux derniers étages ! Construit pour les Jeux olympiques de 1992, l'établissement fait partie de la chaîne Ritz-Carlton.

HOTEL DUQUESA DE CARDONA €€€

12, Passeig de Colom ✆ +34 932 689 090
www.hduquesadecardona.com
Chambre double standard entre 150 € et 350 €.

Hôtel situé face au port de Barcelone, sur le très animé Passeig de Colom, avec ses restaurants de fruits de mer et ses bars à tapas environnant, à la frontière entre le Barri Gòtic et le Born. Ce bel hôtel-boutique est installé dans un édifice du XVIIIe siècle, avec des sols en marbre à l'entrée et une superbe terrasse sur le toit (avec piscine). Les chambres sont décorées avec simplicité dans des tons beige et chocolat. Un excellent choix pour profiter de la plage, de l'animation du port et de l'ambiance très relax du quartier.

HOTEL OASIS €€

17, Plaça del Palau
✆ +34 933 194 396
www.hoteloasisbarcelona.com
Comptez entre 50 et 200 € la chambre double.

Un hôtel 2 étoiles situé à proximité du vieux port. La plupart des chambres ont été rénovées dans un esprit contemporain, avec climatisation et connexion wi-fi, et des équipements modernes pour offrir tout le confort. L'hôtel s'est également doté d'une petite piscine sur son toit-terrasse avec des chaises longues pour prendre le soleil, et d'un bar branché pour siroter un verre entre deux baignades ! On apprécie surtout son emplacement privilégié, à mi-chemin entre la plage et le quartier du Born, parfait pour varier les plaisirs.

ORGANISER SON SÉJOUR

HOTEL W BARCELONA €€€

1, Plaça de la Rosa dels Vents
✆ +34 932 952 800
www.w-barcelona.com
Entre 200 et 450 € la chambre double standard selon la saison.

Connu sous le nom de « Hotel Vela », en raison de son architecture en forme de voile, le W est l'œuvre de l'architecte catalan Ricardo Bofill. Inauguré fin 2009, il est déjà une icône du littoral en raison de sa situation exceptionnelle (littéralement les pieds dans l'eau) et son architecture avant-gardiste. Vue à 360° sur Barcelone, piscine, un restaurant tenu par l'un des chefs les plus médiatiques du moment (Carles Abellán, ancien des cuisines du Bulli) : autant d'arguments pour attirer une clientèle VIP et internationale.

MELIA BARCELONA SKY €€€

272-286, Carrer Pere IV
✆ +34 912 76 47 47
www.melia.com
Chambre double standard entre 120 € et 250 €.

Au cœur du 22@, le quartier des médias et des nouvelles technologies, l'hôtel Meliá Barcelona Sky est comme un poisson dans l'eau du haut de ses 120 m de hauteur. Construit par l'incontournable Dominique Perrault (auquel on doit notamment la Bibliothèque nationale de France), on retrouve la marque de fabrique de l'architecte français : formes simples, ingénierie des matériaux et minimalisme. Outre ses chambres contemporaines, dotées de belles vues sur la ville, vous apprécierez sa grande terrasse panoramique au 24e étage de la tour !

PULLMAN BARCELONA SKIPPER €€€

10, Avinguda Litoral
✆ +34 932 216 565
www.pullman-barcelona-skipper.com
Chambre double standard entre 150 € et 250 €.

Installé sur le port olympique, l'hôtel Pullman Barcelona Skipper offre une situation idéale pour ceux qui souhaitent profiter de la plage, puisqu'il est situé à seulement 50 m du front de mer. Cet hôtel moderne propose une décoration sobre et contemporaine, deux superbes piscines et des salles de conférence. En été, l'hôtel organise des dîners en terrasse, une excellente occasion de déguster des plats typiques de la région. Un hôtel tout confort au pied des plages de Barcelone.

SAFESTAY BARCELONA SEA HOSTEL €

1-4, Plaça del Mar
✆ +34 932 24 70 75
www.safestay.com
Comptez entre 10 € et 30 € pour un lit en dortoir avec salle de bains commune. Petit déjeuner-buffet inclus.

Dans le quartier de la Barceloneta, cette auberge de jeunesse a l'avantage d'être située à un emplacement de rêve : juste en face de la mer ! Joli design dans le Sea Bar, à l'entrée de l'auberge, où se régaler de sandwichs, salades et tapas. Décor beaucoup plus sommaire dans les dortoirs de 7 ou 9 lits, avec un confort basique qui conviendra aux jeunes voyageurs et aux petits budgets. Installations vieillissantes, mais un très bel emplacement au bord de la plage !

THE SERRAS HOTEL BARCELONA €€€

Passeig de Colom, 9
✆ +34 931 69 18 68
https://hoteltheserrasbarcelona.com
A partir de 220 € la chambre double.

Logé dans un bel immeuble de 1846, cet hôtel de 30 chambres offre un emplacement privilégié face au port de Barcelone. Le lieu, chargé d'histoire, hébergea le premier atelier du jeune Picasso ! Mais c'est surtout la terrasse qui rend cet hôtel si séduisant, avec sa piscine chic et ses vues sur la mer. On en profite même l'hiver, avec sa cheminée ! Côté restauration, le chef Marc Gascons (1 étoile au Michelin) signe les différentes cartes de l'établissement.

TWENTYTÚ HOSTEL BARCELONA €

Carrer de Pamplona, 114
✆ +34 932 38 71 85
https://twentytu.com
Environ 40 € par personne pour un lit en dortoir.

A deux pas de la Plaça de les Glòries, son musée du design et son centre commercial, voici un hostel hi-tech doté d'une soixantaine de chambres (la plupart quadruples). Innovation et durabilité sont les maîtres mots de cet établissement, qui mise sur une démarche respectueuse de l'environnement. Les dortoirs, très simples, sont équipés de 4 lits superposés et de la climatisation. La grande terrasse sur le toit est l'endroit idéal pour se faire des compagnons de route !

ALBERGUINN €

70-74, Carrer Melcior de Palau
✆ +34 934 905 965
www.alberguinn.com
Lit en dortoir entre 15 € et 30 € la nuit. Petit déjeuner inclus.

Une auberge de jeunesse propre et sympathique située dans le quartier de Sants, à proximité de la gare et du stade du Camp Nou. Contrairement aux vieilles auberges du centre-ville, l'intérieur est neuf et moderne. Dortoirs mixtes ou pour filles, de 6 à 16 personnes. L'auberge possède une grande salle commune avec des ordinateurs, des livres et la télévision, ainsi qu'une cuisine en libre accès, équipée d'un micro-ondes et d'un frigo. La décoration colorée et l'ambiance chaleureuse en font une bonne adresse pour les petits budgets.

EUROSTAR ANGLI €€€

60, Carrer d'Anglí
✆ +34 932 069 944
www.eurostarshotels.com
Chambre double standard de 70 € à 180 € en fonction de la saison.

Une vraie surprise : qui aurait cru que dans ce quartier calme et résidentiel se cachait un hôtel au design détonnant ? Les responsables de la décoration intérieure s'en sont donné à cœur joie en apportant de multiples éléments fantaisistes à cet édifice aux lignes pures et ultra-modernes. Ses chambres, une cinquantaine au total, affichent un design ultra soigné et des équipements haut de gamme. Résultat : un hôtel luxueux et branché avec piscine et jardin. Vous apprécierez aussi le service de massages à la carte pour un moment de détente après les visites !

GRAN HOTEL LA FLORIDA €€€

83-93, Carretera de Vallvidrera al Tibidabo
✆ +34 932 593 000
www.hotellaflorida.com
Comptez entre 150 € et 300 € pour une chambre double standard.

Situé sur le mont Tibidabo, cet hôtel 5 étoiles est un temple du luxe depuis 1925 grâce à son indiscutable raffinement, ses vues panoramiques sur toute la ville et ses installations haut de gamme. Ses chambres, à la décoration classique et élégante, sont entièrement équipées et offrent des vues à couper le souffle sur la ville et les montagnes environnantes. Entouré de terrasses et de jardins, c'est un lieu privilégié et unique. La décoration avant-gardiste se distingue par ses accents baroques. La piscine offre un panorama incomparable.

HOTEL ABAC €€€

1, Avinguda Tibidabo
✆ +34 933 196 600
www.abacbarcelona.com
Chambre double standard entre 200 € et 350 €.

Du grand luxe : l'hôtel Abac est situé sur l'Avinguda de Tibidabo, une avenue emblématique de Barcelone pour sa richesse architecturale. L'hôtel se trouve dans un édifice centenaire qui a été agrandi par un élégant pavillon en verre. L'ensemble est moderne, entouré de jardins, avec un Spa, une piscine thermale et une piscine d'eau froide. L'hôtel Abac est surtout connu pour son restaurant, dirigé par le chef catalan Jordi Cruz et récompensé par 3 étoiles au Michelin. Un refuge idéal pour un séjour gastronomique dans les quartiers chic de Barcelone !

HOTEL BRUMMELL €€

Nou de la Rambla, 174
✆ +34 931 25 86 22
www.hotelbrummell.com
Entre 80 et 200 € selon la saison.

En lisière de Montjüic, un petit hôtel d'une vingtaine de chambres au design impeccable, qui séduira les hipsters de passage à Barcelone. Derrière une façade de 1870, l'architecte Inma Rábano a imaginé des espaces intimes, paisibles et pleins de caractère. Côté déco, les Australiens de Blankslate ont puisé dans leur passion pour le modernisme tropical afin de créer un lieu singulier et éminemment cool. Location de vélos, cours de yoga, et en prime, une petite piscine et de jolies vues sur la ville : voilà le mixe parfait pour un séjour branché à Barcelone.

YOUTH HOSTEL PERE TARRÉS €

149-151, Carrer de Numància ✆ +34 934 102 309
www.peretarres.org/alberg
Comptez entre 15 € et 30 € la nuit en dortoir, petit déjeuner inclus. Chambre double à 60 € environ.

Une auberge de jeunesse propre et bien entretenue, avec une grande cuisine et une grande buanderie. Proche du stade du Camp Nou et des nombreuses boutiques du centre commercial l'Illa, elle propose des chambres privées et des places en dortoirs (mixtes ou exclusivement pour femmes ou pour hommes). Pratique, le service de petit-déjeuner, repas et pique-nique, mais aussi la possibilité de cuisiner sur place. Il y a une agréable terrasse où se restaurer et faire connaissance avec les autres voyageurs. Accueil très aimable, qui plus est en français.

INDEX

D

E

Vue sur le quartier d'Eixample.

Détail de mosaiques dans le Parc Guell.

EDITION

Directeurs de collection et auteurs : Dominique AUZIAS et Jean-Paul LABOURDETTE

Auteurs : Sarah PAROT, Serène DELMAS, Baptiste THARREAU, Romain RISSO, Juliette SOULEZ, Benoît HOCQUET, Amandine GLEVAREC, Héloise LEUSSIER, Juliette COURTOIS, Christophe DENIAU, Jean-Paul LABOURDETTE, Dominique AUZIAS et alter

Directeur Editorial : Stéphan SZEREMETA

Rédaction Monde : Caroline MICHELOT, Morgane VESLIN, Pierre-Yves SOUCHET, Natalia COLLIER

Rédaction France : Elisabeth COL, Tony DE SOUSA, Mélanie COTTARD, Audrey VEDOVOTTO

FABRICATION

Responsable Studio : Sophie LECHERTIER assistée de Romain AUDREN

Maquette et Montage : Julie BORDES, Delphine PAGANO

Iconographie et Cartographie : Anne DIOT assistée de Julien DOUCET

WEB ET NUMERIQUE

Directeur Web : Louis GENEAU de LAMARLIERE

Développeurs : Adeline CAUX et Kiril PAVELEK

Intégrateur Web : Mickael LATTES

Webdesigner : Caroline LAFFAITEUR

Community Traffic Manager : Alice BARBIER, Mariana BURLAMAQUI et Vincent PHAM

DIRECTION COMMERCIALE

Directeur commercial : Guillaume VORBURGER assisté de Manon GUERIN

Responsable Régies locales : Michel GRANSEIGNE

Responsables Développement régie inter : Jean-Marc FARAGUET et Guillaume LABOUREUR

Chefs de Publicité Régie internationale : Camille ESMIEU

Chefs de Publicité Régie nationale : Caroline AUBRY, François BRIANCON-MARJOLLET, Perrine DE CARNE MARCEIN,

Régie BARCELONE ET SA PROVINCE : Baptiste GORREGUES **avec la collaboration de** Laurent BOSCHERO

DIFFUSION ET PROMOTION

Directrice des Ventes : Bénédicte MOULET assistée d'Aissatou DIOP

Responsable des ventes : Jean-Pierre GHEZ assisté de Nelly BRION

Relations Presse-Partenariats : Jean-Mary MARCHAL

ADMINISTRATION

Président : Jean-Paul LABOURDETTE

Directrice des Ressources Humaines : Dina BOURDEAU assistée de Sandra DOS REIS et Eva BAELEN

Directrice Administrative et Financière : Valérie DECOTTIGNIES

Comptabilité : Jeannine DEMIRDJIAN

Recouvrement : Fabien BONNAN assisté de Sandra BRIJLALL et Vinoth SAGUERRE

Responsable informatique : Elie NZUZI-LEBA

PETIT FUTÉ BARCELONE ET SA PROVINCE

LES NOUVELLES EDITIONS DE L'UNIVERSITE
18, rue des Volontaires - 75015 Paris.
✆ 01 53 69 70 00 - Fax 01 42 73 15 24
Internet : www.petitfute.com
SAS au capital de 1 000 000 € - RC PARIS B 309 769 966
Couverture : La Pedrera © Borut Trdina
Plafond de vitraux du Palais de la musique catalane © Heracles Kritikos - Shutterstock.com
Impression : IMPRIMERIE CHIRAT - 42540 Saint-Just-la-Pendue
Achevé d'imprimer : septembre 2021
Dépôt légal : 09/11/2021
ISBN : 9782305051352

**Pour nous contacter par email, indiquez le nom de famille en minuscule suivi de @petitfute.com
pour le courrier des lecteurs : info@petitfute.com**

IMPRIMÉ EN FRANCE